儀禮

【汉】郑 玄 注
【清】张尔岐 句读
郎文行 校点
方向东 审订

國學典藏

上海古籍出版社

图书在版编目(CIP)数据

仪礼／(汉)郑玄注；(清)张尔岐句读；郎文行校点；方向东审订．—上海：上海古籍出版社，2016.11（2023.8重印）
(国学典藏)
ISBN 978-7-5325-8280-8

Ⅰ.①仪… Ⅱ.①郑… ②张… ③郎… ④方… Ⅲ.①礼仪—中国—古代②《仪礼》—注释 Ⅳ.①K892.9

中国版本图书馆CIP数据核字(2016)第257330号

国学典藏

仪礼

[汉]郑玄 注 [清]张尔岐 句读

郎文行 校点 方向东 审订

上海古籍出版社出版发行

（上海市闵行区号景路159弄1-5号A座5F 邮政编码201101）

(1)网址：www.guji.com.cn

(2)E-mail：guji1@guji.com.cn

(3)易文网网址：www.ewen.co

江阴市机关印刷服务有限公司印刷

开本890×1240 1/32 印张15 插页5 字数430,000

2016年11月第1版 2023年8月第3次印刷

印数：4,151—5,200

ISBN 978-7-5325-8280-8

K·2266 定价：45.00元

前　言

郎文行

《仪礼》是儒家经典《十三经》之一，与《周礼》、《礼记》合称“三《礼》”，是中华文明的基本文献。《仪礼》成书于春秋战国时代，记载周代士大夫冠、婚、相见、乡、射、燕、食、朝、聘、丧、祭等各种礼节。秦火之后，汉初流传的《礼经》，仅为十七篇的《士礼》，即今之《仪礼》。据《汉书·儒林传》记载，最早传授此经的学者为高堂生，高堂生后学有瑕丘萧奋，萧奋弟子孟卿，孟卿弟子后仓，后仓弟子有闻人通汉、戴德、戴圣、庆普，汉宣帝时戴德、戴圣、庆普三家立于学官，戴德号称大戴，戴圣号称小戴，戴德有弟子徐良，戴圣有弟子桥仁、杨荣，所传的《士礼》，均由当时通行的隶书写定，是为今文经。

汉武帝征求遗书，鲁淹中出《礼古经》五十六篇，河间王得而献之，其文字是先秦古文，因而被称为古文经。五十六篇中，有十七篇与高堂生所传今文《士礼》大致相同，其所异者三十九篇，即常所谓之《逸礼》。《逸礼》中《投壶》、《奔丧》、《诸侯迁庙》、《诸侯衅庙》、《公冠》等少数篇目，因辑入大小戴《礼记》而得以流传至今，其他篇目均亡佚不存，刘师培《逸礼考》，尚可见其一鳞半爪。

《仪礼》书名是后来所加，汉代或称《礼》，或称《士礼》，或称《礼经》，《史记·儒林列传》：“言《礼》自鲁高堂生”；“诸学者多言《礼》，而鲁高堂生最本，《礼》固自孔子时而其经不具，及至秦焚书，书散亡益多，于今独有《士礼》，高堂生能言之”；“鲁徐生善为容……传子至孙徐延、徐襄，襄，其天姿善为容，不能通《礼经》”。

皆不称《仪礼》。又有称《礼记》者，如《史记·孔子世家》：“故《书传》、《礼记》自孔氏。”钱玄先生《三礼通论》云《仪礼》一书有经有记，故有《礼记》之名，此《礼记》与大小戴所传《礼记》不同。《仪礼》之名，不知何人所加，《晋书·荀崧传》有“郑《仪礼》博士一人”，已称《仪礼》，黄以周《礼书通故·礼书》云：“郑氏师、弟子并无《仪礼》之名也，《礼》注大题《仪礼》当是晋人所加。东晋人盛称《仪礼》。”

西汉末刘歆曾请立古文经于学官，遭到今文学家的反对，至王莽当政，《礼古经》及其他古文经，方得立于学官。光武中兴，古文经学官又废，乃重立西汉今文经，《礼经》立于学官者，仍以大小戴以及庆氏三家，而庆氏一家最盛，传其学者有曹充、曹褒、董钧等。汉末学风博古通今，今古文的界限不再壁垒森严，杜子春、郑兴、郑众、贾逵、马融等俱为当世通儒，他们已经开始为礼书作注，至于《仪礼》，则有马融注解《丧服》经传。郑玄在前人的基础上，突破今古文的界限，今古博采，遍注群经，其注《周礼》、《仪礼》、《礼记》，融会贯通、自成体系，又撰《三礼目录》，考释篇题，举其纲要，郑氏之学以此而定，“三《礼》”之名由此而立。郑注《仪礼》，从古文，则于注叠见今文，从今文，则于注叠见古文，取舍从违，原原本本，是为今本《仪礼》。《仪礼》篇次，古籍可考者有三家：大、小戴以及刘向《别录》，郑注《仪礼》篇次则本于刘向《别录》。1959年甘肃武威出土《仪礼》汉简，篇次与大小戴以及《别录》均不相同，其本当是别有授受。

郑玄以后，王肃撰《圣证论》，专与郑学立异，亦曾盛极一时，西晋时期，王学几夺郑学之席。但西晋灭亡，王学亦随之衰微，终未能与郑学抗衡。南北朝国家分裂，经学亦南北不同，然礼学则同遵郑氏，南朝雷次宗、北朝徐遵明等，均为当时礼学名儒，为三《礼》义疏之学者，皆蔚为可观。唐初官方撰《五经正义》，作为明经取士的依据，礼经去《仪礼》而取《礼记》。高宗永徽年间，太学博士贾公彦撰《仪礼义疏》，专门对郑注进行疏解，为后世《十三经注疏》之一。玄宗开元年间，《仪礼》始再立学官，然唐时《仪礼》传习已有衰微。

宋代礼学亦可圈可点，钱玄先生在《三礼通论》中说："论宋代礼学，应改变一种旧有观念，认为宋代是经学的衰微时代。事实并不如此。即以三《礼》而论，宋代也有一定的成就。在对三《礼》总的认识上，在研究方法上，都有创新，超越唐代。"钱玄先生谓朱熹《仪礼经传通解》，将三《礼》分类汇编，凡内容相关，集而通解，为清代江永《礼书纲目》、秦蕙田《五礼通考》等通礼著作的先声。《通解》于《仪礼》经文分节标目，又为张尔岐《仪礼郑注句读》、吴廷华《仪礼章句》、胡培翚《仪礼正义》等分节标目的滥觞。聂崇义《新定三礼图》、杨复《仪礼图》，均为开创性著作，是清代张惠言、黄以周《仪礼图》的导源。李如圭《仪礼释宫》，专考古代宫室，是《尔雅》体例的发展。清代专考名物而成一编的礼学著作，如任大椿《释缯》、《弁服释例》、《深衣释例》，胡匡衷《仪礼释官》等，其体例亦仿效李氏《仪礼释宫》。

元明《仪礼》学本于宋儒，而成就又不及宋人。敖继公撰《仪礼集说》十七卷，不依郑注，指责郑注疵多而醇少，删其以为郑注之不合于经者，使郑玄的经学地位受到极大影响。清人凌廷堪撰《礼经释例》，发明义例，立论坚实，敖氏说礼之短，乃为学者共识。明代科举取士，以《五经大全》为本，经注不再为一般学子所习，《仪礼》几成绝学。顾炎武《日知录》卷十八，批评明代经学："自八股行而古学废，《大全》出而经义亡。"晚明学风，高谈性理，空疏尤甚。顾炎武、黄宗羲、张尔岐等当鼎革之际，饱经家国忧患，惩晚明空疏之弊，崇尚朴学，研治经典。张尔岐精研三《礼》，撰《礼仪郑注句读》十七卷，为清代礼学的先驱。

张尔岐，字稷若，号蒿庵，又号汗漫，山东济阳人，明诸生，生于明万历四十年（1612），卒于清康熙十六年（1678），《清史稿·儒林》有传。父行素，官石首驿丞，清兵入关南下，张行素死难，张尔岐欲以身殉，以母老而止。君父之恨、身世之感，张尔岐绝意仕进，逊志为学，取《诗经·蓼莪》“蓼蓼者莪，匪莪伊蒿，哀哀父母，生我劬劳”之意，自号“蒿庵居士”。顺治七年（1650），张尔岐辞朝廷贡入太学之征，不求闻达，教授乡间，耕读终老，一生交游不过顾炎武等数人，康熙十二年（1673）曾受聘参与《山东通志》的纂修。张尔岐学问淹博，经史、诸子、岐黄、内典、兵书、数术无所不窥，然其学问，终以经学为根本、程朱为依归、致用为要务，《蒿庵集·日记又序》述其中年以后为学日课：“首《大学》、次《论语》、次《中庸》、《孟子》、次《诗》、次《书》、次《易》、次《春秋》、次《周礼》、《仪礼》、《礼记》，史则主《纲目》、次《前编》、《续编》、《本朝通纪》、《大政录》，杂书则《大学衍义》及《补西山读书记》、《文献通考》、《治安考据》、《文章正宗》、《名臣奏疏》、《大明会典》。”可见其为学之志趣。张尔岐自三十岁研治《仪礼》，至五十九岁完成《仪礼郑注句读》的撰作，前后三十载，用功不可谓不深。《仪礼郑注句读》以外，张尔岐著述尚有《周易说略》八卷、《诗说略》五卷、《老子说略》二卷、《蒿庵集》三卷、《蒿庵闲话》二卷等。张尔岐生平学行略如上述。

《仪礼》仪节繁冗，面位复杂，张尔岐《仪礼郑注句读》，按照仪节程序的转折始终，将《仪礼》经文分节标目，每一大节内划分若干小节，于首段著明起讫，每一小节末，又简明扼要概括意旨。如此，《仪礼》经注大节细目俱可一览无余，比起注疏本仪节破碎，单注本连篇累牍，实在起到了纲举目张的作用，既便于阅读，亦易于记忆，大大降低了《仪礼》研习的难度。《仪礼》分节，贾疏已开其端，朱熹《仪礼经传通解》亦有成例，然贾疏、《通解》，草创不备，不能如《句读》精密。又《通解》以《仪礼》为纲，将三《礼》分类汇编，改变了《仪礼》本书原有的面目，其流传自然不及《仪礼》本经流传范围广大，张尔岐《句读》卷前自序即谓“闻有朱子《经传通解》，无从得其传本”，便是其证。因而，《句读》的分节标目，较之《通解》，更易流传，后来吴廷华《仪礼章句》、胡培翚《仪礼正义》，分节标目，均依《句读》而稍作改动。

《仪礼》郑注简奥，贾疏漫衍，初读不易。张尔岐有鉴于此，《仪礼郑注句读》全录郑注而节取贾疏，取贾疏能申明注义、有益经解者置之注下，难疑之处又下案语、断以己意，使贾疏既能申明郑注而又尽去繁冗之弊，这样《仪礼》就有了一个简明的读本。张尔岐《句读》之作，虽以郑注贾疏为本，但他对注疏却不盲从，每有质疑发明，其立论或寻经推绎或征引他说，均能信而有征。质疑郑注，如《燕礼》公为宾举爵行旅酬之时，若公命宾不需更换公所用之膳爵，以酬大夫之长（郑注大夫之长为卿），至酬毕酌大夫时，则需更换君之膳爵，经文“若膳觯也，则降更觯洗，升实散。大夫拜受，宾拜送”，郑注：“言更觯，卿尊也”，张尔岐谓：“膳觯本非臣所可袭，以君命故，得一用。至酌他人，则必更矣。注释更字义，亦未可信。”人君膳爵非人臣可以袭用，《燕礼》、《大射》常见之义，而本节宾可用膳爵酬大夫，乃以公有命之故，若前节主人献公而后自酢，经文则明谓主人“更爵”，郑注：“更爵者，不敢袭至尊也。”是张尔岐质疑郑注，以经文为本，可以从信。然郑注谓此更觯，为卿位尊的缘故，但卿位虽尊，亦不能与公之尊相比，又岂可以其位尊而更换公之觯？此节酌大夫更觯，仍因人臣不可袭用君爵，其公命宾酬大夫袭爵，则特为尊宾之义，故宾酬大夫毕即更觯而酌大夫。张尔岐质疑贾疏，如《丧服》“小功章”：“从父姊妹。”贾疏云：“不言出适，与在室皆小功，以姊妹既逆降，宗族亦逆降报之。”张尔岐谓：“此说可疑，当通下文孙适人者为一节，皆为出适而降小功也。”今案《丧服》通例，女子未出嫁与昆弟同服，“大功章”有“从父昆弟”条，郑注“其姊妹在室亦如之”，是从父姊妹未出嫁，为之服丧与从父昆弟同大功，出嫁则降一等在小功。贾疏谓从父姊妹出嫁与在家均服小功，显然违背郑注，亦不合经例。张尔岐以“从父姊妹”合其下文“孙适人者”为句，定其句读为“从父姊妹、孙适人者”，经义因之而大明。

张尔岐《句读》案语的内容十分丰富，或申明郑注，或训诂文字，或解说礼制，均于经解大有裨益。如《乡射记》记宾、主人为耦升射仪节，经文“宾、主人射，则司射摈升降，卒射即席，而反位卒事”，郑注“不使司马摈其升降，主于射”，张尔岐申说郑注“司马本是司正，不主射事”。案“司正”在《乡饮酒》本为饮酒而立，职事在于监酒，使饮酒者不致失礼，《乡射礼》中“司正”兼官为“司马”，射时协助射事，饮酒时则又恢复“司正”本职以监酒。郑注简奥，止明射礼主于射事，故使主射之官“司射”协助主人与宾升降，而不使兼官“司马”协助，张尔岐则申说“司马”本职为“司正”，职在监酒不在射事，郑注曲折以此方能清楚明白。又《聘礼记》经文“久无事，则聘焉。若有故，则卒聘”，郑注“故，谓灾患及时事相告请也”，“卒聘”二字郑无说，张尔岐为之训诂：“卒聘，仓猝而聘，不待殷聘之期也。”“卒聘”二字诂解，虽有他说，然俱不若张说稳妥。又《少牢馈食礼》正祭尸食十一饭后，主人行初献之礼，经文：“主人降，洗爵，升，北面酌酒，乃酳尸。”郑注：“酳，犹羡也。既食之而又饮之，所以乐之。”贾疏谓：“云‘酳犹羡也’者，取饶羡之义，故以为乐之也。”张尔岐案语“此初献礼，主人献尸，尸醋主人，遂致嘏。主人献祝，主人献佐食，凡四节。”郑、贾皆以“酳尸”为欢乐之义，张尔岐谓此“酳尸”如饮酒“献酢酬”之献礼，连下文尸醋主人、主人献祝、献佐食三节，成主人初献之礼。郑注从礼意层面说明仪节的内涵，张说则从礼制层面说明仪节的程序，两说并行不悖相得益彰。

张尔岐精研《仪礼》近三十年，在《仪礼》文本校勘方面亦取得了很大的成就。《仪礼》北宋以后习者渐少，文字讹误滋生不断，明代监本《十三经注疏》，顾炎武已谓其《仪礼》脱误尤甚。张尔岐校勘《仪礼》，以《唐石经》本、吴澄本、监本、《经典释文》等相互参正，撰《仪礼监本正误》一卷，订正监本讹误，又撰《仪礼石本误字》一卷，订正《唐石经》及明儒王尧典《石经补字》讹误，使《仪礼》的文本质量得到了很大的提高。不仅如此，张尔岐在《仪礼郑注句读》中，又根据经义对《仪礼》经注作了较多订正，大都言有凭据。如：《有司徹》主人献尸、司马羞羊肉湆节经文“司马缩奠俎于羊湆俎南，乃载于羊俎”，语义含混不知所云。张尔岐根据下文主人受尸酢节相类经文“司马缩奠湆俎于羊俎西，乃载之”，订正此节经文作“司马缩奠湆俎于羊俎南，乃载于羊俎”。这是运用本校的方法，订正了《石经》以来误植的“湆”字，实有功于《仪礼》。

顾炎武《亭林文集·答汪苕文（琬）书》盛赞张尔岐《仪礼郑注句读》：“济阳张君稷若名尔岐者，作《仪礼郑注句读》，颇根本先儒，立言简当。以其人不求闻达，故无当时之名；而其书实似可传，使朱子见之，必不仅谢监岳之称许也。”又其《广师》篇谓：“独精三《礼》，卓然经师，吾不如张稷若。”《仪礼郑注句读》既简且明，是治《仪礼》学者最佳入门之作，批阅此书，知顾氏之言诚非过誉。

《仪礼郑注句读》至乾隆八年（1743）始有高廷枢和衷堂刻本，尔后，随着清代《仪礼》学的复兴，是书流传日广影响愈大，乾隆四十三年（1778）收入《摛藻堂四库全书荟要》，后又收入《四库全书》。晚清各省兴办官书局刊刻经典，是书流传更为广泛，据马梅玉《张尔岐〈仪礼郑注句读〉版本考略》[1]统计，自同治七年（1868）

[1] 王政、周有斌主编：《古典文献学术论丛》第二辑，黄山书社，2011年，第164页。

年金陵书局重刻《仪礼郑注句读》，至民国十三年（1924年）吴江施肇曾醒园再刊此书，计五十七年，先后刻印达十二次，益可见此书在《仪礼》学中的重要地位。

本次点校《仪礼郑注句读》，我们以文渊阁《四库全书》本为底本，通校同治七年金陵书局刻本，校正底本讹误若干处，形成校记附于文内。张尔岐校勘《仪礼》主于经文，间及郑注，而清代阮元《仪礼注疏校勘记》，则是《仪礼》校勘史上的巅峰之作，我们将《仪礼郑注句读》经文、郑注与阮刻本《仪礼注疏》对勘，其异同之处以及有关阮氏《校勘记》者，亦择录其要列于页下，以便读者参考。限于学识，本次点校，疏漏难免，敬祈读者方家批评指正。

校点凡例

一、本次校点以文渊阁《四库全书》本《仪礼郑注句读》为底本，通校同治十二年金陵书局本，参校阮刻本《仪礼注疏》，底本无误一般不出校。

二、本次校点所摘录之阮刻本《仪礼注疏》相关校勘记，以1980年中华书局影印阮刻本《十三经注疏》为据。

三、本次校点改变《仪礼郑注句读》原书双行夹注行文体式，按张尔岐经文分节，将郑注、贾疏以及张氏案语等，以注释形式分列于每节经文之下，其中郑注与贾疏、郑注与案语、案语与音切等起讫之处，均依底本标识“〇”符号以示区别。

四、张尔岐摘录贾疏，或直引、或节取、或转述，简当明切、要言不烦，其于贾疏之后，若下案语，均以“愚案”、“愚意”、“愚谓”等词更端起始，故本次校点对张尔岐所引贾疏，除个别之处需要特别标明以外，其他一般不加引号。

五、关于繁简字的处理，如“適子”，为与原书字形保持一致，简化作“适子”；如“徹”、“霤”、“蘋”等，为避免语义不明，仍保留繁体字形。

目　录

序

张尔岐

在昔周公制礼，用致太平，据当时施于朝廷乡国者，勒为典籍，与天下共守之。其大体为《周官》，其详节备文则为《仪礼》。周德既衰，列国异政，典籍散亡，独鲁号秉礼，遗文尚在。孔子以大圣生乎其地，得其书而学焉。与门弟子修其仪，定其文，无所失坠。子思曰："仲尼祖述尧舜，宪章文武。"孔子亦自谓曰："吾学周礼，今用之，吾从周。文王既没，文不在兹乎？"并谓此也。秦氏任刑废礼，此书遂熄。汉初，高堂生传《仪礼》十七篇。武帝时，有李氏得《周官》五篇，河间献王以《考工》补《冬官》共成六篇奏之。后复得古经五十六篇于鲁淹中，其中十七篇与高堂生所传同，余三十九篇无师说，后遂逸。《汉志》所载传礼者十三家，其所发明皆《周官》及此十七篇之旨也。十三家独小戴大显，近代列于经以取士，而二《礼》反日微。盖先儒于《周官》疑信各半，而《仪礼》则苦其难读故也。夫疑《周官》者，尚以新莽、荆国为口实；《仪礼》则周公之所定，孔子之所述，当时圣君、贤相、士君子之所遵行，可断然不疑者，而以难读废，可乎？

愚三十许时，以其周、孔手泽，慕而欲读之。读莫能通，旁无师友可以质问，偶于众中言及，或阻且笑之。闻有朱子《经传通解》，无从得其传本。坊刻考注解诂之类，皆无所是正，且多谬误，所守者唯郑注贾疏而已。注文古质而疏说又漫衍，皆不易了，读不数翻，辄罢去。至庚戌岁，愚年五十九矣，勉读六阅月乃克卒业焉。于是取经与注章分之，定其句读。疏则节录其要，取足明注而止。或偶有一得亦附于末，以便省览，且欲公之同志。俾世之读是书者，或少省心目之力，不至如愚之屡读屡止，久而始通也。

因自叹曰："方愚之初读之也，遥望光气，以为非周、孔莫能为已耳，莫测其所言者何等也；及其矻矻乎读之，读已又默存而心历之，而后其俯仰揖逊之容如可睹也，忠厚蔼恻之情如将遇也。周文郁郁，其斯为郁郁矣；君子彬彬，其斯为彬彬矣。虽不可施之行事，时一神往焉，彷佛戴弁垂绅从事乎其间，忘其身之乔野鄙僿，无所肖似也。使当时遇难而止，止而竟止，不几于望辟雝之威仪而却步不前者乎？噫，愚则幸矣！愿世之读是书者，勿徒惮其难也。"

卷一　士冠礼[①]

①郑《目录》云：童子任职居士位，年二十而冠，主人玄冠朝服，则是仕于诸侯。天子之士，朝服皮弁素积。古者四民世事，士之子恒为士。冠礼于五礼属嘉礼，大、小《戴》及《别录》此皆第一。〇贾公彦序云："《周礼》、《仪礼》并是周公摄政太平之书。"疏云："《周礼》是统心，《仪礼》是践履，外内相因，首尾是一。"又云："《仪礼》亦名《曲礼》。言仪者，见行事有威仪；言曲者，见行事有曲折。"

士冠礼是童子任职为士，年及二十，其父兄为加冠之礼。郑引《齐语》以证冠者，与其父兄之皆士也。其云仕于诸侯，明非天子之士，实则天子之士亦同此礼，惟主人冠服有异。

疏又云：天子、诸侯同二十而冠，自有天子、诸侯冠礼，但《仪礼》之内亡耳。士既三加，为大夫早冠者，亦依士礼三加。若天子、诸侯则多，故《大戴礼·公冠》篇云"公冠四加"，缁布，皮弁，爵弁，后加玄冕。天子亦四加，后当加衮冕矣。天子之子亦用士礼而冠。案《家语·冠颂》云："王大子之冠，拟冠。"则天子元子亦拟诸侯四加。若诸侯之子不得四加，与士同三加可知。

陈氏祥道云："《玉藻》曰：'玄冠朱组缨，天子之冠也。缁布冠缋緌，诸侯之冠也。'郑氏曰：'皆始冠之冠。'考之于礼，始冠缁布冠，自诸侯下达，所以异于大夫、士者，缋緌耳。天子始冠则不以缁布，而以玄冠。"若然，则诸侯始加缁布冠缋緌，次加皮弁，三加爵弁，四加玄冕。天子则始加玄冠朱组缨，次加皮弁，三加爵弁，四加玄冕，五加衮冕矣。

疏又云"冠礼于五礼属嘉礼"者，据《周礼·大宗伯》所掌五礼，吉、凶、军、宾、嘉而言。《宗伯》"以嘉礼亲万民"，下云"以冠昏之礼亲成男女"，是冠礼属嘉礼也。郑又云"大、小《戴》及《别录》此皆第一"者，戴德、戴圣所录，与刘向所为《别录》皆有此十七篇目，惟《别录》所载尊卑吉凶次第伦叙，故郑用之，于二戴则皆不从也。

〇愚案：篇目下语与经注同出，康成必别之曰“郑《目录》云”者，以其自为一篇。疏者始分于各篇之首，故殊异于注也。又案：注疏于篇目下系“仪礼郑氏注”五字。疏云：“《仪礼》者，一部之大名。《士冠》者，当篇之小号。退大名在下者，取配注之意也。”盖郑本以《目录》别为一篇，注文正从“士冠礼，筮于庙门”起，故每篇以“仪礼郑氏注”冠之，谓之配注，诚是也。疏既散《目录》于每篇之首，乃以“仪礼”之名屈居其下，虽曰存旧，实未当理，故宁从近本。又唐石经有经无注，亦书“仪礼郑氏注”五字于篇目下，皆前人之偶失也。

士冠礼。筮于庙门。①主人玄冠，朝服，缁带，素韠，即位于门东，西面。②有司如主人服，即位于西方，东面，北上。③筮与席、所卦者，具馔于西塾。④布席于门中，闑西阈外，西面。⑤筮人执荚，抽上韇，兼执之，进受命于主人。⑥宰自右少退，赞命。⑦筮人许诺，右还，即席坐，西面。卦者在左。⑧卒筮，书卦，执以示主人。⑨主人受视，反之。⑩筮人还，东面；旅占，卒；进告吉。⑪若不吉，则筮远日，如初仪。⑫徹筮席。⑬宗人告事毕。⑭

右筮日

①筮者，以蓍问日吉凶于《易》也。冠必筮日于庙门者，重以成人之礼成子孙也。庙，谓祢庙。不于堂者，嫌蓍之灵由庙神。〇将冠先筮日，次戒宾，至前期三日又筮宾、宿宾，前期一日又为期告宾冠期，前事凡五节。〇冠，古乱反。筮，市例反。祢，乃礼反 。

②主人，将冠者之父兄也。玄冠，委貌也。朝服者，十五升布衣而素裳也。衣不言色者，衣与冠同也。筮必朝服，尊蓍龟之道也。缁带，黑缯带也。士带博二寸，再缭四寸，屈垂三尺。素韠，白韦韠也。长三尺，上广一尺，下广二尺，其颈五寸，肩革带博三寸。天子与其臣，玄冕以视朔，皮弁以日视朝。诸侯与其臣，皮弁以视朔，朝服以日视朝。凡染黑，五入为緅，七入为缁，玄则

六人与?〇主人欲筮日,先服此服,即位祢庙门外以待事正。行冠礼服玄端、爵韠,此服朝服,故云“尊蓍龟”。朝服以朝,玄端以夕,是朝服尊于玄端也。玄端与朝服衣同而裳异。“士带博二寸”三句,《玉藻》文。“再缭四寸”,再绕之乃四寸也。〇朝,直遥反。缁,侧其反。韠音毕,蔽膝也。缯,自陵反。缭音了。长,直亮反。广,古旷反。弁,皮彦反。緅,侧留反。

③有司,群吏有事者。谓主人之吏,所自辟除,府史以下也。今时卒吏及假吏皆是也。〇群吏与属吏不同:属吏,君命之士;群吏,则府史胥徒也。〇辟,必亦反。卒,子忽反。假,古雅反。

④筮,所以问吉凶,谓蓍也。所卦者,所以画地记爻,《易》曰:“六画而成卦。”馔,陈也。具,俱也。西塾,门外西堂也。〇庙门东西有四塾,内外各二。筮不正当门中,而在闑西,西面。故将筮,而蓍与席与画地记爻之木,俱陈于门外西堂也。〇馔,直转反。塾音孰。爻,户交反。

⑤闑,门橛也。阈,阃也。古文“闑”为“槷”,“阈”为“蹙”。〇布席,将坐以筮也。前具之西塾,至此乃布之。云“门中”者,以大分言之。“闑西阈外”,则布席处也。注云今文、古文者,今文,高堂生所传;古文,鲁恭王坏孔子宅所得也。郑以今、古字并较,择义胜者著于经。其所不从者,迭见于注,或言古文某为某,或言今文某为某。〇闑,鱼列反。阈音域。橛,其月反。槷,鱼列反。蹙,子六反。

⑥筮人,有司主三《易》者也。韇,藏筴之器也。今时藏弓矢者谓之韇丸也。兼,并也。进,前也,自西方而前。受命者,当知所筮也。〇筴,即蓍。“兼执之”者,兼上韇与下韇而并执之。此时蓍尚在下韇,待筮时乃取出以筮。三《易》,《连山》、《归藏》、《周易》也。筮得一卦,而三人各据一易以占也。〇筴,初革反。韇音独。

⑦宰,有司主政教者也。自,由也。赞,佐也。命,告也。佐主人告所以筮也。《少仪》曰:“赞币自左,诏辞自右。”

⑧即,就也。东面受命,右还北行就席。卦者,有司主画地识爻者也。〇士蓍三尺,故坐筮;大夫蓍五尺,则立筮矣。卦者在左,亦西向。〇还音旋。

⑨卒,已也。书卦者,筮人以方写所得之卦也。〇先画地识爻,至六爻

毕,卦体成。筮人更以方写之,以示主人。方,版也。

⑩反,还也。○主人既知卦体,还之筮人,令占吉凶。

⑪旅,众也。还与其属共占之。古文“旅”作“胪”。

⑫远日,旬之外。○疏曰:《曲礼》“吉事先近日”,此冠礼是吉事,故先筮近日。不吉,乃更筮远日。是上旬不吉,乃更筮中旬;又不吉,乃更筮下旬。云如初仪者,自“筮于庙门”已下至“告吉”是也。愚案:《少牢》云:“若不吉,则及远日,又筮日如初。”此大夫诹日而筮上旬,不吉,必待上旬乃更筮之。其云“如初”,乃自“筮于庙门”已下至“告吉”也。此士冠礼,若筮上旬不吉,即筮中旬,不更待他日。其云“如初仪”,止,从“进受命于主人”以下至“告吉”而已,不自“筮于庙门”也。

⑬徹,去也,敛也。

⑭宗人,有司主礼者也。

主人戒宾,宾礼辞,许。①主人再拜,宾答拜。主人退,宾拜送。②

右戒宾

①戒,警也,告也。宾,主人之僚友。古者有吉事,则乐与贤者欢成之;有凶事,则欲与贤者哀戚之。今将冠子,故就告僚友使来。礼辞,一辞而许也。再辞而许曰固辞。三辞曰终辞,不许也。○主人筮日讫,三日之前广戒僚友使来观礼。“戒宾”者,主人亲至宾大门外,宾西面,主人东面戒之。其戒辞、对辞并见后。

②退,去也,归也。

前期三日,筮宾,如求日之仪。①

右筮宾

①前期三日,空二日也。筮宾,筮其可使冠子者,贤者恒吉。《冠义》曰:“古者冠礼筮日筮宾,所以敬冠事。敬冠事所以重礼。重礼所以为国本。”○前者戒宾,泛及僚友。此又于僚友中专筮一人,使为加冠之宾也。疏云:命

筮之辞盖云，主人某为适子某加冠，筮某为宾，庶几从之。若庶子则云庶子某。愚意"主人"二字似未安，亦言其衔位可耳。

乃宿宾。宾如主人服，出门左，西面再拜。主人东面答拜。①乃宿宾，宾许。主人再拜，宾答拜。主人退，宾拜送。②宿赞冠者一人，亦如之。③

右宿宾、宿赞冠者

①宿，进也。宿者必先戒，戒不必宿。其不宿者为众宾，或悉来或否。主人朝服。〇既筮得吉，遂进之，使至冠日必来。摈者传辞入告宾，宾如主人服出与相见。

②乃宿宾者，亲相见，致其辞。〇重言"乃宿宾"者，上文言主人往行此礼，此乃亲致宿之之辞也。辞并见后。

③赞冠者，佐宾为冠事者；谓宾若他官之属，中士若下士也。宿之以筮宾之明日。〇"佐宾为冠事"即下文坐栉、设纚、卒纮诸事。助宾成礼，故取其属，降于宾一等者为之。

厥明夕，为期于庙门之外。主人立于门东，兄弟在其南，少退，西面，北上。有司皆如宿服，立于西方，东面，北上。①摈者请期，宰告曰："质明行事。"②告兄弟及有司。③告事毕。④摈者告期于宾之家。⑤

右为期

①厥，其也。宿服，朝服。〇宿宾之明夕，冠前一日之夕也。为期，犹言约期也。

②摈者，有司佐礼者。在主人曰摈，在客曰介。质，正也。宰告曰：旦日正明行冠事。〇摈，必刃反。

③摈者告也。

④宗人告也。

⑤〇前所戒宾皆告也。

夙兴，设洗直于东荣，南北以堂深。水在洗东。①陈服于房中西墉下，东领北上。②爵弁服，纁裳，纯衣，缁带，靺韐。③皮弁服，素积，缁带，素韠。④玄端，玄裳、黄裳、杂裳可也。缁带，爵韠。⑤缁布冠缺项，青组缨属于缺；缁纚，广终幅，长六尺；皮弁笄，爵弁笄；缁组纮，纁边；同箧。⑥栉实于箪。⑦蒲筵二，在南。⑧侧尊一甒醴，在服北。有篚实勺、觯、角柶，脯醢，南上。⑨爵弁、皮弁、缁布冠各一匴，执以待于西坫南，南面，东上。宾升则东面。⑩

右冠日陈设

①夙，早也。兴，起也。洗，承盥洗者弃水器也，士用铁。荣，屋翼也。周制，自卿大夫以下，其室为夏屋。水器尊卑皆用金罍，及大小异。○至期，先陈设冠服器物。主宾各就内外之位。主人迎宾。及赞冠者入，乃行三加之礼。加冠毕，宾醴冠者。冠者见于母。宾字冠者。凡九节而冠礼成，宾出矣。盥手、洗爵皆一人浥水沃之，下有器承此漉水，其器曰洗。堂下设洗，其东西当屋东翼，其南北则以堂为浅深。以罍贮水，在洗之东。夏屋两下为之，故有东西翼，天子、诸侯则四阿。《释文》曰："凡度浅深曰深"。○深，申鸩反。

②墉，墙。○所陈之服，即下文爵弁服、皮弁服、玄端三服也。房，在堂上之东。"北上"者，爵弁服在北，皮弁服次南，玄端最南也。冠时先用卑服，北上，便也。

③此与君祭之服。《杂记》曰："士弁而祭于公。"爵弁者，冕之次，其色赤而微黑，如爵头然，或谓之緅。其布三十升。纁裳，浅绛裳。凡染绛，一入谓之縓，再入谓之赪[1]，三入谓之纁，朱则四入与？纯衣，丝衣也。余衣皆用布，唯冕与爵弁服用丝耳。先裳后衣者，欲令下近缁，明衣与带同色。靺韐，缊韨也。士缊韨而幽衡，合韦为之。士染以茅蒐，因以名焉。今齐人名蒨为靺韐，韨之制似韠。冠弁者不与衣陈而言于上，以冠名服耳。今文"纁"皆作"熏"。○此士助祭于公之服，服之尊者。云"爵弁者，冕之次"者，谓诸冕之下，即次数爵弁，亦言其尊也。疏云：凡冕以木为体，长尺六寸，广八寸，绩

[1] 赪，金陵书局本作"赬"。

麻三十升布，上以玄，下以纁，前后有旒。其爵弁制大同，唯无旒，又为爵色为异。又名冕者，俛也，低前一寸二分，故得冕称。其爵弁则前后平，故不得冕名。其尊卑次于冕，故云"冕之次"也。又云：陈服则于房，缁布冠、皮爵弁在堂下；是冠、弁不与服同陈。今以弁在服上并言之者，以冠弁表明其服耳，不谓同陈之也。愚按：此服第三加所服也。○纁，许云反。韎音妹。韐音合。縓，七绢反。赬，丑贞反。缊音温。韨音弗。蒨，七见反。

④此与君视朔之服也。皮弁者，以白鹿皮为冠，象上古也。积犹辟也，以素为裳。辟蹙其要中。皮弁之衣用布亦十五升，其色象焉。○此视朔时君臣同服之服。卑于爵弁，陈之在爵弁南，第二加所服。言裳不言衣者，用白布，衣与冠同色，故不言衣也。○要，一遥反。

⑤此莫夕于朝之服。玄端即朝服之衣，易其裳耳。上士玄裳，中士黄裳，下士杂裳。杂裳者，前玄后黄。《易》曰："夫玄黄者，天地之杂也[1]。天玄而地黄。"士皆爵韦为韠，其爵同。不以玄冠名服者，是为缁布冠陈之。《玉藻》曰："韠，君朱，大夫素，士爵韦。"○此士向暮之时，夕君之服，服之下。陈皮弁服南，初加缁布冠所服也。玄端与朝服同用缁色，十五升布。正幅为之。但朝服素韠，韠、裳同色。此用三等裳、爵韠，故异其名也。又此服平时皆着玄冠服之，当以玄冠名其服，今不言者，以加冠时以配缁布冠故也。

⑥缺，读如"有頍者弁"之"頍"。缁布冠无笄者，着頍，围发际，结项中，隅为四缀，以固冠也。项中有䌰，亦由固頍为之耳。今未冠笄者着卷帻，頍象之所生也。滕、薛名蔮为頍。属犹着。纚，今之帻梁也。终，充也。纚一幅，长六尺，足以韬发而结之矣。笄，今之簪。有笄者，屈组为纮，垂为饰。无笄者，缨而结其绦。纁边，组侧赤也。同箧，谓此以上凡六物。隋方曰箧。○此所陈者，饰冠之物，非谓冠也。缺项、青组缨属于缺，共一物。缁纚一物，并缁布冠所用。皮弁笄一物，爵弁笄一物，缁组纮，皮弁、爵弁各有一，共二物，凡六物同箧贮之。待冠时，随各冠致用也。注谓"缺，读如'有頍者弁'之

[1] 也，阮刻本《仪礼注疏》作"色"，附校勘记："也，徐本作'色'，张氏云'郑氏正引《易》文，不必改"也"为"色"，"也"字近"色"，传写者误耳'。○按汉时《六经》异文甚多，张说未确，《通解》亦从张氏。"

'頍'",案《诗》自以頍为弁之貌,非弁上之物也。陈氏祥道云:"郑说缺项之制,盖有所传。读缺为頍,无所经见。"今注及疏所言缺项之制,盖谓缁布冠制小,纔足容发,又无笄,故别为缺项,围绕发际,上有缀以连冠,下有缨以结颐下。缁纚,韬发之帛,加冠时,先以纚韬发结之,乃加冠也。其缁组纮则为二弁有笄者而设。加弁,以笄横贯之,以一条组于笄左头系定,遶颐下自右向上,仰属于笄。屈系之有余,因垂为饰,故注云"有笄者屈组为纮"也。○缺,依注音頍,去药反。属,章玉反。纚,山绮反。緅,纪屈反。卷,去圆反。繢,古内反。簪,侧金反。隋,他果反。

⑦箪,笥也。○栉,理发具也。○栉,庄乙反。

⑧筵,席也。○一为冠子,一为醴子也。在南,在三服之南,通指缺项、纚笄、组栉等,不专言蒲筵。疏云:对下文"侧尊一甒醴,在服北"也。

⑨侧犹特也。无偶曰侧,置酒曰尊。侧者,无玄酒。服北者,纁裳北也。篚,竹器如笭者。勺,尊升,所以剩酒也。爵三升曰觯。柶状如匕,以角为之者,欲滑也。南上者,篚次尊,笾豆次篚。古文"甒"作"庑"。○侧尊,单设也。"尊"字作虚字用。○甒音武。勺,上若反。觯,之豉反。柶音四。醢音海。笭,力呈反。剩,九于反。庑音武。

⑩爵弁者,制如冕,黑色,但无缫耳。《周礼》:"王之皮弁,会五采玉璂,象邸,玉笄。诸侯及孤卿大夫之冕、皮弁,各以其等为之。"则士之皮弁,又无玉象邸饰。缁布冠,今小吏冠其遗象也。匴,竹器名,今之冠箱也。执之者,有司也。坫在堂角。古文"匴"为"篹","坫"为"襜"。○有司三人各执一冠,豫在西阶西,以待冠事。宾未入,南面序立。宾升堂则东面向宾也。○匴,素管反。缫音早。璂音其。篹,素管反。襜,以占反。

主人玄端爵韠,立于阼阶下,直东序,西面。①兄弟毕袗玄,立于洗东,西面,北上。②摈者玄端,负东塾。③将冠者采衣,紒,在房中,南面。④宾如主人服,赞者玄端从之,立于外门之外。⑤

右主人与宾各就内外位

①玄端，士入庙之服也。阼犹酢也。东阶，所以答酢宾客也。堂东西墙谓之序。○案：《特牲》祭服用玄端。玄端是士自祭其先之服，与上所陈为子加缁布冠之玄端一服也，但玄冠耳。主人服此服立阼阶下，以待宾至，其立处与堂上东墙相直。○阼，才故反。酢，才各反。

②兄弟，主人亲戚也。毕犹尽也。袗，同也。玄者，玄衣、玄裳也。缁带韠。位在洗东，退于主人，不爵韠者，降于主人也。古文"袗"为"均"也。○袗训同，同玄，衣、裳、带、韠皆玄也。

③东塾，门内东堂，负之北面。○摈者立此以待传命。疏谓别言玄端，不言如主人服，则与主人不同可知。当衣、冠同而裳异也。下文赞者别言玄端亦然。

④采衣，未冠者所服。《玉藻》曰："童子之饰也。缁布衣，锦缘，锦绅并纽，锦束发，皆朱锦也。"紒，结发。古文"紒"为"结"。○紒音介。《字汇》曰"同结"。缘，以绢反。纽，女九反。

⑤外门，大门外。

摈者告。①主人迎，出门左，西面再拜。宾答拜。②主人揖赞者，与宾揖，先入。③每曲揖。④至于庙门，揖入。三揖，至于阶，三让。⑤主人升，立于序端，西面，宾西序，东面。⑥赞者盥于洗西，升，立于房中，西面，南上。⑦

右迎宾及赞冠者入

①告者，出请入告。

②左，东也。出以东为左，入以东为右。

③赞者贱，揖之而已。又与宾揖，先入道之，赞者随宾。

④周左宗庙，入外门，将东曲，揖；直庙，将北曲，又揖。○疏云周左宗庙者，《祭义》与《小宗伯》俱有此文。对殷右宗庙也。言此欲见入大门东向入庙。云"入外门，将东曲，揖"者，主人在南，宾在北，俱向东，是一曲，故一揖也。至庙南，主人在东，北面，宾在西，北面，是一曲，为二揖。通下将入庙又揖，三也。

⑤入门将右曲，揖；将北曲，揖；当碑，揖。〇上文“每曲揖”，据入大门向庙时。既入庙，主人趋东阶，宾趋西阶，是主人将右，欲背宾，宜揖。既当阶，主宾将北面趋阶，与宾相见，又宜揖。庙中测影丽牲之碑，在堂下三分庭之一，在北，是庭中之大节，至此又宜揖。皆因变伸敬以道宾也。

⑥主人、宾俱升，立相乡。〇乡，许亮反。

⑦盥于洗西，由宾阶升也。立于房中，近其事也。南上，尊于主人之赞者。古文“盥”皆作“浣”。〇赞者，止一人。云“南上”者，与主人之赞者为序也。〇盥音管。浣，户管反。

主人之赞者筵于东序，少北，西面。①将冠者出房，南面。②赞者奠纚、笄、栉于筵南端。③宾揖将冠者，将冠者即筵坐。赞者坐，栉，设纚。④宾降，主人降。宾辞，主人对。⑤宾盥，卒，壹揖，壹让，升。主人升，复初位。⑥宾筵前坐，正纚，兴，降西阶一等。执冠者升一等，东面授宾。⑦宾右手执项，左手执前，进容，乃祝。坐如初，乃冠。兴，复位。赞者卒。⑧冠者兴，宾揖之。适房，服玄端爵韠。出房，南面。⑨

右初加

①主人之赞者，其属中士若下士。筵，布席也。东序，主人位也。适子冠于阼，少北，辟主人。〇为将冠者布席也。

②南面立于房外之西，待宾命。

③赞者，宾之赞冠者也。奠，停也。古文“栉”为“节”。

④即，就。设，施。〇古人坐法，以膝着地，两跖向后，如今之跪。经凡言坐皆然。

⑤主人降，为宾将盥，不敢安位也。辞对之辞未闻。

⑥揖让皆壹者，降于初。古文“壹”皆作“一”。〇复初位，东序端也。

⑦正纚者，将加冠，宜亲之。兴，起也。降，下也。下一等，升一等，则中等相授。冠，缁布冠也。〇疏云：案《匠人》天子之堂九尺，贾、马以为傍九等为阶，则诸侯堂宜七尺，则七等阶；大夫堂宜五尺，则五等阶；士宜三尺，则

三等阶，故郑以中等解之也。

⑧进容者，行翔而前，鸧焉，至则立祝。坐如初，坐筵前。兴，起也。复位，西序东面。卒，谓设缺项、结缨也。○项，冠之后也，非缺项。○鸧，七良反。

⑨复出房南面者，一加礼成，观众以容体。

宾揖之，即筵坐。栉，设笄。宾盥，正纚如初。降二等，受皮弁，右执项，左执前，进祝，加之如初，复位。赞者卒纮。①兴，宾揖之。适房，服素积素韠，容，出房，南面。②

右再加

①如初，为不见者言也。卒纮，谓系属之。○"即筵坐，栉"者，当再加皮弁，必脱去缁布冠，更栉也。方栉讫，即云"设笄"。疏以为此紒内安发之笄，非固冠之笄，其固冠之笄则加冠时宾自设之。○属音烛。

②容者，再加弥成，其仪益繁。○容者，整其威仪容观也。方加缁布冠时，其出亦有容，至此益盛，乃言之耳。

宾降三等，受爵弁，加之。服纁裳韎韐。其它如加皮弁之仪。①

右三加

①降三等，下至地。他谓卒纮容出。

彻皮弁、冠、栉、筵，入于房。①筵于户西，南面。②赞者洗于房中，侧酌醴，加柶，覆之，面叶。③宾揖，冠者就筵，筵西，南面。宾授醴于户东，加柶，面枋，筵前北面。④冠者筵西拜受觯，宾东面答拜。⑤荐脯醢。⑥冠者即筵坐，左执觯，右祭脯醢，以柶祭醴三，兴。筵末坐，啐醴，捷柶，兴。降筵，坐奠觯，拜，执觯兴。宾答拜。⑦

右宾醴冠者

①徹者，赞冠者，主人之赞者为之。○将醴冠者，故徹去此等。冠，缁布冠也。冠者着爵弁以受醴，至见姑姊讫乃易服。

②筵，主人之赞者。户西，室户西。○庙制，近北一架西为室，东为房。室户之西，客位也。

③洗，盥而洗爵者。《昏礼》曰房中之洗“在北堂，直室东隅。篚在洗东，北面盥”。侧酌者，言无为之荐者。面，前也。叶，柶大端。赞酌者，宾尊不入房。古文“叶”为“擖”。○注引《昏礼》证房中别有洗，非在庭之洗也。侧酌者，赞者自酌，还自荐也。柶，类今茶匙。叶，即匙头。赞者前其叶以授宾者，欲宾得前其柄以授冠者。冠者得之乃前其叶，以极[1]醴而祭也。柶用时仰之，赞者不自用，故覆之以授也。

④户东，室户东。今文“枋”为“柄”。○酌醴者出房向西授宾，宾至室户东受之。筵前北面致祝，当在此时。祝辞见后。○枋，彼命反。

⑤筵西拜，南面拜也。宾还答拜于西序之位。东面者，明成人与为礼，异于答主人。○冠者拜讫，进受觯。宾既授觯，乃复西序之位答之。宾答主人拜，当西阶北面，此西序东面。故注云“异于答主人”。

⑥赞冠者也。

⑦捷柶，扱柶于醴中。其拜皆如初。古文“啐”为“呼”。○三祭，疏以为一如《昏礼》，始扱一祭，又扱再祭也。○啐，七内反。捷，初洽反。扱音插。

冠者奠觯于荐东，降筵，北面坐取脯，降自西阶，适东壁，北面见于母。①母拜受，子拜送，母又拜。②

右冠者见于母

①荐东，荐左。凡奠爵，将举者于右，不举者于左。适东壁者，出闱门也。时母在闱门之外，妇人入庙由闱门。

②妇人于丈夫，虽其子犹侠拜。○侠，古洽反。

---

[1] 极，金陵书局本作“扱”。

宾降，直西序，东面，主人降，复初位。[①]冠者立于西阶东，南面，宾字之，冠者对。[②]

右宾字冠者

①初位，初至阶让升之位。

②对，应也。其辞未闻。○字辞见后。疏云：未字先见母，字讫乃见兄弟之等，急于母缓于兄弟也。

宾出，主人送于庙门外。[①]请醴宾，宾礼辞，许。宾就次。[②]冠者见于兄弟，兄弟再拜，冠者答拜。见赞者，西面拜，亦如之。[③]入见姑姊，如见母。[④]

右冠者见兄弟赞者姑姊

①不出外门，将醴之。○此下冠礼既成，宾出就次以后诸事。冠者见兄弟、见赞者、见姑姊为一节，易服见君，见乡大夫、先生为一节，主人醴宾又一节，凡三节。

②此醴当作礼。次，门外更衣处也，以帷幕簟席为之。

③见赞者西面拜，则见兄弟东面拜，赞者后宾出。

④入，入寝门也。庙在寝门外。如见母者，亦北面，姑与姊亦侠拜也。不见妹，妹卑。○疏云：不见父与宾者，盖冠毕则已见也。不言者，从可知也。

乃易服，服玄冠、玄端、爵韠，奠挚见于君。遂以挚见于乡大夫、乡先生。[①]

右冠者见君与乡大夫先生

①易服不朝服者，非朝事也。挚，雉也。乡先生，乡中老人为卿大夫致仕者。○见君，见乡大夫、先生非必是日，因见兄弟等类言之耳。

乃醴宾以壹献之礼。[①]主人酬宾，束帛俪皮。[②]赞者皆与，赞冠者为介。[③]

右醴宾

①壹献者，主人献宾而已，即燕无亚献者。献、酢、酬，宾主人各两爵而礼成。《特牲》、《少牢馈食之礼》献尸，此其类也。士礼一献，卿大夫三献。宾醴不用栖者，泲其醴。《内则》曰："饮，重醴清糟。"凡醴事，质者用糟，文者用清。〇注引《内则》者，明醴有清有糟。前醴子，用糟；此醴宾，其清者也。〇泲，子礼反。

②饮宾客而从之以财货曰酬，所以申畅厚意也。束帛，十端也。俪皮，两鹿皮也。古文"俪"为"离"。〇酬宾：大夫用束帛乘马，天子诸侯以玉将币，士束帛俪皮，献数多少不同。其酬币唯于奠酬之节一行之。〇俪音丽。饮，於鸩反。

③赞者，众宾也。皆与，亦饮酒为众宾。介，宾之辅，以赞为之，尊之。饮酒之礼，贤者为宾，其次为介。〇与音预。

宾出，主人送于外门外，再拜，归宾俎。①

右送宾归俎②

①一献之礼，有荐有俎，其牲未闻。使人归诸宾家也。

②以上士冠礼正经，颇疑数事。冠于庙，重成人也。未冠不以告，既冠不以见，何也？见于母而不见于父，见赞者而不见宾，疏以为冠毕已见，似矣。然醴毕即见于母，仪节相承，则见父见宾当于何时，岂在酌醴定祥之前与？又言归俎而不言载俎，其牲未闻。注已陈之，要皆文不具也。

若不醴，则醮用酒。①尊于房户之间，两甒，有禁。玄酒在西，加勺，南枋。②洗，有篚在西，南顺。③始加，醮用脯醢。宾降，取爵于篚，辞降如初。卒洗，升酌。④冠者拜受，宾答拜如初。⑤冠者升筵，坐，左执爵，右祭脯醢，祭酒，兴。筵末坐，啐酒。降筵，拜。宾答拜。冠者奠爵于荐东，立于筵西。⑥徹荐、爵，筵、尊不徹。⑦加皮弁，如初仪。再醮，摄酒，其它皆如初。⑧加爵弁，如初仪。三醮，有干肉折俎，哜之，其它如初。北面取脯，见于母。⑨若杀，则特豚，载合升，离肺实于鼎，设扃鼏。[10]始醮，如初。[11]再醮，两豆：葵菹、蠃醢；两笾：栗、脯。[12]三醮，摄酒如再醮，加俎，哜之，皆如初，哜肺。[13]卒醮，取笾脯以降，如初。[14]

右夏、殷冠子之法

①若不醴，谓国有旧俗可行，圣人用焉不改者也。《曲礼》曰"君子行礼，不求变俗。祭祀之礼，居丧之服，哭泣之位，皆如其国之故，谨修其法而审行之"是也。酌而无酬酢曰醮。"醴"亦当为"礼"。○疏曰：自此以上说周礼冠子之法，自此以下至"取笾脯以降如初"，说夏殷冠子之法。愚按：醴醮二法其异者，醴侧尊在房，醮两尊于房户之间。醴用觯，醮用爵。醴篚从尊在房，醮篚从洗在庭。醴待三加毕乃一举，醮每一加即一醮。醴荐用脯醢；醮每醮皆用脯醢，至三醮又有干肉、折俎。醴赞冠者酌授宾，宾不亲酌；醮则宾自降取爵，升，酌酒。醴者，每加入房易服，出房立待宾命；醮则每醮讫，立筵西待宾命。醴者每加冠必祝，醴时又有醴辞；醮者加冠时不祝，至醮时有醮辞。其余仪节并不异也。○醮，子召反。

②房户间者，房西室户东也。禁，承尊之器也。名之为禁者，因为酒戒也。玄酒，新水也，虽今不用，犹设之，不忘古也。○两甒，一酒尊，一玄酒尊也。

③洗，庭洗，当东荣，南北以堂深。篚亦以盛勺觯，陈于洗西。南顺，北为上也。○盛音成。

④始加者，言一加一醮也。加冠于东序，醮之于户西，同耳。始醮亦荐脯醢。宾降者，爵在庭，酒在堂，将自酌也。辞降如初，如将冠时降盥，辞主人降也。凡荐出自东房。

⑤赞者筵于户西，宾升，揖冠者就筵。乃酌，冠者南面拜受，宾授爵，东面答拜，如醴礼也。于宾答拜，赞者则亦荐之。○宾亦筵前北面，释醮辞讫，冠者乃南面拜受。

⑥冠者立俟宾命，宾揖之，则就东序之筵。○降筵，奠爵而后拜，执爵兴，宾乃答拜，拜讫，冠者乃奠爵荐东，其节亦当与醴同。注云"就东序之筵"，谓当更加皮弁也。

⑦彻荐与爵者，辟后加也。不彻筵、尊，三加可相因，由便也。

⑧摄犹整也。整酒，谓挠之。今文“摄”为“聂”。〇挠谓更益整顿之，示新也。

⑨干肉，牲体之脯也。折其体以为俎。哜，尝之。〇《周礼·腊人》郑注云“大物解肆干之，谓之干肉。薄析曰脯，棰之而施姜桂曰腶脩，”干肉与脯脩别言。盖豚解而七体以干之，及将升于俎，则节折为二十一体，与燕礼同，故名“干肉折俎”。哜之，亦祭而后哜也。再醮言摄酒，此三醮当亦摄酒。下文卒醮取笾脯以降，此取脯当亦取笾脯，皆不言者，互文见义也。〇折，之设反。哜，才计反。腶音锻。

⑩特豚，一豚也。凡牲皆用左胖，煮于镬曰亨，在鼎曰升，在俎曰载。载合升者，明亨与载皆合左右胖。离，割也，割肺者，使可祭也，可哜也。今文“扃”为“铉”，古文“鼏”为“密”。〇上醮子用干肉不杀牲，此下言其杀牲者，又醮法之不同者也。案《特牲》、《少牢》及《乡饮酒》皆用右胖，此合升左右胖，或以嘉礼故异之与？注云“凡牲皆用左胖”，疏以为郑据夏、殷之法，未知然否？扃，舁鼎。鼏，覆鼎者也。〇扃，古萤反。鼏，亡历反。胖，普半反。镬，户郭反。亨，普庚反。

⑪亦荐脯醢，彻荐爵，筵尊不彻矣。

⑫蠃醢，蜱蝓醢。今文“蠃”为“蜗”。〇蠃，力禾反。蜱音移。蝓音俞。蜗，力禾反。

⑬摄酒如再醮，则再醮亦摄之矣。加俎哜之，哜当为祭，字之误也。祭俎如初，如祭脯醢。〇“加俎”者，不彻豆笾而加设此牲俎也。其祭亦止祭俎肺，不复祭脯醢。郑破“哜之”为“祭之”者，以先祭后哜，此是定法。又不宜有二哜，其所哜，即其所祭者也。

⑭〇谓亦见于母。

若孤子，则父兄戒、宿。[①]冠之日，主人紒而迎宾，拜，揖，让，立于序端，皆如冠主，礼于阼。[②]凡拜，北面于阼阶上。宾亦北面于西阶上答拜。[③]若杀，则举鼎陈于门外，直东塾，北面。[④]

右孤子冠法

①父兄，诸父诸兄。○士之无父者，加冠之法。戒宿，戒宾、宿宾也。

②冠主，冠者亲父若宗兄也。古文“紒”为“结”，今文“礼”作“醴”。○有父加冠，则将冠者紒而俟于房中。孤子则紒而迎宾，拜，揖，让，立，皆如为子加冠之主人。有父加冠则醴于室户西，孤子则醴于阼。此其异也。

③○父在加冠，受醴户西，拜于筵西，南面，宾答拜于序端，东面。此则与宾各专阶北面也。

④孤子得申礼，盛之。父在，有鼎不陈于门外。

若庶子，则冠于房外，南面，遂醮焉。①

右庶子冠法

①房外，谓尊东也。不于阼阶，非代也。不醮于客位，成而不尊。○适子，则冠于东序少北，西面，或醴或醮，皆于户西。疏云：周公作经，于三代之下言之，则三代庶子冠礼皆于房外，同用醮矣。又云：周之庶子，宜依适子一醴，用一醮，夏、殷庶子亦依三醮。

冠者母不在，则使人受脯于西阶下。①

右见母权法

①○母不在，谓有他故，非没也。使人受脯，当于后见之。

戒宾曰：“某有子某，将加布于其首，愿吾子之教之也。”①宾对曰：“某不敏，恐不能共事，以病吾子，敢辞。”②主人曰：“某犹愿吾子之终教之也。”宾对曰：“吾子重有命，某敢不从？”③宿曰：“某将加布于某之首，吾子将莅之，敢宿。”宾对曰：“某敢不夙兴。”④

右戒宾宿宾之辞

①吾子，相亲之辞。吾，我也。子，男子之美称。古文“某”为“谋”。○此下列言冠礼中戒宿祝醮醴字之辞。疏云：上某，主人名；下某，子之名。加布，

初加缁布冠也。云“愿吾子之教之也”者,即此加冠行礼为教之也。

②病,犹辱也。古文“病”为“秉”。〇共音恭。

③敢不从,许之辞。〇重,直用反。

④莅,临也。今文无“对”。

始加,祝曰:“令月吉日,始加元服。①弃尔幼志,顺尔成德。寿考惟祺,介尔景福。”②再加,曰:“吉月令辰,乃申尔服。③敬尔威仪,淑慎尔德。眉寿万年,永受胡福。”④三加,曰:“以岁之正,以月之令,咸加尔服。⑤兄弟具在,以成厥德。黄耇无疆,受天之庆。⑥

右加冠祝辞

①令、吉,皆善也。元,首也。

②尔,女也。既冠为成德。祺,祥也。介、景,皆大也。因冠而戒,且劝之。女如是,则有寿考之祥,大女之大福也。〇幼志,幼年戏弄之志也。弃,禁绝之也。顺成德,安养其成人之德也。《冠义》云,既冠,将责以父子、君臣、长幼之礼,即所谓成德也。祝以有是德,即有是福,是劝之也。服,蒲北反。福,笔勒反,与“德”叶。

③辰,子丑也。申,重也。

④胡,犹遐也、远也,远无穷。古文“眉”作“麋”。〇敬尔威仪,正其外也。淑慎尔德,谨其内也。内外夹持,顺成德者,当如是。

⑤正,犹善也。咸,皆也。皆加女之三服,谓缁布冠、皮弁、爵弁也。

⑥黄,黄发也。耇,冻黎[1]也。皆寿征也。疆,竟。〇“兄弟具在,以成厥德”,言成此冠礼,是成其德也。首三句为一联。服叶德,庆叶疆,音羌。“正”、“令”二句,又自相叶。〇耇音苟。竟音敬,又音景。

醴辞,曰:“甘醴惟厚,嘉荐令芳。①拜受祭之,以定尔祥。

[1]黎,阮刻本《仪礼注疏》作“梨”,附校勘记:“梨,监本作‘黎’。”

承天之休，寿考不忘。”②

右醴辞

①嘉，善也。善荐，谓脯醢。芳，香也。

②不忘，长有令名。○定祥、承休，与《易》“凝命”之旨相类。天人之理，微见于此。

醮辞，曰：“旨酒既清，嘉荐亶时。①始加元服，兄弟具来。孝友时格，永乃保之。”②再醮，曰：“旨酒既湑，嘉荐伊脯。③乃申尔服，礼仪有序。祭此嘉爵，承天之祜。”④三醮，曰：“旨酒令芳，笾豆有楚。⑤咸加尔服，肴升折俎。⑥承天之庆，受福无疆。”⑦

右醮辞

①亶，诚也。古文“亶”为“瘅”。○瘅，丁但反。

②善父母为孝，善兄弟为友。时，是也。格，至也。永，长也。保，安也。行此乃能保之。今文“格”为“嘏”。凡醮者不祝。○孝友时格，孝友极其至也。教以尽孝友之道，乃可长保之也。注“凡醮者不祝”，谓用酒以醮者，每加冠毕，但用醮辞醮之。其方加冠时，不用祝辞也。详醮辞“始加元服”等句，与祝辞相类，兼用之则复矣。疏以为醮庶子不用祝辞，错会注意。○来，力之反，与“时”、“之”叶。嘏，古雅反。

③湑，清也。伊，惟也。

④祜，福也。

⑤旨，美也。楚，陈列之貌。○疏云：用再醮之笾豆，不增改之，故云“有楚”。

⑥肴升折俎，亦谓豚。○干肉折俎，与杀牲体皆谓折俎。

⑦○亦两句叶。

字辞，曰：“礼仪既备，令月吉日。昭告尔字，爰字孔嘉。①髦士攸宜，宜之于假。②永受保之，曰伯某甫。”仲、叔、季，唯其所当。③

右字辞

①昭，明也。爰，于也。孔，甚也。

②髦，俊也。攸，所也。于，犹为也。假，大也。宜之是为大矣。○此孔嘉之字，实髦士之所宜，且宜之而至于大也。

③伯、仲、叔、季，长幼之称。甫，是丈夫之美称。孔子为尼甫，周大夫有家[1]甫，宋大夫有孔甫，是其类。"甫"字或作"父"。○此辞，宾直西序，东面，与子为字时命之也。据《释文》，备与日叶，为一韵，字音滋。嘉叶居之反，为一韵。假叶音古，与甫为一韵。顾炎武云："备与字一韵，嘉与宜一韵，假与甫一韵。古人文字错综，不必二句一韵也。"○甫音父。

屦，夏用葛。玄端黑屦，青絇繶纯，纯博寸。①素积白屦，以魁柎之。缁絇繶纯，纯博寸。②爵弁纁屦，黑絇繶纯，纯博寸。③冬皮屦可也，不屦繐屦。④

右三服之屦

①屦者顺裳色，玄端黑屦，以玄裳为正也。絇之言拘也，以为行戒。状如刀衣鼻，在屦头。繶，缝中紃也。纯，缘也。三者皆青。博，广也。○此下言三服之屦，不与上服同陈者，屦贱，故别言之。夏葛屦，冬皮屦，春秋热则从夏，寒则从冬。此玄端黑屦，初加时所用。注云"以玄裳为正"者，玄端兼有黄裳、杂裳，屦独用黑，与玄同色。故云"以玄裳为正"也。絇在屦头，繶其牙底相接缝中之絛。纯谓绕口缘边。三者皆青色也。○絇，其于反。繶，於力反。纯，章允反。缝，扶用反。紃音旬。

②魁，蜃蛤。柎，注也[2]。○此皮弁服之屦，再加时所用。以魁蛤之灰注于上，使色白也。○魁，苦回反。柎，方夫反。蜃，上忍反。蛤音閤。

③爵弁屦以黑为饰。爵弁尊，其屦饰以缋次。○此三加所用之屦。疏

[1]家，阮刻本《仪礼注疏》作"嘉"。
[2]也，阮刻本《仪礼注疏》作"者"，附校勘记："者，徐本作'者'，敖氏作'之'，《集释》、毛本作'也'。"

云“爵弁尊，其屦饰以缋次”者，案《冬官》“画缋之事”云，青与白相次，赤与黑相次，玄与黄相次，缋以为衣；青与赤谓之文，赤与白谓之章，白与黑谓之黼，黑与青谓之黻，绣以为裳。是对方为缋次，比方为绣次。又郑注《屦人》云：“复下曰舄，禅下曰屦。凡舄之饰，如缋之次。凡屦之饰，如绣之次。”上文黑屦青饰，白屦黑饰，皆绣之次。此爵弁纁屦而黑饰，不取比方之色，而以对方黑色为饰，是用缋次，与舄同。故云“爵弁尊”也。朱子曰：“三屦，经不言所陈处，疑在房中。既冠而适房改服，并得易屦也。”○缋，户内反。

④繐屦，丧屦也。缕不灰治曰繐。○疏云：言此者，欲见大功未可以冠子，故于屦末因禁之也。○繐音岁。

记。冠义。①

①○周公作经，后贤复为作记。疏云：凡言记者，皆是记经不备，兼记经外远古之言。案《丧服记》子夏为之作传，《记》当在子夏前。愚谓此《记》已有“孔子曰”，当在孔子后，不知定谁所录。《冠义》又《记》中小目，余篇不复言某义者，或欲举一例余也。又《戴记》亦有《冠义》，又后儒所为，故与此异也。

始冠缁布之冠也。太古冠布，齐则缁之。其緌也，孔子曰：“吾未之闻也，冠而敝之可也。”①适子，冠于阼，以著代也。醮于客位，加有成也。三加弥尊，谕其志也。冠而字之，敬其名也。②委貌，周道也。章甫，殷道也。毋追，夏后氏之道也。③周弁、殷冔、夏收。④三王共皮弁素积。⑤无大夫冠礼，而有其昏礼。古者五十而后爵，何大夫冠礼之有？⑥公侯之有冠礼也，夏之末造也。⑦天子之元子，犹士也。天下无生而贵者也。⑧继世以立诸侯，象贤也。⑨以官爵人，德之杀也。⑩死而谥，今也。古者生无爵，死无谥。⑪

①太古，唐、虞以上。緌，缨饰。未之闻，太古质，无饰。重古，始冠，冠其齐冠。白布冠，今之丧冠是也。○记者以经有缁布冠、皮弁、爵弁、玄冠四

等之冠，各记其所从来，与古今因革之异，此节记缁布冠为太古齐冠，本无緌，又始冠加之，以存古意，加后不复更著也。

②名者质，所受于父母。冠成人，益文，故敬之。○著代，明其将代己也。加有成，加礼于有成德者也。谕其志，教谕之使其志存修德，每进而上也。敬其名，敬其所受于父母之名。非君父之前，不以呼也。此皆《冠义》之大者，故记者释之。

③或谓委貌为玄冠[1]。委，犹安也。言所以安正容貌。章，明也。殷质，言以表明丈夫也。甫，或为父，今文为斧。毋，发声也。追，犹堆也。夏后氏质，以其形名之。三冠皆所常服以行道也，其制之异同，未之闻。○此因冠者冠毕，易服玄冠，故记之。道，犹制也。言三代冠制，此其同等者也。

④弁名出于盘。盘，大也，言所以自光大也。冔名出于幠。幠，覆也，言所以自覆饰也。收，言所以收敛发也，齐所服而祭也[2]。其制之异未闻。○此因三加爵弁，而记其制之相等者。殷则冔，夏则收也。○冔，况甫反。盘，畔干反。幠，火吴反。

⑤质不变。○言三代再加所同用也。疑"委貌"以下节，当在"适子"节之前。与首节皆言冠制，当以类从。

⑥据时有未冠而命为大夫者。周之初礼，年未五十而有贤才者，试以大夫之事，犹服士服，行士礼。二十而冠，急成人也。五十乃爵，重官人也。大夫或时改娶，有昏礼是也。○自此至末，皆明士冠礼可以上达之故。此言大夫无冠礼，如有未冠而为大夫者，其冠亦从乎士而已。

⑦造，作也。自夏初以上，诸侯虽父死子继，年未满五十者，亦服士服，行士礼，五十乃命也。至其衰末，上下相乱，篡弑所由生，故作公侯冠礼，以正君臣也。《坊记》曰："君不与同姓同车，与异姓同车不同服，示民不嫌也。以此坊民，民犹得同姓以弑其君者[3]。"○此言不独大夫无冠礼，虽公侯

[1]"或谓委貌为玄冠"七字，阮刻本《仪礼注疏》无。
[2]"齐所服而祭也"六字，阮刻本《仪礼注疏》无，附校勘记："徐本、《集释》俱无此六字，《通解》有，卢文弨云：'《郊特牲》疏全引此两节注文，而无"或谓委貌为玄冠"及"斋所服而祭也"两句，尤可证。'"
[3]者，阮刻本《仪礼注疏》作"也"，附校勘记："按疏标目'也'作'者'。"

冠礼亦夏末始作，非古也。据注训“造”为“作”，则“末”字当一读。近徐师曾解《郊特牲》云，末造，犹言末世，则二字连读。制作义在末造之外，读者酌之。

⑧元子，世子也。无生而贵，皆由下升。○天子之元子犹用士礼，又不但公侯已也。天下固无生而贵者也。

⑨象，法也。为子孙能法先祖之贤，故使之继世也。○诸侯继世而立，疑其生而贵矣。实以其象贤乃立之，天子元子亦以象贤，乃享天位。均非生而贵者也。故其冠皆用士礼也。

⑩杀，犹衰也。德大者爵以大官，德小者爵以小官。○凡以官位爵人，皆以德为等杀。爵以待有德，安得有生而贵者乎？

⑪今，谓周衰，记之时也。古，谓殷，殷士生不为爵，死不为谥。周制以士为爵，死犹不为谥耳，下大夫也。今记之时，士死则谥之，非也。谥之，由鲁庄公始也。○爵以德升，故冠从乎贱，用士礼。古者生不以士为爵，死不为之立谥，士固贱者也。

卷二　士昏礼[1]

①郑《目录》云：士娶妻之礼，以昏为期，因而名焉。必以昏者，阳往而阴来，日入三商为昏。昏礼于五礼属嘉礼。大小《戴》及《别录》此皆第二。○商，漏刻之名。三商，即三刻也。

昏礼。下达。纳采用雁。[1]主人筵于户西，西上，右几。[2]使者玄端至。[3]摈者出请事，入告。[4]主人如宾服，迎于门外，再拜，宾不答拜，揖入。[5]至于庙门，揖入。三揖，至于阶，三让。[6]主人以宾升，西面。宾升西阶，当阿，东面致命。主人阼阶上，北面再拜。[7]授于楹间，南面。[8]宾降，出。主人降，授老雁。[9]摈者出请。[10]宾执雁，请问名。主人许，宾入，授，如初礼。[11]摈者出请。宾告事毕。入告，出请醴宾。[12]宾礼辞，许。[13]主人彻几改筵，东上，侧尊甒醴于房中。[14]主人迎宾于庙门外。揖让如初。升，主人北面再拜，宾西阶上北面答拜。主人拂几授校，拜送。宾以几辟，北面设于坐，左之。西阶上答拜。[15]赞者酌醴，加角柶，面叶，出于房。[16]主人受醴，面枋，筵前西北面。宾拜受醴，复位。主人阼阶上拜送。[17]赞者荐脯醢。[18]宾即筵坐，左执觯，祭脯醢，以柶祭醴三。西阶上北面坐，啐醴，建柶兴，坐奠觯，遂拜。主人答拜。[19]宾即筵奠于荐左，降筵，北面坐取脯。主人辞。[20]宾降，授人脯，出。主人送于门外，再拜。[21]

右一使兼行纳采问名二礼及礼使者之仪

①达，通达也。将欲与彼合昏姻，必先使媒氏下通其言，女氏许之，乃后使人纳其采择之礼。《诗》云："取妻如之何？匪媒不得。"昏必由媒交接，设绍介，皆所以养廉耻。纳采而用雁为挚者，取其顺阴阳往来。○昏礼有六：

纳采、问名、纳吉、纳征、请期、亲迎是也。请期以上五礼，皆遣使者行之。《春秋》庄公二十二年《谷梁传》曰："纳币，大夫之事也。公之亲纳币，非礼也。"○采，七在反。

②主人，女父也。筵，为神布席也。户西者，尊处。将以先祖之遗体许人，故受其礼于祢庙。席西上，右设几，神不统于人。席有首尾。○女家将受纳采之礼，先设神坐，乃受之。西上，席首在西也。《乡射》、《燕礼》等设席皆东上，以近主人为上，是统于人。今以神尊，不统于人，取地道尊右之义，故席西上，几在右也。

③使者，夫家之属，若群吏使往来者。玄端，士莫夕之服。又服以事其庙，有司缁裳。○使，所吏反。莫音暮。

④摈者，有司佐礼者。请，犹问也。礼不必事，虽知犹问之，重慎也。○前已有媒氏通言，今使者至门，当知有昏事，而犹问之，是重慎也。

⑤门外，大门外。不答拜者，奉使不敢当其盛礼。○当亦如《士冠礼》。主人迎宾，主人西面，宾东面，此时宾自执雁。

⑥入三揖者，至内霤，将曲，揖；既曲，北面，揖；当碑，揖。

⑦阿，栋也。入堂深，示亲亲。今文"阿"为"庪"。○以宾升，与宾俱升也。疏云：凡士之庙，五架为之。中脊为栋，栋北一楣下有室户，栋南一架为前楣，楣前接檐为庪。《乡饮酒》、《聘礼》皆云当楣，无当阿者。今使者当阿，是至中脊下近室处，故注云"入堂深，示亲亲"。○庪，君委反。

⑧授于楹间，明为合好，其节同也。南面，并授也。○授谓授雁。楹间，两楹之间。凡授受，敌者于楹间，不敌者不于楹间。君行一，臣行二是也。今使者不敌，而授于楹间，明为合好，故其远近之节同也。

⑨老，群吏之尊者。○纳采礼毕，故宾降自西阶出庙门，将行后礼。主人降自阼阶，授老雁，立阶下以待事。

⑩不必宾之事有无。

⑪问名者，将归卜其吉凶。古文"礼"为"醴"。○问名，问女子之名，将加诸卜也。"如初礼"者，亦如纳采，升堂致命，授雁而出也。按《记》："主人受雁，还，西面对，宾受命，乃降。"是主人既受雁，还复阼阶之位，西面以女

名对宾。宾乃降阶出门也。此一使兼行二礼,既采须卜,其事相因故也。

⑫此“醴”亦当为“礼”。礼宾者,欲厚之。

⑬礼辞,一辞。

⑭徹几改筵者,乡为神,今为人。侧尊,亦言无玄酒。侧尊于房中,亦有篚有笾豆,如冠礼之设。〇徹去其几,后将授宾也。改筵,改西上而东上也。为人设则东上者,统于主人也。

⑮拂,拭也。拭几者,尊宾,新之也。校,几足。辟,逡遁。古文“校”为“枝”[1]。〇疏云“揖让如初,升”者,如纳采时三揖三让也。主人北面再拜者,拜宾至此堂饮之。“主人拂几”者,案《有司徹》,主人西面,左手执几,缩之,以右袂推拂几三,二手横执几,进授于尸前。凡敌者拂几,皆若此。卑于尊者,则内拂之。“授校”者,凡授几之法,卑者以两手执几两端,尊者则以两手于几间执之,授设皆然。又云:受时或受其足,或受于手间,皆横受之。及其设之,皆旋几纵执。乃设之于坐南,北面陈之位。为神则右之,为人则左之。不坐设之者,几轻故也。愚谓此经授校,是执其中间授之以其足,以使者是彼群吏,亦不敌者也。〇校,胡饱反。辟,房益反。

⑯赞,佐也,佐主人酌事也。赞者亦洗酌,加角柶,覆之,如冠礼矣。出房南面,待主人迎受。古文“叶”作“擖”。

⑰主人西北面,疑立,待宾即筵也。宾复位于西阶上,北面,明相尊敬,此筵不主为饮食起。〇主人执醴筵前,西北面,以待宾。宾拜于西阶上,乃进筵前受醴,受讫,复西阶北面之位。主人乃于阼阶上拜送此醴。古人受爵、送爵相拜之法率如此。

⑱荐,进。

⑲即,就也。左执觶,则祭以右手也。凡祭,于脯醢之豆间,必所为祭者,谦敬,示有所先也。啐,尝也。尝之者,成主人意。建,犹扱也。兴,起也。奠,停也。〇宾即筵坐而祭醴,南面坐也。啐醴则西阶北面之位,奠觶遂拜,亦于西阶。“遂拜”者,因事曰遂,坐奠觶不起而遂拜也。〇扱,初洽反。

⑳荐左,笾豆之东。降,下也。自取脯者,尊主人之赐,将归执以反命。

---

[1]枝,阮刻本《仪礼注疏》作“技”,附校勘记:“《通解》本作‘技’。”

辞者,辞其亲徹。○即筵奠于荐左,南面奠之,因祭酒之面也。

㉑人,谓使者从者,授于阶下西面,然后出去。○前迎于门外,是大门外,此送亦大门外。

纳吉,用雁,如纳采礼。①

右纳吉

①归卜于庙,得吉兆。复使使者往告,婚姻之事于是定。○如纳采礼,其揖让、升阶、致命、授雁及主人醴宾、取脯、出门之节并如之。

纳征,玄纁束帛俪皮,如纳吉礼。①

右纳征

①征,成也。使使者纳币以成昏礼。用玄纁者,象阴阳备也。束帛,十端也。《周礼》曰:"凡嫁子娶妻,入币纯帛无过五两。"俪,两也。执束帛以致命。两皮为庭实。皮,鹿皮。今文"纁"皆作"熏"。○疏云:此纳征无雁者,以有束帛为贽故也。《周礼》纯帛,缁帛也。是庶人用缁无纁;士大夫乃以玄纁、束帛;天子加以谷圭;诸侯加以大璋。《杂记》云:"纳币一束,束五两,两五寻。"然则每端二丈。玄纁束帛者,合言之。阳奇阴偶,三玄二纁也。郑注《周礼》以纯为缁,故疏以缁为庶人之礼。陈氏祥道云:"《苏秦传》'锦绣千纯'裴骃注曰:'纯,端名。'则《周礼》所云纯帛者,匹帛也。郑改'纯'为'缁',误矣。庶人亦用玄纁,但不必五两耳。"○纯,侧其反。

请期,用雁。主人辞,宾许,告期,如纳征礼。①

右请期

①主人辞者,阳倡阴和,期日宜由夫家来也。夫家必先卜之,得吉日,乃使使者往,辞即告之。○递言三礼同节,皆如纳采。

期,初昏,陈三鼎于寝门外东方,北面,北上。其实特豚,合升,去蹄。举肺、脊二,祭肺二,鱼十有四,腊一肫,髀不升。皆饪，设扃鼏。[1]设洗于阼阶东南。[2]馔于房中，醯酱二豆，菹醢四豆，兼巾之；黍稷四敦，皆盖。[3]大羹湆在爨。[4]尊于室中北墉下，有禁。玄酒在西，绤幂，加勺，皆南枋。[5]尊于房户之东，无玄酒。篚在南，实四爵合卺。[6]

右将亲迎预陈馔

①期，取妻之日。鼎三者，升豚、鱼、腊也。寝，壻之室也。北面，乡内也。特，犹一也。合升，合左右胖升于鼎也。去蹄，蹄甲不用也。举肺、脊者，食时所先举也。肺者，气之主也，周人尚焉。脊者，体之正也，食时则祭之，饭必举之，贵之也。每皆二者，夫妇各一耳。凡鱼之正，十五而鼎，减一为十四者，欲其敌偶也。腊，兔腊也。肫，或作"纯"。纯，全也，凡腊用全。髀不升者，近窍，贱也。饪，熟也。扃，所以扛鼎。鼏，覆之。古文"纯"为"钧"，"髀"为"脾"。今文"扃"作"铉"，"鼏"皆作"密"。○此下言亲迎之礼。先陈同牢之馔，乃乘车往迎，妇至成礼，共三节。举肺脊，食时所祭之肺与脊也。祭肺则未食时祭之。疏云：祭时二肺俱有，生人唯有举肺皆祭。今此得有祭肺者，《郊特牲》论娶妇，"玄冕斋戒，鬼神阴阳"也，故与祭祀同二肺也。鱼十有四，夫妇各七，固取敌偶，亦合公食大夫一命七鱼之数。凡他礼，牲体用一胖，腊则左右体胁相配为一，故得全名。唯大敛、士虞皆用左胖，不全，反吉故也。○去，起吕反。肫音纯。髀，步米反。饪，而甚反。窍，苦吊反。扛音江。

②洗，所以承盥洗之器弃水者。

③醯酱者，以醯和酱，生人尚亵味。兼巾之者，六豆共巾也。巾为御尘，盖为尚温。《周礼》曰："食齐视春时。"○敦音对。齐，才计反。

④大羹湆，煮肉汁也。大古之羹无盐菜。爨，火上。《周礼》曰："羹齐视夏时。"今文"湆"皆作"汁"。○湆，去急反。

⑤墉，墙也。禁，所以庪甒者。玄酒，不忘古也。绤，粗葛。今文"枋"作"柄"。

⑥无玄酒者，略之也。夫妇酌于内尊，其余酌于外尊。合卺，破匏也。四爵、两卺凡六，为夫妇各三酳。一升曰爵。○鼎陈寝门外，洗设阼阶东南，豆敦馔于房中，羹在爨，内尊在室，外尊在房户东，爵卺篚在外尊南。此同牢

馔设之次。○卺音谨。匏,白交反。酳,以仞反。

主人爵弁、纁裳、缁袘,从者毕玄端。乘墨车,从车二乘,执烛前马。[①]妇车亦如之,有裧。[②]至于门外。[③]主人筵于户西,西上,右几。[④]女次,纯衣纁袡。立于房中,南面。[⑤]姆纚、笄、宵衣,在其右。[⑥]女从者毕袗玄,纚笄,被顈黼,在其后。[⑦]主人玄端,迎于门外,西面再拜。宾东面答拜。[⑧]主人揖入。宾执雁从。至于庙门,揖入。三揖至于阶,三让。主人升,西面。宾升,北面,奠雁,再拜稽首,降,出。妇从,降自西阶。主人不降送。[⑨]壻御妇车,授绥,姆辞不受。[⑩]妇乘以几,姆加景,乃驱。御者代。[⑪]壻乘其车先,俟于门外。[⑫]

右亲迎

①主人,壻也。壻为妇主,爵弁而纁裳,玄冕之次。大夫以上亲迎,冕服。冕服迎者,鬼神之。鬼神之者,所以重之亲之。纁裳者,衣缁衣,不言衣与带,而言袘者,空其文,明其与袘俱用缁。袘,谓缘,袘之言施,以缁缘裳,象阳气下施。从者,有司也,乘贰车从行者也。毕,犹皆也。墨车,漆车。士而乘墨车,摄盛也。执烛前马,使从役持炬火居前照道。○主人,壻也。下文女父称主人,男称壻,此未至女家,仍据男家而言,故云"主人"。一命大夫冕而无旒,士变冕为爵弁,故云"冕之次"。士助祭于公用之,是士服之盛者。大夫以上亲迎,则皆冕服矣。疏以为五等诸侯亦不过玄冕,天子亲迎当衮冕,或然也。大夫乘墨车,士乘栈车。今亲迎乘大夫之车,故云"摄盛"。案《巾车》注云"栈车,不革鞔而漆之",则士之栈车亦漆,但无革鞔为异。○袘,以豉反。从,才用反。迎,鱼正反。

②亦如之者,车同等。士妻之车,夫家共之。大夫以上嫁女,则自以车送之。裧,车裳帏,《周礼》谓之容车,有容则固有盖。○"如之"者,亦墨车及从车执烛等也。○裧,昌占反。

③妇家大门之外。

④主人,女父也。筵,为神布席。

⑤次，首饰也，今时髲也。《周礼·追师》掌“为副、编、次”。纯衣，丝衣。女从者毕袗玄，则此衣亦玄矣。袡，亦缘也。袡之言任也。以纁缘其衣，象阴气上任也。凡妇人不常施袡之衣，盛昏礼，为此服。《丧大记》曰：“复衣不以袡。”明非常。○疏云：不言裳者，以妇人之服不殊裳。《周礼·追师》注云：“副之言覆，所以覆首为之饰，其遗象若今步摇。编，编列发为之，若今假紒。次，次第发长短为之，所谓髲鬄。外内命妇衣鞠衣、襢衣者服编，衣褖者服次。”其副唯于三翟祭祀服之。士服爵弁助祭之服以迎，则士之妻亦服褖衣助祭之服也。又云：此纯衣即褖衣，是士妻助祭之服，寻常不用纁为袡。今用之，故云“盛昏礼，为此服”。○袡，如占反。髲，皮义反。

⑥姆，妇人年五十无子，出而不复嫁，能以妇道教人者，若今时乳母。纚，绦发。笄，今时簪也。纚亦广充幅，长六尺。宵，读为《诗》“素衣朱绡”之“绡”。《鲁诗》以绡为绮属也。姆亦玄衣，以绡为领，因以为名，且相别耳。姆在女右，当诏以妇礼。○姆，亡候反。绡音消。

⑦女从者，谓侄娣也。《诗》：“诸娣从之，祁祁如云。”袗，同也。同玄者，上下皆玄也。纇，禅也。《诗》云：“素衣朱襮”。《尔雅》云：“黼领谓之襮。”《周礼》曰：“白与黑谓之黼。”天子诸侯后夫人狄衣，卿大夫之妻刺黼以为领，如今偃领矣。士妻始嫁，施禅黼于领上，假盛饰耳。言被，明非常服。○陈氏云：“袗，设饰也。《说文》曰：‘褧，緥也，枲属。’纇与褧、緥通。袗玄，设饰以玄也。纇黼以枲为领而刺黼也。”○被，皮义反。纇，苦迥反。黼音甫。襮音博。刺，七亦反。

⑧宾，壻。

⑨宾升，奠雁拜，主人不答，明主为授女耳。主人不降送，礼不参。○疏云：宾升，北面奠雁，再拜稽首。此时当在房外，当楣北面。何休《公羊传》注云：“夏后氏逆于庭，殷人逆于堂，周人逆于户。”礼不参者，礼，宾主宜各一人。

⑩壻御者，亲而下之。绥，所以引升车者。《曲礼》曰[1]：“仆人之礼，必授人绥。”

[1] “《曲礼》曰”三字，阮刻本《仪礼注疏》无。

⑪乘以几者，尚安舒也。景之制，盖如明衣，加之以为行道御尘，令衣鲜明也。景亦明也。驱，行也。行车轮三周，御者乃代壻。今文"景"作"憬"。○景与絅、褧音相近，义正同。○令，力呈反。

⑫壻车在大门外，乘之先者，道之也。男率女，女从男，夫妇刚柔之义，自此始也。俟，待也。门外，壻家大门外。

妇至，主人揖妇以入。及寝门，揖入，升自西阶。媵布席于奥，夫入于室，即席。妇尊西，南面。媵、御沃盥交。①赞者徹尊幂。举者盥，出，除鼏，举鼎入，陈于阼阶南，西面，北上。匕俎从设。②北面载，执而俟。③匕者逆退，复位于门东，北面，西上。④赞者设酱于席前，菹醢在其北。俎入，设于豆东，鱼次，腊特于俎北。⑤赞设黍于酱东，稷在其东，设湆于酱南。⑥设对酱于东，⑦菹醢在其南，北上。设黍于腊北，其西稷。设湆于酱北。御布对席，赞启会，郤于敦南，对敦于北。⑧赞告具。揖妇，即对筵，皆坐，皆祭，祭荐、黍、稷、肺。⑨赞尔黍，授肺脊。皆食，以湆、酱，皆祭举、食举也。⑩三饭，卒食。⑪赞洗爵，酌酳主人，主人拜受。赞户内北面答拜。酳妇亦如之。皆祭。⑫赞以肝从，皆振祭。哜肝，皆实于菹豆。⑬卒爵，皆拜。⑭赞答拜，受爵。再酳如初，无从。三酳用卺，亦如之。⑮赞洗爵，酌于户外尊，入户，西北面奠爵，拜。皆答拜。坐祭，卒爵，拜。皆答拜，兴。⑯主人出，妇复位。⑰乃徹于房中，如设于室，尊否。⑱主人说服于房，媵受。妇说服于室，御受，姆授巾。⑲御衽于奥，媵衽良席在东，皆有枕，北止。⑳主人入，亲说妇之缨。㉑烛出。㉒媵馂主人之余，御馂妇余，赞酌外尊酳之。㉓媵侍于户外，呼则闻。㉔

右妇至成礼

①升自西阶，道妇入也。媵，送也，谓女从者也。御当为讶，讶，迎也，谓壻从者也。媵沃壻盥于南洗，御沃妇盥于北洗。夫妇始接，情有廉耻，媵、御交道其志。○夫道妇入室，先自即席，东面。妇尚在尊西，南面。须设馔讫，乃

设对席,然后揖妇即坐,为前后至之便故也。媵即侄娣。御,夫家之女役。南洗在庭,北洗在北堂。○媵,以证反。御音讶。

②执匕者,执俎者从鼎而入,设之。匕,所以别出牲体也。俎,所以载也。

③执俎而立,俟豆先设。○执匕者南面,别出牲体。执俎者,北面承取,载之于俎,执之而俟,豆设乃设也。

④执匕者事毕,逆退,由便,至此乃著其位,略贱也。

⑤豆东,菹醢之东。○鱼次者,又在俎东也。腊特设俎北,若复东则馔不得方故也。

⑥馔要方也。○二豆并列酱北,二敦直列酱东,此为夫设。下对设二豆、二敦,则为妇。三俎夫妇共之。

⑦对酱,妇酱也。设之当特俎。

⑧启,发也。今文"启"作"开"。古文"郤"为"绤"。○会,敦之盖。郤,仰也。开敦盖,各仰置敦右。○会,古外反。郤,去逆反。

⑨赞者西面告馔具也。壻揖妇,使即席,荐菹醢。○其祭之序,由近及远,肺指祭肺,非举肺也。

⑩尔,移也,移置席上,便其食也。皆食,食黍也。以,用也,用者谓用口啜湆,用指咂酱。古文"黍"作"稷"。○举即脊与肺也。○咂,子阖反。

⑪卒,已也。同牢示亲,不主为食起,三饭而成礼也。

⑫酳,漱也。酳之言演也,安也。漱所以洁口,且演安其所食。酳,酌内尊。○内尊,尊于室中北墉下者也。疏云:壻拜当东面,妇拜当南面。《少牢》"餐答拜",注云:"在东面席者,东面拜,在西面席者,南面拜。"故知妇拜南面。若赞答妇拜,亦于户内北面也。○漱,所又反。

⑬肝,肝炙也。饮酒宜有肴以安之。○从,犹继也。振,犹举也。

⑭妇拜,见上篇"见母"章,此篇"妇见奠菜"一章及《内则》,女拜尚右手。[1]

⑮亦无从也。○"如初"者,如自"赞洗爵"以下至"答拜受爵",但无从

[1] 此条注文,阮刻本《仪礼注疏》无,当为张尔岐案语。

为异。无从，不以肝从也。三酳则并如再酳之无从。酳爵不袭，赞受爵，即返之于篚，别取爵再酳，三酳则用卺也。

⑯赞酌者，自酢也。

⑰复尊西南面之位。

⑱徹室中之馔设于房中，为媵御馂之。徹尊不设，有外尊也。

⑲巾，所以自洁清。今文“说”作“税”。○说，吐活反。

⑳衽，卧席也。妇人称夫曰良。《孟子》曰：“将瞯良人之所之。”止，足也。古文“止”作“趾”。○设衽曰衽，犹置尊曰尊，布筵曰筵也。上文媵受主人服，御受妇服，此御衽妇席，媵衽夫席，皆与媵、御沃盥交义同。

㉑入者，从房还入室也。妇人十五许嫁，笄而礼之，因着缨，明有系也。盖以五采为之，其制未闻。

㉒昏礼毕，将卧息。

㉓外尊，房户外之东尊。

㉔为尊者有所征求。今文“侍”作“待”。

夙兴，妇沐浴。纚笄、宵衣以俟见。①质明，赞见妇于舅姑。席于阼，舅即席。席于房外，南面，姑即席。②妇执笲枣栗，自门入，升自西阶，进拜，奠于席。③舅坐抚之，兴，答拜。妇还，又拜。④降阶，受笲腶修，升，进，北面拜，奠于席。姑坐，举以兴，拜，授人。⑤

右妇见舅姑

①夙，早也，昏明日之晨。兴，起也。俟，待也。待见于舅姑寝门之外。古者命士以上，年十五，父子异宫。○此下言昏之明日，妇见舅姑。赞者于舅姑堂上醴妇，妇馈舅姑于室，舅姑飨妇，舅姑飨妇家送者，凡五节。

②质，平也。房外，房户外之西。古文“舅”皆作“咎”。

③笲，竹器而衣者，其形盖如今之筥𥰭𥫱矣。进拜者，进东面乃拜。奠之者，舅尊，不敢授也。○舅立阼阶上，西面，妇自西阶进至舅前，东面拜，拜已，坐奠枣栗于舅席。○笲音烦。衣，於既反。𥰭，羌居反。

④还又拜者,还于先拜处拜。妇人与丈夫为礼,则侠拜。〇抚,抚枣栗笲也。抚之者,示受也。

⑤人,有司。姑执笲以起,答妇拜,授有司彻之。舅则宰彻之。〇妇见舅讫,复自西阶降,受腶修以见姑。〇腶,丁乱反。

赞醴妇。①席于户牖间,②侧尊甒醴于房中。妇疑立于席西。③赞者酌醴,加柶,面枋,出房,席前北面。妇东面拜受,赞西阶上北面拜送。妇又拜。荐脯醢。④妇升席,左执觯,右祭脯醢,以柶祭醴三。降席,东面坐,啐醴,建柶,兴,拜。赞答拜。妇又拜,奠于荐东,北面坐,取脯,降,出,授人于门外。⑤

右赞者醴妇

①醴当为礼。赞礼妇者,以其妇道新成,亲厚之。〇疏云:案《司仪》注:"上于下曰礼,敌者曰傧。"

②室户西,牖东,南面位。

③疑,正立自定之貌。〇疑,鱼乙反。

④妇东面拜,赞北面答之。变于丈夫始冠成人之礼。

⑤奠于荐东,升席奠之。取脯降,出授人,亲彻,且荣得礼。人,谓妇氏人。〇祭醴南面,啐醴东面,奠觯又南面,取脯则北面。

舅姑入于室,妇盥馈。①特豚,合升,侧载,无鱼腊,无稷,并南上。其它如取女礼。②妇赞成祭,卒食,一酳,无从。③席于北牖下。④妇彻,设席前如初,西上。妇馂,舅辞,易酱。⑤妇馂姑之馔。御赞祭豆、黍、肺、举肺、脊。乃食,卒。姑酳之,妇拜受,姑拜送。坐祭,卒爵,姑受,奠之。⑥妇彻于房中。媵、御馂,姑酳之。虽无娣,媵先。于是与始饭之错。⑦

右妇馈舅姑

①馈者,妇道既成,成以孝养。

②侧载者,右胖载之舅俎,左胖载之姑俎,异尊卑。并南上者,舅姑

共席于奥，其馔各以南为上。其它，谓酱湆、菹醢。女，谓妇也。如取妇礼同牢时。并当作併。〇自“侧载”以下、“南上”以上，皆与取女同牢之礼异。至酱湆、菹醢、酒尊等则与之同。

③赞成祭者，授处之。今文无“成”也。〇赞祭者品授之，又处置之也。

④室[1]中北墙下。〇疏曰：此席将为妇馂之位处也。

⑤妇馂者，即席将馂也。辞易酱者，嫌淬污。

⑥奠于篚[2]。〇舅姑之馔并设席前，妇所馂则姑之馔。

⑦古者嫁女，必娣侄从之，谓之媵。侄，兄之子。娣，女弟也。娣尊侄卑，若或无娣，犹先媵，客之也。始饭谓舅姑。错者，媵馂舅余，御馂姑余也。古文“始”为“姑”。〇媵、御馂于房，姑亦酳之。其酳之次，先媵而后御，娣侄具者，媵固先。虽无娣，而以侄为媵，媵犹先也。媵从妇而馂舅余，御从夫而馂姑余，是与舅姑始饭夫妇之位相交错也。

舅姑共飨妇以一献之礼。舅洗于南洗，姑洗于北洗，奠酬。①舅姑先降自西阶，妇降自阼阶。②归妇俎于妇氏人。③

右舅姑飨妇

①以酒食劳人曰飨。南洗在庭，北洗在北堂。设两洗者，献酬酢以洁清为敬。奠酬者，明正礼成，不复举。凡酬酒，皆奠于荐左，不举。其燕则更使人举爵。〇疏云：此飨妇之事，与上盥馈同日为之，《昏义》云：“舅姑入室，妇以特豚馈，明妇顺也。厥明，舅姑共飨妇。”郑彼注云：“容大夫以上，礼多或异日。”故知此士同日可也。此与上事相因，亦于舅姑寝堂之上，与礼妇同在客位也。又云：案下《记》飨妇节注云“舅姑共飨妇，舅献，姑荐脯醢”，但荐脯醢无盥洗之事。今云“姑洗于北洗”，洗者洗爵，则是舅献姑酬共成一献，仍无妨姑荐脯醢也。愚案：注“其燕则更使人举爵”者，泛言他经，正献后更举爵行酬之事，非此经所有。

[1]“室”上，阮刻本《仪礼注疏》有“墉，墙也”三字。
[2]“奠于篚”上，阮刻本《仪礼注疏》有“奠之”二字。

②授之室，使为主，明代己。○疏云：《曲礼》云子事父母升降不由阼阶。今舅姑降自西阶，妇降自阼阶，是授妇以室之事也。授之室，《昏义》文。

③言俎，则飨礼有牲矣。妇氏人，丈夫送妇者。使有司归以妇俎，当以反命于女之父母，明其得礼。

舅飨送者以一献之礼，酬以束锦。[①]姑飨妇人送者，酬以束锦。[②]若异邦，则赠丈夫送者以束锦。[③]

右飨送者

①送者，女家有司也。爵至酬宾，又从之以束锦，所以相厚。古文“锦”皆作“帛”。○疏云：尊无送卑之法，士无臣，故知有司送之也。

②妇人送者，隶子弟之妻妾。凡飨，速之。○疏云：凡速者，皆就馆速之。

③赠，送也，就宾馆。○既于飨酬之，又就馆赠之也。

若舅姑既没，则妇入三月，乃奠菜。[①]席于庙奥，东面，右几。席于北方，南面。[②]祝盥，妇盥于门外。妇执笲菜，祝帅妇以入。祝告，称妇之姓曰：“某氏来妇，敢奠嘉菜于皇舅某子。”[③]妇拜，扱地，坐奠菜于几东席上，还，又拜如初。[④]妇降堂，取笲菜入。祝曰：“某氏来妇，敢告于皇姑某氏。”奠菜于席，如初礼。[⑤]妇出，祝阖牖户。[⑥]老醴妇于房中，南面，如舅姑醴妇之礼。[⑦]壻飨妇送者丈夫妇人，如舅姑飨礼。

右舅姑没妇庙见及飨妇飨送者之礼

①没，终也。奠菜者，以篚祭菜也，盖用堇。○此下言舅姑既没者之礼。三月妇道既成，乃庙见，因礼妇飨从者。疏云：若舅没姑存，则当时见姑，三月庙见舅。若舅存姑没，无庙可见。或更有继姑[1]，自然如常礼也。

②庙，考妣之庙。北方，墉下。○“席于奥”者，舅席也。“席于北方”者，姑席也。舅姑别席异面，象生时妇见之礼，与常祭同几者不同也。

[1] 姑，金陵书局本、阮刻本《仪礼注疏》作“室”。

③帅，道也。入，入室也。某氏者，齐女则曰姜氏，鲁女则曰姬氏。来妇，言来为妇。嘉，美也。皇，君也。○疏云：盥于门外，此亦异于常祭。云某子者，言若张子、李子也。顾炎武云："妇人内夫家，无称其舅为张子、李子者。某子云者，或谥或字之称。"愚谓疏之意或以妇新入门，称姓以告，故亦以姓称其舅与？

④扱地，手至地也。妇人扱地，犹男子稽首。○疏云：妇人以肃拜为正。今云"扱地"，则妇人之重拜也。男子稽首，亦拜中之重，故以相况也。愚案：此席上在奥之席，又拜如初，又扱地也。○扱，初洽反。

⑤降堂，阶上也。室事交乎户。今降堂者，敬也。于姑言敢告，舅尊于姑。○此奠北坐之前以见姑也。"室事交乎户"，《礼器》文。

⑥凡庙，无事则闭之。

⑦因于庙见礼之。○亦象舅姑生时，因妇来见，遂礼之也。房中，庙之房中。尝疑此老与前赞者并是男子，乃使与新妇为礼。在前圣必自有说，非末学所可臆度矣。

记

士昏礼，凡行事，必用昏昕，受诸祢庙。辞无不腆，无辱。①挚不用死，皮帛必可制。②腊必用鲜，鱼用鲋，必殽全。③

右记昏礼时地辞命用物

①用昕，使者。用昏，壻也。壻，悉计反，从士从胥，俗作婿，女之夫。[1]腆，善也。宾不称币不善，主人不谢来辱。○昕，朝旦也。壻用昏，亲迎时也。使者用昕，纳采、问名、纳吉、纳征、请期，使向女家时也。受诸祢庙，男家礼至，并于祢庙受之也。"辞无不腆"者，《郊特牲》云："告之以直信，信事人也。信妇德也。"注云："此二者所以教妇正直信也。"

②挚，雁也。皮帛，俪皮、束帛也。○挚必生雁，皮帛必可制为衣物。

③殽全者，不馁败，不剥伤。○殽全，指鱼其体肉完好也。此并据同牢

[1]"壻悉计反从士从胥俗作婿女之夫"十四字，非郑注之文，阮刻本《仪礼注疏》无。

时所用。○鲋音附。馁,奴罪反。

女子许嫁，笄而醴之，称字。①祖庙未毁，教于公宫三月；若祖庙已毁，则教于宗室。②

记笄女教女之事

①许嫁,已受纳征礼也。笄女之礼,犹冠男也。使主妇女宾执其礼。○疏云:笄女许嫁者,用醴礼之。未许嫁者,当用酒醮之。

②祖庙,女高祖为君者之庙也。以有缌麻之亲,就尊者之宫,教以妇德、妇言、妇容、妇功。宗室,大宗之家。○此谓诸侯同族之女将嫁之前,教成之法,其与诸侯共高祖者是缌麻之亲,教之于公宫,其共曾祖、共祖、共祢庙者,皆教于公宫可知也。若与君绝服者,则于大宗之家教之。大宗之家,谓别子之世适长子,族人所宗事者也。

问名。主人受雁，还，西面对。宾受命乃降。①

记问名对宾之节

①受雁于两楹间,南面,还于阼阶上,对宾以女名。

祭醴。始扱一祭，又扱再祭。宾右取脯，左奉之，乃归，执以反命。①

记祭醴法

①反命,谓使者问名、纳吉、纳征、请期,还报于壻父。○凡祭醴之法皆如此,其记于此者,以问名诸礼皆醴宾故也。

纳征。执皮，摄之，内文，兼执足，左首。随入，西上，参分庭一，在南。①宾致命，释外足，见文。主人受币。士受皮者自东出于后，自左受，遂坐摄皮，逆退，适东壁。②

记纳征礼庭实之节

①摄,犹辟也。兼执足者,左手执前两足,右手执后两足。左首,象生。

《曲礼》曰:“执禽者左首。”随入,为门中阨狭。西上,中庭位并。○纳征之礼,宾执束帛入,别有二人执皮,以为庭实。其执之之法,襞摄之,使文在内,两手兼执其四足,首向左,二人相随入门,至庭则并立,以西为上,三分庭之一,而在其南。○阨,於卖反。

②宾致命,主人受币,庭实所用为节。士,谓若中士、下士不命者,以主人为官长。自,由也。○宾堂上致命时,执皮者庭中释皮外足见文。主人堂上受命时,主人属吏受皮者自东方出执皮者之后,至其左,北面受之。故注云“宾致命,主人受币,庭实所用为节”也。既受皮,遂坐摄之,复使内文。“逆退适东壁”者,初二人相随自东而西,及退反东壁,则后者在前也。

父醴女而俟迎者,母南面于房外。①女出于母左,父西面戒之,必有正焉,若衣若笄。母戒诸西阶上,不降。②

记父母授女

①女既次、纯衣,父醴之于房中,南面,盖母荐焉,重昏礼也。女奠爵于荐东,立于位而俟壻。壻至,父出,使摈者请事。母出,南面房外,示亲授壻,且当戒女也。

②必有正焉者,以托戒之,使不忘。○母在房户西,南面。女出房,至母左,时父阼阶上,西面戒之。母送女至西阶上,乃戒之也。父母不降送,庶母及门内申父母之命。

妇乘以几。从者二人坐持几相对。①

记妇升车法

①持几者,重慎之。○疏云:王后则履石。大夫、诸侯亦应有物履之,但无文,今人犹用台。

妇入寝门,赞者彻尊幂,酌玄酒,三属于尊,弃余水于堂下阶间,加勺。①

记注玄酒之节

①属，注也。玄酒，涚水贵新，昏礼又贵新，故事至乃取之，三注于尊中。○属音烛。涚，舒锐反，音睡。

笲，缁被纁里，加于桥。舅答拜，宰徹笲。①

记笲饰及受笲之节

①被，表也。笲有衣者，妇见舅姑，以饰为敬。桥，所以庪笲，其制未闻。今文“桥”为“镐”。○笲音烦。

妇席荐馔于房。①飨妇，姑荐焉。②妇洗在北堂，直室东隅，篚在东，北面盥。③妇酢舅，更爵，自荐。④不敢辞洗，舅降则辟于房，不敢拜洗。⑤凡妇人相飨，无降。⑥

记醴妇飨妇馔具仪节

①醴妇、飨妇之席荐也。

②舅姑共飨妇，舅献爵，姑荐脯醢。

③洗在北堂，所谓北洗。北堂，房中半以北。洗南北直室东隅，东西直房户与隅间。○飨妇时，姑洗于北洗。疏云：房与室相连谓之房，无北壁，故得北堂之名。

④更爵，男女不相因也。○妇得献，卒爵，更爵酢舅，自荐脯醢，不以人赞也。

⑤不敢与尊者为礼。○辞洗拜洗，宾主敌者之礼，妇于舅则不敢也。舅飨妇，献爵酬爵皆洗。

⑥姑飨妇人送者于房，无降者，以北洗篚在上。○疏云：言“凡”者，欲见舅姑共飨妇及姑飨妇人送者皆然。

妇入三月，然后祭行。①

记妇助祭之期

①入夫之室三月之后，于祭乃行，谓助祭也。

庶妇，则使人醮之，妇不馈。①

记庶妇礼之不同于适妇者

①庶妇，庶子之妇也。使人醮之，不飨也。酒不酬酢曰醮，亦有脯醢。适妇酌之以醴，尊之，庶妇酌之以酒，卑之，其仪则同。不馈者，共养统于适也。○亦昏之明日妇见舅姑时，因使人醮之于房外之西，如醴妇之仪。妇不馈，则舅姑亦不飨也。

昏辞曰："吾子有惠，贶室某也。①某有先人之礼，使某也请纳采。"②对曰："某之子惷愚，又弗能教，吾子命之，某不敢辞。"③致命曰："敢纳采。"④

纳采之辞

①昏辞，摈者请事，告之辞。吾子，谓女父也。称有惠，明下达。贶，赐也。室犹妻也[1]。某，婿名。○此下皆记昏礼中辞命。

②某，婿父名也。某也，使名也。

③对曰者，摈出纳宾之辞。某，女父名也。吾子，谓使者。古[2]文"弗"为"不"，无"能"字。○惷，失容反。

④○当有对辞，文不具。愚意亦当与摈出纳宾之辞不异。

问名，曰："某既受命，将加诸卜，敢请女为谁氏？"①对曰："吾子有命，且以备数而择之，某不敢辞。"②

问名之辞

①某，使者名也。谁氏者，谦也。不必其主人之女。○疏以为使者升堂致命之辞，愚意告摈者之辞当亦不异。

②卒曰某氏，不记之者，明为主人之女。○案前《记》问"名节"注云："还于阼阶上，对宾以女名。"

[1]"也"下，阮刻本《仪礼注疏》有"子谓公冶长可妻也"八字，附校勘记："陈、闽、监、葛、《通解》俱脱此八字。"

[2]古，阮刻本《仪礼注疏》作"今"，附校勘记：徐本、《集释》、《通解》同，毛本"今"作"古"。

醴，曰：“子为事，故至於某之室。某有先人之礼，请醴从者。”①对曰：“某既得将事矣，敢辞。”②“先人之礼，敢固以请。”③“某辞不得命，敢不从也。”④

醴宾之辞

①言从者，谦不敢斥也。今文“於”为“于”。

②将，行。

③主人辞，固，如故。

④宾辞也，不得命者，不得辞己之命。

纳吉，曰：“吾子有贶命，某加诸卜，占曰吉，使某也敢告。”①对曰：“某之子不教，唯恐弗堪。子有吉，我与在，某不敢辞。”②

纳吉之辞

①贶，赐也。赐命，谓许以女名也。某，婿父名。○疏于“贶”字截句。

②与犹兼也。古文“与”为“豫”。○子既得吉，我兼在吉中，荣幸之言也。○与音预。

纳征，曰：“吾子有嘉命，贶室某也。某有先人之礼，俪皮束帛，使某也请纳征。”致命，曰：“某敢纳征。”对曰：“吾子顺先典，贶某重礼，某不敢辞，敢不承命！”①

纳征之辞

①典，常也，法也。

请期，曰：“吾子有赐命，某既申受命矣。惟是三族之不虞，使某也请吉日。”①对曰：“某既前受命矣，唯命是听。”②曰：“某命某听命于吾子。”③对曰：“某固惟命是听。”使者曰：“某使某受命，吾子不许，某敢不告期！”曰：“某日。”④对曰：“某敢不敬须！”⑤

请期之辞

①三族，谓父昆弟、己昆弟、子昆弟。虞，度也。不亿度，谓卒有死丧，此三族者，己及子皆为服期，期服则踰年，欲及今之吉也。《杂记》曰："大功之末，可以冠子、嫁子。"○皆宾与主人面相往复之辞。"申受命"者，自纳采以来每度受命也。○亿，於力反。卒，七忽反。

②前受命者，申前事也。○主人以期当自壻家来，故辞之。

③曰某，壻父名也。○使者再请。

④某，吉日之甲乙。○使者来时本受吉期于壻父，初执谦请之，此乃因其固辞而告之也。

⑤须，待也。

凡使者归，反命，曰："某既得将事矣，敢以礼告。"①主人曰："闻命矣。"

使者反命之辞

①告礼，所执脯。○凡者，五礼使者皆然。

父醮子。①命之，辞[1]曰："往迎尔相，承我宗事。②勖帅以敬先妣之嗣，若则有常。"③子曰："诺。唯恐弗堪，不敢忘命。"

父醮子辞

①子，壻也。○父为子将迎妇，以酒醮之于寝，其仪当如冠子醮法。

②相，助也。宗事，宗庙之事。○相，息亮反。

③勖，勉也。若犹女也。勉帅妇道，以敬其为先妣之嗣。女之行则当有常，深戒之。《诗》云："太姒嗣徽音。"○谓妇为相，以其为夫之助也。注以"勖帅以敬"八字为句，愚谓当四字为句。事、嗣叶，相、常首尾叶，若曰："今往迎尔相，以承我宗事，当勉帅以敬，使其惟先妣是嗣。女之敬必有常，不

[1]辞，阮刻本《仪礼注疏》无，附校勘记："毛本'之'下有'辞'字，唐石经、徐本、《集释》、《要义》、敖氏俱无'辞'字，《通解》、杨氏有；《石经考文提要》云：'记乃通记昏辞，每节俱无"辞"字。'"

可敬始而怠终也。”末句申劝之。○勖，许玉反。

宾至，摈者请，对曰：“吾子命某，以兹初昏，使某将，请承命。”①对曰：“某固敬具以须。”

亲迎至门告摈者辞

①宾，壻也。命某，某，壻父名。兹，此也。将，行也。使某行昏礼来迎。

父送女，命之曰：“戒之敬之，夙夜毋违命。”①母施衿结帨，曰：“勉之敬之，夙夜无违宫事。”②庶母及门内，施鞶，申之以父母之命，命之曰：“敬恭听宗尔父母之言，夙夜无愆，视诸衿鞶。”③

父母送女戒命之辞

①夙，早也，早起夜卧。命，舅姑之教命。古文“毋”为“无”。○即前《记》云“父西面戒之，必有正焉”之辞。

②帨，佩巾。○即前《记》云“母戒诸西阶上”之辞。衿，衣小带，一云衣领。宫事，姑命妇之事。○衿，其鸩反。帨，舒锐反。

③庶母，父之妾也。鞶，鞶囊也。男鞶革，女鞶丝，所以盛帨巾之属，为谨敬。申，重也。宗，尊也。愆，过也。诸，之也。示之以衿鞶[1]，皆托戒，使识之也。不示之以衣笄者，尊者之戒，不嫌忘之。“视”乃正字，今文作“示”，俗误行之。○鞶，大带，其训囊者，从系不从革。“视诸衿鞶”者，教以见衿鞶即忆父母之言也。○鞶，步干反。

壻授绥，姆辞，曰：“未教，不足与为礼也。”①

姆辞壻授绥之辞

①○此节监本脱，据《石经》及吴本补入，或当有郑注而今逸之矣。姆，教人者。

---

[1]“鞶”下，阮刻本《仪礼注疏》有“者”字。

宗子无父，母命之。亲皆没，己躬命之。①支子，则称其宗。②弟则[1]称其兄。③

记使命所自出

①宗子者，适长子也。命之，命使者。母命之，在《春秋》“纪裂繻来逆女”是也。躬犹亲也，亲命之，则“宋公使公孙寿来纳币”是也。言宗子无父，是有有父者，礼，七十老而传，八十齐丧之事不及。若是者，子代其父为宗子，其取也，父命之。○此因请期以上五礼，皆命使者行之，故言使命所出，必自其父。若无父者，则母命之。“母命之”者，亦但命子之父兄师友，使之命使，不得称母命以通使也。亲者[2]没，不得已乃亲命之，所以养廉远耻也。注引纪裂繻逆女事，见《春秋》隐二年《公羊传》，公孙寿事见成八年。其昏礼不称主人，母命不得通使之义，并见彼传及何休注。

②支子，庶昆弟子，称其宗子命使者。

③弟，宗子母弟[3]，亦谓无父者[4]。

若不亲迎，则妇入三月，然后壻见，曰：“某以得为外昏姻，请觌。”①主人对曰：“某以得为外昏姻之数，某之子，未得濯溉于祭祀，是以未敢见。今吾子辱，请吾子之就宫，某将走见。”②对曰：“某以非他故，不足以辱命，请终赐见。”③对曰：“某以得为昏姻之故，不敢固辞，敢不从。”④主人出门左，西面。壻入门，东面。奠挚，再拜，出。⑤摈者以挚出，请受。⑥壻礼辞，许；受挚，入。主人再拜受，壻再拜送，出。⑦见主妇，主妇阖扉，立于其内。⑧壻立于门外，东面。主妇一拜，壻答再拜。主妇又拜，壻出。⑨主人请醴，及揖让入，醴以一献之礼，主妇荐，奠酬，无币。⑩壻出，主人送，再拜。

---

[1] 则，阮刻本《仪礼注疏》无，附校勘记：“《唐石经》、徐本、《集释》、敖氏同，《通解》、杨氏、毛本‘弟’下有‘则’字。”

[2] 者，金陵书局本同，依经文“亲皆没，己躬命之”，此当作“皆”，作“者”，形近而讹。

[3] “宗子母弟”四字，阮刻本《仪礼注疏》作“宗子之母弟”。

[4] “亦谓无父者”五字，阮刻本《仪礼注疏》无。

不亲迎者见妇父母之礼

①女氏称昏，壻氏称姻。觌，见也。○此下记不亲迎者，妇入三月壻见妇父母之辞命仪节。岂周公制礼，因其旧俗而为之节文与？自此至“敢不从”，并是壻在妇家大门外，与摈者请对传致之辞。

②主人，女父也。以白造缁曰辱。○摈传主人之言，未得濯溉于祭祀，谓三月以前妇未与祭也。辱，谓来至门，是自屈辱也。

③非他故，弥亲之辞。命，谓将走见之言。今文无“终赐”。○非他故，谓以非他人之故而来见。疏云：是为壻而来见，又似“他故”二字连读。

④不言外，亦弥亲之辞[1]。○《唐石经》作“某得以为昏姻之故”。

⑤出门，出内门。入门，入大门。出内门不出大门者，异于宾客也。壻见于寝。奠挚者，壻有子道，不敢授也。挚，雉也。

⑥欲使以宾客礼相见。

⑦出，已见女父。○疏云：拟出更与主妇相见也。愚谓壻出，更以请见主妇告摈者，乃入见也。

⑧主妇，主人之妇也。见主妇者，兄弟之道，宜相亲也。阖扉者，妇人无外事。扉，左扉。○扉即主人所出之内门扉也。注“兄弟之道”，谓昏姻家为兄弟。○扉音非。

⑨必先一拜者，妇人于丈夫必俠拜。

⑩及，与也。无币，异于宾客。○醴疑当作礼，若用醴则无酢酬，俟质。

[1]“辞”下，阮刻本《仪礼注疏》有“古文曰外昏姻”六字，附校勘记：“徐本、《集释》、《通解》、敖氏俱有，今本俱脱。”

卷三　士相见礼①

①郑《目录》云：士以职位相亲，始承摯相见之礼。《杂记》会葬礼曰："相见也，反哭而退。朋友，虞祔而退。"士相见于五礼属宾礼。大小《戴》及《别录》皆第三。○据经初言士相见礼，次言士见于大夫，又次言大夫相见，又次言士大夫见于君，末及见尊长诸仪，皆自士相见推之，故以"士相见"名篇。《目录》引《杂记》会葬礼原文又有"相趋也，出宫而退。相揖也，哀次而退。相问也，既封而退"。郑引之者，明相见者其恩谊较朋友为疏，较相趋相揖相问者为厚也。

士相见之礼。贽[1]，冬用雉，夏用腒。左头奉之，曰："某也愿见，无由达。某子以命命某见。"①主人对曰："某子命某见，吾子有辱。请吾子之就家也，某将走见。"②宾对曰："某不足以辱命，请终赐见。"③主人对曰："某不敢为仪，固请吾子之就家也，某将走见。"④宾对曰："某不敢为仪，固以请。"⑤主人对曰："某也固辞，不得命，将走见。闻吾子称贽，敢辞贽。"⑥宾对曰："某不以贽，不敢见。"⑦主人对曰："某不足以习礼，敢固辞。"⑧宾对曰："某也不依于贽，不敢见，固以请。"⑨主人对曰："某也固辞，不得命，敢不敬从。"⑩出，迎于门外，再拜，宾答再拜。主人揖，入门右。宾奉贽，入门左。主人再拜受，宾再拜送贽，出。⑪主人请见，宾反见，退。主人送于门外，再拜。⑫主人复见之，以其贽，曰："向者吾子辱，使某见。请还贽于将命者。"⑬主人对曰："某也既得见矣，敢

[1]贽，阮刻本《仪礼注疏》皆作"摯"。

辞。”⑭宾对曰：“某也非敢求见，请还贽于将命者。”⑮主人对曰：“某也既得见矣，敢固辞。”⑯宾对曰：“某不敢以闻，固以请于将命者。”⑰主人对曰：“某也固辞，不得命，敢不从。”⑱宾奉贽入，主人再拜受，宾再拜送贽，出。主人送于门外，再拜。⑲

右士相见礼

①贽，所执以至者。君子见于所尊敬，必执贽以将其厚意也。士贽用雉者，取其耿介，交有时，别有伦也。雉必用死者，为其不可生服也。夏用腒，备腐臭也。左头，头，阳也。无由达，言久无因缘以自达也。某子，今所因缘之姓名也。以命者，称述主人之意。今文“头”为“脰”。○士与士相见之礼，再请返，再辞贽而后见。宾初以贽见，次请宾反见，次主人复还贽见宾而礼成。腒，干雉也。某也愿见，见，贤遍反。凡卑于尊曰见，敌而曰见，谦敬之辞。将见人，必先因所知以通诚意，主人许而后往，以其许见，故云某子以主人之命命之见也。○腒，其居反。奉，芳勇反。脰音豆。

②有，又也。某子命某往见，今吾子又自辱来，序其意也。走，犹往也。今文无“走”。○某子，亦所因者之姓名，以其前来通意，故主人自谦言其曾命某往见也。某者，主人自名也。

③命，谓请吾子之就家。○命谓主人请就家之命，不足辱，不敢当也。

④不敢为仪，言不敢外貌为威仪，忠诚欲往也。固，如故也。今文“不”为“非”，古文云“固以请”[1]。○疏云：固谓坚固，坚固则如故。

⑤言如固，请终赐见也，今文“不”为“非”。

⑥不得命者，不得见许之命也。走，犹出也。称，举也。辞其贽，为其大崇也。古文曰“某将走见”。

⑦见于所尊敬而无贽，嫌太[2]简。

[1]“请”下，阮刻本《仪礼注疏》有“也”字，附校勘记：“徐本、《通解》同，《集释》无‘也’字，张氏云疏无‘也’字。”

[2]太，阮刻本《仪礼注疏》作“大”。

⑧言不足习礼者，不敢当其崇礼来见己。〇不敢当其崇礼，变文言某愚陋不足与习礼也。

⑨言依于贽，谦自卑也[1]。

⑩〇始听其以贽见。以上皆宾在门外，摈者传言以相往复。

⑪右，就右也。左，就左也。受贽于庭，既拜受送，则出矣。不受贽于堂，下人君也。今文无"也"[2]。〇凡门，出则以西为右，以东为左；入则以东为右，以西为左。入送贽讫，宾敬已将，故出。人君受贽于堂，此受于庭，是自下于君，不敢与同也。今文无"也"，指上文"某也固辞"句。

⑫请见者，为宾崇礼来，相接以矜庄，欢心未交也。宾反见则燕矣。下云"凡燕见于君"至"凡侍坐于君子"博记反见之燕义。臣初见于君，再拜奠贽而出。〇宾既出，主人复请，宾反，入相见，将以展欢燕。注言"臣初见于君，再拜奠贽而出"，亦谓既出，君亦当遣人留之燕也。以上宾见主人。

⑬复见之者，礼尚往来也。以其贽，谓向时所执来者也。向，曩也。将，犹传也。传命者，谓摈相也[3]。

⑭让其来答己也。〇疏曰：上言主人此亦言主人者，上言主人者，据前为主人而言，此云主人者，谓前宾今在己家而说也。此下凡称主人者，即前宾；称宾者，即前主人。

⑮言不敢求见，嫌亵主人，不敢当也[4]。

⑯固，如故也。

⑰言不敢以闻，又益不敢当。〇不敢以闻，谓不敢以还贽之事闻之主人，但固请于将命者而已。益自谦之辞。

⑱许受之也。异日则出迎，同日则否。〇此宾主之辞，亦皆摈者传道。

⑲〇以上还贽。

[1]"也"下，阮刻本《仪礼注疏》有"今文无也"四字，附校勘记："毛本脱下四字，徐本、《集释》、《通解》俱有。"
[2]也，阮刻本《仪礼注疏》无。
[3]也，阮刻本《仪礼注疏》作"者"。
[4]"也"下，阮刻本《仪礼注疏》有"今文无也"四字，附校勘记："毛本脱下四字，徐本、《集释》、《通解》俱有。"

士见于大夫，终辞其贽。于其入也，一拜其辱也。宾退，送，再拜。①若尝为臣者，则礼辞其贽，曰："某也辞，不得命，不敢固辞。"②宾入，奠贽，再拜。主人答壹拜。③宾出。使擯者还其贽于门外，曰："某也使某还贽。"④宾对曰："某也既得见矣，敢辞。"⑤擯者对曰："某也命某：'某非敢为仪也。'敢以请。"⑥宾对曰："某也夫子之贱私，不足以践礼，敢固辞。"⑦擯者对曰："某也使某，不敢为仪也，固以请。"⑧宾对曰："某固辞，不得命，敢不从？"再拜受。⑨

右士见于大夫

①终辞其贽，以将不亲答也。凡不答而受其贽，唯君于臣耳。大夫于士，不出迎，入一拜，正礼也。送，再拜，尊宾。

②礼辞，一辞其贽而许也。将不答而听其以贽入，有臣道也。

③奠贽，尊卑异，不亲授也。古文"壹"为"一"。

④还其贽者，辟正君也。

⑤辞君还其贽也，今文无"也"[1]。

⑥还贽者请使受之。

⑦家臣称私。践，行也。言某臣也，不足以行宾客礼。宾客所不答者不受贽。

⑧言使某，尊君也。或言命某传言耳。○擯者所称某也，疏云盖主人之名，宾言某也，则自名也。

⑨受其贽而去之。

下大夫相见以雁，饰之以布，维之以索，如执雉。①上大夫相见以羔，饰之以布，四维之，结于面，左头，如麛执之。②如士相见之礼。③

右大夫相见

①雁，取知时，飞翔有行列也。饰之以布，谓裁缝衣其身也。维，谓系联

[1] 也，阮刻本《仪礼注疏》无。

其足。○国有三卿五大夫，此下大夫是五大夫也。索，绳也。如执雉，亦左头奉之也。○索，悉各反。

②上大夫，卿也。羔，取其从帅，群而不党也。面，前也。系联四足，交出背上，于胸前结之也。如麛执之者，秋献麛，有成礼，如之。或曰麛，孤之挚也。其礼盖谓左执前足，右执后足。今文“头”为“脰”。○疏云：凡以贽相见之法，唯有新升为臣，及聘朝，及他国君来、主国之臣见，皆执贽相见。常朝及余会聚，皆执笏，无执贽之礼。又执挚者，或平敌，或以卑见尊，皆用挚。尊无执挚见卑之法。《檀弓》云哀公执挚见已臣周丰者，彼谓下贤，非正法也。○麛，莫兮反。

③大夫虽挚异，其仪犹如士。○士与士相见，敌者之礼也。两大夫相见，亦敌者，故其仪如之。

始见于君，执挚，至下，容弥蹙。①庶人见于君，不为容，进退走。②士大夫则奠挚，再拜稽首，君答壹拜。③若他邦之人，则使摈者还其挚，曰：“寡君使某还挚。”宾对曰：“君不有其外臣，臣不敢辞。”再拜稽首，受。④

右臣见于君

①下，谓君所也。蹙，犹促也，促，恭悫貌也。其为恭，士、大夫一也。

②容，谓趋翔。○庶人，谓在官者，府史胥徒是也。其见于君，不为趋翔之容，进退唯疾走而已，即《曲礼》云“庶人僬僬”。

③言君答士、大夫一拜，则于庶人不答之。庶人之挚，鹜。古文“壹”作“一”。○案《曲礼》君于士不答拜。此得与大夫同答一拜者，新升为士，故答拜。或新使反也，君答一拜。疏以为当作空首，九拜中奇拜是也。○稽音启。

④○疏云：宾不辞，即受挚，以君所不臣。礼，无受他臣挚法。宾如此法，不敢亢礼于他君，故不辞即受之也。臣无境外之交，今得以挚见他邦君者，谓他国之君来朝，此国之臣因见之，非特行也。

凡燕见于君，必辩君之南面。若不得，则正方，不疑君。①君在堂，升见无方阶，辩君所在。②

右燕见于君

①辩，犹正也。君南面，则臣见正北面。君或时不然，当正东面，若正西面，不得疑君所处邪向之。此谓特见图事，非立宾主之燕也。疑，度之。○经本言士与士相见，递推至见大夫，大夫与大夫相见，士大夫见君，见礼已备。此下博言图事、进言、侍坐、侍食、退辞、称谓诸仪法，殆类记文体例矣。注知此燕见是图事，非立宾主之燕者，以燕礼君在阼阶，以西面为正也。

②升见，升堂见于君也。君近东，则升东阶；君近西，则升西阶。○升堂无一定之阶，或东或西，以近君者为便，亦谓特见图事。若立宾主之燕，则君升自阼阶，宾主人升自西阶矣。疏以为兼反见之燕，恐亦于事理不合。疏盖太泥前反见注文也。

凡言，非对也，妥而后传言。①与君言，言使臣；与大人言，言事君；与老者言，言使弟子；与幼者言，言孝弟于父兄；与众言，言忠信慈祥；与居官者言，言忠信。②凡与大人言，始视面，中视抱，卒视面，毋改。众皆若是。③若父，则游目，毋上于面，毋下于带。④若不言，立则视足，坐则视膝。⑤

右进言之法

①凡言，谓己为君言事也。妥，安坐也。传言，犹出言也。若君问，可对则对，不待安坐也。古文“妥”为“绥”。○此下言进言之法。凡进言，唯承尊者之问而对，则不待安坐。苟非对也，则必安坐而后出言。《大传》曰“易其心而后语”，亦此旨也。注专指为君言，似泥。疏以妥为君安坐，亦不可从。

②博陈燕见言语之仪也。言使臣者，使臣之礼也。大人，卿大夫也。言事君者，臣事君以忠也。祥，善也。居官，谓士以下。○所与言之人不同，则言亦各有所宜。言虽多端，大旨所主不离乎此。众，谓众庶。居官，谓凡有职位者。

③始视面，谓观其颜色可传言未也。中视抱，容其思之，且为敬也。卒

视面，察其纳己言否也。毋改，谓传言见答应之间，当正容体以待之，毋自变动，为嫌懈惰不虚心也。众，谓诸卿大夫同在此者。皆若是，其视之仪无异也。古文“毋”作“无”，今文“众”为“终”。○毋音无。

④子于父主孝不主敬，所视广也，因观安否何如也。今文“父”为“甫”，古文“毋”为[1]“无”。

⑤不言，则伺其行起而已。

凡侍坐于君子，君子欠伸，问日之早晏，以食具告，改居，则请退可也。①夜侍坐，问夜，膳荤，请退可也。②

右侍坐于君子之法

①君子，谓卿大夫及国中贤者也。志倦则欠，体倦则伸。问日晏，近于久也。具，犹辨也。改居，谓自变动也。古文“伸”作“信”，“早”作“蚤”。○欠，引气。伸，挢体。问日早晚，御者以食具告。主人自变动其居处。皆倦怠厌客之意，故请退可也。

②问夜，问其时数也。膳荤，谓食之。荤，辛物，葱薤之属，食之以止卧。古文“荤”作“熏”。○薤，户界反。

若君赐之食，则君祭，先饭、遍尝膳、饮而俟。君命之食，然后食。①若有将食者，则俟君之食，然后食。②若君赐之爵，则下席，再拜稽首，受爵。升席祭，卒爵而俟，君卒爵，然后授虚爵。③退，坐取屦，隐辟而后屦。君为之兴，则曰：“君无为兴，臣不敢辞。”君若降送之，则不敢顾辞，遂出。④大夫则辞退下，比及门，三辞。⑤

右臣侍坐赐食赐饮及退去之仪

①君祭，先饭，食其[2]祭食，臣先饭，示为君尝食也。此谓君与之礼食。膳，谓进庶羞，既尝庶羞，则饮，俟君之遍尝也。今文“呫尝膳”。○若侍

[1]为，阮刻本《仪礼注疏》作“作”。

[2]食其，阮刻本《仪礼注疏》同，附校勘记：“食其，敖氏作‘谓君’，卢文弨云宋本作‘于其’。”

坐而君赐之食，则君祭而臣先饭，遍尝庶羞，啜饮而俟，必待君命之食然后食。疏以为此膳宰不在，则侍食者自尝己前食，非尝君前食，与膳宰正尝食有异，故云“示为君尝食”也。又云：此小小礼食法，非正礼食。正礼食，则《公食大夫》是也。彼君前无食，此君臣俱有食，故与彼异也。○呫音贴，他篋反。

②将食，犹进食，谓膳宰也。膳宰进食，则臣不尝食。《周礼·膳夫》：“授祭[1]，品尝食，王乃食。”

③受爵者，于尊所。至于授爵，坐授人耳。必俟君卒爵者，若欲其釂然也。今文曰“若赐之爵”，无“君”也。○此亦燕见赐爵法。若大燕饮礼，则君卒爵而后饮。案《燕礼》，当无算爵后，得君赐爵，待君卒爵乃饮是也。

④谓君若食之饮之而退也。隐辟，俛而逡巡。兴，起也。辞君兴而不敢辞其降，于己太[2]崇，不敢当也。○“君无为兴，臣不敢辞”，即臣辞兴之语也。

⑤下亦降也。○士卑，不敢辞降。大夫，臣中尊者，君为己退而降，则辞矣。○比，毗志反。

若先生、异爵者请见之，则辞。辞不得命，则曰：“某无以见，辞不得命，将走见。”先见之。①

右尊爵者来见士

①先生，致仕者也。异爵，谓卿大夫也。辞，辞其自降而来。走，犹出也。先见之者，出先拜也。《曲礼》曰：“主人敬宾，则先拜宾。”○某无以见，言无故不敢轻见也。

非以君命使，则不称寡。大夫士则曰“寡君之老”。①凡执币者，不趋，容弥蹙以为仪。②执玉者，则唯舒武，举前曳踵。③凡自称于君，士大夫则曰“下臣”。宅者在邦，则曰“市井之

[1]“授祭”二字，阮刻本《仪礼注疏》无，附校勘记：“徐本、《集释》、杨、敖同，毛本、《通解》‘夫’下有‘授祭’二字。”
[2]太，阮刻本《仪礼注疏》作“大”。

臣”，在野则曰“草茅之臣”。庶人则曰“刺草之臣”。他国之人则曰“外臣”。④

右博记称谓与执贽之容

①谓摈赞者辞也。不称寡君[1]，不言寡君之某，言姓名而已。大夫、卿、士其使，则皆曰寡君之某。《檀弓》曰："仕而未有禄者，君有馈焉，曰'献'；使焉，曰'寡君之老'。"○此经当有脱文，注引《檀弓》亦多"之老"二字。《玉藻》云："大夫私事，使私人摈，则称名。公士摈，则曰寡大夫、寡君之老。"与此经相发明，谓非以君命而有事他国，则摈辞不得称曰"寡君之某"，称名而已。若以君命出聘，公士为摈，下大夫则曰"寡大夫"，上大夫则曰"寡君之老"。

②不趋，主慎也。以进而益恭为威仪耳。今文无"容"。○疏曰：案《小行人》合六币，玉、马、皮、圭、璧、帛，皆称币。下文别云"执玉"，则此币谓皮马享币及禽挚皆是。又云"不趋"者，不为疾趋。

③唯舒者，重玉器，尤慎也。武，迹也。举前曳踵，备踬跲也。今文无"者"，古文"曳"作"栧"[2]。○执玉本朝聘邻国之事，因言执贽相见，遂兼及之。舒武，舒徐其足武，不敢疾趋也。郑乃于"舒"字断句。○踬音致。跲，其业反。栧，以制反。

④宅者，谓致仕者[3]。去官而居宅，或在国中或在野。《周礼》载师之职，以宅田任近郊之地。今文"宅"或[4]为"讬"，古文"茅"作"苗"。刺，犹划除也。[5]○与君言之时，其自称有此数者之异。○刺，七亦反。

---

[1] 君，阮刻本《仪礼注疏》作"者"，附校勘记："徐本、《集释》同，毛本'者'作'君'。"

[2] 栧，阮刻本《仪礼注疏》作"抴"，附校勘记："徐本、《释文》、《集释》、《通解》同，毛本'抴'作'栧'。"

[3] "者"下，阮刻本《仪礼注疏》有"也致仕者"四字，附校勘记："毛本脱下四字，徐本、《集释》俱有，《通解》无。"

[4] "文"、"或"二字，阮刻本《仪礼注疏》无，附校勘记："毛本作'今文宅或为托'，徐本无'文或'二字，《集释》有'文'字、无'或'字，《通解》无'文'字、有'或'字。"

[5] 此句，阮刻本《仪礼注疏》置"任近郊之地"句下，附校勘记："徐本、《集释》、《通解》俱在'任近郊之地'下，与此本标目合。"

卷四　乡饮酒礼①

①郑《目录》云：诸侯之乡大夫，三年大比，献贤者能者于其君，以礼宾之，与之饮酒，于五礼属嘉礼。《大戴》此乃第十，《小戴》及《别录》此皆第四。○疏曰：凡乡饮酒之礼，其名有四：案此宾贤能谓之乡饮酒，一也；又案《乡饮酒义》云六十者坐，五十者立侍，是党正饮酒，亦谓之乡饮酒，二也；乡射州长春秋习射于州序，先行乡饮酒，亦谓之乡饮酒，三也；案《乡饮酒义》，又有乡大夫士饮国中贤者，用乡饮酒，四也。疏言乡饮有四，此篇所载三年大比，宾贤之礼也，常以正月行之。将射而饮，下篇所列是也，于春秋行之。党正正齿位，于季冬蜡祭。乡大夫饮国中贤者则无常时。

乡饮酒之礼。主人就先生而谋宾、介。①主人戒宾，宾拜辱，主人答拜，乃请宾。宾礼辞，许。主人再拜，宾答拜。②主人退，宾拜辱。③介亦如之。④

右谋宾戒宾

①主人，谓诸侯之乡大夫也。先生，乡中致仕者。宾、介，处士贤者。《周礼》：大司徒之职，“以乡三物教万民而宾兴之：一曰六德，知、仁、圣、义、忠、和；二曰六行，孝、友、睦、姻、任、恤；三曰六艺，礼、乐、射、御、书、数”。乡大夫以正月之吉，受法于司徒，退而颁之于其乡吏，使各以教其所治，以考其德行，察其道艺。及三年大比而兴贤者能者。乡老及乡大夫帅其吏与其众寡，以礼礼宾之。厥明，献贤能之书于王。是礼乃三年正月而一行也。诸侯之乡大夫，贡士于其君，盖如此云。古者年七十而致仕，老于乡里，大夫名曰父师，士名曰少师，而教学焉，恒知乡人之贤者，是以大夫就而谋之，贤者为宾，其次为介，又其次为众宾，而与之饮酒，是亦将献之，以礼礼宾之也。今郡国十月，行此饮酒礼，以党正每岁邦索鬼神而祭祀，则以礼属民而

饮酒于序，以正齿位[1]之说，然此篇无正齿位之事焉。凡乡党饮酒必于民聚之时，欲其见化，知尚贤尊长也。《孟子》曰："天下有达尊三，爵也、德也、齿也。"○案此饮酒礼，有献宾，有乐宾，有旅酬，有无算爵乐，凡四大段而礼成。此下至"当楣北面答拜"，则将饮酒之始事，初谋宾戒宾，次陈设，次速宾迎宾拜宾，凡三节。疏云：《周礼》所言是天子乡大夫贡士法，诸侯乡大夫贡士法亦如之。若据乡贡一人，其介与众宾不贡，但辅宾行礼，待后年还以贡之耳。大国三乡，次国二乡，小国一乡，乡送一人至君所，其君简讫，仍更行饮酒礼，宾之于王。○索，色白反。

②戒，警也，告也。拜辱，出拜其自屈辱至己门也。请，告以其所为来之事。不固辞者，素所有志。○主人戒宾，言主人往至宾门，欲相警告，非谓已戒之也。至请宾，方是发辞相戒耳。一辞而许者，德业既成，欲及时而试也。主人再拜，拜其许己也。

③退，犹去也。去又拜辱者，以送谢之。

④如戒宾也。○如戒宾时拜辱、请、许诸仪也。疏云：众宾必当遣人戒速，但略而不言。

乃席宾、主人、介。①众宾之席，皆不属焉。②尊两壶于房户间，斯禁；有玄酒，在西。设篚于禁南，东肆，加二勺于两壶。③设洗于阼阶东南，南北以堂深，东西当东荣；水在洗东，篚在洗西，南肆。④

右陈设

①席，敷席也。夙兴往戒，归而敷席。宾席牖前，南面。主人席阼阶上，西面。介席西阶上，东面。○注言敷席面位，可订近日乡饮隅坐之失。

②席众宾于宾席之西，不属者，不相续也，皆独坐，明其德各特。○疏云：虽不属，犹统宾为位，同南面也。

③斯禁，禁切地无足者。玄酒在西，上也。肆，陈也。○两壶，酒与玄酒各一也。斯禁以承壶。玄酒在酒之西。设篚贮爵，在禁之南，向东陈之，其首

[1] 齿位，阮刻本《仪礼注疏》作"治谓"。

在西。壶各有勺,以备挹酌。疏云:士之棜禁,大夫之斯禁,名虽异,其形同,若天子诸侯承尊之物,谓之丰,上有舟。

④荣,屋翼。○南北以堂深,谓以堂廉北至屋壁之远近,为洗去堂之远近也。疏云"假令堂深二丈,洗去堂亦二丈,以此为度"是也。堂上设篚,此复设篚者,上篚所贮三爵,每一爵行毕,即奠下篚,且贮余觯也。

羹定。①主人速宾,宾拜辱;主人答拜,还宾拜辱。②介亦如之。③宾及众宾皆从之。④主人一相迎于门外,再拜宾,宾答拜;拜介,介答拜。⑤揖众宾。⑥主人揖,先入。⑦宾厌介,入门左;介厌众宾,入;众宾皆入门左,北上。⑧主人与宾三揖,至于阶,三让。主人升,宾升。主人阼阶上当楣北面再拜,宾西阶上当楣北面答拜。⑨

右速宾迎宾拜至

①肉谓之羹。定,犹孰也。○疏云:言"羹定"者,以与速宾时节为限。

②速,召也。还,犹退。

③如速宾也。

④从,犹随也。言及众宾,介亦在其中矣。○主人速宾而还,宾及众宾后面随至,非同行相随也。

⑤相,主人之吏,摈赞传命者。○主人于群吏中,立一人以相礼,与之迎宾于庠门外。

⑥差益卑也,拜介、揖众宾,皆西南面。○疏云:宾、介、众宾在门外位,以北为上。主人与宾正东西相当,则介与众宾差在南,东面。主人正西面拜宾,则侧身向西南拜介,揖众宾矣。

⑦揖,揖宾也。先入门而西面。○主人导宾先入,至内霤西向以待。

⑧皆入门西,东面,宾之属相厌,变于主人也。推手曰揖,引手曰厌。今文皆作"揖"。又曰"众宾皆入左",无"门"。○疏云"引手曰厌"者,以手向身引之。○厌,一涉反。

⑨三揖者,将进揖,当陈揖,当碑揖。楣,前梁也。复拜,拜宾至此堂,

尊之。○陈，堂涂也，东西两向堂之涂也。主人与宾三揖至阶，介与众宾亦相随至西阶下。主人升，宾乃升。为宾之道，进宜难也。当楣拜，拜至也。

主人坐，取爵于篚，降洗。①宾降。②主人坐，奠爵于阶前，辞。③宾对。④主人坐取爵，兴，适洗，南面，坐奠爵于篚下，盥洗。⑤宾进东，北面，辞洗。⑥主人坐奠爵于篚，兴对。宾复位，当西序，东面。⑦主人坐，取爵，沃洗者西北面。⑧卒洗，主人壹揖壹让，升。⑨宾拜洗，主人坐，奠爵，遂拜，降盥。⑩宾降，主人辞，宾对，复位，当西序。卒盥，揖让升。宾西阶上疑立。⑪主人坐，取爵，实之，宾之席前，西北面献宾。⑫宾西阶上拜，主人少退。⑬宾进受爵，以复位。主人阼阶上拜送爵，宾少退。⑭荐脯醢。⑮宾升席，自西方。⑯乃设折俎。⑰主人阼阶东疑立。宾坐，左执爵，祭脯醢。⑱奠爵于荐西，兴，右手取肺，却左手执本，坐，弗缭，右绝末以祭，尚左手，哜之。兴，加于俎。⑲坐捝手，遂祭酒。⑳兴，席末坐啐酒。㉑降席，坐奠爵，拜，告旨，执爵，兴。主人阼阶上答拜。㉒宾西阶上北面坐，卒爵，兴，坐奠爵，遂拜，执爵，兴。主人阼阶上答拜。㉓

右主人献宾

①将献宾也。○此下至“以爵降奠于篚”，言主人献宾、介、众宾之仪，凡六节。

②从主人也。

③重以己事烦宾也。事同曰让，事异曰辞。

④对，答也。宾主之辞未闻。

⑤已盥乃洗爵，致洁敬也。今文无“奠”。○篚下，当篚之下，非于篚也。“盥洗”者，盥讫，取爵拟洗，亦非谓遽已洗也。下文因宾辞，复置爵而对，对已，乃复取爵成洗。

⑥必进东行，示情。○宾降立当西序，至主人拟洗爵，乃进而东行，东北向主人辞洗。注云“示情”者，示谦下主人之情也。

⑦言复位者,明始降时位在此。

⑧沃洗者,主人之群吏。○古人盥洗,并用人执器灌沃,下别有器,承其弃水,故有沃洗者。

⑨俱升。古文“壹”作“一”。

⑩复盥,为手坋污。○因事曰遂,言遂拜者,主人坐奠爵,因不起而遂拜也。后凡言遂者,皆因上事。○坋,步困反。

⑪疑,读为“仡然从于赵盾”之“仡”。疑,正立自定之貌。○盾,徒本反。

⑫献,进也,进酒于宾。○主人取爵实酒献宾必西北面者,宾在西阶,欲其就席受爵,故西北向之也。

⑬少退,少避。

⑭复位,复西阶上位。○宾进席前受爵,复持此爵还西阶上位。

⑮荐,进也。进之者,主人有司。○荐之席前。

⑯升由下也,升必中席。○疏云:案《曲礼》云:“席南乡北乡,以西方为上。”今升席自西方,云“升由下”者,以宾统于主人,以东方为上也。

⑰牲体枝解节折在俎。

⑱坐,坐于席。祭脯醢者,以右手。

⑲兴,起也。肺离之。本,端厚大者。缭,犹紾也。大夫以上,威仪多,紾绝之。尚左手者,明垂紾之,乃绝其末。哜,尝也。○《少仪》云“取俎进俎,不坐”,是以取时奠爵兴,至加于俎又兴也。却左手,仰其左手也。案《乡射礼》取矢于楅,却手与覆手对。“弗缭”者,直绝末以祭,不必缭也。缭祭以手从肺本循之,至末乃绝之,绝祭不循其本,但绝末而已。大夫以上威仪多,乃缭,士则否。经文言“弗缭”,以宾固士也,他事皆从士礼。注疏独于此处解作缭祭,不敢从。○缭音了。

⑳挩,拭也。古文“挩”作“说”。○坐以帨巾拭手,遂执爵祭酒。○挩,始锐反。

㉑啐,亦尝也。○席末,谓席之尾。祭荐、祭酒、哜肺,皆于席中,唯啐酒于席末。

㉒降席，席西也。旨，美也。

㉓卒，尽也。于此尽酒者，明此席非专为饮酒[1]起。

宾降洗，①主人降，②宾坐奠爵，兴辞，③主人对。宾坐取爵，适洗南北面，④主人阼阶东南面辞洗，宾坐奠爵于篚，兴对，主人复阼阶东，西面。⑤宾东北面盥，坐取爵，卒洗，揖让如初，升。⑥主人拜洗，宾答拜，兴，降盥，如主人礼。⑦宾实爵，主人之席前，东南面酢主人。⑧主人阼阶上拜，宾少退，主人进受爵，复位，宾西阶上拜送爵。荐脯醢。⑨主人升席自北方，设折俎，祭如宾礼，⑩不告旨。⑪自席前适阼阶上，北面坐卒爵，兴，坐奠爵，遂拜，执爵兴，宾西阶上答拜。⑫主人坐奠爵于序端，阼阶上北面再拜崇酒，宾西阶上答拜。⑬

右宾酢主人

①将酢主人。

②亦从宾也。降，降立阼阶东，西面。

③西阶前也。○疏云：《乡射》云"宾西阶前东面坐奠爵，兴，辞降"，此亦然。

④○拟洗。

⑤○前献宾，主人既盥，而后辞洗，此则宾未盥而已辞洗，故主人奠爵初在篚下，继乃于篚，以初未闻宾命也，宾奠爵即于篚，以已闻主命也。

⑥○如献宾时一揖一让。

⑦○如其从降辞对。

⑧○主人在阼阶，宾自主席前向之，故东南面。

⑨○亦主人有司。

⑩祭者，祭荐俎及酒，亦哜啐。

⑪酒，已物也。

[1] 酒，阮刻本《仪礼注疏》作"食"，附校勘记："食，徐本、《集释》、《通解》、杨氏俱作'食'，与疏合，毛本'食'作'酒'。"

⑫自席前者,啐酒席末,因从北方降,由便也。○案《曲礼》,席东乡、西乡以南方为上,南乡、北乡以西方为上。凡升席由下,降席由上。今主人当降自南方,以啐酒于席末,遂因从席北头降,由席前以适阼阶,是由便也。

⑬东西墙谓之序。崇,充也,言酒恶相充实。○疏云:"奠爵于序端"者,拟后酬宾讫,取此爵以献介也。李之藻云:"崇,重也,谢宾崇重己酒,不嫌其恶也。"

主人坐取觯于篚,降洗,宾降,主人辞降,宾不辞洗,立当西序,东面。①卒洗,揖让升,宾西阶上疑立。主人实觯酬宾,阼阶上北面,坐奠觯,遂拜,执觯兴,宾西阶上答拜。②坐祭,遂饮,卒觯兴,坐奠觯,遂拜,执觯兴,宾西阶上答拜。③主人降洗,宾降辞如献礼,升,不拜洗,④宾西阶上立。主人实觯,宾之席前,北面,宾西阶上拜,主人少退,卒拜,进,坐奠觯于荐西,⑤宾辞,坐取觯,复位,主人阼阶上拜送,宾北面坐奠觯于荐东,复位。⑥

右主人酬宾

①不辞洗者,以其将自饮。○酬酒先自饮,乃酬宾,故注云"将自饮"。献用爵,酬用觯,一升曰爵,三升曰觯。

②酬,劝酒也,酬之言周,忠信为周。○先自饮,所以劝宾也,拜宾者通其劝意也,答拜者答其劝己也。

③○主人导饮讫。

④不拜洗,杀于献。○主人为宾洗爵,故宾降辞如献时,但升堂不拜耳。

⑤宾已拜,主人奠其觯。○奠觯西,欲宾举此觯也。

⑥酬酒不举,君子不尽人之欢,不竭人之忠,以全交也。○宾辞,疏以为辞主人复亲酌己,愚以主人方酌时不辞,殆非辞酌也,仍是辞其亲奠,如《乡射》二人举觯时耳。

主人揖降，宾降，立于阶西，当序，东面。[1]主人以介揖让升，拜如宾礼。主人坐取爵于东序端，降洗，介降，主人辞降，介辞洗如宾礼，升，不拜洗。[2]介西阶上立。[3]主人实爵，介之席前，西南面献介。[4]介西阶上北面拜，主人少退，介进，北面受爵复位，主人介右北面拜送爵，介少退。[5]主人立于西阶东。[6]荐脯醢。介升席自北方，设折俎，祭如宾礼，不哜肺，不啐酒，不告旨。自南方降席，北面坐卒爵，兴，坐奠爵，遂拜，执爵兴，主人介右答拜。[7]

右主人献介

①主人将与介为礼，宾谦，不敢居堂上。〇"揖降"者，主人揖宾而自降，宾亦降，辟阶西，俟其与介为礼也。

②介礼杀也。〇主人与宾三揖至阶之时，介与众宾亦相随至阶下，今此云"以介揖让升"，唯有升堂揖让耳，无庭中三揖矣。拜如宾礼，谓亦拜至如宾也。

③不言疑者，省文。

④〇介席东面，介立西阶上，在席南，故主人西南面向之。

⑤主人拜于介右，降尊以就卑也。今文无"北面"。

⑥〇在介右而又稍东，以设荐之时，介方升祭，主人无事，故立于此。

⑦不哜啐，下宾。〇北面坐，西阶上北面坐也。

介降洗，主人复阼阶，降辞如初。[1]卒洗，主人盥。[2]介揖让升，授主人爵于两楹之间。[3]介西阶上立。主人实爵，酢于西阶上介右，坐奠爵，遂拜，执爵兴，介答拜。主人坐祭，遂饮卒爵，兴，坐奠爵，遂拜，执爵兴，介答拜。主人坐奠爵于西楹南介右，再拜，崇酒，介答拜。[4]

右介酢主人

①如宾酢之时。〇"降辞如初"者，介辞主人从已降，主人辞介为己洗，一如宾酢时也。

②盥者，当为介酌。○疏云：主人自饮而盥者，尊介也。

③就尊南授之，介不自酌，下宾。酒者，宾主共之。○揖让升，一揖一让升也。介但授虚爵不自酌者，介卑，不敢必主人为己饮也。

④奠爵西楹南，以爵献众宾。

主人复阼阶，揖降，介降立于宾南。①主人西南面三拜众宾，众宾皆答壹拜。②主人揖升，坐取爵于西楹下，降洗，升，实爵于西阶上，献众宾，众宾之长升拜受者三人，③主人拜送。④坐祭，立饮，不拜既爵，授主人爵，降复位。⑤众宾献，则不拜受爵，坐祭，立饮。⑥每一人献，则荐诸其席。⑦众宾辩有脯醢。⑧主人以爵降，奠于篚。⑨

右主人献众宾。自初献宾至此，为饮酒第一段

①○向来主人与介行礼西阶上，事讫，故复阼阶。揖降者，将与众宾为礼也。

②三拜、一拜，示遍，不备礼也。不升拜，贱也。○主人在阼阶下，众宾在宾、介之南，故主人西南面拜之。注“示遍”，解主人三拜；“不备礼”，解众宾答一拜；“不升拜，贱也”，言主人不升众宾于堂而拜之，以其贱，故略之，与宾、介升堂拜至者异也。

③长，其老者，言三人，则众宾多矣。○主人揖升，主人自升也。众宾尚在堂下，至主人于西阶上献爵，众宾始一一升受之耳。经文自明，疏以“揖升”为揖众宾升，非也。又《记》云“众宾之长一人辞洗如宾”，当亦从堂下东行辞之，疏以为降辞，亦未是。

④于众宾右。

⑤既，卒也。卒爵不拜、立饮、立授，贱者礼简。○一人饮毕，授爵降，次一人乃升拜受也。

⑥次三人以下也，不拜，礼弥简。○亦升受，但不拜耳。

⑦谓三人也。○席次宾、介西，前经云“众宾之席皆不属焉”是也。

⑧亦每献荐于其位，位在下。今文“辩”皆作“遍”。○疏云：堂下立侍，

不合有席，既不言席，知位在下。○“辩”与“遍”同。

⑨不复用也。

揖让升，宾厌介升，介厌众宾升，众宾序升，即席。①一人洗，升，举觯于宾。②实觯西阶上，坐奠觯，遂拜，执觯兴，宾席末答拜。坐祭，遂饮，卒觯，兴，坐奠觯，遂拜，执觯兴，宾答拜。降洗，升，实觯，立于西阶上，宾拜。③进，坐奠觯于荐西，宾辞，坐受以兴。④举觯者西阶上拜送，宾坐奠觯于其所。⑤举觯者降。⑥

右一人举觯

①序，次也。即，就也。今文“厌”皆为“揖”。○此下言一人举觯，待乐宾后为旅酬之端也。揖让升，谓主人，蒙上“以爵降”之文也。众宾序升，谓三宾堂上有席者。

②一人，主人之吏。发酒端曰“举”。

③宾拜，拜将受觯。○疏曰：云“宾席末答拜”者，谓于席西南面，非谓席上，近西谓末，以其无席上拜法也，已下宾拜皆然。

④举觯不授，下主人也。言坐受者，明行事相接若亲受，谦也。○案：主人酬宾，亦奠觯而不亲授，似酬法当然，注以为下主人，恐宜再议。

⑤所，荐西也。○作乐后，立司正。宾取此觯以酬主人，以其将举，故奠之于右。

⑥事已。

设席于堂廉，东上。①工四人，二瑟，瑟先，相者二人，皆左何瑟，后首，挎越，内弦，右手相。②乐正先升，立于西阶东。③工入，升自西阶，北面坐，相者东面坐，遂授瑟，乃降。④工歌《鹿鸣》、《四牡》、《皇皇者华》。⑤卒歌，主人献工，工左瑟，一人拜，不兴，受爵。主人阼阶上拜送爵。⑥荐脯醢，使人相祭。⑦工饮，不拜既爵，授主人爵。⑧众工则不拜受爵，祭饮，辩有脯醢，不祭。[9]大师则为之洗。宾、介降，主人辞降，工不辞洗。[10]

右升歌三终及献工

①为工布席也，侧边曰廉。《燕礼》曰："席工于西阶上少东，乐正先升，北面。"此言乐正先升，立于西阶东，则工席在阶东。○此下作乐乐宾，有歌、有笙、有间、有合，凡四节。疏云：注引《燕礼》，欲证工席在西阶东，据乐正于西阶东而立在工西，则知工席更在阶东，此言近堂廉，亦在阶东，彼云阶东，亦近堂廉也。

②四人，大夫制也。二瑟，二人鼓瑟，则二人歌也。瑟先者，将入，序在前也。相，扶工也，众宾之少者为之，每工一人。《乡射礼》曰："弟子相工如初入，天子相工使视瞭者。"凡工，瞽蒙也，故有扶之者。师冕见，及阶，子曰："阶也。"及席，子曰："席也。"固相师之道。后首者，变于君也。挎，持也，相瑟者则为之持瑟，其相歌者徒相也。越，瑟下孔也。内弦，侧担之者。○《燕礼》"小臣左何瑟，面鼓"，谓可鼓者在前。此后首不面鼓，是变于君也。瑟底有孔，以指深入谓之挎。内弦，向内也。○何，户可反。挎，口孤反。瞭音了。担，丁甘反。

③正，长也。

④降立于西方，近其事。

⑤三者皆《小雅》篇也。《鹿鸣》，君与臣下及四方之宾燕，讲道修政之乐歌也，此采其已有旨酒，以召嘉宾，嘉宾既来，示我以善道，又乐嘉宾有孔昭之明德，可则效也。《四牡》，君劳使臣之来乐歌也，此采其勤苦王事，念将父母，怀归伤悲，忠孝之至，以劳宾也。《皇皇者华》，君遣使臣之乐歌也，此采其更是劳苦，自以为不及，欲谘谋于贤知而以自光明也。

⑥一人，工之长也。凡工贱，不为之洗。○"工左瑟"者，移瑟于左，身在瑟右，以便受爵也。

⑦使人相者，相其祭酒、祭荐。

⑧坐授之。

⑨祭饮，献酒重，无不祭也。今文"辩"为"遍"。○祭饮，祭而后饮也。

⑩大夫，若君赐之乐，谓之大师。则为之洗，尊之也。宾、介降，从主人也。工，大师也，上既言献工矣，乃言大师者，大师或瑟或歌也，其献之瑟则先，歌则后。○大师在瑟、歌四人之内，通谓之“工”。献之亦依瑟先歌后之序，但为之洗为不同。

笙入堂下，磬南北面立。乐《南陔》、《白华》、《华黍》。①主人献之于西阶上，一人拜，尽阶，不升堂，受爵，主人拜送爵。阶前坐祭，立饮，不拜既爵，升，授主人爵。②众笙则不拜受爵，坐祭，立饮，辩有脯醢，不祭。③

右笙奏三终及献笙

①笙，吹笙者也，以笙吹此诗以为乐也。《南陔》、《白华》、《华黍》，《小雅》篇也，今亡，其义未闻。昔周之兴也，周公制礼作乐，采时世之诗以为乐歌，所以通情相风切也，其有此篇明矣。后世衰微，幽、厉尤甚，礼乐之书稍稍废弃。孔子曰：“吾自卫反鲁，然后乐正，《雅》、《颂》各得其所。”谓当时在者而复重杂乱者也，恶能存其亡者乎？且正考父校商之名颂十二篇于周太师，归以祀其先王，至孔子二百年之间，五篇而已，此其信也。○磬县南面，其南当有击磬者。此笙入磬南北面，在磬者之南，北面也。《诗》序云：“《南陔》，孝子相戒以养也。《白华》，孝子之洁白也。《华黍》，时和岁丰宜黍稷也。”疏谓郑君注礼时尚未见《诗》序，故云“其义未闻”。先儒又以为有其义，亡其辞。朱子则云：“笙诗有声无辞，古必有谱，如鲁鼓、薛鼓之类，而今亡矣。”为得之。○陔，古才反。风，方凤反。

②一人，笙之长者也。笙三人，和一人，凡四人。《乡射礼》曰：“笙一人拜于下。”○一人拜，谓在地拜。《乡射记》云：“三笙一和而成声。”《尔雅》云：“笙小者谓之和。”前献歌工在阼阶上，以工在西阶东也，此献笙在西阶上，以笙在阶下也。

③亦受爵于西阶上，荐之皆于其位磬南。今文“辩”为“遍”。

乃间歌《鱼丽》，笙《由庚》；歌《南有嘉鱼》，笙《崇丘》；歌

《南山有台》，笙《由仪》。①

右间歌三终

①间，代也，谓一歌则一吹。六者皆《小雅》篇也。《鱼丽》，言太平年丰物多也，此采其物多酒旨，所以优宾也。《南有嘉鱼》，言太平君子有酒，乐与贤者共之也，此采其能以礼下贤者，贤者累蔓而归之，与之燕乐也。《南山有台》，言太平之治，以贤者为本，此采其爱友贤者，为邦家之基，民之父母，既欲其身之寿考，又欲其名德之长也。《由庚》、《崇丘》、《由仪》，今亡，其义未闻。○间者，一歌毕，一笙继之也。堂上歌《鱼丽》方终，堂下笙即吹《由庚》，余篇皆然。《诗》序云："《由庚》，万物得由其道也。《崇丘》，万物得极其高大也。《由仪》，万物之生各得其宜也。"○丽，力知反。

乃合乐，《周南》：《关雎》、《葛覃》、《卷耳》；《召南》：《鹊巢》、《采蘩》、《采蘋》。①工告于乐正曰："正歌备"。乐正告于宾，乃降。②

右合乐及告乐备。此作乐乐宾，是饮酒礼第二段。并上段，郑氏以为礼乐之正是也

①合乐，谓歌乐与众声俱作。《周南》、《召南》，《国风》篇也，王后、国君夫人房中之乐歌也。《关雎》，言后妃之德。《葛覃》，言后妃之职。《卷耳》，言后妃之志。《鹊巢》，言国君夫人之德。《采蘩》，言国君夫人不失职。《采蘋》，言卿大夫之妻能循其法度。昔大王、王季居于岐山之阳，躬行《召南》之教，以兴王业。及文王而行《周南》之教以受命。《大雅》云"刑于寡妻，至于兄弟，以御于家邦"，谓此也。其始一国耳，文王作邑于丰，以故地为卿士之采地，乃分为二国。周，周公所食；召，召公所食。于时文王三分天下有其二，德化被于南土。是以其诗有仁贤之风者，属之《召南》焉；有圣人之风者，属之《周南》焉。夫妇之道，生民之本，王政之端。此六篇者，其教之原也，故国君与其臣下及四方之宾燕用之合乐也。乡乐者，风也，《小雅》为诸侯之乐，《大雅》、《颂》为天子之乐。乡饮酒升歌《小雅》，礼盛者可以进取也。燕合乡乐，礼轻者可以逮下也。《春秋传》曰，《肆夏》、《繁遏》、《渠》，

天子所以享元侯也;《文王》、《大明》、《绵》,两君相见之乐也。然则诸侯相与燕,升歌《大雅》,合《小雅》,天子与次国小国之君燕,亦如之。与大国之君燕,升歌《颂》,合《大雅》。其笙间之篇未闻。○案:此合乐即《论语》所谓"《关雎》之乱"者也。○雎,七徐反。覃,大南反。卷,九转反。召音邵。蘋,毗人反。

②乐正降者,以正歌备,无事也。降立西阶东,北面。○疏云:郑知"降立西阶东,北面"者,以其在堂上时在西阶之东,北面,知降堂下亦然,在笙磬之西,亦得监堂下之乐,故知位在此也。

主人降席自南方,①侧降。②作相为司正,司正礼辞,许诺,主人拜,司正答拜。③主人升,复席。司正洗觯,升自西阶,阼阶上北面受命于主人。主人曰:"请安于宾。"司正告于宾,宾礼辞,许。④司正告于主人,主人阼阶上再拜,宾西阶上答拜,司正立于楹间以相拜,皆揖,复席。⑤

右司正安宾

①不由北方,由便。○此下言旅酬之仪。立司正以监酒,司正安宾、表位,于是宾酬主人,主人酬介,介酬众宾,众宾以次皆遍焉。

②宾、介不从。○侧,特也。降,谓降阶。主人独降而宾、介不从者,礼杀故也。

③作,使也。礼乐之正既成,将留宾,为有懈惰,立司正以监之。拜,拜其许。○相,即前一相迎宾门外者,至此复使为司正也。○监,古衔反。

④为宾欲去,留之,告宾于西阶。

⑤再拜,拜宾许也。司正既以宾许告主人,遂立楹间以相拜,宾、主人既拜,揖就席。

司正实觯,降自西阶,阶间北面坐奠觯,退,共少立。①坐取觯,不祭,遂饮。卒觯,兴,坐奠觯,遂拜,执觯兴,洗,北面坐奠觯于其所,退立于觯南。②

右司正表位

①阶间北面，东西节也，其南北当中庭。共，拱手也。少立，自正慎其位也。己帅而正，孰敢不正？《燕礼》曰："右还北面。"○右还北面，谓降自西阶，至中庭时，右还就位。○共，九勇反。

②洗觯奠之，示洁敬。立于其南以察众。○疏云：执觯兴洗，不云"盥"，俗本有"盥"者，误。今案《唐石经》有此字。

宾北面坐，取俎西之觯，阼阶上北面酬主人。主人降席，立于宾东。①宾坐奠觯，遂拜，执觯兴，主人答拜，不祭，立饮不拜，卒觯不洗，实觯，东南面授主人。②主人阼阶上拜，宾少退，主人受觯，宾拜送于主人之西。③宾揖，复席。④

右宾酬主人

①初起旅酬也。凡旅酬者，少长以齿，终于沃盥者，皆弟长而无遗矣。○俎西之觯，谓作乐前一人举觯奠于荐右者也，今为旅酬而举之。前主人酬宾，奠于荐东之觯不举，故言俎西以别之。主人降席，不言自南自北，下《记》云"主人、介，凡升席自北方，降席自南方"，指此文也。注云"终于沃盥"，言酬爵之无不遍，实连无算爵而言。下《记》云："主人之赞者西面北上，不与，无算爵，然后与。"其实旅酬时，尚未及沃洗也。

②宾立饮卒觯，因更酌以乡主人，将授。

③旅酬同阶，礼杀。○疏曰：决上正酬时不同阶，今同阶，故云"礼杀"也。

④酬主人讫。

主人西阶上酬介，介降席自南方，立于主人之西，如宾酬主人之礼，主人揖，复席。①

右主人酬介

①其酌实觯西南面授介，自此以下旅酬酌者亦如之。○主人以所受于宾之觯往酬介，亦先拜介，自饮，实觯，授介，拜送于其东。注"自此以下旅酬酌者亦如之"，谓皆西南面授之也。

司正升，相旅曰：“某子受酬。”受酬者降席。①司正退立于序端，东面。②受酬者自介右，③众受酬者受自左。④拜，兴饮，皆如宾酬主人之礼。⑤辩，卒受者以觯降，坐奠于篚。⑥司正降，复位。⑦

右介酬众宾，众宾旅酬。此饮酒礼之第三段

①旅，序也。于是介酬众宾，众宾又以次序相酬。某者，众宾姓也，同姓则以伯仲别之，又同则以其字别之。○顾炎武云：“《乡射礼》‘某酬某子’，注‘某子者，氏’云。古人男子无称姓者，从《乡射礼》注为得。如《左传》叔孙穆子子[1]言叔仲子、子服子之类。”

②辟受酬者，又便其赞上赞下也。始升，相，西阶西，北面。○疏曰：司正初时在堂上，西阶西北面命受酬者讫，退立于西序端东面者，一则案此下文，众受酬者受自左，即是司正立处，故须辟之；二则东面时，赞上赞下便也。

③由介东也，尊介，使不失故位。

④后将受酬者皆由西，变于介也。今文无“众酬”也。○众宾首一人受介酬，自介右受之，第二人以下受其前一人酬，皆自其左受之也。凡授受之法，授由其右，受由其左，以尊介，故受由右，余人自如常礼也。

⑤嫌宾以下异也。

⑥辩，辩众宾之在下者。《乡射礼》曰：“辩‘遂酬在下’者，皆升，受酬于西阶上。”○辩，辩众宾之在下者，谓既酬堂上，又及堂下，无不遍也。引《乡射礼》证此与彼同。

⑦觯南之位。

使二人举觯于宾、介，洗，升，实觯于西阶上，皆坐奠觯，遂拜，执觯兴。宾、介席末答拜。皆坐祭，遂饮卒觯，兴，坐奠觯，遂拜，执觯兴，宾、介席末答拜。①逆降，洗，升，实觯，皆

[1]“子”字，顾炎武《日知录》不重。案《左传·襄公二十八年》有“叔孙穆子曰：叔仲子专之矣，子服子始学者也”之文，则此“子”字当从《日知录》不重为是。

立于西阶上，宾、介皆拜。②皆进，荐西奠之，宾辞，坐取觯以兴。介则荐南奠之，介坐受以兴，退。皆拜送，降。宾、介奠于其所。③

右二人举觯

①二人，亦主人之吏。若有大夫，则举觯于宾与大夫。《燕礼》曰："媵爵者立于洗南，西面，北上，序进盥洗。"○此下言无算爵，初使二人举觯，次徹俎，次坐燕，饮酒之终礼也。宾、介席末答拜者，宾于席西、南面答，介于席南、东面答也。注引《燕礼》证此二人将举觯，其盥洗亦如之也。

②于席末拜。○逆降者，二人先后之序与升时相反。

③宾言取，介言受，尊卑异文。今文曰"宾受"。○疏曰："言皆进者，一人之宾所，奠觯于荐西，一人之介所，奠觯于荐南。"按：此二人所举之觯，待升坐后，宾、介各举以酬为无算爵者，即此二觯。

司正升自西阶，受命于主人。主人曰："请坐于宾。"宾辞以俎。①主人请徹俎，宾许。②司正降阶前，命弟子俟徹俎。③司正升，立于序端。④宾降席北面。主人降席，阼阶上北面。介降席，西阶上北面。遵者降席，席东，南面。⑤宾取俎，还授司正，司正以降，宾从之。主人取俎，还授弟子，弟子以降自西阶，主人降自阼阶。介取俎，还授弟子，弟子以降，介从之。若有诸公、大夫，则使人受俎，如宾礼。众宾皆降。⑥

右徹俎

①至此盛礼俱成，酒清肴干，宾、主百拜，强有力犹倦焉。张而不弛，弛而不张，非文武之道。请坐者，将以宾燕也。俎者，肴之贵者。辞之者，不敢以礼杀当贵者。○前此皆立行礼，至此乃请坐燕。

②亦司正传请告之。

③西阶前也。弟子，宾之少者。俎者，主人之吏设之，使弟子俟徹者，明徹俎宾之义。

④待事。

⑤皆立，相须徹俎也。遵者，谓此乡之人仕至大夫者也，今来助主人乐宾，主人所荣而遵法者也，因以为名，或有无，来不来，用时事耳。今文“遵”为“僎”，或为“全”。

⑥取俎者皆乡其席，既授弟子，皆降复初入之位。○还音旋。向席取俎，转身以授人。注云“复初入之位”者，东阶、西阶相让之位也。

说屦，揖让如初，升，坐。[①]乃羞，[②]无算爵，[③]无算乐。[④]

右坐燕。此饮酒第四段，饮礼始毕

①说屦者，为安燕当坐也，必说于下者，屦贱，不空居堂。说屦，主人先左，宾先右。今文“说”为“税”。

②羞，进也，所进者，狗胾醢也。乡设骨体，所以致敬也，今进羞，所以尽爱也，敬之爱之，所以厚贤也。○胾，壮吏反。

③算，数也。宾主燕饮，爵行无数，醉而止也。《乡射礼》曰“使二人举觯于宾与大夫”，又曰“执觯者洗升，实觯，反奠于宾与大夫”，皆是。○疏曰：引《乡射礼》者，证此无算爵从首至末，更从上至下，唯醉乃止。

④燕乐亦无数，或间或合，尽欢而止也。《春秋》襄二十九年，吴公子札来聘，请观于周乐，此国君之无算。

宾出，奏《陔》。[①]主人送于门外，再拜。[②]

右宾出

①《陔》，《陔夏》也。陔之言戒也，终日燕饮酒罢，以《陔》为节，明无失礼也。《周礼·钟师》“以钟鼓奏九夏”，是奏《陔夏》则有钟鼓矣。钟鼓者，天子、诸侯备用之，大夫、士鼓而已，盖建于阼阶之西，南鼓。《乡射礼》曰：“宾兴，乐正命奏《陔》，宾降及阶，《陔》作，宾出，众宾皆出。”

②门东、西面拜也。宾、介不答拜，礼有终也。

宾若有遵者诸公、大夫，则既一人举觯乃入。[①]席于宾东，公三重，大夫再重。[②]公如大夫入，主人降，宾、介降，众宾皆降，复初位。主人迎，揖让升。公升如宾礼，辞一席，使一人去之。③大夫则如介礼。有诸公，则辞加席，委于席端，主人不徹。无诸公，则大夫辞加席，主人对，不去加席。④

右遵者入之礼

①不干主人正礼也。遵者，诸公、大夫也。谓之宾者，同从外来耳，大国有孤，四命谓之公。〇此下言诸公、大夫来助主人乐宾，主人与为礼之仪。遵不必至，故曰“若有”。当一人举觯毕，瑟、笙将入之时乃入。注云“不干主人正礼”，谓主人献酢之礼也。乐作后，又后乐宾，故此时乃入。

②席此二者于宾东，尊之，不与乡人齿也。天子之国三命者，不齿于诸侯之国，爵为大夫，则不齿矣。不言遵者，遵者亦卿大夫。〇云“席于宾东”者，宾在户牖之间，酒尊在房户间，正在宾东，不容置席，则席遵者当又在其东，但继宾而言耳，其实在酒尊东也。“不与乡人齿”者，众宾之席，继宾而西，是与相齿，此特为位于酒尊东，不在众人行列中，故云不与齿也。〇重，直龙反。

③如，读“若今”之“若”。主人迎之于门内也。辞一席，谦自同于大夫。〇公若大夫入，言或公入，或大夫入，其降迎皆如下文所云也。如宾礼，谓拜至、献爵、酢爵并如之也。〇去，起吕反。

④加席，上席也，大夫席再重。〇如介礼，其入门、升堂、献、酢等，皆如介之杀于宾也。

明日，宾服乡服以拜赐，①主人如宾服以拜辱。②主人释服，③乃息司正。④无介，⑤不杀，⑥荐脯醢，⑦羞唯所有，⑧征唯所欲，⑨以告于先生、君子可也，⑩宾、介不与，⑪乡乐唯欲。⑫

①拜赐，谢恩惠。乡服，昨日与乡大夫饮酒之朝服也，不言朝服，未服以朝也。今文曰“宾服乡服”。〇此下至篇末，言乡饮明日拜谢、劳息诸事。

②拜宾复自屈辱也。《乡射礼》曰：“宾朝服以拜赐于门外。主人不见，如宾服，遂从之，拜辱于门外，乃退。”〇引《乡射礼》者，明此亦彼，此宾主皆不相见，造门外拜谢而已。

③释朝服，更服玄端也。古文“释”作“舍”。

④息，劳也，劳赐昨日赞执事者。独云司正，司正，庭长也。

⑤劳礼略也，司正为宾。

⑥市买，若因所有可也。不杀，则无俎。○杀，所八反。

⑦羞同也。

⑧在有何物。

⑨征，召也。

⑩告，请也。先生不以筋力为礼，于是可以来。君子，国中有盛德者。可者，召不召唯所欲。

⑪礼渎则亵。古文“与”为“预”。○与音预。

⑫乡乐《周南》、《召南》六篇之中，唯所欲作，不从次也。不歌《鹿鸣》、《鱼丽》者，辟国君也。

记

乡朝服而谋宾、介，皆使能，不宿戒。①

记乡服及解不宿戒

①乡，乡人，谓乡大夫也。朝服，冠玄端，缁带，素韠，白屦。今郡国行乡饮酒之礼，玄冠而衣皮弁服，与礼异。再戒为宿戒，礼，将有事，先戒而复宿戒。○乡，谓乡饮酒之礼，注指人，恐义不尽。谋，即经文就先生而谋之也。宿戒之者，恐其容有不能，令得肄习。今乡饮，宾、介皆使贤而能为礼者，故不烦宿戒也。

蒲筵，缁布纯，①尊绤幂，宾至彻之。②其牲，狗也，③亨于堂东北。④献用爵，其它用觯。⑤荐脯五挺，横祭于其上，出自左房。⑥俎由东壁自西阶升。⑦宾俎，脊、胁、肩、肺。主人俎，脊、胁、臂、肺。介俎，脊、胁、肫、胳、肺。肺皆离，皆右体，进腠。⑧

记器具、牲羞之属

①筵，席也。纯，缘也。○纯，章允反，又之门反。

②绤，葛也。幂，覆尊巾。

③狗取择人。

④祖阳气之所始也。阳气主养，《易》曰："天地养万物，圣人养贤以及万民。"○亨，普庚反。

⑤爵尊，不亵用之。○其它，谓酬及旅酬。

⑥挺，犹膱也。《乡射礼》曰："祭半膱，膱长尺有二寸。"在东，阳也，阳主养，房，馔陈处也。《冠礼》之馔，脯醢南上。《曲礼》曰："以脯脩置者，左朐右末。"○荐脯用笾，其挺五，别有半挺横于上，以待祭。脯本横设人前，横祭者，于脯为横，于人为缩。陈之左房，至荐时乃出之。○挺，大颎反，本亦作"脡"，同。朐，其于反。

⑦亨狗既孰，载之俎，馔于东方。○及其设之，由东壁适西阶升设筵前，不由阼阶也。

⑧凡牲，前胫骨三，肩、臂、臑也，后胫骨二，膊、胳也。尊者俎尊骨，卑者俎卑骨。《祭统》曰："凡为俎者，以骨为主。骨有贵贱。"凡前贵后贱。离，犹捶也。腠，理也。进理，谓前其本也。今文"胳"作"骼"。○肫、胳，即注"膊、胳"，后胫二骨也。宾、主俎各三体，而介俎肫、胳并言者，以肩臂之下留其贵者为大夫俎。若有一大夫，则大夫用臑，而介用肫；若有二大夫，则大夫用臑与肫，而介用胳。用体无常，故肫、胳两见也。○胳音格。腠，千豆反。胫，户定反。臑，乃报反，又奴刀切，音猱。捶，苦圭反，音奎。

以爵拜者不徒作。①坐卒爵者拜既爵，立卒爵者不拜既爵。②凡奠者于左，③将举于右。④众宾之长一人辞洗，如宾礼。⑤立者东面北上，若有北面者则东上。⑥乐正与立者皆荐以齿。⑦凡举爵，三作而不徒爵。⑧乐作，大夫不入。⑨献工与笙，取爵于上篚，既献，奠于下篚。⑩其笙则献诸西阶上。⑪磬，阶间缩霤，北面鼓之。⑫主人、介凡升席自北方，降自南方。⑬司正既举觯而荐诸其位。⑭凡旅不洗，⑮不洗者不祭。⑯既旅，士不人。[17]彻俎，宾、介、遵者之俎，受者以降，遂出，授从者。[18]主人之俎以东。[19]乐正命奏《陔》，宾出，至于阶，《陔》作。[20]若有诸公，则大夫于主人之北，西面。[21]主人之赞者西面，北上，不与。[22]无算爵，然后与。[23]

记礼乐仪节、隆杀、面位、次序

①作，起也，言拜既爵者不徒起，起必酢主人。○不拜既爵者则不酢也。

②隆杀各从其宜，不使相错，唯工不从此礼。○工无目，故不使立卒爵，虽坐卒爵，不拜既爵，与立卒爵者同也。

③不饮者不欲其妨。○主人酬宾之觯是也。

④便也。○一人举觯为旅酬，使二人举觯为无算爵是也。

⑤于三人之中复差有尊者，余二人虽为之洗，不敢辞，其下不洗。○主人统为众宾三长一洗，一人进与为礼，余二人不敢往参，非又为二人各一洗也。又按经文“洗升，实爵”后始言“众宾之长升，拜受者三人”，此时三人尚未升堂，其辞洗亦自阶下东行辞之。疏于前经以“主人揖升”为揖众宾升，以此“辞洗”为降辞，皆误。

⑥贤者众寡无常也，或统于堂，或统于门。○立者，堂下众宾也。东面北上，统于堂也。宾多东面立，不尽，即门西，北面东上，统于门也。

⑦谓其饮之次也，尊乐正同于宾党。不言饮而言荐，以明饮也。既饮，皆荐于其位。乐正位西阶东，北面。○乐正本主人官属，故以齿于宾党为尊之。○与音预。

⑧谓献宾、献大夫、献工，皆有荐。

⑨后乐贤者。○大夫本为助主人乐贤来，时既后，则不入矣。

⑩明其异器，敬也。如是，则献大夫亦然。上篚三爵。○献宾、介、众宾一爵，献大夫一爵，献工与笙又一爵，以异器示敬。

⑪谓主人拜送爵也，于工拜于阼阶上者，以其坐于西阶东也。古文无“上”。

⑫缩，从也，霤以东西为从。鼓，犹击也。大夫而特县，方宾乡人之贤

者,从士礼也。射则磬在东。古文"缩"为"蹙"。○《周礼·春官》:"小胥掌正乐县之位,王宫县,诸侯轩县,卿大夫判县,士特县。凡县钟、磬,半为堵,全为肆。"宫县四面皆县,如宫有墙也,轩县去其南面,判县又去其北面,特县又去其西面,特立一面而已。钟、磬编县之,十六枚在一簴谓之堵。钟一堵、磬一堵谓之肆。诸侯之卿大夫,半天子之卿大夫,西县钟,东县磬。士亦半天子之士,县磬而已。此乡饮酒,本诸侯卿大夫,合钟、磬俱有,而直有磬者,以方宾贤,俯从士礼也。○缩,所六反。霤,力又反。从,子容反。

⑬席南上,升由下,降由上,由便。

⑭司正,主人之属也,无献,因其举觯而荐之。

⑮敬礼杀也。

⑯不甚洁也。

⑰后正礼也,既旅,则将燕矣。○士本为观礼来。

⑱送之。○从者,从宾、介、遵者来者也。○从,才用反。

⑲藏于东方。

⑳○命,命击鼓者。宾出至阶,其节也。

㉑其西面者,北上,统于公。○疏曰:若无诸公,则大夫南面,西上,统于宾[1]也。

㉒赞,佐也,谓主人之属,佐助主人礼事徹鼏、沃盥、设荐俎者。西面北上,统于堂也。与,及也。不及,谓不献酒。○与音预。

㉓燕乃及之。○以其主人之属,故不与献,至燕乃得酒也。

[1]宾,阮刻本《仪礼注疏》作"遵",附校勘记:"遵,闽本、《通解》俱作'宾'。"案《乡射礼》遵入献酢节经文"大夫若有遵者,席于尊东",郑注"尊东,明与宾夹尊也,不言东上,统于尊也",与此节经文互文见义,则此字当作"尊",作"宾"、"遵"者皆误。

卷五　乡射礼①

①郑《目录》云：州长春秋以礼会民，而射于州序之礼，谓之“乡”者，州，乡之属，乡大夫或在焉，不改其礼。射礼于五礼属嘉礼，《大戴》十一，《小戴》及《别录》皆第五。〇据注，此州长射礼，而云“乡射”者，周礼五州为乡，一乡管五州，乡大夫或宅居一州之内，来临此射礼，又乡大夫大比兴贤能讫，而以乡射之礼五物询众庶，亦行此礼，故名“乡射礼”也。

乡射之礼。主人戒宾，宾出迎，再拜，主人答再拜，乃请。①宾礼辞，许，主人再拜，宾答再拜。主人退，宾送，再拜。②无介。③

右戒宾

①主人，州长也，乡大夫若在焉，则称乡大夫也。戒，犹警也，语也。出迎，出门也。请，告也，告宾以射事。不言拜辱，此为习民以礼乐，不主为宾己也。不谋宾者，时不献贤能，事轻也。今郡国行此礼以季春。《周礼》，乡老及乡大夫，三年正月献贤能之书于王，退而以乡射之礼五物询众庶。诸侯之乡大夫既贡士于其君，亦用此礼射而询众庶乎？〇案：此射礼先与宾饮酒，如乡饮酒之仪，及立司正，将旅酬乃暂止，不旅而射，射已，更旅酬、坐燕，并如乡饮，凡宾至之前，宾退之后，其仪节并不殊也。此下言将射戒宾、陈设、速宾，凡三节，皆礼初事。注云“乡大夫若在则称乡大夫”者，谓乡大夫来临此礼，则州长戒宾之时不自称而称乡大夫，以戒之也。宾以州中处士贤者为之。若大夫来为遵，则易以公士。“五物询众庶”，《周礼·乡大夫职》文。五物者，一曰和，六德之一也；二曰容，即六行之孝也，容为孝者，人有孝行则性行含容；三曰主皮，贯革也；四曰和容，行礼有容仪也；五曰兴舞，比于乐节也。

②退还射宫，省录射事。

③虽先饮酒，主于射也，其序宾之礼略。

乃席宾，南面，东上。[1]众宾之席继而西。[2]席主人于阼阶上，西面。[3]尊于宾席之东，两壶斯禁，左玄酒，皆加勺，篚在其南，东肆。[4]设洗于阼阶东南，南北以堂深，东西当东荣，水在洗东，篚在洗西，南肆。[5]县于洗东北，西面。[6]乃张侯，下纲不及地武。[7]不系左下纲，中掩束之。[8]乏参侯道，居侯党之一，西五步。[9]

右陈设

①不言于户牖之间者，此射于序。○乡饮酒于庠，庠有室，故言于户牖之间。此射于序，序无室，无户牖可言，约其席处，亦当户牖耳。

②言继者，甫欲习众庶，未有所殊别。○乡饮酒则众宾之席不属。

③阼阶，东阶。

④斯禁，禁切地无足者也。设尊者北面，西曰左，尚之也。肆，陈也。○两壶，酒与玄酒。篚以贮爵、觯，尊南东向陈之，首在西。

⑤荣，屋翼也。○下篚亦以贮觯。○深，申鸩反。

⑥此县谓磬也。县于东方，辟射位也。但县磬者，半天子之士，无钟。○钟、磬编县之，十六枚在一簴谓之堵，钟一堵、磬一堵谓之肆。天子之卿大夫判县，东西各一肆，士特县，唯东一肆。诸侯之卿大夫、士，半于天子之卿大夫、士。卿大夫判县者，分一肆于两厢，东县磬，西县钟。士特县，分取磬而已。州长，诸侯之士，故但磬无钟也。○县音玄。

⑦侯谓所射布也。纲，持舌绳也。武，迹也。中人之迹尺二寸。侯象人，纲即其足也，是以取数焉。○侯制有中、有躬、有舌、有纲、有縜。中，其身也，方一丈。倍中以为躬，中之上下横接一幅，各二丈，谓之躬。倍躬为左、右舌，用布四丈，接于躬上，左右各出一丈为舌，下舌半上舌，用布三丈，接躬下，左右各出五尺也。其持舌之绳谓之纲。维其纲于干者，又谓之縜。上下各有纲，下纲去地之节则尺二寸。

⑧事未至也。○侯向堂为面，以西为左。射事未至，故且不系左下纲，

并纲与舌向东掩束之，待司马命张侯，乃脱束系纲也。○中，丁仲反。

⑨容谓之乏，所以为获者御矢也。侯道五十步，此乏去侯北十丈，西三丈。○乏，状类曲屏，以革为之，唱获者于此容身，故谓之容，矢力不及，故谓之乏。党，旁也。三分侯道而居旁之一，偏西者五步，此设乏之节也。侯道五十步，步六尺，计三十丈，乏居三之一，西五步，故云“北十丈，西三丈”。必于此者，取可察中否，唱获声达堂上也。

羹定，①主人朝服，乃速宾。宾朝服出迎，再拜。主人答再拜，退。宾送，再拜。②宾及众宾遂从之。

右速宾

①肉谓之羹。定犹熟也，谓狗熟可食。○定，多佞反。

②速，召也。射，宾轻也，戒时玄端，今郡国行此乡射礼皮弁服，与礼为异。

及门，主人一相出迎于门外，再拜，宾答再拜，①揖众宾。②主人以宾揖，先入。③宾厌众宾，众宾皆入门左，东面，北上。宾少进。④主人以宾三揖，皆行，及阶三让，主人升一等，宾升。⑤主人阼阶上当楣北面再拜，宾西阶上当楣北面答再拜。⑥

右迎宾拜至

①相，主人家臣，摈赞传命者。○此下言饮宾之事。迎宾拜至，主人献宾，宾酢主人，主人酬宾，主人献众宾，一人举觯为旅酬之端，遵入，主人献遵自酢，工、笙合乐乐宾，主人献工与笙，乃立司正以安宾察众，凡十节，皆与乡饮酒礼同。此为射而饮，其后即详射事。○相，息亮反。

②差卑，礼宜异。○同是乡人无爵者，唯据立为宾者尊，故于众宾云差卑。

③以犹与也。先入，入门右，西面。

④引手曰厌。少进，差在前也。今文皆曰“揖众宾”。

⑤三让而主人先升者，是主人先让于宾。不俱升者，宾客之道，进宜

难也。○疏云：言“皆行”者，宾主既行，众宾亦行。

⑥主人拜宾至此堂。

主人坐取爵于上篚以降，[1]宾降。[2]主人阼阶前西面坐奠爵，兴，辞降，[3]宾对。[4]主人坐取爵，兴，适洗，南面，坐奠爵于篚下，盥洗，[5]宾进，东北面辞洗。[6]主人坐奠爵于篚，兴对，宾反位。[7]主人卒洗，壹揖壹让以宾升。宾西阶上北面拜洗，主人阼阶上北面奠爵，遂答拜。乃降，[8]宾降，主人辞降，宾对。主人卒盥，壹揖壹让升，宾升，西阶上疑立。[9]主人坐取爵，实之，宾席之前，西北面献宾。[10]宾西阶上北面拜，主人少退，[11]宾进，受爵于席前，复位。[12]主人阼阶上拜送爵，宾少退。荐脯醢。[13]宾升席自西方，[14]乃设折俎，[15]主人阼阶东疑立。宾坐，左执爵，右祭脯醢，奠爵于荐西，兴，取肺，坐绝祭。[16]尚左手哜之，[17]兴，加于俎，坐捝手。执爵，遂祭酒，兴，席末坐啐酒。[18]降席，坐奠爵，拜告旨，[19]执爵兴，主人阼阶上答拜。宾西阶上北面坐，卒爵，兴，坐奠爵，遂拜，执爵兴，[20]主人阼阶上答拜。

右主人献宾

①将献宾也。

②从主人也。

③重以主人事烦宾也。今文无“阼阶”。

④对，答。

⑤盥手又洗爵，致洁敬也。古文“盥”皆作“浣”。

⑥必进者，方辞洗，宜违位也。言东北面，则位南于洗矣。○《乡饮酒》此处注异，彼于“东”字句，此于“进”字句。

⑦反从降之位也。《乡饮酒》曰：“当西序，东面。”

⑧乃降，将更盥也。古文“壹”皆作“一”。

⑨疑，止也，有矜庄之色。○疑，鱼乙反。

⑩进于宾也。凡进物曰献。

⑪少退，犹少辟也。

⑫复位，西阶上位。

⑬荐，进。

⑭宾升降由下也。○疏云：以主人在东，又于席西拜便，故升降由下。

⑮牲体枝解、节折，以实俎也。

⑯却左手执本，右手绝末以祭也。肺离，上为本，下为末。○注“却左手执本”，用《乡饮酒》文。

⑰哜，尝也，右手在下，绝以授口尝之。

⑱捝，拭也。啐，尝也。古文“捝”作“说”。

⑲降席，席西也。旨，美也。○告主人曰旨酒。

⑳卒，尽。

宾以虚爵降，[①]主人降。[②]宾西阶前东面坐奠爵，兴，辞降，主人对。宾坐取爵，适洗，北面坐奠爵于篚下，兴，盥洗。[③]主人阼阶之东，南面辞洗，宾坐奠爵于篚，兴对，主人反位。[④]宾卒洗，揖让如初，升。[⑤]主人拜洗，宾答拜，兴，降盥，如主人之礼。宾升，实爵主人之席前，东南面酢主人。[⑥]主人阼阶上拜，宾少退，主人进受爵，复位，宾西阶上拜送爵。荐脯醢。主人升席自北方，乃设折俎，祭如宾礼，[⑦]不告旨。[⑧]自席前适阼阶上，北面坐卒爵，兴，坐奠爵，遂拜，执爵兴，宾西阶上北面答拜。[⑨]主人坐奠爵于序端，阼阶上再拜崇酒，宾西阶上答再拜。[⑩]

右宾酢主人

①将洗，以酢主人。

②从宾也，降立阼阶东，西面，当东序。

③宾北面盥洗，自外来。

④反位，从降之位也。主人辞洗，进也。

⑤○“如初”者，一揖、一让，如献宾时。

⑥酢，报。

⑦祭荐俎及酒，亦哜啐。

⑧酒，己物。

⑨自，由也。啐酒于席末，由前降便也。

⑩序端，东序头也。崇，充也。谢酒恶相充满也。○奠爵序端，拟献众宾用之。

主人坐取觯于篚以降，①宾降，主人奠觯，辞降，宾对，东面立。主人坐取觯，洗，宾不辞洗。②卒洗，揖让升，宾西阶上疑立。主人实觯，酬之阼阶上，北面坐奠觯，遂拜，执觯兴，③宾西阶上北面答拜。主人坐祭，遂饮，卒觯，兴，坐奠觯，遂拜，执觯兴，宾西阶上北面答拜。④主人降洗，宾降辞，如献礼。⑤升，不拜洗，⑥宾西阶上立。主人实觯，宾之席前，北面。⑦宾西阶上拜。主人坐奠觯于荐西，宾辞，坐取觯以兴，反位。⑧主人阼阶上拜送，宾北面坐，奠觯于荐东，反位。⑨

右主人酬宾

①将酬宾。

②不辞洗，以其将自饮。

③酬，劝酒。

④○主人先自饮，所以为劝也。

⑤以将酌己。

⑥酬礼杀也。

⑦酬宾。

⑧宾辞，辞主人复亲酌己。

⑨酬酒不举。

主人揖降。宾降，东面立于西阶西，当西序。①主人西南面三拜众宾，众宾皆答壹拜。②主人揖升，坐取爵于序端，降洗，升，实爵，西阶上献众宾。众宾之长升拜受者三人，③主人拜送。④坐祭，立饮，不拜既爵，授主人爵，降复位。⑤众宾皆不拜受爵，坐祭，立饮。⑥每一人献，则荐诸其席。⑦众宾辩有脯醢。⑧主人以虚爵降，奠于篚。⑨

右主人献众宾

①主人将与众宾为礼，宾谦，不敢独居堂。

②三拜，示遍也。壹拜，不备礼也。献宾毕，乃与众宾拜，敬不能并。

③长，其老者。言三人，则众宾多矣。国以多德行、道艺为荣，何常数之有乎？

④拜送[1]爵于众宾右。

⑤既，尽。○降复宾南东面位。

⑥自第四以下，又不拜受爵，礼弥略。○亦升受，但不拜。

⑦诸，于。○此堂上三人有席者。

⑧荐于其位。○堂下之位。

⑨不复用。

揖让升，宾厌众宾升，众宾皆升，就席。一人洗，举觯于宾，①升，实觯西阶上，坐奠觯，拜，执觯兴，宾席末答拜。举觯者坐祭，遂饮，卒觯兴，坐奠觯，拜，执觯兴，宾答拜。降洗，升，实之西阶上，北面，②宾拜。③举觯者进，坐奠觯于荐西，④宾辞，坐取以兴，⑤举觯者西阶上拜送。宾反奠于其所，举觯者降。⑥

右一人举觯

①一人，主人之吏。

②将进奠觯。

③拜受觯。

④不授，贱不敢也。

⑤若亲受然。

[1]“拜送”二字，阮刻本《仪礼注疏》作“送拜”。

⑥○射后,宾将举之为旅酬,故奠于荐西。

大夫若有遵者,则入门左,①主人降,②宾及众宾皆降,复初位。③主人揖让以大夫升,拜至,大夫答拜。主人以爵降,大夫降,主人辞降,大夫辞洗如宾礼。席于尊东。④升,不拜洗。主人实爵,席前献于大夫,大夫西阶上拜,进受爵,反位,主人大夫之右拜送。大夫辞加席,主人对,不去加席。⑤乃荐脯醢,大夫升席,设折俎,祭如宾礼,不哜肺,不啐酒,不告旨,西阶上卒爵,拜,主人答拜。⑥大夫降洗,⑦主人复阼阶,降辞如初,卒洗,主人盥。⑧揖让升,大夫授主人爵于两楹间,复位。主人实爵以酢于西阶上,坐奠爵,拜,大夫答拜。坐祭,卒爵,拜,大夫答拜。主人坐奠爵于西楹南,再拜,崇酒,大夫答拜。主人复阼阶,揖降,⑨大夫降,立于宾南。⑩主人揖让以宾升,大夫及众宾皆升,就席。

右遵入献酢之礼

①谓此乡之人为大夫者也。谓之遵者,方以礼乐化民,欲其遵法之也。其士也,于旅乃入。乡大夫、士非乡人,礼亦然,主于乡人耳。今文"遵"为"僎"。○言"若有"者,或有或无,不定也。按:《乡饮酒》于篇末略言遵者之礼,此经乃著其详正,所云如介礼者也。

②迎大夫于门内也,不出门,别于宾。

③不敢居堂,俟大夫入也。初位,门内东面。

④尊东,明与宾夹尊也,不言东上,统于尊也。○遵席西上。

⑤辞之者,谦,不以己尊加贤者也。不去者,大夫再重席,正也,宾一重席。○疏云:公士为宾,亦一重。

⑥凡所不者,杀于宾也。大夫升席由东方。

⑦将酢主人也,大夫若众,则辩献,长乃酢。

⑧盥者,虽将酌自饮,尊大夫,不敢亵。

⑨将升宾。○奠爵楹南,拟旅时献士用之。

⑩虽尊，不夺人之正礼。○宾及众宾自大夫升堂时，已立西阶下。

席工于西阶上，少东。乐正先升，北面立于其西。①工四人，二瑟，瑟先。相者皆左何瑟，面鼓，执越，内弦，右手相。入，升自西阶，北面，东上。工坐，相者坐授瑟，乃降。②笙入，立于县中，西面。③乃合乐。《周南》：《关雎》、《葛覃》、《卷耳》；《召南》：《鹊巢》、《采蘩》、《采蘋》。④工不兴，告于乐正曰："正歌备。"⑤乐正告于宾，乃降。⑥

右合乐乐宾

①言少东者，明乐正西侧阶，不欲大东，辟射位。○按《乡饮酒》不射，席工亦与此同，此注云"辟射位"，恐非经意，或是欲其当宾席耳。

②瑟先，贱者先就事也。相，扶工也。面，前也，鼓在前，变于君也。执越、内弦、右手相，由便也。越，瑟下孔，所以发越其声也。前越言执者，内有弦结，手入之浅也。相者降立西方。○"面鼓"者，瑟首在前也，鼓谓可鼓处。与乡饮酒不同者，在乡饮酒欲其异于燕，在乡射欲其异于大射，皆为变于君也。

③堂下乐相从也。县中，磬东立，西面。○县音玄。

④不歌、不笙、不间，志在射，略于乐也。不略合乐者，《周南》、《召南》之风，乡乐也，不可略其正也。昔大王、王季、文王始居岐山之阳，躬行[1]以成王业，至三分天下，乃宣《周南》、《召南》之化，本其德之初，"刑于寡妻，至于兄弟，以御于家邦"，故谓之"乡乐"。用之房中以及朝廷飨、燕、乡射、饮酒，此六篇其风化之原也。是以合金石丝竹而歌之。

⑤不兴者，瞽蒙礼略也。

⑥乐正降者，堂上正乐毕也。降立西阶东，北面。○疏云：云"正乐"者，对后无算乐非正乐也。下射虽歌《驺虞》，亦是堂下，非堂上，故以堂上决之也。

---

[1]"躬行"下，阮刻本《仪礼注疏》有"召南之教"四字，附校勘记："徐本同，《通解》、毛本无'召南之教'四字，瞿中溶云：'《燕礼》注有此四字，此亦宜有。'"

主人取爵于上篚，献工。大师，则为之洗。①宾降，主人辞降。②工不辞洗。卒洗，升，实爵。工不兴，左瑟。一人拜受爵。③主人阼阶上拜送爵。荐脯醢。使人相祭。④工饮，不拜既爵，授主人爵。众工不拜，受爵，祭饮，辩有脯醢，不祭。⑤不洗，遂献笙于西阶上。⑥笙一人拜于下，尽阶，不升堂。受爵，主人拜送爵。阶前坐祭，立饮，不拜既爵，升，授主人爵。众笙不拜受爵，坐祭，立饮，辩有脯醢，不祭。主人以爵降，奠于篚。反升，就席。⑦

右献工与笙

①尊之也。君赐大夫乐，又从之以其人，谓之大师也。

②大夫不降，尊也。

③左瑟，辟主人授爵也。一人，无大师，则工之长者。○“左瑟”者，身在瑟右，向主人也。

④人，相者。

⑤祭饮，不兴受爵，坐祭坐饮。

⑥不洗者，贱也。众工而不洗矣，而著[1]笙不洗者，笙贱于众工，正君赐之，犹不洗也。

⑦亦揖让以宾升，众宾皆升。

主人降席自南方。①侧降。②作相为司正。司正礼辞，许诺。主人再拜，司正答拜。③主人升就席。司正洗觯，升自西阶，由楹内适阼阶上，北面受命于主人。④西阶上北面请安于宾。⑤宾礼辞，许。司正告于主人，遂立于楹间以相拜。⑥主人阼阶上再拜，宾西阶上答再拜，皆揖就席。⑦司正实觯，降自西阶，中庭北面坐奠觯，兴，退，少立。⑧进，坐取觯，兴，反坐，不祭，遂卒觯，兴。坐奠觯，拜，执觯兴，洗，北面坐，奠于其所。⑨兴，

[1] 著，阮刻本《仪礼注疏》同，附校勘记：“徐本同，毛本、《通解》‘著’作‘众’。”金陵书局本作“众”。

少退，北面立于觯南。[10]未旅。[11]

右立司正

①礼杀，由便。

②宾不从降。

③爵备乐毕，将留宾以事，为有懈倦失礼，立司正以监之，察仪法也。《诗》云："既立之监，或佐之史。"

④洗觯者，当酌以表其位，显其事也。楹内，楹北。○受命，受"请安于宾"之命。

⑤传主人之命。

⑥相，谓赞主人及宾相拜之辞。

⑦为己安也。今文"揖"为"升"。

⑧奠觯，表其位也。少立，自修正，慎其位也。古文曰"少退立"。

⑨今文"坐取觯"，无"进"。又曰"坐奠之拜"。

⑩立觯南，亦其故摈位。

⑪旅，序也。未以次序相酬，以将射也。旅则礼终也。○乡饮酒立司正即行旅酬。今此礼主于射，故且未旅，急在射也。

三耦俟于堂西，南面，东上。[1]司射适堂西，袒、决、遂，取弓于阶西，兼挟乘矢，升自西阶。阶上北面告于宾，曰："弓矢既具，有司请射。"[2]宾对曰："某不能，为二三子许诺。"[3]司射适阼阶上，东北面告于主人，曰："请射于宾，宾许。"

右司射请射

①司正既立，司射选弟子之中德行道艺之高者，以为三耦，使俟事于此。○自此以下始言射事。射凡三番。第一番三耦之射，获而不释获。第二番宾主、大夫、众宾耦射，释获，升饮。第三番以乐节射。此下至"乃复求矢加于楅"，言三耦之射。司射请射于宾，命弟子纳射器，比三耦，司马命张侯，又命倚旌，乐正迁乐器，三耦取弓矢，司射诱射乃作三耦射，司马命设楅取矢，凡九节，射之第一番也。

②司射，主人之吏也。于堂西袒、决、遂者，主人无次，隐蔽而已。袒，左免衣也。决[1]，犹闿也，以象骨为之，着右大擘指以钩弦闿体也。遂，射鞲也，以韦为之，所以遂弦者也。其非射时，则谓之拾。拾，敛也，所以蔽肤敛衣也。方持弦矢曰挟。乘矢，四矢也。《大射》曰："挟乘矢于弓外，见镞于弣，右巨指钩弦。"古文"挟"皆作"接"。〇袒，徒旱反。挟音协。乘，绳证反。闿音开。擘，补革反。鞲，古侯反。镞，七木反。弣，方甫反。

③言某不能，谦也。二三子，谓众宾已下。〇为，于伪反。

司射降自西阶，阶前西面，命弟子纳射器。①乃纳射器，皆在堂西。宾与大夫之弓倚于西序，矢在弓下，北括。众弓倚于堂西，矢在其上。②主人之弓矢在东序东。③

右弟子纳射器

①弟子，宾党之年少者也。纳，内也。射器，弓、矢、决、拾、旌、中、筹、楅、丰也。宾党东面，主人之吏西面。〇楅音福。

②上，堂西廉。矢，亦北括。〇倚，于绮反。括，古活反。

③亦倚于东序也。矢在其下，北括。

司射不释弓矢，遂以比三耦于堂西。三耦之南，北面，命上射曰："某御于子。"命下射曰："子与某子射。"①

右司射比三耦

①比，选次其才相近者也。古文曰"某从于子"。〇御，进也、侍也。进而侍射于子，尊辞也。〇比，毗志反。

司正为司马。①司马命张侯，弟子说束，遂系左下纲。②司马又命获者倚旌于侯中。③获者由西方坐取旌，倚于侯中，乃退。

右司马命张侯倚旌

①兼官，由便也。立司正为莅酒尔，今射，司正无事。

[1]决，阮刻本《仪礼注疏》作"決"。下皆同。

②事至也。今文“说”皆作“税”。○说，土活反。

③为当负侯也。获者亦弟子也，谓之获者，以事名之。

乐正适西方，命弟子赞工，迁乐于下。[①]弟子相工，如初入。降自西阶，阼阶下之东南，堂前三笴，西面北上，坐。[②]乐正北面，立于其南。[③]

右乐正迁乐

①当辟射也。赞，佐也。迁，徙也。

②笴，矢干也。今文无“南”。○“相工，如初入”者，亦左何瑟右手相也。矢干长三尺。“三笴”者，去堂九尺也。○笴，古可反。

③北面，乡堂，不与工序也。

司射犹挟乘矢，以命三耦：“各与其耦让取弓矢，拾。”[①]三耦皆袒、决、遂。有司左执弣，右执弦，而授弓。[②]遂授矢。[③]三耦皆执弓，搢三而挟一个。[④]司射先立于所设中之西南，东面。[⑤]三耦皆进，由司射之西，立于其西南，东面北上而俟。

右三耦取弓矢俟射

①犹，有故之辞。拾，更也。○“各与其耦让取弓矢，拾”，即司射之所以命三耦者。拾，其劫反。更，迭也。○拾，其劫反，除决拾之外皆同。

②有司，弟子纳射器者也。凡纳射器者，皆执以俟事。

③受于纳矢而授之。

④未违俟处也。搢，插也，插于带右。

⑤○中，谓鹿中，以释获者其设之之处，南当楅，西当西序，此时尚未设中，云“所设中之西南”者，拟将来设中之处也。

司射东面，立于三耦之北，搢三而挟一个。[①]揖进，当阶，北面揖。及阶揖，升堂揖。豫则钩楹内，堂则由楹外，当左物，北面揖。[②]及物揖。左足履物，不方足，还，视侯中，俯正足。[③]

不去旌。④诱射。⑤将乘矢。⑥执弓不挟，右执弦。⑦南面揖，揖如升射。降，出于其位南，适堂西，改取一个，挟之。⑧遂适阶西，取扑，搢之，以反位。⑨

右司射诱射

①为当诱射也。固东面矣,复言之者,明却时还。○据注及疏,言司射本立于中之西南,今命三耦已复还立。此经上文“先”字,非“先后”之“先”,乃“旧先”之“先”。愚详经文,似当仍作“先后”字为妥。此复言之者,欲言其将诱射,故复从立处说起耳。

②钩楹,绕楹而东也。序无室,可以深也。周立四代之学于国,而又以有虞氏之庠为乡学。《乡饮酒义》曰“主人迎宾于庠门外”是也。庠之制,有堂有室也。今言豫者,谓州学也,读如“成周宣榭灾”之“榭”,《周礼》作“序”。凡屋无室曰榭,宜从榭。州立榭者,下乡也。左物,下物也。今文“豫”为“序”,序乃夏后氏之学,亦非也。○射者升堂揖讫,东行向物,豫无室,物近北,故钩楹北而东。庠之堂有室,物近南,故由楹南而东也。“物”者,以丹若墨画地作十字形,射者履之以射。左物,下射所履,故云“下物”也。○豫音榭,出注。

③方,犹并也。志在于射,左足至,右足还,并足则是立也。南面视侯之中,乃俯视并正其足。○左足履物,不及并足,右足初旋已,南面视侯,乃俯正足而立,是其志在于射也。

④以其不获。

⑤诱,犹教也。

⑥将,行也。行四矢,象有事于四方。

⑦不挟,矢尽。

⑧改,更也。不射而挟之,示有事也。今文曰“适序西”。○司射位在所设中之西南,东面,今乃出其位南,北回适堂西者,疏以为教众耦威仪之法故也。众耦射毕,皆当自此适堂西,释弓脱决、拾也。

⑨扑,所以挞犯教者。《书》云:“扑作教刑。”○反位,所设中之西南,东面也。

司马命获者执旌以负侯。①获者适侯，执旌负侯而俟。②司射还，当上耦，西面作上耦射。③司射反位，上耦揖进，上射在左，并行。当阶，北面揖，及阶揖。上射先升三等，下射从之，中等。④上射升堂，少左。下射升，上射揖，並行。⑤皆当其物，北面揖，及物揖。皆左足履物，还，视侯中，合足而俟。⑥司马适堂西，不决、遂，袒，执弓。⑦出于司射之南，升自西阶，钩楹，由上射之后，西南面立于物间。右执箫，南扬弓，命去侯。⑧获者执旌许诺，声不绝，以至于乏，坐，东面偃旌，兴而俟。⑨司马出于下射之南，还其后，降自西阶，反由司射之南，适堂西，释弓，袭，反位，立于司射之南。⑩司射进，与司马交于阶前，相左，由堂下西阶之东，北面视上射，命曰："无射获，无猎获。"上射揖，司射退，反位。⑪乃射。上射既发，挟弓矢，而后下射射，拾发，以将乘矢。⑫获者坐而获。⑬举旌以宫，偃旌以商。⑭获而未释获。⑮卒射，皆执弓，不挟，南面揖，揖如升射。⑯上射降三等，下射少右，从之，中等，并行，上射于左。⑰与升射者相左，交于阶前，相揖。⑱由司马之南适堂西，释弓，说决、拾，袭而俟于堂西，南面东上。三耦卒射，亦如之。司射去扑，倚于西阶之西，升堂，北面告于宾，曰："三耦卒射。"⑲宾揖。⑳

右三耦射

①欲令射者见侯与旌，深有志于中。○上文命张侯倚旌，疏云："同是西阶前。"至此未有他事，当亦西阶前命之也。

②俟，待也。今文"俟"为"立"。

③还，左还也。作，使也。○三耦在司射之西南，东面。今欲西面命射，故知左还。

④中，犹间也。

⑤並，并也，并东行。○升堂少左，辟下射升阶也。

⑥○当物，上射当右物，下射当左物。履物还视侯中，皆效诱射之仪。

⑦不决、遂，因不射，不备。

⑧钩楹，以当由上射者之后也。箫，弓末也。《大射》曰：“左执弣。”扬，犹举也。

⑨声不绝，不以宫商，不绝而已。乡射威仪省。偃，犹仆也。○仆音赴。

⑩围下射者，明为二人命去侯。

⑪射获，谓矢中人也。猎，矢从傍。○疏云：相左之时在西阶之西，司马由北而西行，司射由南而东行，各以左相近，故云“相左”也。○“无射”之“射”，食亦反。

⑫后，後也，当从后。○上射发第一矢，复挟二矢，下射乃发矢，如是更发，以至四矢毕。

⑬射者中，则大言获。获，得也。射，讲武，田之类，是以中为获也。

⑭宫为君，商为臣，声和律吕相生。

⑮但大言获，未释其算。○释算所以识中之多寡。注上下文皆言“大言获”，疏乃以宫为大言获，商为小言获，是一矢而再言获，恐未是。或一声渐杀，各有所合欤?

⑯不挟，亦右执弦，如司射。

⑰降，下。○并行，既降阶而并行。

⑱○“相左”者，降者由西，升者由东也。

⑲去扑乃升，不敢佩刑器即尊者之侧。

⑳以揖然之。

司射降，搢扑，反位。司马适堂西，袒，执弓，由其位南进，与司射交于阶前相左，升自西阶，钩楹，自右物之后，立于物间，西南面，揖弓，命取矢。①获者执旌许诺，声不绝，以旌负侯而俟。②司马出于左物之南，还其后，降自西阶，遂适堂前，北面立于所设楅之南，命弟子设楅。③乃设楅于中庭，南当洗，东肆。④司马由司射之南退，释弓于堂西，袭，反位。弟子取矢，北面坐委于楅，北括，乃退。司马袭进，当楅南，北面坐，左右抚矢而乘之。⑤若矢不备，则司马又袒执弓如初，升，命曰：“取矢不索。”[⑥]弟子自西方应曰：“诺。”乃复求矢，加于楅。[⑦]

右取矢委楅，第一番射事竟

①揖，推之也。

②俟弟子取矢，以旌指教之。

③楅，犹幅也，所以承笴齐矢者。○所设楅，谓所拟以设楅之处。

④东肆，统于尊。○疏云：弟子设楅，司马教之。

⑤抚，拊之也。就委矢，左右手抚而四四数分之也。上既言袭矣，复言之者，嫌有事即袒也。凡事升堂乃袒。○疏云：若司射，不问堂上、堂下，有事即袒。○拊，者甫反。数，所主反。

⑥索，犹尽也。

⑦增故曰加。向获者许诺，至此弟子曰诺，事同，互相明。

司射倚扑于阶西，升，请射于宾，如初。宾许诺。宾、主人、大夫若皆与射，则遂告于宾，适阼阶上告于主人，主人与宾为耦。[①]遂告于大夫，大夫虽众，皆与士为耦。以耦告于大夫，曰：“某御于子。”[②]西阶上北面作众宾射。[③]司射降，搢扑，由司马之南适堂西，立，比众耦。[④]众宾将与射者皆降，由司马之南适堂西，继三耦而立，东上。大夫之耦为上，若有东面者，则北上。[⑤]宾、主人与大夫皆未降。[⑥]司射乃比众耦，辩。[⑦]

右司射请射比耦

①言若者，或射或否，在时欲耳。射者绎己之志，君子务焉。大夫，遵者也。告宾曰：“主人御于子。”告主人曰：“子与宾射。”○自此至“释获者少西辟荐反位”，言宾主、大夫、众宾耦射、释获、升饮之仪，射之第二番也。司射请射比耦，三耦取矢于楅，众耦受弓矢序立，乃设中为释获之射，三耦射，宾、主人射，大夫射，众宾射，司马取矢乘矢，司射视释获者数获，设丰饮不胜者，献获者，献释获者，凡十三节。

②大夫皆与士为耦，谦也。来观礼，同爵自相与耦，则嫌自尊别也。大夫为下射而云“御于子”，尊大夫也。士谓众宾之在下者及群士来观礼者

也。礼，一命已下，齿于乡里。

③作，使。

④众耦，大夫耦及众宾也。命大夫之耦曰："子与某子射。"其命众耦如三耦。

⑤言若有者，大夫士来观礼及众宾多，无数也。○司马位在司射之南，若有东面者，或宾多，南面列不尽也。

⑥言未降者，见其志在射。○三耦卒射乃降，就其耦，俱升射也。

⑦众宾射者降，比之，耦乃遍。

遂命三耦拾取矢，司射反位。①三耦拾取矢，皆袒、决、遂，执弓，进立于司马之西南。②司射作上耦取矢。③司射反位，上耦揖进，当福北面揖，及福揖。④上射东面，下射西面。上射揖进，坐，横弓，却手自弓下取一个，兼诸弣，顺羽，且兴，执弦而左还，退反位，东面揖。⑤下射进，坐，横弓，覆手自弓上取一个，兴，其它如上射。⑥既拾取乘矢，揖，皆左还，南面揖，皆少进，当福南，皆左还，北面，搢三挟一个。⑦揖，皆左还，上射于右，⑧与进者相左，相揖退，反位。⑨三耦拾取矢，亦如之。后者遂取诱射之矢，兼乘矢而取之，以授有司于西方，而后反位。⑩

右三耦拾取矢

①反位者，俟其袒、决、遂来。○遂命者，承上比耦毕遂命之也。

②必袒、决、遂者，明将有射事。

③作之者，还当上耦，如作射。

④当福，福正南之东西。○上耦发位东行时，一南一北并行。及至福南，北面向福，亦一东一西相并也。

⑤横弓者，南踣弓也。却手由弓下取矢者，以左手在弓表，右手从里取之，便也。兼并矢于弣，当顺羽，既又当执弦也。顺羽者，手放而下，备不整理也。不言毋周，在阼非君，周可也。○疏曰："'言顺羽且兴'者，谓以右手顺羽之时则兴，故云'且兴'也。言'左还'者，以左手向外而西回。'东面揖'者，揖

下射，使取矢也。”注云“不言毋周”，对《大射》礼而言，彼有君在阼，周则背君故也。○弣，芳甫反。踣，蒲北反。

⑥覆手由弓上取矢者，以左手在弓里，右手从表取之，亦便。○亦南踣弓，左手执弓仰而向上，故右手覆搭矢为便也。

⑦楅南，乡当楅之位。○拾取乘矢，更递而取，各得四矢也。楅南，前者进时北面揖之位也。今退至此，皆左还，北面搢三矢而挟一矢。

⑧上射转居右，便其反位也。下射左还，少南行乃西面。○搢挟已而揖，皆左还，西面并行。前者进时，上射在北，是在左。今仍在北，是于右，取其反位，北上为便也。

⑨相左，皆由进者之北。○进者自南东行，退反位者自北西行，故得相左。

⑩取诱射之矢，挟五个，弟子逆受于东面位之后。○“以授”者，以诱射之矢授也。

众宾未拾取矢，皆袒、决、遂，执弓，搢三挟一个，由堂西进，继三耦之南而立，东面，北上，大夫之耦为上。①

右众宾受弓矢序立

①未，犹不也。众宾不拾者，未射，无楅上矢也。言此者，嫌众宾三耦同伦，初时有射者，后乃射有拾取矢，礼也。○众宾初射当于堂西，受弓矢于有司，故不拾取矢。案：三耦初射时，亦云“各与其耦让取弓矢，拾”，则众宾不拾取矢，又不仅以未射也。

司射作射如初，一耦揖升如初。司马命去侯，获者许诺。司马降，释弓，反位。司射犹挟一个，去扑，与司马交于阶前，升，请释获于宾。①宾许。降，搢扑，西面立于所设中之东，北面命释获者设中，遂视之。②释获者执鹿中，一人执算以从之。③释获者坐设中，南当楅，西当西序，东面。兴受算，坐实八算于中，横委其余于中西，南末。兴，共而俟。④司射遂进，由堂下，北面命曰："不贯不释。"[5]上射揖。司射退反位。释获者坐取中之八算，改实八算于中，兴，执而俟。[6]

右司射作射请释获

①犹，有故之辞。司射既诱射，恒执弓挟矢以掌射事，备尚未知，当教之也。今三耦卒射，众足以知之矣。犹挟之者，君子不必也。

②视之，当教之。○疏云：教之，谓教其释算，安置左右，及数算告胜负之事。

③鹿中，谓射于榭，于庠当兕中。○中，形如伏兽，凿其背以受八算。算，射筹也。

④兴还北面受算，反东面实之。○共，九勇反。

⑤贯，犹中也。不中正不释算也。古文"贯"作"关"。○贯，古乱反。

⑥执所取算。○"八算"者，人四矢，一耦八矢，一矢则一算，实八算，拟后来者用之。

乃射。若中，则释获者坐而释获，每一个释一算。上射于右，下射于左，若有余算，则反委之。[1]又取中之八算，改实八算于中，兴，执而俟。三耦卒射。

右三耦释获而射

①委余算，礼尚异也。委之，合于中西。○释，犹舍也，以所执之算坐而舍于地，中首东乡，其南为右，其北为左，中西则其后也。○中，丁仲反。

宾、主人、大夫揖，皆由其阶降，揖。主人堂东袒、决、遂，执弓，搢三挟一个。宾于堂西亦如之。皆由其阶，阶下揖，升堂揖。主人为下射，皆当其物，北面揖，及物揖，乃射。卒，南面揖，皆由其阶，阶上揖，降阶揖。宾序西，主人序东，皆释弓，说决、拾，袭，反位，升，及阶揖，升堂揖，皆就席。[1]

右宾主人射

①或言堂，或言序，亦为庠榭互言也。宾、主人射，大夫止于堂西。

大夫袒、决、遂，执弓，搢三挟一个，由堂西出于司射之西，就其耦。大夫为下射，揖进，耦少退。揖如三耦。及阶，耦先升。卒射，揖如升射，耦先降。降阶，耦少退。皆释弓于堂西，袭。耦遂止于堂西，大夫升就席。①

右大夫与耦射

①耦于庭下，不并行，尊大夫也。在堂如上射之仪，近其事，得申。

众宾继射，释获皆如初。司射所作，唯上耦。①卒射，释获者遂以所执余获，升自西阶，尽阶，不升堂，告于宾曰："左右卒射。"降，反位，坐委余获于中西，兴，共而俟。②

右众宾继射、释获、告卒射

①于是言唯上耦者，嫌宾、主人射亦作之。大射三耦卒射，司射请于公及宾。○疏云：《记》云"宾、主人射，则司射摈升降"，是虽不作，犹为摈相之，但不请也。

②司射不告卒射者，释获者于是有事，宜终之也。余获，余算也。无余算，则空手耳。俟，俟数也。

司马袒、决，执弓升，命取矢，如初。获者许诺，以旌负侯，如初。司马降，释弓，反位。弟子委矢，如初。大夫之矢，则兼束之以茅，上握焉。①司马乘矢如初。

右司马命取矢乘矢

①兼束大夫矢，优之，是以不拾也。束于握上，则兼取之，顺羽便也。握，谓中央也。不束主人矢，不可以殊于宾也。言大夫之矢，则矢有题识也。肃慎氏贡楛矢，铭其括。今文"上"作"尚"。○楛音户。

司射遂适西阶西，释弓，去扑，袭，进由中东，立于中南，北面视算。①释获者东面于中西坐，先数右获。②二算为纯。③一纯以取，实于左手，十纯则缩而委之。④每委异之。⑤有余纯，则横于下。⑥一算为奇，奇则又缩诸纯下。⑦兴，自前适左，东面。⑧坐，兼敛算，实于左手，一纯以委，十则异之。⑨其余如右获。⑩司射复位，释获者遂进取贤获，执以升，自西阶，尽阶，不升堂，告于宾。⑪若右胜，则曰“右贤于左”。若左胜，则曰“左贤于右”。以纯数告。若有奇者，亦曰奇。⑫若左右钧，则左右皆执一算以告，曰：“左右钧。”降复位，坐，兼敛算，实八算于中，委其余于中西，兴，共而俟。⑬

右数获

①释弓去扑，射事已。

②固东面矣。复言之者，为其少南，就右获。○右获，上射之获。

③纯，犹全也。耦阴阳。

④缩，从也，于数者东西为从。古文“缩”皆为“蹙”。

⑤易校数。

⑥又异之也，自近而[1]下。

⑦奇，犹亏也。又从之。

⑧起由中东就左获，少北于故，东面乡之。

⑨变于右。○于右获，则自地而实于左手，数至十纯则委之；于左获，则自左手而委于地，数至十纯则异之，是其变也。其从横之法则同。

⑩谓所缩所横。

⑪贤获，胜党之算也。齐之而取其余。○贤，犹多也。贤获，所多之算。

⑫贤，犹胜也。言贤者，射之以中为隽[2]。假如右胜，告曰“右贤于左若干纯、若干奇”。

⑬○敛算，或实或委，为后射豫设也。

司射适堂西，命弟子设丰。①弟子奉丰升，设于西楹之西，乃降。胜者之弟子洗觯，升酌，南面坐奠于丰上。降，袒执弓，

[1] 而，阮刻本《仪礼注疏》作“为”。
[2] 隽，阮刻本《仪礼注疏》作“儁”。

反位。[2]司射遂袒执弓，挟一个，搢扑，北面于三耦之南，命三耦及众宾，胜者皆袒、决，遂，执张弓。[3]不胜者皆袭，说决、拾，却左手，右加弛弓于其上，遂以执弣。[4]司射先反位。[5]三耦及众射者皆与其耦进立于射位，北上。司射作升饮者，如作射。一耦进，揖如升射，及阶，胜者先升堂，少右。[6]不胜者进，北面坐取丰上之觯，兴，少退，立卒觯，进，坐奠于丰下，兴，揖。[7]不胜者先降。[8]与升饮者相左，交于阶前，相揖，出于司马之南，遂适堂西，释弓，袭而俟。[9]有执爵者。[10]执爵者坐取觯，实之，反奠于丰上。升饮者如初。[11]三耦卒饮。宾、主人、大夫不胜，则不执弓，执爵者取觯，降洗，升实之，以授于席前。[12]受觯，以适西阶上，北面立饮。[13]卒觯，授执爵者，反就席。大夫饮，则耦不升。[14]若大夫之耦不胜，则亦执弛弓，特升饮。[15]众宾继饮射爵者辩，乃彻丰与觯。[16]

右饮不胜者

①将饮不胜者，设丰所以承其爵也。丰形，盖似豆而卑。

②胜者之弟子，其少者也。耦不酌，下无能也。酌者不授爵，略之也。执弓反射位，不俟其党，已酌有事。

③执张弓，言能用之也。右手执弦，如卒射。

④固袭说决拾矣。复言之者，起胜者也。执弛弓，言不能用之也。两手执弣，又不得执弦。○弛，尸纸反。

⑤居前俟所命来。○所命，谓三耦众宾。

⑥先升，尊贤也。少右，辟饮者也，亦相饮之位。○疏云：相饮者皆北面于西阶，授者在东，饮者在西。

⑦立卒觯，不祭、不拜，受罚爵，不备礼也。右手执觯，左手执弓。

⑧后升先降，略之，不由次。

⑨俟复射。

⑩主人使赞者代弟子酌也。于既升饮而升自西阶，立于序端。

⑪每者辄酌，以至于遍。

⑫优尊也。

⑬受罚爵者,不宜自尊别。

⑭以宾、主人饮,耦在上,嫌其升。

⑮尊者可以孤,无能对。

⑯徹,犹除也。设丰者反丰于堂西,执爵者反觯于篚。

司马洗爵,升,实之以降,献获者于侯。①荐脯醢,设折俎,俎与荐皆三祭。②获者负侯,北面拜受爵,司马西面拜送爵。③获者执爵,使人执其荐与俎从之,适右个,设荐俎。④获者南面坐,左执爵,祭脯醢,执爵兴,取肺,坐祭,遂祭酒。⑤兴,适左个,中亦[1]之。⑥左个之西北三步,东面设荐、俎。获者荐右东面立饮,不拜既爵。⑦司马受爵,奠于篚,复位。获者执其荐,使人执俎从之,辟设于乏南。⑧获者负侯而俟。⑨

右司马献获者

①乡人获者贱,明其主以侯为功得献也。

②皆三祭,为其将祭侯也,祭侯三处也。○皆三祭,脯之半脡、俎之离肺皆三也。

③负侯,负侯中也。拜送爵不同面者,辟正主也。其设荐俎,西面错,以南为上。为受爵于侯,荐之于位。古文曰“再拜受爵”。○负侯,北面拜受爵,是受爵于侯。下云“左个之西北三步,东面设荐”,是荐之于位,经言“东面”,注云“西面错”者,据设人而言。

④获者以侯为功,是以献焉。人,谓主人赞者,上设荐俎者也。为设笾在东,豆在西,俎当其北也。言使设,新之。○侯东方干为右个,以北面为正也。○个音干。

⑤为侯祭也,亦二手祭酒反注,如《大射》。

---

[1] 亦,阮刻本《仪礼注疏》作“皆”,附校勘记:“《唐石经》、徐本、杨氏同,《通解》、敖氏、毛本‘皆’作‘亦’;按敖云‘谓适左个又适侯中,皆如适右个而祭之仪也’,则敖所见本亦作‘皆’,刻《集说》者误改为‘亦’耳。”

⑥先祭左个,后中者,以外即之,至中,若神在中也。

⑦不就乏者,明其享侯之余也。立饮荐右,近司马,于是司马北面。

⑧迁设荐俎就乏,明己所得礼也。言辟之者,不使当位,辟举旌偃旌也。设于南,右之也。凡他荐俎,皆当其位之前。○辟,扶益反。

⑨○俟后复射也。

司射适阶西,释弓矢,去扑,说决、拾,袭,适洗,洗爵,升,实之以降,献释获者于其位,少南。荐脯醢,折俎,有祭。①释获者荐右东面拜受爵,司射北面拜送爵。释获者就其荐坐,左执爵,祭脯醢,兴,取肺,坐祭,遂祭酒,兴,司射之西,北面立饮,不拜既爵。司射受爵,奠于篚。释获者少西辟荐,反位。②

右司射献释获者第二番射事竟

①不当其位,辟中。

②辟荐少西之者,为复射妨司射视算也,亦辟俎。

司射适堂西,袒、决、遂,取弓于阶西,挟一个,搢扑,以反位。①司射去扑,倚于阶西,升,请射于宾,如初。宾许,司射降,搢扑,由司马之南适堂西,命三耦及众宾,皆袒、决、遂,执弓就位。②司射先反位。③三耦及众宾皆袒、决、遂,执弓,各以其耦进,反于射位。④

右司射又请射、命耦、反射位

①为将复射。○司射献释获者事毕反位。自此下至"退中与算而俟",言以乐节射之仪。司射又请射,命耦,三耦宾主人、大夫、众宾皆拾取矢,司射作上射升射,请以乐为节,三耦宾主人、大夫、众宾卒射,又命取矢乘矢,又视算数获,又设丰饮不胜者,又拾取矢授有司,乃说侯纲、退旌、退楅、退中与算,共九节,射之第三番也。

②位,射位也。不言射者,以当序取矢。○位,司马之西南东面位也。

③言先三耦及众宾也。既命之，即反位，不俟之也。向不言先三耦，未有拾取矢位，无所先。○初，三耦在司射西南，及司马立司射之南，三耦拾取矢移位于司马之西南，是拾取矢时射位始定，故注云“未有拾取矢位，无所先”也。又射者堂下凡三位，堂西南面比耦之位，司射西南东面三耦初射之位，司马西南东面则拾取矢以后至终射之位也。○先，悉荐反。下同。

④以，犹与也。今文“以”为“与”。

司射作拾取矢。三耦拾取矢如初，反位。宾、主人、大夫降揖如初。主人堂东，宾堂西，皆袒、决、遂，执弓，皆进阶前揖。①及楅揖，拾取矢如三耦。②卒，北面搢三挟一个。③揖退。④宾堂西，主人堂东，皆释弓矢，袭，及阶揖，升堂揖，就席。⑤大夫袒、决、遂，执弓就其耦。⑥揖皆进，如三耦。耦东面，大夫西面。大夫进，坐，说矢束。⑦兴，反位。而后耦揖进坐，兼取乘矢，顺羽而兴，反位，揖。⑧大夫进坐，亦兼取乘矢，如其耦。北面，搢三挟一个。⑨揖退。耦反位，大夫遂适序西，释弓矢，袭，升即席。⑩众宾继拾取矢，皆如三耦，以反位。

右三耦、宾、主人、大夫、众宾皆拾取矢

①南面相俟而揖行也。

②及楅，当楅东西也。主人西面，宾东面，相揖拾取矢。不北面揖，由便也。

③亦于三耦为之位。○与三耦搢三挟一之处同也。

④皆已揖，左还，各由其涂反位。

⑤将袒先言主人，将袭先言宾，尊宾也。

⑥降袒、决、遂于堂西，就其耦于射位，与之拾取矢。

⑦说矢束者，下耦，以将拾取。

⑧兼取乘矢者，尊大夫，不敢与之拾也。相下相尊，君子之所以相接也。

⑨亦于三耦为之位。

⑩大夫不序于下，尊也。

司射犹挟一个以进，作上射如初。一耦揖升如初。[1]司马升，命去侯，获者许诺。司马降，释弓反位。司射与司马交于阶前，去扑，袭，升，请以乐乐于宾。宾许诺。司射降，搢扑，东面命乐正，曰："请以乐乐于宾，宾许。"[2]司射遂适阶间，堂下北面命曰："不鼓不释。"[3]上射揖。司射退反位。乐正东面命大师，曰："奏《驺虞》，间若一。"[4]大师不兴，许诺。乐正退反位。

右司射请以乐节射

①进，前也。向言还当上耦西面，是言进，终始互相明也。今文或言"作升射"。

②东面，于西阶之前也。不就乐正命之者，传尊者之命于贱者，遥号命之可也。乐正亦许诺，犹北面不还，以宾在堂。○乐乐，下字音洛。

③不与鼓节相应，不释算也。乡射之鼓五节，歌五终，所以将八矢，一节之间当拾发，四节四拾，其一节先以听也。

④东面者，进还乡大师也。《驺虞》，《国风·召南》之诗篇也。《射义》曰："《驺虞》者，乐官备也。"其诗有"一发五豝、五豵，于嗟驺虞"之言，乐得贤者众多，叹思至仁之人以充其官，此天子之射节也。而用之者，方有乐贤之志，取其宜也。其它宾客、乡大夫则歌《采蘋》。间若一者，重节。○疏云：云"间若一者，重节"者，谓五节之间，长短希数皆如一，则是重乐节也。

乃奏《驺虞》以射。三耦卒射，宾主人、大夫、众宾继射，释获如初。卒射，降。[1]释获者执余获，升告左右卒射，如初。[2]

右三耦、宾、主人、大夫、众宾以乐射

①皆应鼓与歌之节，乃释算。降者，众宾。○宾、主人、大夫卒射，皆升堂。

②卒，已也。今文曰"告于宾"。

司马升，命取矢，获者许诺。司马降，释弓反位。弟子委矢，司马乘之，皆如初。

右乐射取矢数矢

司射释弓视算，如初。[①]释获者以贤获与钧告，如初。降复位。

右乐射视算告获

①算，获算也。今文曰“视数”也。

司射命设丰，设丰、实觯如初。遂命胜者执张弓，不胜者执弛弓，升饮如初。

右乐射饮不胜者

司射犹袒、决、遂，左执弓，右执一个，兼诸弦，面镞，适堂西，以命拾取矢，如初。[①]司射反位。三耦及宾主人、大夫、众宾皆袒、决、遂，拾取矢，如初。矢不挟，兼诸弦弣以退，不反位，遂授有司于堂西。[②]辩拾取矢，揖，皆升就席。[③]

右拾取矢授有司

①侧持弦矢曰执。面，犹尚也。并矢于弦，尚其镞，将止，变于射也。○方持弦矢曰挟者，矢横弦上而持之。侧持弦矢曰执者，矢顺并于弦而持之。尚其镞者，镞向上也。

②不挟，亦皆[1]执之如司射也。不以反射位授有司者，射礼毕。○兼诸弦弣，疏以为：一矢并于弦，三矢并于弣。

③谓宾、大夫及众宾也。相俟堂西，进立于西阶之前。主人以宾揖升，大夫及众宾从升，立时少退于大夫。三耦及弟子自若留下。○众宾，谓堂上三宾。

[1] 皆，阮刻本《仪礼注疏》作“谓”。

司射乃适堂西，释弓，去扑，说决、拾，袭，反位。[①]司马命弟子说侯之左下纲而释之。[②]命获者以旌退，命弟子退楅。司射命释获者退中与算而俟。[③]

右退诸射器射事竟

①○司射扑在阶西，今于堂西释弓亦去扑，以不复射也。

②说，解也。释之不复射，奄束之。

③诸所退皆俟堂西，备复射也。旌言“以”者，旌恒执也。获者，释获者，亦退其荐俎。○注云“备复射”者，旅酬后容欲燕射也。

司马反为司正，退复觯南而立。[①]乐正命弟子赞工即位。弟子相工，如其降也，升自西阶，反坐。[②]宾北面坐，取俎西之觯，兴，阼阶上北面酬主人。主人降席，立于宾东。宾坐奠觯，拜，执觯兴，主人答拜。宾不祭，卒觯，不拜，不洗，实之，进东南面。[③]主人阼阶上北面拜，宾少退。[④]主人进受觯，宾主人之西，北面拜送。[⑤]宾揖，就席。主人以觯适西阶上酬大夫。大夫降席，立于主人之西，如宾酬主人之礼。[⑥]主人揖，就席。若无大夫，则长受酬，亦如之。[⑦]司正升自西阶，相旅，作受酬者曰：“某酬某子。”[⑧]受酬者降席。司正退立于西序端，东面。[⑨]众受酬者拜，兴，饮，皆如宾酬主人之礼。辩，遂酬在下者，皆升，受酬于西阶上。[⑩]卒受者以觯降，奠于篚。

右旅酬

①当监旅酬。○此下言射讫饮酒之事。旅酬，二人举觯，徹俎，坐燕，送宾，以至明日拜赐，息司正诸仪，并同乡饮酒礼。“觯南”者，司正北面监众之位。

②赞工迁乐也。降时如初入。乐正反自西阶东，北面。○西阶东，北面，乐正告乐备，后降立之位。迁乐于下则立阼阶东南，北面，今当命弟子又复来此也。迁工反位，为旅酬后将有无算乐也。

③所不者，酬而礼杀也。宾立饮。○俎西之觯，将射前一人举觯于宾，

宾奠于荐西者也。

④少退,少逡遁也。

⑤旅酬而同阶,礼杀也。

⑥其既实觯,进西南面,立乡所酬。

⑦长,谓以长幼之次酬众宾。○注“众宾”,谓堂上三宾。

⑧某者,字也。某子者,氏也。称酬者之字,受酬者曰某子。旅酬下为上,尊之也。《春秋传》曰“字不若子”,此言“某酬某子”者,射礼略于饮酒。饮酒言“某子受酬”,以饮酒为主。

⑨退立,俟后酬者也。始升相,立阶西,北面。

⑩在下,谓宾党也。《乡饮酒记》曰:“主人之赞者,西面北上,不与,无算爵然后与。”此异于宾。○疏云:引《乡饮酒记》者,欲见主党不与酬之义。

司正降复位,使二人举觯于宾与大夫。①举觯者皆洗觯,升,实之,西阶上北面,皆坐奠觯,拜,执觯兴。宾与大夫皆席末答拜。举觯者皆坐祭,遂饮,卒觯,兴,坐奠觯,拜,执觯兴。宾与大夫皆答拜。举觯者逆降,洗,升,实觯,皆立于西阶上,北面,东上。宾与大夫拜。举觯者皆进,坐奠于荐右。②宾与大夫辞,坐受觯以兴。③举觯者退反位,皆拜送,乃降。宾与大夫坐,反奠于其所,兴。④若无大夫,则唯宾。⑤

右司正使二人举觯

①二人,主人之赞者。○以起无算爵。

②坐奠之,不敢授。

③辞,辞其坐奠觯。

④不举者,盛礼已崇。古文曰“反坐”。○退反位,反西阶上北面饮酬之位。

⑤长一人举觯,如燕礼媵爵之为。

司正升自西阶,阼阶上受命于主人,适西阶上,北面请坐于宾。①宾辞以俎。②反命于主人，主人曰："请徹俎。"宾许。司正降自西阶，阶前命弟子俟徹俎。③司正升，立于序端。宾降席，北面。主人降席自南方，阼阶上北面。大夫降席，席东南面。④宾取俎，还授司正。司正以降自西阶，宾从之降，遂立于阶西，东面。司正以俎出，授从者。⑤主人取俎，还授弟子。弟子受俎，降自西阶以东。主人降自阼阶，西面立。⑥大夫取俎，还授弟子。弟子以降自西阶，遂出，授从者。大夫从之降，立于宾南。⑦众宾皆降，立于大夫之南，少退，北上。⑧

右请坐燕因徹俎

①请坐，欲与宾燕，尽殷勤也。至此盛礼已[1]成，酒清肴干，强有力者犹倦焉。

②俎者，肴之贵者也。辞之者，不敢以燕坐亵贵肴。

③弟子，宾党也。俎者，主人赞者设之。今宾辞之，使其党俟徹，顺宾意也。上言"请坐于宾"，此言"主人曰"，互相备耳。

④俟弟子升受俎。

⑤授宾家从来者也。古者与人饮食，必归其盛者，所以厚礼之。

⑥以东，授主人侍者。

⑦凡言还者，明取俎各自乡其席。

⑧从降，亦为将燕。

主人以宾揖让，说屦，乃升。大夫及众宾皆说屦，升，坐。①乃羞。②无算爵。使二人举觯。宾与大夫不兴，取奠觯饮，卒觯，不拜。③执觯者受觯，遂实之。宾觯，以之主人，大夫之觯长受。④而错，皆不拜。⑤辩，卒受者兴，以旅在下者于西阶上。⑥长受酬，酬者不拜，乃饮，卒觯，以实之。⑦受酬者不拜受。⑧辩旅，皆不拜。⑨执觯者皆与旅。⑩卒受者以虚觯降，奠于

[1]已，阮刻本《仪礼注疏》作"以"，附校勘记："徐本、《通解》同，毛本'以'作'已'。"

篚。执觯者洗，升，实觯，反奠于宾与大夫。[11]无算乐。[12]

右坐燕，无算爵，无算乐，射后饮酒礼竟

①说屦者，将坐，空屦亵贱，不宜在堂也。说屦则抠衣，为其被地。○疏云：尊卑在室，则尊者说屦在户内，其余说屦于户外；尊卑在堂，则亦尊者一人说屦在堂，其余说堂下，是以燕礼、大射臣皆说屦阶下，公不见说屦之文，明公舄在堂，此乡饮酒宾、主人行敌礼，故皆说屦堂下也。

②羞，进也。所进者，狗胾醢也。燕设啖具，所以案酒。○啖，徒览反。

③二人，谓向者二人也。使之升，立于西阶上。宾与大夫将旅，当执觯也。卒觯者固不拜矣，著之者，嫌坐卒爵者拜既爵。此坐于席，礼既杀，不复崇。

④长，众宾长。

⑤错者，实主人之觯，以之次宾也。实宾长之觯，以之次大夫，其或多者，迭饮于坐而已，皆不拜受，礼又杀也。○大夫与众宾等则得交相酬，或大夫多于宾，或宾多于大夫，则多者无所酬，自与其党迭饮也。

⑥众宾之末，饮而酬主人之赞者；大夫之末，饮而酬宾党，亦错焉。不使执觯者酌，以其将旅酬，不以己尊孤人也。其末若皆众宾，则先酬主人之赞者，若皆大夫，则先酬宾党而已。执觯者酌在上辩，降复位。

⑦言酬者不拜者，嫌酬堂下异位当拜也。古文曰"受酬者不拜"。

⑧礼杀，虽受尊者之酬，犹不拜。

⑨主人之赞者于此始旅，嫌有拜。

⑩嫌已饮不复饮也。上使之劝人耳，非逮下之惠也。亦自以齿与于旅也。

⑪复奠之者，燕以饮酒为欢，醉乃止，主人之意也。今文无"执觯"，及"宾觯"、"大夫之觯"，皆为"爵"。"实觯"，"觯"为"之"。○旅于西阶上，故卒受者降，奠觯，复奠于宾、大夫者，当复相酬以遍，所谓无算爵也。

⑫合乡乐无次数。

宾兴，乐正命奏《陔》。[1]宾降及阶，《陔》作。宾出，众宾皆出，主人送于门外，再拜。[2]

右宾出送宾

①《陔》,《陔夏》,其诗亡。周礼宾醉而出,奏《陔夏》。《陔夏》者,天子诸侯以钟鼓,大夫、士鼓而已。

②拜送宾于门东,西面。宾不答拜,礼有终。

明日，宾朝服以拜赐于门外。①主人不见，如宾服，遂从之，拜辱于门外，乃退。②

右明日拜赐

①拜赐,谢恩惠也。

②不见,不亵礼也。拜辱,谢其自屈辱。

主人释服，乃息司正。①无介。②不杀。③使人速。④迎于门外，不拜。入，升，不拜至，不拜洗。荐脯醢，无俎。宾酢主人，主人不崇酒。不拜众宾。既献众宾，一人举觯，遂无算爵。⑤无司正。⑥宾不与。⑦征唯所欲，⑧以告于乡先生、君子可也。⑨羞唯所有。⑩乡乐唯欲。⑪

右息司正

①释服,说朝服,服玄端也。息,犹劳也。劳司正,谓宾之与之饮酒,以其昨日尤劳倦也。《月令》曰:"劳农以休息之。"

②劳礼略,贬于饮酒也。此已下皆记礼之异者。

③无俎故也。

④速,召宾。

⑤言遂者,明其间阙也。宾坐奠觯于其所,摈者遂受命于主人,请坐于宾,宾降说屦,升坐矣。不言遂请坐者,请坐主于无算爵。

⑥使摈者而已,不立之。

⑦昨日至尊,不可亵也。古文"与"作"豫"。

⑧征,召也。谓所欲请呼。

⑨告,请也。乡先生,乡大夫致仕者也。君子,有大德行不仕者。

⑩用时见物。

⑪不歌《雅》、《颂》，取《周》、《召》之诗，在所好。

记

大夫与，则公士为宾。①使能，不宿戒。②

①不敢使乡人加尊于大夫也。公士，在官之士。乡宾主用处士。

②能者敏于事，不待宿戒而习之。

其牲，狗也。①亨于堂东北。②尊绤幂。宾至，徹之。③蒲筵，缁布纯。④西序之席，北上。⑤献用爵，其它用觯。⑥以爵拜者，不徒作。⑦荐，脯用笾，五膱，祭半膱横于上。醢以豆，出自东房。膱长尺二寸。⑧俎由东壁，自西阶升。⑨宾俎，脊、胁、肩、肺。主人俎，脊、胁、臂、肺。肺皆离。皆右体也。进腠。⑩凡举爵，三作而不徒爵。⑪凡奠者于左。⑫将举者于右。⑬众宾之长，一人辞洗，如宾礼。⑭若有诸公，则如宾礼，大夫如介礼。无诸公，则大夫如宾礼。⑮乐作，大夫不入。⑯乐正与立者齿。⑰三笙一和而成声。⑱献工与笙，取爵于上篚。既献，奠于下篚。其笙则献诸西阶上。⑲立者，东面北上。⑳司正既举觯而荐诸其位。㉑

①狗取择人。

②《乡饮酒义》曰："祖阳气之所发也。"

③以绤为幂，取其坚洁。

④筵，席也。纯，缘。

⑤众宾统于宾。○堂上自正宾外，众宾三人而已。今乃有西序东面之席，岂三人非定法欤？疏以为"大夫多，尊东不受，则于尊西，宾近于西，则三宾东面"，未知然否。要之为地狭不容者，拟设耳。

⑥爵尊，不可亵也。

⑦以爵拜，谓拜既爵。徒犹空也。作，起也。不空起，言起必酢主人。

⑧脯用笾，笾宜干物也。醢以豆，豆宜濡物也。膱，犹脡也，为记者异耳。祭横于上，殊之也。于人为缩。膱广狭未闻也。古文“膱”为“胾”，今文或作“植”。〇《曲礼》云：“以脯脩置者，左朐右末。”是横设人前，祭半脡横其上，于脯为横，于人则为缩也〇膱音职。

⑨狗既亨，载于东方。

⑩以骨名肉，贵骨也。宾俎用肩，主人用臂，尊宾也。离犹挃也。腠，肤理也。进理，谓前其本。右体，周所贵也。若有尊者，则俎其余体也。〇注“尊者”当作“遵者”，经云“大夫若有遵者”，此所指正大夫也。余体谓臑，若膞若胳也。

⑪谓献宾、献大夫、献工，皆有荐。

⑫不饮，不欲其妨。

⑬便其举也。

⑭尊之于其党。〇疏云：献三宾之时，主人唯为长者一人洗爵。愚谓此为众宾统一洗，但辞之者一人耳。

⑮尊卑之差。诸公，大国之孤也。〇乡射无介，此以饮酒礼中之宾介，明其差等也。

⑯后乐贤也。

⑰谓其饮之次也。尊乐正同于宾党。《乡饮酒记》曰：“与立者皆荐以齿。”

⑱三人吹笙，一人吹和，凡四人也。《尔雅》曰：“笙小者谓之和。”〇和，户卧反。

⑲奠爵于下篚，不复用也。今文无“与笙”。

⑳宾党。〇疏云：此谓来观礼者，与堂下众宾齿。

㉑荐于觯南。

三耦者，使弟子，司射前戒之。①司射之弓矢与扑，倚于西阶之西。②司射既袒、决、遂而升，司马阶前命张侯，遂命倚旌。③

①弟子，宾党之少者也。前戒，谓先射请戒之。○请射于宾之前，即戒之也。

②便其事也。○扑，普卜反。

③著并行也。古文曰"遂命获者倚旌"。○司射升堂告宾请射之时，司马即阶，令倚旌，此皆同时，故郑云著行事相并也。

凡侯：天子熊侯，白质；诸侯麋侯，赤质；大夫布侯，画以虎豹；士布侯，画以鹿豕。①凡画者，丹质。②

①此所谓兽侯也，燕射则张之。乡射及宾射，当张采侯二正。而记此者，天子诸侯之燕射，各以其乡射之礼，而张此侯，则经兽侯是也。由是云焉，白质、赤质，皆谓采其地。其地不采者，白布也。熊、麋、虎、豹、鹿、豕，皆正面画其头象于正鹄之处耳。君画一，臣画二，阳奇阴耦之数也。燕射射熊、虎、豹，不忘上下相犯。射麋、鹿、豕，志在君臣相养。其画之皆毛物之。○侯制有三，大射、宾射、燕射。大射之侯用皮，王三等，虎、熊、豹；诸侯二等，熊、豹；卿、大夫用麋。所谓栖皮之鹄，《梓人》云"张皮侯而栖鹄，则春以功"是也。宾射之侯用布，画以为正。王五正，中朱，次白、次苍、次黄而玄在外。诸侯三正，损玄、黄。大夫、士二正，去白、苍，画朱、绿。所谓画布曰正，《梓人》云"张五采之侯，则远国属"是也。燕射之侯，画兽以象正鹄，此《记》所言是也。《梓人》亦云，张兽侯以息燕也。此乡射，当张采侯二正，而记燕射之侯者，以燕射亦用此乡射之礼，但张侯为异耳。疏云：据大射之侯，若宾射之侯，则三分其侯，正居一焉。若燕射之侯，则兽居一焉。故云象其正鹄之处。

②宾射之侯、燕射之侯，皆画云气于侧以为饰。必先以丹采其地，丹浅于赤。

射自楹间，物长如笴，其间容弓，距随长武。①序则物当栋，堂则物当楣。②命负侯者由其位。③凡适堂西，皆出入于司马之南。唯宾与大夫降阶，遂西取弓矢。④

①自楹间者，谓射于庠也。楹间，中央东西之节也。物，谓射时所立处也。谓之物者，物犹事也，君子所有事也。长如笴者，谓从画之长短也。笴，矢干也，长三尺，与“跬”相应，射者进退之节也。间容弓者，上下射相去六尺也。距随者，物横画也，始前足至东头为距，后足来合，而南面为随。武，迹也，尺二寸。○榭钩楹内，堂由楹外，虽不同，皆当以楹中央为东西之节。注云“谓射于庠”，恐未是。

②是制五架之屋也。正中曰栋，次曰楣，前曰庪。○序无室，堂有室，故物深浅异设，此物，南北之节也。

③于贱者，礼略。○司马自在己位，遥命之。

④尊者宜逸，由便也。

旌，各以其物。[①]无物，则以白羽与朱羽糅，杠长三仞，以鸿脰韬上，二寻。[②]

①旌，总名也。杂帛为物，大夫、士之所建也。言各者，乡射或于庠，或于榭。○疏云：《周礼·司常》云九旗“通帛为旜，杂帛为物，全羽为旞，析羽为旌”，各别。今名物为旌者，散文通，故云“旌，总名也”。通帛者，通体并是绛帛。杂帛者，中绛，缘边白也。大夫、士同建物，而云“各”者，大夫五仞，士三仞，不同也。旌，射时获者所执，各用平时所建，故云“各以其物”也。

②无物者，谓小国之州长也。其乡大夫一命，其州长士不命，不命者无物。此翿旌也，翿亦所以进退众者。糅者，杂也。杠，橦也。七尺曰仞。鸿，鸟之长脰者也。八尺曰寻。今文“糅”为“缩”，“韬”为“翿”。○不命之士不得用物，则以赤白杂羽为翿旌以射。其杠三仞，又以鸿脰韬杠之上，长二寻。鸿脰之制，注疏皆不言，疑亦缝帛为之，其圆长若鸿项然也。○糅，女又反。杠音江。脰音豆。韬，吐刀反。翿，徒刀反。橦，直江反。

凡挟矢，于二指之间横之。[①]司射在司马之北。司马无事不执弓。[②]始射，获而未释获，复释获，复用乐行之。[③]上射于右。[④]

①二指，谓左右手之第二指，此以食指、将指挟之。〇将，子匠反。

②以不主射故也。

③君子取人以渐。

④于右物射。

楅，长如笴，博三寸，厚寸有半，龙首其中，蛇交，韦当。[1] 楅，髹，横而奉之，南面坐而奠之，南北当洗。[2]

①博，广也。两端为龙首，中央为蛇身相交也。蛇、龙，君子之类也。交者，象君子取矢于楅上也。直心背之衣曰当，以丹韦为之。司马左右抚矢而乘之，分委于当。〇"韦当"者，以韦束楅之中央，如人心背之衣也。

②髹，赤黑漆也。〇楅，用漆为饰。设之者，横而奉之。南面坐奠中庭，其南北与洗相直。〇髹，虚求反。

射者有过则挞之。[1]

①过，谓矢扬中人。凡射时矢中人，当刑之。今乡会众贤以礼乐劝民，而射者中人，本意在侯，去伤害之心远，是以轻之，以扑挞于中庭而已。《书》曰："扑作教刑。"

众宾不与射者不降。[1]

①不以无事乱有事。古文"与"为"豫"。

取诱射之矢者，既拾取矢，而后兼诱射之乘矢而取之。[1]

①谓反位已，礼成，乃更进取之，不相因也。〇疏曰："云'不相因'者，既自拾取己之乘矢，反位，东西望讫。上射乃更向前，兼取诱射之矢，礼以变为敬，故不相因。"注所谓"反位已"者，非司马西南东面之位，乃楅东西取矢之位，前经所云"上射东面，下射西面"者也。但彼处疏云是下射取之，此乃云上射，未审何者为是。

宾、主人射，则司射摈升降，卒射即席，而反位卒事。①

①摈宾、主人升降者，皆尊之也。不使司马摈其升降，主于射。○司马本是司正，不主射事。

鹿中，髹，前足跪，凿背，容八算。释获者奉之，先首。①

①前足跪者，象教扰之兽受负也。先首，首向前也。

大夫降，立于堂西以俟射。①大夫与士射，袒纁襦。②耦少退于物。③

①尊大夫，不使久列于射位。○宾、主人、大夫同时降，宾、主先射，大夫且立于堂西，其耦在射位俟。俟当射，大夫乃就其耦，升射。

②不肉袒，殊于耦。○襦，如朱反。

③下大夫也，既发则然。

司射释弓矢视算，与献释获者释弓矢。①

①唯此二事，休武主文，释弓矢耳。然则摈升降不释。

礼射不主皮。主皮之射者，胜者又射，不胜者降。①主人亦饮于西阶上。②

①礼射，谓以礼乐射也。大射、宾射、燕射是矣。不主皮者，贵其容体比于礼，其节比于乐，不待中为隽也。言不胜者降，则不复升射也。主皮者无侯，张兽皮而射之，主于获也。《尚书传》曰："战斗不可不习，故于搜狩以闲之也。闲之者，贯之也。贯之者，习之也。凡祭，取余获陈于泽，然后卿大夫相与射也。中者，虽不中也取；不中者，虽中也不取。何以然？所以贵揖让之取也，而贱勇力之取。向之取也于囿中，勇力之取也。今之取也于泽宫，揖让之取也。"泽，习礼之处。非所于行礼，其射又主中，此主皮之射与？天子大射，张皮侯；宾射，张五采之侯；燕射，张兽侯。○不主皮，当依《论语》作"主于中而不主于贯革"为确。贯革之射，习战之射也。其射当亦三番，故胜者又

射,不胜者则不复射也。

②就射爵而饮也,己无俊才,不可以辞罚。〇疏云:此谓主人在不胜之党,受罚爵之时也。

获者之俎，折脊、胁、肺、臑。[1]东方谓之右个。[2]释获者之俎，折脊、胁、肺。皆有祭。[3]

①臑,若膊胳觳之折,以大夫之余体。〇注言“臑,若膊胳觳之折”者,见科取其一不定,有臑则用臑,无臑则三者皆可用之。唯视大夫之有无多寡,取其余体而已。〇臑,奴报反。

②侯,以乡堂为面也。

③皆,皆获者也。祭,祭肺也。以言肺,谓刌肺不离,嫌无祭肺。〇获者释获者之俎,切肺之外,皆别祭肺。〇刌,寸本反。寸,上声,割也。

大夫说矢束，坐说之。[1]

①明不自尊别也。〇谓拾取矢时。

歌《驺虞》若《采蘋》，皆五终。射无算。[1]

①谓众宾继射者,众宾无数也。每一耦射,歌五终也。

古者于旅也语。[1]凡旅，不洗。[2]不洗者不祭。[3]既旅，士不入。[4]

①礼成乐备,乃可以言语,先王礼乐之道也。疾今人慢于礼乐之盛,言语无节,故追道古也。

②敬杀。

③不盛。

④从正礼也。既旅,则将燕矣。士入,齿于乡人。〇“从正礼”当是“后正礼”。

大夫后出。①主人送于门外，再拜。②

①下乡人，不干其宾主之礼。

②拜送大夫，尊之也。主人送宾还，入门揖，大夫乃出，拜送之。

乡侯，上个五寻。①中十尺。②

①上个，为最上幅也。八尺曰寻，上幅用布四丈。〇横长之数。

②方者也，用布五丈。今官市幅广二尺二寸，旁削一寸。《考工记》曰："梓人为侯，广与崇方。"谓中也。〇中即正也。广崇皆十尺，布幅广二尺，故用布五丈。

侯道五十弓，弓二寸以为侯中。①倍中以为躬，②倍躬以为左右舌。③下舌半上舌。④

①言侯中所取数也。量侯道以狸步，而云弓者，侯之所取数，宜用射器也。正二寸者，骹中之博也。今文改"弓"为"肱"也。〇侯之远近五十弓，每弓取二寸以为侯中之数，故中十尺也。骹中之博，谓弓弣把中侧骨之处，博二寸。〇骹，苦交反。

②躬，身也。谓中之上下幅也，用布各二丈。〇中上中下各横接一幅，长二丈。

③谓上个也。居两旁谓之个，左右出谓之舌。〇即最上四丈之横幅，随所目而异名，左右出各一丈。

④半者，半其出于躬者也，用布三丈。所以半上舌者，侯，人之形类也，上个象臂，下个象足。中人张臂八尺，张足六尺，五八四十，五六三十，以此为衰也。凡乡侯用布十六丈，数起侯道五十弓以计。道七十弓之侯，用布二十五丈二尺；道九十弓之侯，用布三十六丈。〇用布三丈，横缀下躬之下，左右出于躬各五尺。

箭筹八十。①长尺有握，握素。②楚扑长如笴。刊本尺。③

①箭，筱也。筹，算也。筹八十者，略以十耦为正，贵全数。其时众寡从

宾。○箭，竹也。以竹为筹，释获者所执之算也。人四矢，耦八筹也。○筱，息小反。

②握，本所持处也。素，谓刊之也。握，本一作“肤”[1]。○握四指，即四寸，算长尺四寸，其四寸则刊之使白也。

③刊其可持处。○刊，削之也。○刊，苦干反。

君射，则为下射。上射退于物一笴，既发，则答君而俟。①君乐作而后就物。君，袒朱襦以射。②小臣以巾执矢以授。③若饮君，如燕则夹爵。④君国中射，则皮树中，以翿旌获，白羽与朱羽糅；⑤于郊，则闾中，以旌获；⑥于竟，则虎中，龙旜。⑦大夫，兕中，各以其物获。⑧士，鹿中，翿旌以获。唯君有射于国中，其余否。⑨君在，大夫射则肉袒。⑩

①答，对也。此以下杂记也。今文“君射则为下”。

②君尊。

③君尊，不搢矢，不挟矢，授之稍属。

④谓君在不胜之党也。宾饮君，如燕宾媵觚于公之礼，则夹爵。夹爵者，君既卒爵，复自酌。

⑤国中，城中也。谓燕射也。皮树，兽名。以翿旌获，尚文德也。今文“皮树”为“繁竖”，“糅”为“缘”。古文无“以”。○知城中是燕射者，燕在寝故也。宾射、大射则不在国中，以其燕主欢心，故旌从不命之士。

⑥于郊，谓大射也，大射于大学。《王制》曰：“小学在公宫之左，大学在郊。”闾，兽名，如驴一角；或曰如驴，歧蹄。《周书》曰：“北唐以闾。析羽为旌。”○疏云：云“大射于大学”者，据诸侯而言也。天子大射则虞庠小学，以天子大学在国中，小学在郊。

[1]“握本一作肤”五字，阮刻本《仪礼注疏》作“刊本一肤”，附校勘记：“毛本‘一’下有‘作’字，徐本、《通解》、杨氏俱无，与此本标目及《述注》合，《通典》作‘刊本一云肤’，敖氏作‘刊一本肤’。许宗彦云‘此犹云刊木四寸耳，与下经文“刊本尺”义同，《礼》作“扶”，郑用《公羊》“肤”字，故疏述《公羊》而曰“引之者，证握、肤为一也”。’”

⑦于竟，谓与邻国君射也。画龙于旜，尚文章也。通帛为旜。○与邻国君射，则宾射也。

⑧兕，兽名，似牛一角。○大国、小国大夫命数不同，故云“各以其物”。

⑨臣不习武事于君侧也。古文“有”作“又”，今文无“其余否”。

⑩不袒纁襦，厌于君也。今文无“射”。

卷六　燕礼①

①郑《目录》云：诸侯无事，若卿大夫有勤劳之功，与群臣燕饮以乐之。燕礼于五礼属嘉礼。《大戴》第十二，《小戴》及《别录》皆第六。〇疏曰：案上下经注，燕有四等。《目录》云，诸侯无事而燕，一也；卿大夫有王事之劳，二也；卿大夫有聘而来还，与之燕，三也；四方聘客与之燕，四也。

燕礼。小臣戒与者。①膳宰具官馔于寝东。②乐人县。③设洗篚于阼阶东南，当东霤，罍水在东，篚在洗西，南肆。设膳篚在其北，西面。④司宫尊于东楹之西，两方壶，左玄酒，南上。公尊瓦大两，有丰，幂用绤若锡，在尊南，南上。尊士旅食于门西，两圜壶。⑤司宫筵宾于户西，东上，无加席也。⑥射人告具。⑦

右告戒设具

①小臣相君燕饮之法。戒与者，谓留群臣也。君以燕礼劳使臣，若臣有功，故与群臣乐之。小臣则警戒告语焉，饮酒以合会为欢也。〇自此至"公升就席"皆燕初戒备之事，有戒与设具，有纳诸臣立于其位，有命大夫为宾，有请命执役，有纳宾，凡五节。疏云：《周礼·太仆职》云："王燕饮则相其法。"《小臣职》云："凡大事佐太仆。"则王燕饮，大仆相，小臣佐之。此诸侯礼，降于天子，故宜使小臣相。下文"小臣师一人在东堂下"，师，长也，诸侯小臣之长，犹天子之有太仆，正君之服位者也。

②膳宰，天子曰膳夫，掌君饮食膳羞者也。具官馔，具其官之所馔，谓酒也、牲也、脯醢也。寝，路寝。

③县，钟磬也。国君无故不彻县。言县者，为燕新之。

④设，此不言其官，贱也。当东霤者，人君为殿屋也，亦南北以堂深。肆，陈也。膳篚者，君象觚所馔也，亦南陈。言西面，尊之，异其文。〇疏云：

汉时殿屋四向流水，故举汉以况周，言东霤，明亦有西霤。

⑤司宫，天子曰小宰，听酒人之成要者也。尊方壶，为卿大夫士也，臣道直方。于东楹之西，予君专此酒也。《玉藻》曰："唯君面尊。"玄酒在南，顺君之面也。瓦大，有虞氏之尊也。《礼器》曰："君尊瓦甒。"丰形似豆，卑而大。幂用绤若锡，冬夏异也。在尊南，在方壶之南也。尊士旅食者用圜壶，变于卿大夫也。旅，众也。士众食，谓未得正禄，所谓庶人在官者也。今文"锡"为"緆"。〇诸侯之司宫与天子之小宰所掌同。公席阼阶上西向，尊在东楹之西，南北并列。尊面向君设之，与乡饮酒宾主共之者不同，故注云"予君专此酒也"。在尊南，注云"在方壶之南"，谓瓦大在方壶南。疏以为其幂，未是。南上，亦玄酒，在左也。圜壶无玄酒。〇大音泰。绤，去逆反。锡，悉历反。圜音圆。甒，亡甫反。緆，悉历反。

⑥筵，席也。席用蒲筵，缁布纯。无加席，燕私礼，臣屈也。诸侯之官无司几筵也。〇诸侯兼官，使司宫设尊，并设席。〇纯，之闰反，又章允反。

⑦告事具于君，射人主此礼，以其或射也。〇《周礼》射人掌三公、孤、卿大夫之位，又以射法治射仪。

小臣设公席于阼阶上，西乡，设加席。公升，即位于席，西乡。①小臣纳卿大夫，卿大夫皆入门右，北面东上。士立于西方，东面北上。祝史立于门东，北面东上。小臣师一人，在东堂下，南面。士旅食者立于门西，东上。②公降立于阼阶之东南，南乡。尔卿，卿西面北上；尔大夫，大夫皆少进。③

右君臣各就位次

①《周礼》："诸侯昨席，莞筵纷纯，加缫席，画纯。"后设公席者，凡礼，卑者先即事，尊者后也。〇注引《周礼·司几筵》文。昨音义如酢。酢席，祭祀受酢之席也。引之者，欲见燕席与酢席同。〇莞音官。

②纳者，以公命引而入也。自士以下，从而入即位耳。师，长也。小臣之长一人，犹天子大仆，正君之服位者也。凡入门而右由闑东，左则由闑西。〇疏云：卿大夫入门右，北面东上。此是拟君揖位，君尔之，始就庭位。士立于

西方，东面北上，此士之定位。士贱，不待君揖即就定位也。又云：注“凡入门而右由闑东”者，臣朝君之法，“左则由闑西”者，聘宾入门之法。

③尔，近也，移也，揖而移之，近之也。大夫犹北面，少前。

射人请宾。①公曰：“命某为宾。”②射人命宾，宾少进，礼辞。③反命。④又命之。宾再拜稽首，许诺。⑤射人反命。⑥宾出，立于门外，东面。⑦公揖卿大夫，乃升就席。⑧

右命宾

①命当由君出也。〇疏云：其君南面，射人北面请可知。

②某，大夫也。

③命宾者，东面南顾。礼辞，辞不敏也。

④射人以宾之辞告于君。

⑤又，复。

⑥告宾许。

⑦当更以宾礼入。

⑧揖之，入之也。

小臣自阼阶下，北面，请执幂者与羞膳者。①乃命执幂者，执幂者升自西阶，立于尊南，北面，东上。②膳宰请羞于诸公卿者。③

右请命执役者

①执幂者，执瓦大之幂也。方圜壶无幂。羞膳，羞于公，谓庶羞。

②以公命于西阶前命之也。东上，玄酒之幂为上也。羞膳者从而东，由堂东升自北阶，房中西面南上，不言之者，不升堂，略之也。

③小臣不请而使膳宰，于卑者弥略也。礼以异为敬。

射人纳宾。①宾入，及庭，公降一等揖之。②公升就席。③

右纳宾

①射人，为摈者也。今文曰“摈者”。

②及,至也。至庭,谓既入而左北面时。

③以其将与主人为礼,不参之也。

宾升自西阶,主人亦升自西阶,宾右北面至再拜,宾答再拜。[1]主人降洗,洗南,西北面。[2]宾降,阶西,东面。主人辞降,宾对。[3]主人北面盥,坐取觚洗。宾少进,辞洗。主人坐奠觚于篚,兴对。宾反位。[4]主人卒洗,宾揖,乃升。[5]主人升,宾拜洗。主人宾右奠觚答拜,降盥。[6]宾降,主人辞,宾对。卒盥,宾揖升,主人升,坐取觚。[7]执幂者举幂,主人酌膳,执幂者反幂。[8]主人筵前献宾,宾西阶上拜,筵前受爵,反位。主人宾右拜送爵。[9]膳宰荐脯醢,宾升筵。膳宰设折俎。[10]宾坐,左执爵,右祭脯醢,奠爵于荐右,兴,取肺,坐绝祭,哜之,兴,加于俎,坐捝手,执爵,遂祭酒,兴,席末坐,啐酒,降席,坐奠爵,拜,告旨,执爵兴。主人答拜。[11]宾西阶上北面坐卒爵,兴,坐奠爵,遂拜。主人答拜。[12]

右主人献宾

①主人,宰夫也。宰夫,大宰之属,掌宾客之献饮食者也。其位在洗北西面。君于其臣虽为宾,不亲献,以其尊,莫敢伉礼也。至再拜者,拜宾来至也。天子膳夫为献主。○"主人亦升自西阶"者,代君为献主,不敢由阼阶也。自此至"以虚爵降,奠于篚",主人献宾,宾酢主人,主人献公,主人受公酢,主人酬宾,二人媵觯于公,公取媵觯酬宾,遂旅酬。凡七节。此初燕之盛礼也。

②宾将从降,乡之。

③对,答。

④宾少进者,又辞,宜违其位也。献不以爵,辟正主也。古文"觚"皆为"觯"。○凡觞,一升曰爵,二升曰觚,三升曰觯,四升曰角,五升曰散。

⑤宾每先升,尊也。

⑥主人复盥,为拜手坋尘也。○坋,步困反。

⑦取觚,将就瓦大酌膳。

⑧君物曰膳，膳之言善也。酌君尊者，尊宾也。

⑨宾既拜，前受觚，退复位。

⑩折俎，牲体骨也。《乡饮酒记》曰："宾俎，脊、胁、肩、肺。"〇引《乡饮酒记》，明此亦同也。

⑪降席，席西也。旨，美也。〇疏云：降席，坐奠爵，拜。郑云降席席西，不言面，案前例，降席席西拜者皆南面，拜讫则告旨。

⑫遂拜，拜既爵也。

宾以虚爵降。①主人降。宾洗南坐奠觚，少进，辞降。主人东面对。②宾坐取觚，奠于篚下，盥洗。③主人辞洗。④宾坐奠觚于篚，兴对，卒洗，及阶，揖，升。主人升，拜洗如宾礼。宾降盥，主人降，宾辞降。卒盥，揖升，酌膳，执幂如初，以酢主人于西阶上。主人北面拜受爵，宾主人之左拜送爵。⑤主人坐祭，不啐酒。⑥不拜酒，不告旨。⑦遂卒爵，兴，坐奠爵，拜，执爵兴。宾答拜。主人不崇酒，以虚爵降奠于篚。⑧

右宾酢主人

①将酢主人。

②上既言爵矣，复言觚者，嫌易之也。《大射礼》曰："主人西阶西，东面少进对。"今文从此以下，"觚"皆为"爵"。

③篚下，篚南。

④谦也。今文无"洗"。

⑤宾既南面授爵，乃之左。

⑥辟正主也。未荐者，臣也。〇正主人皆有啐酒，唯不告旨，宾献讫，即荐脯醢。此主人是臣，故酢时不荐，至献大夫后，乃荐于洗北。

⑦主人之义。

⑧崇，充也。不以酒恶谢宾，甘美君物也。

宾降，立于西阶西。①射人升宾，宾升，立于序内，东面。②

主人盥，洗象觚，升实之，东北面献于公。③公拜受爵。主人降自西阶，阼阶下北面拜送爵。士荐脯醢，膳宰设折俎，升自西阶。④公祭如宾礼，膳宰赞授肺，不拜酒，立卒爵，坐奠爵，拜，执爵兴。⑤主人答拜，升，受爵以降，奠于膳篚。

右主人献公

①既受献矣，不敢安盛。

②东西墙谓之序。《大射礼》曰："擯者以命升宾。"

③象觚，觚有象骨饰也。取象觚者东面。

④荐，进也。《大射礼》曰："宰胥荐脯醢，由左房。"○疏云：凡此篇内，公应先拜者，皆后拜之，尊公故也。此公先拜受爵者，受献礼重也。又云：引《大射礼》者，证此脯醢从左房来。天子、诸侯有左右房，故言左房。大夫、士无右房，故言东房。

⑤凡异者，君尊，变于宾也。

更爵，洗，升，酌膳酒以降，酢于阼阶下，北面坐奠爵，再拜稽首，公答再拜。①主人坐祭，遂卒爵，再拜稽首。公答再拜，主人奠爵于篚。

右主人自酢于公

①更爵者，不敢袭至尊也。古文"更"为"受"。○疏云：献君、自酢同用觚，必更之者，不敢因君之爵。

主人盥洗，升，媵觚于宾，酌散，西阶上坐奠爵，拜宾。宾降筵，北面答拜。①主人坐祭，遂饮，宾辞。卒爵，拜，宾答拜。②主人降洗，宾降，主人辞降，宾辞洗。卒洗，揖升。不拜洗。③主人酌膳，宾西阶上拜。④受爵于筵前，反位。主人拜送爵，宾升席，坐祭酒，遂奠于荐东。⑤主人降复位。宾降筵西，东南面立。⑥

右主人酬宾

①媵，送也，读或谓扬，扬，举也。酌散者，酌方壶酒也，于膳为散。今文“媵”皆作“腾”。○疏云：案宾前受献讫，立于序内以来，未有升筵之事，且《乡饮酒》、《大射》酬前宾皆无逆在席者。此言降筵，盖误。○媵，以证反。散，思旦反。

②辞者，辞其代君行酒，不立饮也。此降于正主酬也。

③不拜洗，酬而礼杀。

④拜者，拜其酌也。

⑤遂者，因坐而奠，不北面也。奠之者，酬不举也。○疏曰：案《乡饮酒》、《乡射》，主人酬宾，皆主人实觯，席前北面，宾始西阶上拜。此及《大射》，主人始酌膳时，宾已西阶上拜者，以其《燕礼》、《大射》皆是主人代君劝酒，其宾是臣，急承君劝，不敢安暇，故先拜也。

⑥宾不立于序内，位弥尊也。位弥尊者，其礼弥卑，《记》所谓“一张一弛”者，是之类与？○疏云：宾初得献，立序内，此酬讫，立席西，渐近宾筵，是位弥尊，礼渐杀，故云“礼弥卑”也。

小臣自阼阶下请媵爵者，公命长。①小臣作下大夫二人媵爵。②媵爵者阼阶下皆北面，再拜稽首，公答再拜。③媵爵者立于洗南，西面，北上。序进，盥，洗角觯，升自西阶，序进，酌散，交于楹北。降，阼阶下皆奠觯，再拜稽首，执觯兴，公答再拜。④媵爵者皆坐祭，遂卒觯，兴，坐奠觯，再拜稽首，执觯兴。公答再拜。媵爵者执觯待于洗南。⑤小臣请致者。⑥若君命皆致，则序进，奠觯于篚，阼阶下皆再拜稽首，公答再拜。媵爵者洗象觯，升实之，序进，坐奠于荐南，北上，降，阼阶下皆再拜稽首，送觯。公答再拜。⑦

右二人媵爵于公

①命长，使选卿大夫之中长幼可使者。○媵爵者，举爵于公，以为旅酬之端也。长幼可使，当云年长而可使者。

②作，使也。卿为上大夫，不使之者，为其尊。

③再拜稽首,拜君命也。

④序,次第也,犹代也。楹北,西楹之北也。交而相待于西阶上,既酌,右还而反,往来以右为上。○疏云:西面北上未盥相待之位,序进盥,则北面向洗。又云:二大夫先升者,由西楹之北,向散尊,酌讫,右还,复由西楹之北,向西阶上北面相待,后升者亦由西楹之北,进向尊所,酌讫,右还而反。二人往来相遇于楹之北,先酌者待后酌者至,乃次第而降。故注云"交而相待于西阶上"。

⑤待君命也。

⑥请使一人与?二人与?优君也。○或皆致,或一人致,取君进止。

⑦序进,往来由尊北,交于东楹之北,奠于荐南,不敢必君举也。《大射礼》曰:"媵爵者皆退反位。"○疏云:前二人酌酒,降自西阶,故交于西楹之北。此酌酒奠于君所,故交于东楹之北。先酌者东面酌讫,由尊北,又楹北,往君所奠讫,右还而反,后酌者亦于尊北,又于楹北,与反者相交。先者于南西过,后者于北东行,奠讫,亦右还而反,相随降自西阶。凡奠爵将举者于右,今媵爵于公,为将举旅,当奠荐右,而奠于荐左,是不敢必君之举也。引《大射礼》者,见此二人阼阶下拜讫,亦反门右北面位也。

公坐,取大夫所媵觯,兴以酬宾。宾降,西阶下再拜稽首。公命小臣辞,宾升成拜。①公坐奠觯,答再拜,执觯兴,立卒觯。宾下拜,小臣辞。宾升,再拜稽首。②公坐奠觯,答再拜,执觯兴。宾进受虚爵,降奠于篚,易觯洗。③公有命,则不易不洗,反升酌膳觯,下拜。小臣辞。宾升,再拜稽首。④公答再拜。⑤宾以旅酬于西阶上。⑥射人作大夫长升受旅。⑦宾大夫之右坐奠觯,拜,执觯兴,大夫答拜。⑧宾坐祭,立饮,卒觯,不拜。⑨若膳觯也,则降更觯洗,升实散。大夫拜受,宾拜送。⑩大夫辩受酬,如受宾酬之礼,不祭。卒受者以虚觯降,奠于篚。⑪

右公举媵爵酬宾,遂旅酬,初燕盛礼成

①兴以酬宾,就其阶而酬之也。升成拜,复再拜稽首也。先时君辞之,

于礼若未成然。

②不言成拜者,为拜故下,实未拜也。下不辄拜,礼杀也。此宾拜于君之左,不言之者,不敢敌偶于君。

③君尊,不酌故也。凡爵,不相袭者,于尊者言更,自敌以下言易,更作新、易有故之辞。进受虚爵,尊君也。不言公酬宾于西阶上及公反位者,亦尊君,空其文也。〇愚谓易犹更也,不敢袭用君爵,尊君也。注于更、易二义,太生分别,疏家援证虽多,亦未见确据。

④下拜,下亦未拜,凡下未拜有二,或礼杀,或君亲辞。君亲辞,则闻命即升,升乃拜,是以不言成拜。

⑤拜于阼阶上也。于是宾请旅侍臣。

⑥旅,序也,以次序劝卿大夫饮酒。

⑦言作大夫,则卿存矣。长者,尊先而卑后。〇卿称上大夫,旅三卿遍,次至五大夫。

⑧宾在右者,相饮之位。〇疏云:宾在西阶上酬卿,宾与卿并北面,宾在东,卿在西,是宾在大夫之右,宾位合在西,而今在东者,相饮之位也。

⑨酬而礼杀。〇对酢之时,坐卒爵,拜既爵,是礼盛也。

⑩言更觯,卿尊也。〇膳觯本非臣所可袭,以君命故,得一用。至酌他人,则必更矣。注释更字义,亦未可信。

⑪卒犹后也。《大射礼》曰:“奠于篚,复位。”今文“辩”皆作“遍”。〇辩受酬,皆拜受、拜送,但宾初酬有坐祭,后酬者则不祭为异。云“大夫辩受酬”,不及于士也。注引《大射礼》奠觯复位,复门右北面之位。

主人洗,升,实散,献卿于西阶上。①司宫兼卷重席,设于宾左,东上。② 卿升,拜受觚,主人拜送觚。卿辞重席,司宫彻之。③乃荐脯醢。卿升席坐,左执爵,右祭脯醢。遂祭酒,不啐酒,降席,西阶上北面坐卒爵,兴。坐奠爵,拜,执爵兴。主人答拜,受爵。卿降复位。④辩献卿,主人以虚爵降,奠于篚。⑤射人乃升卿,卿皆升就席。若有诸公,则先卿献之,如献卿之礼。[6]席于阼阶西，北面，东上，无加席。[7]

右主人献卿或献孤

①酬而后献卿，别尊卑也，饮酒成于酬也。〇成于酬，谓成于旅酬。自此至“降奠于篚”，主人献卿，又二大夫媵觯于公，公又举媵酬宾若长，遂旅酬。凡三节。此献卿而酬，燕礼之稍杀也。

②言兼卷，则每卿异席也。重席，重蒲筵，缁布纯也。卿坐东上，统于君也。席自房来。〇重席，但一种席，重设之，故注云“重蒲筵，缁布纯也”。加席则于席上设异席，如《公食大夫记》云“司宫具几，与蒲筵常，缁布纯，加萑席寻，玄帛纯”是也。〇卷，居远反。重，直容反。

③徹犹去也。重席虽非加，犹为其重累去之，辟君也。〇以君有加席两重，此虽蒲筵一种重设，嫌其两重，与君同也。

④不酢，辟君也。卿无俎者，燕主于羞。〇献公，主人酢于阼阶下，此不酢者，嫌于献公同也。

⑤今文无“奠于篚”。

⑥诸公者，谓大国之孤也。孤一人，言诸者，容牧有三监。〇郑司农注《典命》云“上公得置孤卿一人”，后郑从之。是孤卿本一人也。《王制》云：“天子使其大夫为三监，监于方伯之国，国三人。”是方伯之国或有三公，故云“诸公”也。疏又云：立三监是殷法，周使伯佐牧，不置监，其有监者，因殷不改者也。故郑云“容”，容有异代之法也。

⑦席孤北面，为其大尊，屈之也。亦因阼阶西位近君，近君则屈，亲宠苟敬私昵之坐。

小臣又请媵爵者，二大夫媵爵如初。[1]请致者。若命长致，则媵爵者奠觯于篚，一人待于洗南。长致，致者阼阶下再拜稽首，公答再拜。[2]洗象觯，升实之，坐奠于荐南，降，与立于洗南者二人皆再拜稽首送觯。公答再拜。[3]

右再请二大夫媵觯

①又，复。〇二大夫媵爵自阼阶下，皆北面再拜稽首，至执觯待于洗南，

皆与前二人媵爵者同也。

②命长致者,公或时未能举,自优暇也。古文云“阼阶下北面再拜”。○前媵爵,云“若命皆致”,此媵爵,云“若命长致”,皆不定之辞,非谓前必二人、后必一人也,欲互见其义耳。

③奠于荐南者,于公所用酬宾觯之处。二人俱拜,以其共劝君。○前二人媵觯,奠二觯于荐南,公取上觯,为宾举旅,下觯仍在,今又媵一觯,奠于荐南,知其在公所用酬宾觯之空处也。

公又行一爵,若宾若长,唯公所酬。①以旅于西阶上,如初。大夫卒受者以虚觯降,奠于篚。②

右公又行爵为卿举旅,燕礼之再成

①一爵,先媵者之下觯也。若宾若长,则宾礼杀矣。长,公卿之尊者也。宾则以酬长,长则以酬宾。

②○疏曰:言如初者,一如上为宾举旅之节。

主人洗,升,献大夫于西阶上。大夫升,拜受觚。主人拜送觚。大夫坐祭,立卒爵,不拜既爵。主人受爵,大夫降复位。①胥荐主人于洗北,西面,脯醢,无脀。②辩献大夫,遂荐之,继宾以西,东上。③卒,射人乃升大夫,大夫皆升,就席。

右主人献大夫,兼有胥荐主人之事

①既,尽也。不拜之者,礼又杀。○前献卿不酢,已是礼杀;今献大夫,不但不酢,又不拜既爵,故云“礼又杀”。自此下至乐正告公:主人献大夫,未及旅而乐作,献工后乃举旅,旅已奏笙,间歌,合乐,爵乐更作,以成三旅,礼又杀而乐大备,所以致和乐之情也。

②胥,膳宰之吏也。主人,大夫之下,先大夫荐之,尊之也。不于上者,上无其位也。脀,俎实。○此主人是宰夫,代君为献主,君在阼阶上,则已不得干正主之位,而荐之堂下,故注云“上无其位也”。○脀,之承反。

③遍献之乃荐,略贱也。亦献而后布席也。

席工于西阶上，少东。乐正先升，北面立于其西。①小臣纳工，工四人，二瑟。小臣左何瑟，面鼓，执越，内弦，右手相，入，升自西阶，北面东上坐。小臣坐授瑟，乃降。②工歌《鹿鸣》、《四牡》、《皇皇者华》。③

右升歌

①工，瞽蒙歌讽诵诗者也。凡执技艺者称工。《少牢馈食礼》曰："皇尸命工祝。"《乐记》师乙曰："乙，贱工也。"乐正，于天子乐师也。凡乐，掌其序事，乐成则告备。

②工四人者，燕礼轻，从大夫制也。面鼓者，燕尚乐，可鼓者在前也。越，瑟下孔也。内弦，弦为主也。相，扶工也。后二人徒相，天子大仆二人也。小臣四人，祭仆六人，御仆十二人，皆同官。

③三者皆《小雅》篇也。《鹿鸣》，君与臣下及四方之宾宴，讲道修政之乐歌也。此采其己有旨酒，以召嘉宾，嘉宾既来，示我以善道。又乐嘉宾有孔昭之明德，可则效也。《四牡》，君劳使臣之来乐歌也。此采其勤苦王事，念将父母，怀归伤悲，忠孝之至，以劳宾也。《皇皇者华》，君遣使臣之乐歌也。此采其更是劳苦，自以为不及，欲谘谋于贤知，而以自光明也。

卒歌，主人洗，升献工。工不兴，左瑟，一人拜受爵。主人西阶上拜送爵。①荐脯醢。②使人相祭。③卒爵不拜[1]。④主人受爵。⑤众工不拜，受爵，坐祭，遂卒爵。辩有脯醢，不祭。主人受爵，降奠于篚。⑥

右献工

①工歌乃献之，贱者先就事也。左瑟，便其右。一人，工之长者也，工拜于席。

②辄荐之，变于大夫也。○大夫遍献乃荐，此献一人即荐，礼尚异，故变于大夫也。

③使扶工者相其祭荐、祭酒。

[1] "卒爵不拜"四字，阮刻本《仪礼注疏》作"卒受不拜"。

④贱不备礼。

⑤将复献众工也。

⑥遂，犹因也。古文曰“卒爵不拜”。

公又举奠觯。唯公所赐。以旅于西阶上，如初。[1]

右公三举旅以成献大夫之礼

①言赐者，君又弥尊，宾长弥卑。○奠觯，媵爵者奠于荐南之觯也。公举之，为大夫旅酬也。如初，如为宾为卿举旅之节也。

卒。[1]笙入，立于县中，奏《南陔》、《白华》、《华黍》。[2]

右奏笙

①旅毕也。

②以笙播此三篇之诗。县中，县中央也。《乡饮酒礼》曰，磬南北面奏《南陔》、《白华》、《华黍》。皆《小雅》篇也，今亡，其义未闻。昔周之兴也，周公制礼作乐，采时世之诗以为乐歌，所以通情相风切也，其有此篇明矣。后世衰微，幽、厉尤甚，礼乐之书，稍稍废弃，孔子曰：“吾自卫反鲁，然后乐正，《雅》、《颂》各得其所。”谓当时在者而复重杂乱者也，恶能存其亡者乎？且正考父校商之名《颂》十二篇于周大师，归以祀其先王，至孔子二百年之间，五篇而已，此其信也。○诸使轩县，故笙入奏县中，轩县止阙南面。

主人洗，升，献笙于西阶上。一人拜，尽阶，不升堂，受爵，降，主人拜送爵。阶前坐祭，立卒爵，不拜既爵，升授主人。[1]众笙不拜，受爵，降，坐祭，立卒爵。辩有脯醢，不祭。

右献笙

①一人，笙之长者也。《乡射礼》曰：“笙一人拜于下。”

乃间歌《鱼丽》，笙《由庚》；歌《南有嘉鱼》，笙《崇丘》；歌《南山有台》，笙《由仪》。[1]遂歌乡乐，《周南》：《关雎》、

《葛覃》、《卷耳》;《召南》:《鹊巢》、《采蘩》、《采蘋》。② 大师告于乐正曰:“正歌备”。③乐正由楹内、东楹之东,告于公,乃降复位。④

右歌笙间作,遂合乡乐而告乐备

①间,代也。谓一歌则一吹也。六者皆《小雅》篇也。《鱼丽》,言太平年丰物多也。此采其物多酒旨,所以优宾也。《南有嘉鱼》,言太平君子有酒,乐与贤者共之也。此采其能以礼下贤者,贤者累蔓而归之,与之宴乐也。《南山有台》,言太平之治以贤者为本也。此采其爱友贤者,为邦家之基,民之父母,既欲其身之寿考,又欲其名德之长也,《由庚》、《崇丘》、《由仪》今亡,其义未闻。

②《周南》、《召南》,《国风》篇也,王后、国君夫人房中之乐歌也。《关雎》言后妃之德,《葛覃》言后妃之职,《卷耳》言后妃之志,《鹊巢》言国君夫人之德,《采蘩》言国君夫人不失职也,《采蘋》言卿大夫之妻能修其法度也。昔太王、王季居于岐山之阳,躬行《召南》之教,以兴王业,及文王而行《周南》之教以受命。《大雅》云:“刑于寡妻,至于兄弟,以御于家邦。”谓此也。其始一国尔。文王作邑于丰,以故地为卿士之采地,乃分为二国。周,周公所食也;召,召公所食也,于时文王三分天下有其二,德化被于南土,是以其诗有仁贤之风者,属之《召南》焉;有圣人之风者,属之《周南》焉。夫妇之道者,生民之本,王政之端。此六篇者,其教之原也。故国君与其臣下及四方之宾燕,用之合乐也。乡乐者,《风》也。《小雅》为诸侯之乐,《大雅》、《颂》为天子之乐。《乡饮酒》升歌《小雅》,礼盛者可以进取。燕合乡乐者,礼轻者可以逮下也。《春秋传》曰,《肆夏》、《繁遏》、《渠》,天子所以享元侯也;《文王》、《大明》、《绵》,两君相见之乐也。然则诸侯之相与燕,升歌《大雅》,合《小雅》也。天子与次国、小国之君燕,亦如之。与大国之君燕,升歌《颂》,合《大雅》。其笙间之篇未闻。○“乡乐”者,大夫士所用之乐也。《乡饮酒礼》云合乐《周南》、《召南》,谓歌与众声俱作。此歌乡乐,当亦然也。

③大师,上工也。掌合阴阳之声,教六诗,以六律为之音者也。子贡问

师乙曰："吾闻声歌各有宜也，如赐者宜何歌也？"是明其掌而知之也。正歌者，升歌及笙各三终，间歌三终，合乐三终为一备。备亦成也。○六师，《周礼》磬、钟、笙、镈、韎、籥等六师也。

④言由楹内者，以其立于堂廉也。复位，位在东县之北。○初乐正与工，俱在堂廉，今告乐备，复降在东县北，北面也。

射人自阼阶下请立司正，公许。射人遂为司正。①司正洗角觯，南面坐奠于中庭，升，东楹之东受命，西阶上北面命卿大夫："君曰：'以我安。'"卿大夫皆对曰："诺。敢不安！"②司正降自西阶，南面坐取觯，升酌散，降，南面坐奠觯，右还，北面少立，坐取觯，兴，坐不祭。卒觯，奠之，兴，再拜稽首。③左还，南面坐取觯，洗，南面反奠于其所。④升自西阶东楹之东，请徹俎，降，公许。告于宾，宾北面取俎以出。膳宰徹公俎，降自阼阶以东。⑤卿大夫皆降，东面，北上。⑥宾反入，及卿大夫皆说屦升，就席。公以宾及卿大夫皆坐，乃安。⑦羞庶羞。⑧大夫祭荐。⑨司正升受命，皆命："君曰无不醉。"宾及卿大夫皆兴，对曰："诺。敢不醉！"皆反坐。⑩

右立司正命安宾

①君许其请，因命用为司正。君三举爵，乐备作矣。将留宾饮酒，更立司正以监之，察仪法也。射人俱相礼，其事同。○自此至"无算乐"，皆坐燕尽欢之事，既立司正安宾，次主人献士及旅食，次或射以乐宾，次宾媵觯于公，为士举旅酬，次主人献庶子以下诸臣，乃行无算爵、无算乐，凡六节而燕礼备。

②洗奠角觯于中庭，明其事以自表，威仪多也。君意殷勤，欲留宾饮酒。命卿大夫以我故安，或亦其实不主意于宾也[1]。○司正述君之言以命卿大夫。"我"者，君自我也，言我欲留宾，当为我安坐以留之也。

③右还，将适觯南，先西面也。必从觯西，为君之在东也。少立者，自严

[1] 也，阮刻本《仪礼注疏》无。

正,慎其位也。

④反奠虚觯,不空位也。○司正奠觯、取觯皆南面,明将监堂下酒仪也。北面拜者,明监酒出君命也。

⑤膳宰降自阼阶,以宾亲徹,若君亲徹然。

⑥以将坐,降待宾反也。

⑦凡燕坐必说屦,屦贱,不在堂也。礼者尚敬,敬多则不亲。燕安坐,相亲之心也。

⑧谓馔肝膋、狗胾醢也。骨体所以致敬也,庶羞所以尽爱也。敬之爱之,厚贤之道。

⑨燕乃祭荐,不敢于盛成礼也。

⑩皆命者,命宾,命卿大夫也。起对必降席,司正退立西序端。

主人洗,升献士于西阶上。士长升,拜受觯,主人拜送觯。①士坐祭立饮,不拜既爵,其它不拜,坐祭立饮。②乃荐,司正与射人一人、司士一人、执幂二人,立于觯南东上。③辩献士。士既献者立于东方,西面北上,乃荐士。④祝史、小臣、师亦就其位而荐之。⑤主人就旅食之尊而献之。旅食不拜受爵,坐祭立饮。⑥

右主人辩献士及旅食

①献士用觯,士贱也。今文"觯"作"觚"。

②他谓众士也,亦升受爵,不拜。

③天子射人、司士皆下大夫二人,诸侯则上士,其人数亦如之,司正为上。○疏云:此等皆士而先荐者,以其皆有事,故先荐。司士掌群士爵禄废置之事,士中之尊,故亦先荐。又云:士位在西,有事者别在觯南北面东上也。四者皆士,意亦于此时献之而后荐。

④每已献而即位于东方,盖尊之。毕献,荐于其位。○疏云:庭中之位,卿东方西面,大夫北面,士西方东面,是东方尊。今卿大夫得献升堂,位空,士得献,即东方卿位,是尊之也。

⑤次士献之，已不变位，位自在东方。○上设位之时，祝史在门东，小臣在东堂下，是在东方也。

⑥北面酌，南乡献于尊南[1]。不洗者，以其贱，略之也，亦毕献乃荐之。主人执虚爵奠于篚，复位。

若射，则大射正为司射，如乡射之礼。①

右因燕而射以乐宾

①大射正，射人之长者也。如乡射之礼者，燕为乐，卿大夫宜从其礼也。如者，如其告弓矢既具，至退中与算也。纳射器而张侯，其告请先于君，乃以命宾及卿大夫。其为司正者，亦为司马，君与宾为耦。《乡射记》曰，自“君射”至“龙旜”，亦其异者也。荐旅食乃射者，是燕射主于饮酒。○经云“若射”，不定之辞。或射或否，唯君所命。若不射，则主人献旅食后，宾即媵觯举酬。注云“荐旅食乃射，是燕射主于饮酒”，以大射主于射，未为大夫举旅即射也。

宾降洗，升媵觚于公。酌散，下拜。公降一等。小臣辞。宾升，再拜稽首。公答再拜。①宾坐祭，卒爵，再拜稽首。公答再拜。宾降，洗象觯，升酌膳，坐奠于荐南。降拜。小臣辞。宾升成拜，公答再拜，宾反位。②公坐取宾所媵觯，兴，唯公所赐。③受者如初受酬之礼。④降，更爵洗，升，酌膳，下拜，小臣辞。升成拜，公答拜，乃就席，坐行之。⑤有执爵者，⑥唯受于公者拜。⑦司正命执爵者爵辩，卒受者兴以酬士。⑧大夫卒受者，以爵兴，西阶上酬士。士升，大夫奠爵拜，士答拜。⑨大夫立卒爵不拜，实之，士拜受，大夫拜送，士旅于西阶上辩。⑩士旅酌，⑪卒。

右宾媵觯于公，公为士举旅酬

①此当言媵觯，酬之礼皆用觯，言觚者，字之误也。古者“觯”字或作“角”旁“氏”，由此误尔。○陆氏“觚”依注音觯。

[1]“献”下，阮刻本《仪礼注疏》有“之”字，贾疏引注亦有“之”字。

②反位，反席也。今文曰“洗象觚”。

③至此又言兴者，明公崇礼不倦也。今文“觯”又为“觚”。

④○如其自宾降至进受虚爵也。

⑤坐行之，若今坐相劝酒。

⑥士有盥升主酌授之者。○前三举旅皆酬者自酌授人，至此乃有代酌授之者。

⑦公所赐者也，其余则否。

⑧欲令惠均。○前三举旅皆止于大夫，今为士举旅，故命之，相旅固司正职也。“执爵者爵辩，卒受者兴以酬士”，即其命之之辞。

⑨兴酬士者，士立堂下无坐位。

⑩祝史、小臣旅食皆及焉。

⑪旅，序也。士以次序自酌相酬，无执爵者。

主人洗，升自西阶，献庶子于阼阶上，如献士之礼。辩降洗，遂献左右正与内小臣，皆于阼阶上，如献庶子之礼。①

右主人献庶子以下于阼阶

①庶子掌正六牲之体及舞位，使国子修德学道，世子之官也。而与膳宰、乐正联事，乐正亦教[1]国子以舞。左右正谓乐正、仆人正也。小乐正立于西县之北，仆人正、仆人师、仆人士立于其北北上，大乐正立于东县之北。若射则仆人正、仆人士陪于工后。内小臣，奄人掌君阴事、阴令，后夫人之官也。皆献于阼阶上，别于外内臣也。献正下及内小臣，则磬人、钟人、鏄人、鼓人、仆人之属尽献可知也。凡献皆荐也。○诸侯之庶子，即天子之诸子，皆世子之官也。左右正，据庭中之位而言，大乐正在东县北，故曰左正；仆人正在西县北，故曰右正。“别于外内臣”者，在乡遂采地者为外臣，在朝廷者为内臣，庶子以下皆人君近习，故云“别于外内臣也”。

无算爵。①士也，有执膳爵者，有执散爵者。执膳爵者，酌

[1] 教，阮刻本《仪礼注疏》作“学”，“学”、“教”古今字。

以进公，公不拜受。执散爵者，酌以之公命所赐，所赐者兴受爵，降席下奠爵，再拜稽首，公答拜。②受赐爵者，以爵就席坐，公卒爵，然后饮。③执膳爵者受公爵，酌反奠之。④受赐爵者，兴，授执散爵。执散爵者乃酌行之。⑤唯受爵于公者拜，卒受爵者兴，以酬士于西阶上，士升，大夫不拜乃饮，实爵。⑥士不拜受爵，大夫就席，士旅酌亦如之。⑦公有命徹幂，则卿大夫皆降西阶下，北面东上，再拜稽首。公命小臣辞，公答再拜，大夫皆辞。⑧遂升反坐，士终旅于上，如初。⑨无算乐。⑩

右燕末无算爵、无算乐

①算，数也。爵行无次无数，唯意所劝，醉而止。

②席下，席西也。古文曰“公答再拜”。〇疏云：旅酬以前，受公爵皆降阶下拜，至此不复降拜者，礼杀故也。又云：宾与卿大夫席皆南面统于君，皆以东为上，故知席下为席西也。

③不敢先虚爵，明此劝惠从尊者来也。

④宴欢在于饮酒成其意。

⑤予其所劝者。〇坐而劝，坐而受。

⑥乃犹而也。〇此实爵当是大夫自酌与之，不使人代。

⑦〇亦旅于阶上而不拜也。

⑧命徹幂者，公意殷勤，必尽酒也。小臣辞，不升成拜，明虽醉，正臣礼也。不言宾，宾弥臣也。君答拜于上，示不虚受也。

⑨卿大夫降而爵止，于其反席卒之。〇士方酌旅，以卿大夫降而遂止。及其拜讫反席，士复终旅于西阶上。

⑩升歌间合无数也，取欢而已，其乐章亦然。

宵则庶子执烛于阼阶上，司宫执烛于西阶上，甸人执大烛于庭，阍人为大烛于门外。①宾醉，北面坐，取其荐脯以降。②奏《陔》。③宾所执脯，以赐钟人于门内霤，遂出。④卿大夫皆出。⑤公不送。⑥

右燕毕宾出

①宵，夜也。烛，燋也。甸人掌共薪蒸者，庭大烛，为位广也。阍人，门人也。为，作也，作大烛以俟宾客出。

②取脯，重得君赐。

③《陔》，《陔夏》，乐章也。宾出奏《陔夏》，以为行节也。凡《夏》，以钟鼓奏之。

④必赐钟人，钟人掌以钟鼓，奏《九夏》，今奏《陔》以节己，用赐脯以报之，明虽醉不忘礼。古文“赐”作“锡”。

⑤随宾出也。

⑥宾礼讫，是臣也。

公与客燕。①曰：“寡君有不腆之酒，以请吾子之与寡君须臾焉，使某也以请。”②对曰：“寡君，君之私也。君无所辱赐于使臣，臣敢辞。”③“寡君固曰‘不腆’，使某固以请。”“寡君，君之私也，君无所辱赐于使臣，臣敢固辞。”④“寡君固曰‘不腆’，使某固以请。”“某固辞，不得命，敢不从！”⑤致命曰：“寡君使某，有不腆之酒，以请吾子之与寡君须臾焉。”⑥“君贶寡君多矣，又辱赐于使臣，臣敢拜赐命。”⑦

①谓四方之使者。○此下言国君将与异国臣燕，使卿大夫就馆戒客及客应对之辞。其仪节与燕本国诸臣同，唯戒宾为异，故于礼末见之。

②君使人戒客辞也。礼，使人各以其爵。寡，鲜也，犹言少德，谦也。腆，善也[1]。上介出请入告。古文“腆”皆作“殄”，今文皆曰“不腆酒”，无“之”。

③上介出答主国使者辞也。私，谓独受[2]恩厚也。君无所为辱赐于使臣，谦不敢当也。敢者，怖惧用势决之辞。

[1]善，阮刻本《仪礼注疏》作“膳”。

[2]受，阮刻本《仪礼注疏》作“有”，附校勘记：“徐本同，《集释》、《通解》、毛本‘有’作‘受’。”

④重传命。固,如故。○使者重传命戒客,客重使上介致辞。

⑤许之也。于是出见主国使者,辞以见许为得命。今文无“使某”。○使者三请而客许之。

⑥亲相见,致君命辞也。

⑦贶,赐也,犹爱也。敢拜赐命,从使者拜君之赐命,犹谦不必辞也。

记

燕,朝服,于寝。①其牲,狗也。②亨于门外东方。③若与四方之宾燕,则公迎之于大门内,揖让升。④宾为苟敬,席于阼阶之西,北面。有脀,不哜肺,不啐酒。其介为宾。⑤无膳尊,无膳爵。⑥与卿燕,则大夫为宾,与大夫燕,亦大夫为宾。⑦羞膳者与执幂者,皆士也。⑧羞卿者,小膳宰也。⑨

①朝服者,诸侯与其群臣日视朝之服也。谓冠玄端、缁带、素韠、白屦也。燕于路寝,相亲昵也。今辟雍十月行此燕礼,玄冠而衣皮弁服,与礼异也。

②狗,取择人也,明非其人,不与为礼也。

③亨于门外,臣所掌也。

④四方之宾,谓来聘者也。自戒至于拜至,皆如《公食》,亦告馔具而后公即席。小臣请执幂请羞者,乃迎宾也。○告馔具,请执幂等,又《公食》所无。

⑤苟,且也,假也。主国君飨时,亲进醴于宾。今燕,又且[1]献焉。人臣不敢亵烦尊者,至此升堂而辞让,欲以臣礼燕,为恭敬也,于是席之如献诸公之位。言苟敬者,宾实主国所宜敬也。脀,折俎也。不哜啐,似若尊者然也。介门西北面,西上,公降迎上介以为宾,揖让升,如初礼。主人献宾、献公,既献苟敬,乃媵觚,群臣即位,如燕也。○“苟敬”者,坐近君侧,而简于礼仪,疑于苟矣,实则敬之,故立以为名。

---

[1]且,阮刻本《仪礼注疏》作“宜”,附校勘记:“徐本、《集解》、《通解》、杨氏同,毛本‘宜’作‘且’。”

⑥降尊以就卑也。○欲敬异国之宾，故不自殊异也。

⑦不以所与燕者为宾者，燕为序欢心，宾主敬也。公父文伯饮南宫敬叔酒，以路堵父为客，此之谓也。君恒以大夫为宾者，大夫卑，虽尊之，犹远于君。今文无“则”，下无“燕”。○此谓与己臣子燕法也。

⑧尊君也。膳宰卑于士。

⑨膳宰之佐也。○以经不辨其人，故记者指言之。

若以乐纳宾，则宾及庭，奏《肆夏》。宾拜酒，主人答拜而乐阕。公拜受爵而奏《肆夏》，公卒爵，主人升受爵以下而乐阕。①升歌《鹿鸣》，下管《新宫》，笙入三成。②遂合乡乐。③若舞，则《勺》。④

①《肆夏》，乐章也，今亡。以钟镈播之，鼓磬应之，所谓金奏也。《记》曰，入门而县兴，示易以敬也。卿大夫有王事之劳，则奏此乐焉。○阕，苦穴反。

②《新宫》，《小雅》逸篇也，管之。入三成，谓三终也。

③乡乐，《周南》、《召南》六篇。言遂者，不间也。

④《勺》，《颂》篇，告成《大武》之乐歌也，其诗曰：“于铄王师，遵养时晦。”又曰：“实维尔公允师。”既合乡乐，万舞而奏之，所以美王侯，劝有功也。○升歌不尽《鹿鸣》以下三篇，而但歌《鹿鸣》；下管不奏《南陔》、《白华》、《华黍》，而管《新宫》，不用间歌；笙入三终而遂合乡乐，又或为之舞，而歌《勺》以为节，皆与常燕异。初既以乐纳之，及作正乐，又有此异节，以其有王事之劳，故特异之也。○勺音灼。

唯公与宾有俎。①献公，曰：“臣敢奏爵以听命。”②凡公所辞，皆栗阶。③凡栗阶，不过二等。④凡公所酬，既拜，请旅侍臣。⑤凡荐与羞者，小膳宰也。⑥有内羞。⑦

①主于燕，其余可以无俎。

②授公，释此辞，不敢必受之。○谓主人献公及宾媵爵，皆释此辞。

③栗，蹙也，谓越等，急趋君命也。○“辞”者，辞其拜下，命之升也。

④其始升，犹聚足连步。越二等，左右足各一发而升堂。〇疏云：栗阶不过二等，据上等而言，故郑云“其始升，犹聚足连步”也，聚足谓前足蹑一等，后足从之并，连步谓足相随不相过，即聚足也，至近上二等，左右足各一发而升堂也。

⑤既拜，谓自酌升拜时也。摈者阼阶下告于公，还西阶下告公许。旅，行也，请行酒于群臣。必请者，不专惠也。〇宾受公虚爵，自酌升拜，公答拜，于是时请之。

⑥谓于卿大夫以下也。上特言“羞卿者、小膳宰[1]”，欲绝于宾。羞宾者亦士。

⑦谓羞豆之实，酏食糁食；羞笾之实，糗饵粉餈。〇酏，以支反。糁，素感反。饵音二。餈，才私反。

君与射，则为下射，袒朱襦，乐作而后就物。①小臣以巾授矢，稍属。②不以乐志。③既发，则小臣受弓，以授弓人。④上射退于物一笴，既发，则答君而俟。⑤若饮君，燕，则夹爵。⑥君在，大夫射，则肉袒。⑦

①君尊。

②君尊，不搢矢。〇发一矢，复授一矢。

③辟不敏也。〇不以乐为节也。

④俟复发也。不使大射正，燕射轻。

⑤〇答，对也，面乡君也。〇笴，工但反，又弓老反。

⑥谓君在不胜之党，宾饮之，如燕媵觚，则又夹爵。〇“夹爵”者，将饮君，先自饮，及君饮讫，又自饮也。

⑦不纁襦，厌于君。〇乡射，大夫与士射，则袒纁襦。〇厌，一涉反。

若与四方之宾燕，媵爵，曰：“臣受赐矣，臣请赞执爵者。”①相者对曰：“吾子无自辱焉。”②

[1]“小膳宰”三字，阮刻本《仪礼注疏》作“小膳宰者”，贾疏引注亦作“小膳宰者”。

①受赐，谓公乡者酌之，至燕，主人事宾之礼杀，宾降洗，升媵觯于公，答恩惠也。○宾媵爵，在坐燕之后，故注云“事宾之礼杀”。

②辞之也。对，答也，亦告公，以公命答之也。

有房中之乐。①

①弦歌《周南》、《召南》之诗，而不用钟磬之节也。谓之房中者，后夫人之所讽诵，以事其君子。○疏云：承上文，与四方之宾燕乃有之。愚谓常燕有无算乐，恐亦未必不有也。

卷七　大射仪①

①郑《目录》云：名曰大射者，诸侯将有祭祀之事，与其群臣射，以观其礼，数中者，得与于祭，不数中者，不得与于祭。射义于五礼属嘉礼。《大戴》此第十三，《小戴》及《别录》皆第七。

大射之仪。君有命戒射。①宰戒百官有事于射者。②射人戒诸公、卿、大夫射。司士戒士射与赞者。③

右戒百官

①将有祭祀之事，当射，宰告于君，君乃命之。言君有命，政教宜由尊者。○自此至"羹定"，皆射前戒备之事，戒诸官、张射侯、设乐县、陈燕具，凡四节。

②宰，于天子冢宰，治官卿也。作大事，则掌以君命，戒于百官。○诸侯无冢宰，立司徒以兼之，此言宰，即司徒也，其掌誓戒百官，与天子冢宰同。

③射人掌以射法治射仪，司士掌国中之士治，凡其戒令，皆司马之属也。殊戒公卿大夫与士，辨贵贱也。赞，佐也，谓士佐执事不射者。○上文宰承君命，既总戒之，此射人司士，又分别戒之也。

前射三日，宰夫戒宰及司马。射人宿视涤。①司马命量人量侯道，与所设乏，以狸步：大侯九十，参七十，干五十。设乏，各去其侯西十、北十。②遂命量人、巾车张三侯，大侯之崇，见鹄于参，参见鹄于干，干不及地武。不系左下纲。设乏，西十、北十。凡乏，用革。③

右前射三日戒宰视涤量道张侯

①宰夫，冢宰之属，掌百官之征令者。司马，于天子政官之卿，凡大射

则合其六耦。涤，谓溉器，扫除射宫。○前者宰已戒百官，至此宰夫又以射期将至来告于宰，上下交饬也。又及司马者，此日量道张侯司马职也。射人宿视涤，扫除濯溉又在前射三日之前一夕，故云“宿”。

②量人，司马之属，掌量道巷涂数者。侯，谓所射布也。尊者射之以威不宁侯，卑者射之以求为侯。量侯道，谓去堂远近也。容谓之乏，所以为获者之御矢。狸之伺物，每举足者，正视远近[1]，为发必中也。是以量侯道取象焉。《乡射记》曰：“侯道五十弓。”《考工记》曰“弓之下制六尺”，则此狸步六尺明矣。大侯，熊侯，谓之大者，与天子熊侯同。参读为糁，糁，杂也，杂侯者，豹鹄而麋饰，下天子大夫也。干读为豻，豻侯者，豻鹄豻饰也。大夫将祭于己，射麋侯，士无臣，祭不射。○三侯皆以布为之，而以皮为鹄，旁又饰以皮，王大射用虎侯、熊侯、豹侯，畿内诸侯二侯，以熊侯为首，畿外诸侯得用三侯，熊侯、糁侯、豻侯，以熊侯同于天子，故云“大侯”。三侯其道递近以二十步为率，尊者射远，卑者射近，侯远则鹄大，侯近则鹄小。○参，依注音糁，素感反。干，依注音豻，五旦反。

③巾车，于天子宗伯之属，掌装衣车者，亦使张侯。侯，巾类。崇，高也。高必见鹄。鹄，所射之主。《射义》曰：“为人君者以为君鹄，为人臣者以为臣鹄，为人父者以为父鹄，为人子者以为子鹄。”言射中此，乃能任己位也。鹄之言较，较，直也。射者所以直己志。或曰：鹄，鸟名，射之难中，中之为俊，是以所射于侯取名也。《淮南子》曰：“鳱鹄知来。”然则所云正者，正也，亦鸟名。齐、鲁之间，名题肩为正。正、鹄皆鸟之捷黠者。《考工记》曰：“梓人为侯，广与崇方，参分其广而鹄居一焉。”则大侯之鹄方六尺，糁侯之鹄方四尺六寸大半寸，豻侯之鹄方三尺三寸少半寸。及，至也。武，迹也。中人之足，长尺二寸，以豻侯计之，糁侯去地一丈五寸少半寸，大侯去地二丈二尺五寸少半寸。凡侯北面，西方谓之左。前射三日，张侯设乏，欲使有事者豫志焉。○大侯之鹄见参侯之上，参侯之鹄见干侯之上，干侯下纲则去地一尺二寸，此

[1]“正视远近”四字，阮刻本《仪礼注疏》作“止视远近”，附校勘记：“陈、闽、监、葛、《通解》、杨氏同，徐本、聂氏、毛本止俱作‘正’；按《周礼·射人》注云：‘狸，善搏者也。行则止而拟焉，其发必获。’”

三侯高下之法也。注知三侯之鹄广狭之数者,以侯之广狭取则于侯道之远近,每弓取二寸,九十弓者十八尺,七十弓者十四尺,五十弓者十尺,每侯之鹄又各取其侯三分之一,故推知之也。设乏,西十、北十,西与北各去侯六丈也。云"凡乏",三侯各有乏也。

乐人宿县于阼阶东,笙磬西面,其南笙钟,其南镈,皆南陈。①建鼓在阼阶西,南鼓。应鼙在其东,南鼓。②西阶之西,颂磬东面,其南钟,其南镈,皆南陈。一建鼓,在其南,东鼓。朔鼙在其北。③一建鼓在西阶之东,南面。④簜在建鼓之间。⑤鼗倚于颂磬西纮。⑥

右射前一日设乐县

①笙犹生也。东为阳中,万物以生。《春秋传》曰:"太簇所以金奏,赞阳[1]滞,姑洗所以修絜百物,考神纳宾。"是以东方钟磬谓之笙,皆编而县之。《周礼》曰:"凡县钟磬,半为堵,全为肆。"有钟有磬为全。镈如钟而大,奏乐以鼓镈为节。○诸侯轩县三面各有一肆,此其东一肆也。笙磬、笙钟,先儒以为声与笙协应,故名笙。○镈音博。

②建犹树也。以木贯而载之,树之跗也。南鼓,谓所伐面也。应鼙,应朔鼙也。先击朔鼙,应鼙应之,鼙,小鼓也。在东,便其先击小,后击大也。鼓不在东县南,为君也。○此鼓本在东县之南,与磬钟镈共为一肆,移来在此者,郑以为"为君",以君在阼阶上,近君设之,故云"为君"也。下建鼓言一,此不言一,因移,并言之。

③言成功曰颂。西为阴中,万物之所成。《春秋传》曰:"夷则所以咏歌九则,平民无忒。无射所以宣布哲人之令德,示民轨义。"是以西方钟磬谓之颂。朔,始也。奏乐先击西鼙,乐为宾所由来也。钟不言颂,鼙不言东鼓,义同,省文也。古文"颂"为"庸"。○此西一肆也,颂钟、颂磬,先儒以为歌颂则奏之,故名颂。○颂音容。

[1] "阳"下,阮刻本《仪礼注疏》有"出"字,此本脱。金陵书局本有"出"字。

④言面者，国君于其群臣，备三面尔。无钟磬，有鼓而已。其为诸侯则轩县。○轩县，三面皆县，北面合有一肆，以其与群臣射，故阙之以辟射位，犹设一建鼓者，姑备三面耳，故言南面，与笙磬、颂磬同例，而与上文建鼓之自东县移来者异文也。

⑤簜，竹也，谓笙箫之属，倚于堂。

⑥鼗如鼓而小，有柄，宾至，摇之以奏乐也。纮，编磬绳也，设鼗在[1]磬西，倚于纮也。《王制》曰："天子赐诸侯乐，则以柷将之。赐伯、子、男乐，则以鼗将之。"○纮音宏。

厥明，司宫尊于东楹之西，两方壶，膳尊两甒在南，有丰，幂用锡若絺，缀诸箭，盖幂加[2]勺，又反之。皆玄尊。酒在北。①尊士旅食于西鐏之南，北面，两圜壶。②又尊于大侯之乏东北，两壶献酒。③设洗于阼阶东南，罍水在东，篚在洗西，南陈。设膳篚在其北，西面。④又设洗于获者之尊西北，水在洗北，篚在南，东陈。⑤小臣设公席于阼阶上，西乡。司宫设宾席于户西，南面，有加席。卿席宾东，东上。小卿宾西，东上。大夫继而东上。若有东面者，则北上。席工于西阶之东，东上。诸公阼阶西，北面，东上。⑥官馔。⑦羹定。⑧

右射日陈燕具席位

①膳尊，君尊也。后陈之，尊之也。丰，以承尊也，说者以为若井鹿卢，其为字从豆，豊声，近似豆，大而卑矣。幂，覆尊巾也。锡，细布也。絺，细葛也。箭，筱也。为幂，盖卷辟，缀于筱，横之也。又反之，为覆勺也。皆玄尊，二者皆有玄酒之尊，重本也。酒在北，尊统于君，南为上也。唯君面尊，言专惠也。今文"锡"或作"緆"，"絺"或作"绤"，古文"箭"作"晋"。○诸侯将射，先行燕礼。故此下皆陈燕具。缀诸箭者，缀锡若絺于箭而张之以覆也。盖幂加勺，又反之，此覆尊之法，勺加幂上，复撩幂之垂者以覆勺。

[1] 在，阮刻本《仪礼注疏》作"于"。
[2] 加，阮刻本《仪礼注疏》作"如"，误。

②旅，众也。士众食未得正禄，谓庶人在官者。圜壶，变于方也。贱无玄酒。

③为隶、仆人、巾车、糁侯豻侯之获者。献读为沙，沙酒浊，特泲之，必摩沙者也。两壶皆沙酒。《郊特牲》曰："汁献涚于醆酒。"服不之尊，俟时而陈于南，统于侯，皆东面。○注引《郊特牲》以证沙酒之义，涚，泲也，泲沙酒者，和以醆酒而摩挲之，以出郁鬯之汁也，以其祭侯，故用郁鬯。设服不之尊，在饮不胜者以后，故注云"俟时"，明此尊不为服不氏设也。○献，素何反，泲，子礼反。涚，始锐反。

④或言南陈，或言西面，异其文也。

⑤亦统于侯也。无爵，因服不也。有篚，为奠虚爵也。服不之洗，亦俟时而陈于其南。○此篚中不设爵，将因献服不之爵而用之也。

⑥唯宾及公席布之也，其余树之于位后耳。小卿，命于其君者也。席于宾西，射礼辨贵贱也。诸公，大国有孤卿一人，与君论道，亦不典职如公矣。

⑦百官各馔其所当共之物。

⑧烹肉熟也。《射义》曰："诸侯之射也，必先行燕礼。"燕礼牲用狗。

射人告具于公。公升即位于席，西乡。小臣师纳诸公卿大夫，诸公卿大夫皆入门右，北面东上。士西方，东面北上。大史在干侯之东北，北面东上。士旅食者在士南，北面东上。小臣师、从者在东堂下，南面西上。①公降，立于阼阶之东南，南乡。小臣师诏揖诸公卿大夫，诸公卿大夫西面北上，揖大夫，大夫皆少进。②大射正摈。③摈者请宾。公曰："命某为宾。"④摈者命宾，宾少进，礼辞。⑤反命，⑥又命之。宾再拜稽首，受命。⑦摈者反命，宾出，立于门外北面，公揖卿大夫，升就席。小臣自阼阶下北面，请执幂者与羞膳者。⑧乃命执幂者。执幂者升自西阶，立于尊南，北面东上。⑨膳宰请羞于诸公卿者。⑩摈者纳宾，宾及庭，公降一等揖宾，宾辟。⑪公升，即席。⑫

右命宾纳宾

①大史在干侯东北，士旅食者在士南，为有侯，故入庭深也。小臣师，正之佐也。正相君，出入君之大命。○自此至“南面反奠于其所，北面立”，皆将射先燕之事，公命宾纳宾以来，主人献宾，宾酢主人，主人献公，主人受公酢，主人酬宾，二人举觯，公取觯酬宾，遂旅酬，主人献卿，二人再举觯，公为卿举旅酬，主人献大夫，工入奏乐，凡十二节，皆与《燕礼》同，容有小异，主于射故也。

②诏，告也。变尔言揖，亦以其入庭深也，上言大夫，误衍耳。

③大射正，射人之长。

④某，大夫名。

⑤命宾者，东面南顾。辞，辞以不敏。

⑥以宾之辞告于君。

⑦又，复。

⑧请士可使执君两甒之幂，及羞脯醢庶羞于君者。方圜壶，献，无幂。

⑨命者于西阶前以公命命之。东上，执玄尊之幂为上。羞膳者从而东，由堂东升自北阶，立于房中，西面南上。不言命者，不升堂，略之。

⑩膳宰请者，异于君也。

⑪及，至也。辟，逡遁，不敢当盛。

⑫以宾将与主人为礼，不参之。

奏《肆夏》。①宾升自西阶，主人从之。宾右北面至再拜，宾答再拜。②主人降洗，洗南，西北面。③宾降阶西，东面。主人辞降，宾对。④主人北面盥，坐取觚，洗。宾少进，辞洗。主人坐奠觚于篚，兴对。宾反位。⑤主人卒洗。宾揖，乃升[1]。⑥主人升，宾拜洗。主人宾右奠觚答拜，降盥。宾降，主人辞降，宾对。卒盥。宾揖升。主人升，坐取觚。⑦执幂者举幂，主人酌膳，

[1] “乃升”二字，阮刻本《仪礼注疏》无“乃”字，附校勘记：“毛本‘揖’下有‘乃’字，唐石经、徐本、《通解》、敖氏俱无‘乃’字。”

执幂者盖幂。酌者加勺，又反之。⑧筵前献宾。宾西阶上拜，受爵于筵前，反位。主人宾右拜送爵。⑨宰胥荐脯醢。⑩宾升筵。庶子设折俎。⑪宾坐，左执觚，右祭脯醢，奠爵于荐右，兴，取肺坐，绝祭哜之，兴，加于俎，坐挩手执爵，遂祭酒，兴，席末坐，啐酒，降席，坐奠爵，拜告旨，执爵兴。主人答拜。⑫乐阕。⑬宾西阶上北面坐卒爵。兴，坐奠爵拜，执爵兴，主人答拜。

右主人献宾

①《肆夏》，乐章名，今亡。吕叔玉云：《肆夏》，《时迈》也。《时迈》者，太平巡守，祭山川之乐歌。其《诗》曰："明昭有周，式序在位。"又曰："我求懿德，肆于《时夏》。"奏此以延宾，其著宣王德劝贤与？《周礼》曰："宾出入，奏《肆夏》。"

②主人，宰夫也，又掌宾客之献饮食。君于臣虽为宾，不亲献，以其莫敢亢礼。

③宾将从降，乡之，不于洗北，辟正主。

④对，答。

⑤宾少进者，所辞异，宜违其位也。献不用爵，辟正主。

⑥宾每先升，揖之[1]。

⑦取觚，将就瓦甒酌膳。

⑧反之，覆勺。

⑨宾既拜，于筵前受爵，退复位。

⑩宰胥，宰官之吏也，不使膳宰荐，不主于饮酒，变于燕。

⑪庶子，司马之属，掌正六牲之体者也。《乡射记》曰："宾俎，脊、胁、肩、肺。"不使膳宰设俎，为射变于燕。

⑫降席，席西也。旨，美也。

⑬阕，止也。乐止者，尊宾之礼盛于上也。○唯盛得有乐也，《燕礼记》云："宾及庭，而奏《肆夏》。宾拜酒，主人答拜而乐阕。"亦谓啐酒告旨时。

---

[1] "揖之"二字，阮刻本《仪礼注疏》作"尊也"，附校勘记："徐本、《通解》同，毛本'尊也'作'揖之'。"

此燕己臣子法。《郊特牲》云“宾入大门而奏《肆夏》，卒爵而乐阕”，彼燕朝聘之宾法也。

宾以虚爵降。[①]主人降。宾洗南西北面坐奠觚，少进，辞降。主人西阶西、东面，少进，对。宾坐取觚，奠于篚下，盥洗。[②]主人辞洗。宾坐奠觚于篚，兴对，卒洗，及阶，揖升。主人升，拜洗如宾礼。宾降盥，主人降。宾辞降，卒盥，揖升。酌膳，执幂如初，以酢主人于西阶上。主人北面拜受爵。宾主人之左拜送爵。[③]主人坐祭，不啐酒。[④]不拜酒。[⑤]遂卒爵，兴，坐奠爵，拜，执爵兴。宾答拜。主人不崇酒，以虚爵降，奠于篚。[⑥]宾降立于西阶西，东面。[⑦]摈者以命升宾。宾升，立于西序，东面。[⑧]

右宾酢主人

①既卒爵，将酢也。

②篚下，篚南。

③宾南面授爵，乃于左拜。凡授爵，乡所受者。

④辟正主也。未荐者，臣也。

⑤主人之义。《燕礼》曰：“不拜酒，不告旨。”

⑥不崇酒，辟正君也。崇，充也，谓谢酒恶相充实。

⑦既受献矣，不敢安盛。

⑧命，公命也。东西墙谓之序。

主人盥，洗象觚，升酌膳，东北面献于公。[①]公拜受爵，乃奏《肆夏》。[②]主人降自西阶，阼阶下北面拜送爵。宰胥荐脯醢，由左房。庶子设折俎，升自西阶。[③]公祭，如宾礼，庶子赞授肺。不拜酒，立卒爵，坐奠爵，拜，执爵兴。[④]主人答拜。乐阕。升受爵，降奠于篚。

右主人献公

①象觚，觚有象骨饰也。取象觚东面，不言实之，变于《燕》。

②言乃者，其节异于宾。○宾及庭奏，君受爵乃奏也。

③自，由也。左房，东房也。人君左右房。《乡射记》曰："主人俎，脊、胁、臂、肺也。"

④凡异者，君尊，变于宾。

更爵洗，升酌散以降。酢于阼阶下，北面坐奠爵，再拜稽首。公答拜。[①]主人坐祭，遂卒爵，兴，坐奠爵，再拜稽首。公答拜。主人奠爵于篚。

右主人受公酢

①更，易也。易爵，不敢袭至尊。古文"更"为"受"。

主人盥洗，升媵觚于宾，酌散，西阶上坐奠爵，拜。宾西阶上北面答拜。[①]主人坐祭，遂饮。宾辞。卒爵，兴，坐奠爵，拜，执爵兴。宾答拜。[②]主人降洗，宾降。主人辞降，宾辞洗。卒洗。宾揖升，不拜洗。[③]主人酌膳。宾西阶上拜，受爵于筵前，反位。主人拜送爵。宾升席，坐祭酒，遂奠于荐东。[④]主人降，复位。宾降筵西，东南面立。[⑤]

右主人酬宾

①媵，送也。散，方壶之酒也。古文"媵"皆作"腾"。

②辞者，辞其代君行酒，不立饮也，比于正主酬也。

③不拜洗，酬而礼杀也。

④遂者，因坐而奠之，不北面也。奠之者，酬不举也。

⑤宾不立于序内，位弥尊。

小臣自阼阶下请媵爵者，公命长。[①]小臣作下大夫二人媵爵。[②]媵爵者阼阶下皆北面再拜稽首。公答拜。[③]媵爵者立于洗南，西面北上，序进，盥洗角觯，升自西阶，序进，酌散，交于楹北，降，适阼阶下，皆奠觯，再拜稽首，执觯兴。公答拜。④媵爵者皆坐祭，遂卒觯，兴，坐奠觯，再拜稽首，执觯兴。公答再拜。媵爵者执觯待于洗南。⑤小臣请致者。⑥若命皆致，则序进，奠觯于篚，阼阶下皆北面再拜稽首。公答拜。媵爵者洗象觯，升实之，序进，坐奠于荐南，北上，降，适阼阶下，皆再拜稽首送觯。公答拜。⑦媵爵者皆退反位。⑧

右二人媵觯将为宾举旅酬

①命之使选于长幼之中也。卿则尊，士则卑。

②作，使。

③再拜稽首，拜君命。

④序，次第也，犹代也。先者既酌，右还而反，与后酌者交于西楹北。相左，俟于西阶上，乃降，往来以右为上。古文曰"降造阼阶下"。

⑤待，待君命。

⑥请君使一人与？二人与？不必君命。

⑦既酌而代进，往来由尊北，交于东楹北，亦相左，奠于荐南，不敢必君举。

⑧反门右北面位。

公坐取大夫所媵觯，兴以酬宾。宾降，西阶下再拜稽首。小臣正辞，宾升成拜。①公坐奠觯，答拜，执觯兴。公卒觯，宾下拜，小臣正辞。宾升，再拜稽首。②公坐奠觯，答拜，执觯兴。宾进，受虚觯，降，奠于篚，易觯，兴洗。③公有命，则不易不洗。反升酌膳，下拜。小臣正辞。宾升，再拜稽首。公答拜。④宾告于摈者，请旅诸臣。摈者告于公，公许。⑤宾以旅大夫于西阶上。摈者作大夫长升受旅。⑥宾大夫之右坐奠觯，拜，执觯兴。大夫答拜[1]。宾坐祭，立卒觯，不拜。若膳觯也，则降，更觯，

[1]"拜"下，阮刻本《仪礼注疏》有注文："宾在右，相饮之位。"

洗，升实散。大夫拜受。宾拜送，遂就席[1]。大夫辩受酬，如受宾酬之礼，不祭酒。卒受者以虚觯降，奠于篚，复位[2]。

右公取媵觯酬宾遂旅酬

①公起酬宾于西阶，降尊以就卑也。正，长也。小臣长辞，变于燕。升成拜，复再拜稽首，先时君辞之，于礼若未成然。

②不言成拜者，为拜故下，实未拜也。下不就拜，礼[3]也。下亦降也。发端，言降拜，因上事，言下拜。

③宾进以臣道也[4]。君受虚爵，君不亲酌。凡爵不相袭者，于尊者言更，自敌以下言易，更作新、易有故之辞也。不言公酬宾于西阶上及公反位者，尊君，空其文也。○公授宾爵即反位。

④不易，君义也。不洗，臣礼也。○公答拜于阼阶上。

⑤旅，序也。宾欲以次序劝诸臣酒。

⑥作，使也，使之以长幼之次，先孤[5]。

主人洗觚，升实散，献卿于西阶上。司宫兼卷重席，设于宾左，东上[6]。卿升，拜受觚。主人拜送觚。卿辞重席，司宫彻之。①乃荐脯醢。卿升席，庶子设折俎。②卿坐，左执爵，右祭脯醢，奠爵于荐右；兴取肺，坐绝祭，不哜肺；兴，加于俎，坐捝手，取爵，遂祭酒，执爵兴；降席，西阶上北面坐，卒爵兴；坐奠爵，拜，执爵兴。③主人答拜，受爵。卿降，复位。④辩献卿。主人以虚爵降，奠于篚。摈者升卿，卿皆升，就席。若有诸公，

[1]“席”下，阮刻本《仪礼注疏》有注文：“言更觯，尊卿，尊卿则宾礼杀。”
[2]“位”下，阮刻本《仪礼注疏》有注文：“卒犹已也。今文辩作遍。”
[3]“下不就拜礼也”六字，阮刻本《仪礼注疏》作“下不辄拜礼杀也”，附校勘记：“毛本‘辄’作‘就’，徐本、《通解》俱作‘辄’；‘礼’下，徐本、《通解》俱有‘杀’字。”
[4]也，阮刻本《仪礼注疏》作“就”，附校勘记：“毛本‘就’作‘也’，徐本、《通解》俱作‘就’，陈、闽、监、葛俱无。”金陵书局本作“就”。
[5]“孤”下，阮刻本《仪礼注疏》有“卿后大夫”三字，附校勘记：“‘卿后大夫’四字，毛本脱，徐本、《通解》俱有。”
[6]“上”下，阮刻本《仪礼注疏》有注文：“言兼卷，则每卿异席。重席，蒲筵缁布纯。席卿言东上，统于君，席自房来。”

则先卿献之，如献卿之礼，席于阼阶西，北面东上，无加席。⑤

右主人献卿

①徹，犹去也。重席虽非加，犹为其重累，辞之，辟君。

②卿折俎未闻，盖用脊、胁、臑、折、肺。卿有俎者，射礼尊。

③陈酒肴，君之惠也。不哜肺[1]，亦自贬于君[2]。

④复西面位。不酢，辟君。

⑤公，孤也。席之北面，为大尊，屈之也。亦因阼阶上近君，近君则亲宠苟敬私昵之坐。

小臣又请媵爵者，二大夫媵爵如初。请致者。若命长致，则媵爵者奠觯于篚。①一人待于洗南。②长致者阼阶下再拜稽首。公答拜。③洗象觯，升实之，坐奠于荐南，降，与立于洗南者二人皆再拜稽首送觯。公答拜。④

右二人再媵觯

①命长致者，使长者一人致也。公或时未能举，自优暇。

②不致者。

③再拜稽首，拜君命。

④奠于荐南，先媵者上觯之处也。二人皆拜如初，共劝君饮之。

公又行一爵，若宾若长，唯公所赐。①以旅于西阶上，如初。②大夫卒受者以虚觯降，奠于篚。

右公又行一觯为卿举旅

①一爵，先媵者之下觯也。若宾若长，礼杀也。长，孤卿之尊者也。于是言赐，《射礼》明尊卑。

②赐宾则以酬长，赐长则以酬宾，大夫长升受旅以辩。

[1]肺，阮刻本《仪礼注疏》作“啐”。

[2]“亦自贬于君”五字，阮刻本《仪礼注疏》作“事在射臣之意”，附校勘记：“徐本、《通解》同，毛本作‘亦自贬于君’。”

主人洗觚，升，献大夫于西阶上。大夫升，拜受觚。主人拜送觚。大夫坐祭，立卒爵，不拜既爵。主人受爵。大夫降，复位。①胥荐主人于洗北，西面。脯醢，无脀。②辩献大夫，遂荐之，继宾以西，东上。若有东面者，则北上。卒，摈者升大夫，大夫皆升，就席。③

右主人献大夫

①既，尽也。大夫卒爵不拜，贱不备礼。

②胥，宰官之吏。主人，下大夫也。先大夫荐之，尊之也。不荐于上，辟正主。脀，俎实。

③辩献乃荐，略贱也。亦献后布席也。○每献一人讫，降阶。献遍，摈者乃总升之就席。就席讫，乃荐之。

乃席工于西阶上，少东。小臣纳工，工六人，四瑟。①仆人正徒相大师，仆人师相少师，仆人士相上工。②相者皆左何瑟，后首，内弦，挎越，右手相。③后者徒相入。④小乐正从之。⑤升自西阶，北面东上。⑥坐授瑟，乃降。⑦小乐正立于西阶东。⑧乃歌《鹿鸣》三终。⑨主人洗，升实爵，献工。工不兴，左瑟。⑩一人拜受爵。⑪主人西阶上拜送爵。荐脯醢。⑫使人相祭。⑬卒爵，不拜。主人受虚爵。众工不拜，受爵，坐祭，遂卒爵。辩有脯醢，不祭。⑭主人受爵，降奠于篚，复位。大师及少师、上工皆降，立于鼓北，群工陪于后。⑮乃管《新宫》三终。⑯卒管。大师及少师、上工皆东坫之东南，西面北上，坐。⑰

右作乐娱宾射前燕礼备

①工，谓瞽蒙善歌讽诵《诗》者也。六人，大师、少师各一人，上工四人。四瑟者，礼大乐众也。

②徒，空手也。仆人正，仆人之长。师，其佐也。士，其吏也。天子视瞭相工，诸侯兼官，是以仆人掌之。大师、少师，工之长也。凡国之瞽蒙正焉。杜蒯曰："旷也，大师也。"于是分别工及相者。《射礼》明贵贱。○蒯，

苦怪反。

③谓相上工者，后首，主于射，略于此乐也[1]。内弦挎越，以右手相工，由便也。越，瑟下孔，所以发越其声者也。古文“后首”为“后手”。

④谓相大师、少师者也。上列官之尊卑，此言先后之位，亦所以明贵贱。凡相者以工出入。

⑤从大师也，后升者，变于《燕》也。小乐正，于天子乐师也。

⑥工六人。

⑦相者也，降立于西县之北。

⑧不统于工，明工虽众，位犹在此。〇《燕礼》工四人，乐正升立于工之西，在西阶东。此工六人，数众，疑位移近西，乃乐正犹立西阶东不变，是统于阶而不统于工也。

⑨《鹿鸣》，《小雅》篇也。人君与臣下及四方之宾燕，讲道修政之乐歌也。言已有旨酒，以召嘉宾，与之饮者，乐嘉宾之来，示我以善道，又乐嘉宾有孔昭之明德，可则效也。歌《鹿鸣》三终，而不歌《四牡》、《皇皇者华》，主于讲道，略于劳苦与谘事。

⑩工歌而献之，以事报之也。洗爵献工，辟[2]正主也。献不用觚，工贱，异之也。工不兴，不能备礼。左瑟，便其右。大师无瑟，于是言左瑟者，节也。

⑪谓大师也。言一人者，工贱，同之也。工拜于席。

⑫辄荐之，变于大夫。

⑬使人相者，相其祭荐、祭酒。

⑭相者，相其祭酒而已。

⑮鼓北，西县之北也。言鼓北者，与鼓齐面，余长在后也。群工陪于后，三人为列也。于是时，小乐正亦降立于其南，北面。工立，仆人立于其侧，坐则在后。《考工记》曰：“鼓人为皋陶，长六尺有六寸。”〇注“鼓北，西县之北也”句可疑。

⑯管，谓吹簜以播《新宫》之乐。其篇亡，其义未闻。笙从工而入，既

[1] 也，阮刻本《仪礼注疏》无。
[2] 辟，阮刻本《仪礼注疏》同，附校勘记：“陈本作‘别’。”

管不献，略下乐也。立于东县之中。○注“立于东县之中”句可疑。愚案：《燕礼》“笙入，立于县中。”注云：“县中，县中央也。《乡饮酒礼》曰：磬南北面。”疏云：“诸侯轩县，阙南面而已。故得言县中。《乡饮酒》唯以磬县而已，不得言县中而云磬南。注引《乡饮酒》者，欲见此虽轩县，近北面县之南也。”此经初设乐，无北面县，但移东县建鼓在阼阶西，又设一建鼓在西阶东，正当北面一县之处，簜在建鼓之间。注云“簜谓笙箫之属，倚于堂”，又与《燕礼》笙入所立之位同。疑设之在此者，亦奏之于此。至此管《新宫》三终，注乃云“立于东县之中”，不知于经何据。若云辟射位，射事未至，无可辟也。且上文大师等立于鼓北，亦当是此建鼓之北。注以为西县之北，不知西县何以单名为鼓。窃疑大师等立此或亦以将奏管，故临之，非徒立也，至下管三终乃相率而东耳。既从工而入，工升堂，笙即立堂下，亦其宜也。姑存此疑以质知者。

⑰不言县北，统于堂也。于是时大乐正还北面立于其南。

摈者自阼阶下请立司正。①公许，摈者遂为司正。②司正适洗，洗角觯，南面坐奠于中庭。③升，东楹之东受命于公，西阶上北面命宾、诸公、卿、大夫：“公曰：‘以我安！’”宾、诸公、卿、大夫皆对曰：“诺！敢不安？”④司正降自西阶，南面坐取[1]觯，升酌散。降，南面坐奠觯。⑤兴，右还，北面少立。坐取觯，兴。坐，不祭，卒觯，奠之。兴，再拜稽首，左还，南面坐取觯，洗，南面反奠于其所，北面立。⑥

右将射立司正安宾察仪

①三爵既备，上下乐作，君将留群臣而射，宜更立司正以监之，察仪法也。

②君许其请，因命用之。不易之者，俱相礼，其事同也。

③奠觯者，著其位以显其事，威仪多也。

[1]取，阮刻本《仪礼注疏》同，附校勘记：“毛本‘取’作‘奠’，《石经补缺》、敖氏俱误作‘取’。”案张尔岐《石本误字》谓“奠误作取”。

④以我安者，君意殷勤，欲留之，以我故安也。○“公曰：以我安”，即司正命众之辞，言公有命如此也。

⑤奠于中庭故处。

⑥皆所以自昭明于众也。将于觶南北面，则右还；于觶北南面，则左还，如是得从[1]觶西往来也。必从觶西往来者，为君在阼，不背之也。○还音旋，后同。

司射适次，袒、决、遂，执弓，挟乘矢于弓外，见镞于弣，右巨指钩弦。①自阼阶前曰：“为政请射。”②遂告曰：“大夫与大夫，士御於大夫。”③遂适西阶前，东面右顾，命有司纳射器。④射器皆入。君之弓矢适东堂，宾之弓矢与中、筹、丰皆止于西堂下。众弓矢不挟，总众弓矢、楅，皆适次而俟。⑤工人士与梓人升自北阶，两楹之间，疏数容弓，若丹若墨，度尺而午，射正莅之。⑥卒画，自北阶下。司宫埽所画物，自北阶下。⑦太史俟于所设中之西，东面以听政。⑧司射西面誓之曰：“公射大侯，大夫射参，士射干。射者非其侯，中之不获！卑者与尊者为耦，不异侯！”太史许诺。⑨遂比三耦。⑩三耦俟于次北，西面北上。⑪司射命上射，曰：“某御于子。”命下射，曰：“子与某子射。”卒，遂命三耦取弓矢于次。⑫

右请射纳器誓射比耦

①司射，射人也。次，若今时更衣处，帐[2]帏席为之。耦次在洗东南。袒，左免衣也。决，犹闿也，以象骨为之，着右巨指，所以钩弦而闿之。遂，射鞲也，以朱韦为之，着左臂，所[3]以遂弦也。方持弦矢曰挟。乘矢，四矢。弣，弓把[4]也。见镞焉，顺其射也。右巨指，右手大擘，以钩弦。弦在旁，挟由便

[1] 从，阮刻本《仪礼注疏》同，附校勘记：《通解》作“于”。
[2] 帐，阮刻本《仪礼注疏》作“张”，附校勘记：“徐本、《通解》、杨、敖同，毛本‘张’作‘帐’。○按‘张’是也。”
[3] 所，阮刻本《仪礼注疏》同，附校勘记：“聂氏作‘裹’。”
[4] 把，阮刻本《仪礼注疏》作“杷”，附校勘记：“《释文》、杨氏俱作‘把’。”

也。古文“挟”皆作“接”。○此下方及射事，有三耦不释获之射，有三耦众耦释获之射，有以乐射，共三番射，亦略如《乡射》之节。自此至“左右抚之，兴，反位”，皆言三耦不释获之射：司射纳器比耦，司射诱射，三耦乃射，射已取矢，凡四节。

②为政，谓司马也。司马，政官，主射礼。○司射请于君，曰：“为政之官请行射礼。”

③因告选三耦于君。御由[1]侍也。大夫与大夫为耦，不足则士侍于大夫，与为耦也。今文“於”为“于”。○既请射得命，遂告君以比耦也。

④纳，内也。○有司，士佐执事不射者也。士在西阶南，东面，故于西阶前右顾命之。必东面者，君在阼，宜向之也。

⑤中，闾中，算器也。筹，算也。丰，可奠射爵者。众弓矢，三耦及卿大夫以下弓矢也。司射矢[2]亦止西堂下。众弓矢不挟，则纳公与宾弓矢者挟之。楅，承矢器。今文“俟”作“待”。

⑥工人士、梓人，皆司空之属，能正方圜者。一从一横曰午，谓画物也。射正，司射之长。○左为下物，右为上物。

⑦埽物，重射事也。工人士、梓人、司宫，位在北堂下。○既画复埽之，取略辨纵横而已。

⑧中未设也，太史俟焉，将有事也。《乡射礼》曰：“设中，南当楅，西当西序，东面。”○中尚未设而云“所设中之西”，谓其拟设中之地之西也。《周礼·春官·太史职》云：“凡射事，饰中舍算，执其礼事。”

⑨誓，犹告也。古文“异”作“辞”。○侯以尊卑异，同耦则卑者得与尊者共侯也。

⑩比，选次之也。不言面者，大夫在门右北面，士西方东面。○疏云：天子大射、宾射六偶三侯，畿内诸侯二侯四耦，畿外诸侯三侯三耦。若燕射则天子诸侯同三耦一侯而已。卿大夫士例同一侯三耦。

---

[1]由，阮刻本《仪礼注疏》作“犹”，附校勘记：“犹，陈、闽、监、葛、《通解》俱作‘由’。”

[2]矢，阮刻本《仪礼注疏》同，附校勘记：“按疏所据本，‘矢’上似有‘弓’字，故贾氏辨其误，然《述注》仍无‘弓’字，未详。”

⑪未知其耦。今文“俟”为“立”。○但知为三耦，未知孰与孰耦也。

⑫取弓矢不拾者，次中隐蔽处。○乡射，堂西取矢，则拾取。拾取，更迭而取也。

司射入于次，搢三挟一个，出于次，西面揖，当阶北面揖，及阶揖，升堂揖，当物北面揖，及物揖。由下物少退，诱射。①射三侯，将乘矢，始射干，又射参，大侯再发。②卒射，北面揖。③及阶揖，降，如升射之仪。遂适堂西，改取一个挟之。④遂取扑搢之，以立于所设中之西南，东面。⑤

右司射诱射

①搢，扱也。挟一个，挟于弦也。个，犹枚也。由下物而少退，谦也。诱，犹教也。“夫子循循然善诱人”。

②将，行也，行四矢。行四矢，象有事于四方。诗云：“四矢反兮，以御乱兮。”

③揖于当物之处，不南面者，为不背卿。

④改，更也。不射而挟矢，示有事也。

⑤扑，所以挞犯教者也。于是言立，著其位也。《乡射记》曰：“司射之弓矢与扑倚于西阶之西。”

司马师命负侯者执旌以负侯。①负侯者皆适侯，执旌负侯而俟。司射适次，作上耦射。②司射反位。上耦出次，西面揖进。上射在左，并行，当阶北面揖，及阶揖。上射先升三等，下射从之，中等。③上射升堂，少左。下射升，上射揖，並行。④皆当其物北面揖，及物揖。皆左足履物，还视侯中，合足而俟。⑤司马正适次，袒、决、遂，执弓，右挟之，出，升自西阶，适下物，立于物间，左执弣，右执箫，南扬弓，命去侯[1]。⑥负侯皆许诺，

[1]侯，阮刻本《仪礼注疏》同，附校勘记：“《石经补缺》、闽、监、葛本俱误作‘俟’，按《提要》云：监本沿《唐石经》之误，今《石经》已缺，后人所补不足凭，俟得旧本改之。”案张尔岐《监本正误》、《石本误字》皆谓“‘侯’误作‘俟’”。

以宫趋，直西，及乏南，又诺以商，至乏，声止。⑦授获者，退立于西方。获者兴，共而俟。⑧司马正出于下射之南，还其后，降自西阶，遂适次，释弓，说决、拾，袭，反位。⑨司射进，与司马正交于阶前，相左，由堂下，西阶之东，北面视上射。命曰："毋射获，毋猎获。"上射揖。司射退，反位。⑩乃射。上射既发，挟矢，而后下射射，拾发以将乘矢。⑪获者坐而获。⑫举旌以宫，偃旌以商。⑬获而未释获。⑭卒射，右挟之，北面揖，揖如升射。⑮上射降三等，下射少右，从之，中等，并行。上射于左，与升射者相左交于阶前，相揖。适次，释弓，说决、拾，袭，反位。⑯三耦卒射，亦如之。司射去扑，倚于阶西，适阼阶下，北面告于公，曰："三耦卒射。"反，搢扑，反位。

右三耦射

①司马师，正之佐也。欲[1]令射者见侯与旌，深志于[2]侯中也。负侯，获者也。天子服不氏，下士一人，徒四人，掌以旌居乏待获。析羽为旌。

②作，使也。

③上射在左，便射位也。中，犹间也。○发位并行，及升上射皆居左。履物南面，上射乃在右，右物为上也。

④並，并也，并东行。

⑤视侯中，各视其侯之中。大夫耦则视参中，参中十四尺。士耦则视干中，干中十尺。

⑥司马正，政官之属。箫，弓末。扬弓者，执下末。扬，犹举也。适下物，由上射后东过也。命去侯者，将射当获也。《乡射礼》曰："西南面，立于物间。"

⑦宫为君，商为臣，其声和相生也。《乡射礼》曰："获者执旌许诺。"古文"声"为"磬"。

⑧大侯，服不氏负侯，徒一人居乏，相代而获。参侯、干侯，徒负侯居

[1]欲，阮刻本《仪礼注疏》同，附校勘记："《通解》无'欲'字。"
[2]于，阮刻本《仪礼注疏》同，附校勘记："徐本、《通解》、杨氏同，毛本'于'作'与'。"

乏，不相代。《乡射礼》曰：“获者执旌许诺，声不绝，以至于乏，坐，东面偃旌，兴而俟。”古文“获”皆作“濩”，非也。〇授获者，谓以旌授代己而获之人，指大侯也。余二侯则负侯、获者本一人，但偃旌而俟，如《乡射礼》所云也。

⑨拾，遂也。《乡射礼》曰：“司马反位，立于司射之南。”

⑩射获，矢中乏也。从旁为猎。〇司射位在所设中之西南，东面。

⑪拾，更也。将，行也。

⑫坐言获也。

⑬等[1]言获也。

⑭但言获，未释算。古文“释”为“舍”。

⑮右挟之，右手挟弦。

⑯上射于左，由下射阶上少右，乃降待之。言袭者，凡射皆袒。

司马正袒、决、遂，执弓，右挟之，出，与司射交于阶前，相左。①升自西阶，自右物之后，立于物间，西南面。揖[2]弓，命取矢。②负侯许诺，如初去侯，皆执旌以负其侯而俟。③司马正降自西阶，北面命设楅。④小臣师设楅。司马正东面以弓为毕。⑤既设楅，司马正适次，释弓，说决、拾，袭，反位。小臣坐委矢于楅，北括，司马师坐乘之，卒[3]。⑥若矢不备，则司马正又袒执弓，升，命取矢如初，曰：“取矢不索。”乃复求矢，加于楅。卒，司马正进坐，左右抚之，兴，反位。⑦

右三耦射后取矢，射礼第一番竟

①出，出于次也。袒时亦适次。〇疏曰：凡袒、袭皆于隐处。

②揖，推之。

---

[1]等，阮刻本《仪礼注疏》作“再”，附校勘记：“徐本、杨氏同，毛本、《通解》‘再’作‘等’。”

[2]揖，阮刻本《仪礼注疏》同，附校勘记：“杨氏作‘挟’，注同。”

[3]卒，阮刻本《仪礼注疏》同，附校勘记：“《唐石经》、徐本、《通解》、杨氏、敖氏俱有此字，毛本无。”

③倏小臣取矢，以旌指教之。○负侯许诺，如初去侯，如去侯时之诺以宫，又诺以商也。

④此出于下射之南，还其后而降之。

⑤毕，所以教助执事者。《乡射记》曰：“乃设楅于中庭，南当洗，东肆。”○以弓为毕，谓以弓指授，如载鼎之用毕然。引《乡射记》文证此设楅之处也。

⑥乘，四四数之。

⑦左右抚，分上下射，此坐皆北面。

司射适西阶西，倚扑，升自西阶，东面请射于公。①公许。遂适西阶上，命宾御于公，诸公、卿则以耦告于上，大夫则降，即位而后告。②司射自西阶上北面告于大夫，曰：“请降。”司射先降，搢扑，反位。大夫从之降，适次，立于三耦之南，西面北上。③司射东面于大夫之西比[1]耦。大夫与大夫，命上射曰：“某御于子。”命下射曰：“子与某子射。”卒，遂比众耦。④众耦立于大夫之南，西面北上。若有士与大夫为耦，则以大夫之耦为上。⑤命大夫之耦曰：“子与某子射。”告于大夫曰：“某御于子。”⑥命众耦，如命三耦之辞。诸公、卿皆未降。⑦

右将射命耦

①倚扑者，将即君前，不敢佩刑器也。升堂者，欲诸公卿大夫辩闻也。○此下言三耦、众耦释获之射。其在方射时者，有命耦，有三耦取矢于楅，有三耦再射释获，有公与宾射，有卿大夫、士皆射，凡五节。其在射以后者，有取矢，有数获，有饮不胜者，有献服不及隶仆、巾车、获者，有献释获者，亦五节。射之第二番也。

②告诸公卿于堂上，尊之也。

[1]比，阮刻本《仪礼注疏》同，附校勘记：“《释文》、《唐石经》、徐本同，毛本、《通解》、杨氏、敖氏俱作“北”。”○许宗彦云：“‘比’，误也。下云‘耦大夫与大夫’，有‘与大夫’三字，则首句不必有‘比’字可知。又司射居大夫之西北，不正向大夫者，大夫尊也。”张尔岐《监本正误》谓“‘比’误作‘北’”。

③适次，由次前而北，西面立。○疏曰：上云司射等适次，谓入次中。此适次，大夫降自西阶，东行适次，所过向堂东，西面立，因过次为适次，非入次也。

④众耦，士也。

⑤为上，居群士之上。○为上指立位而言。

⑥士虽为上射，其辞犹尊大夫。

⑦言未降者，见其志在射。

遂命三耦各与其耦拾取矢，皆袒、决、遂，执弓，右挟之。①一耦出，西面揖，当楅北面揖，及楅揖。②上射东面，下射西面。上射揖进，坐横弓，却手自弓下取一个，兼诸弣，兴，顺羽，且左还，毋周，反面揖。③下射进，坐横弓，覆手自弓上取一个，兼诸弣，兴，顺羽，且左还，毋周，反面揖。④既拾取矢，梱之。⑤兼挟乘矢，皆内还，南面揖。⑥适楅南，皆左还，北面揖，搢三挟一个。⑦揖，以耦左还，上射于左。⑧退者与进者相左，相揖。退，释弓矢于次，说决、拾，袭，反位。二耦拾取矢，亦如之。后者遂取诱射之矢，兼乘矢而取之，以授有司于次中。皆袭，反位。⑨

右三耦拾取矢于楅

①此命入次之事也。司射既命而反位，不言之者，上射出，当作取矢，事未讫。

②三耦同入次，其出也，一上射出，西面立，司射作之，乃揖行也。当楅，楅正南之东西。

③横弓者，南踣弓也。却手自弓下取矢者，以左手在弓表，右手从里取之，便也。兼，并也。并矢于弣，当顺羽，既又当执弦。顺羽者，手放而下，备不整理也。左还，反其位。毋周，右还而反东面也。君在阼，还周则下射将背之。古文“且”为“阻”。○踣，步北反。

④横弓，亦南踣弓也。人东西乡，以南北为横。覆手自弓上取矢，以左手

在弓里，右手从表取之，便也。

⑤梱[1]，齐等之也。古文“梱”作“魁”。○梱，疑当作“捆”。《孟子》注：“捆犹叩椓也。”叩椓，有取齐之义。若梱，则门橛耳。

⑥内还者，上射左，下射右，不皆左还，亦以君在阼，嫌下射故左还而背之也。上以阳为内，下以阴为内，因其宜可也。

⑦楅南，乡当楅之位也。

⑧以，犹与也。言以者，耦之事成于此，意相人耦也。上射转居左，便其反位也。上射少北，乃东面。

⑨有司纳射器，因留，主授受之。○三耦反位，反次北西面北上之位。

司射作射[2]如初。一耦揖升如初。司马命去侯，负侯许诺如初。司马降，释弓，反位。司射犹挟一个，去扑，与司马交于阶前，适阼阶下，北面请释获于公。①公许。反，搢扑，遂命释获者设中，以弓为毕，北面。②大史释获。小臣师执中，先首，坐设之，东面，退。大史实八算于中，横委其余于中西，兴，共而俟。③司射西面命曰：“中离维纲，扬触，梱复，公则释获，众则不与。④唯公所中，中三侯皆获。”⑤释获者命小史，小史命获者。⑥司射遂进，由堂下北面视上射，命曰：“不贯不释。”上射揖。司射退，反位。⑦释获者坐取中之八算，改实八算，兴，执而俟。⑧乃射。若中，则释获者每一个释一算，上射于右，下射于左。若有余算，则反委之。⑨又取中之八算，改实八算于中，兴，执而俟。三耦卒射。

右三耦再射释获

①犹，守故之辞，于此言之者，司射既诱射，恒执弓挟矢以掌射事，备尚

[1] 梱，阮刻本《仪礼注疏》作“捆”，附校勘记：“《唐石经》、徐、陈同，毛本‘捆’误作‘梱’。”张尔岐《监本正误》：“捆之”与“捆复”，二“捆”字俱误作“梱”。

[2] 射，阮刻本《仪礼注疏》同，附校勘记：“毛本‘射’作‘揖’，《唐石经》、徐本、陈本、《通解》、杨氏、敖氏俱作‘射’。”张尔岐《监本正误》：“射”误作“揖”。

未知，当教之也。今三耦卒射，众[1]以知之矣，犹挟之者，君子不必也。

②北面立于所设中之南，当视之也。《乡射礼》曰："设中，南当楅，西当西序。"

③先，犹前也。命大史而小臣师设之，国君官多也。小臣师退，反东堂下位。《乡射礼》曰："横委其余于中西，南末。"○中，形为伏兽，窍其背以置获筹。执之则前其首，设之则东其面，面、首一也。

④离犹过也，猎也。侯有上下纲，其邪制躬舌之角者为维。或曰维当为绢。绢，纲耳[2]。扬触者，谓矢中他物，扬而触侯也。捆复，为[3]矢至侯，不着而还。复，复反也。公则释获，优君也。众当中鹄而着。古文"捆"作"魁"。

⑤值中一侯则释获。

⑥传告服不，使知此司射所命。

⑦贯，犹中也。射不中鹄，不释算。古文"贯"作"关"。

⑧执所取算。

⑨委余算，礼贵异。

宾降，取弓矢于堂西。①诸公、卿则适次，继三耦以南。②公将射，则司马师命负侯，皆执其旌以负其侯而俟。③司马师反位。隶仆人埽侯道。④司射去扑，适阼阶下，告射于公，公许。适西阶东，告于宾。⑤遂搢扑，反位。小射正一人，取公之决、拾于东坫上。一小射正授弓、拂弓，皆以俟于东堂。⑥公将射，则宾降，适堂西，袒、决、遂，执弓，搢三挟一个，升自西阶，先

[1]"众"下，阮刻本《仪礼注疏》有"足"字，附校勘记："徐本、《通解》同，毛本无'足'字。"

[2]"绢绢网耳"四字，阮刻本《仪礼注疏》同，附校勘记："朱子曰：'网耳即笼网，以布为之，梓人谓之"縜"，而此谓之"绢"，字虽异而音则同。'敖氏曰：'"绢"字恐是"縜"字之误。'"○按敖氏说是也，《释文》于《周礼》'縜'字不云'与绢同'，于此'绢'字复不云'与縜'同，而音则无异。又此疏引《周礼》处皆作'縜'，至《述注》则仍作'绢'，似'縜'与'绢'为二物者，皆足以滋后人之疑，不可不辨。'纲'上，《通解》有'为'字。"

[3]为，阮刻本《仪礼注疏》作"谓"，附校勘记："徐本、《通解》、杨、敖同，毛本'谓'作'为'。"

待于物北，北[1]一笴，东面立。⑦司马升，命去侯如初，还右，乃降，释弓，反位。⑧公就物，小射正奉决、拾以笥，大射正执弓，皆以从于物。⑨小射正坐奠笥于物南，遂拂以巾，取决，兴，赞设决，朱极三。⑩小臣正赞袒，公袒朱襦，卒袒，小臣正退俟于东堂，小射正又坐取拾，兴。赞设拾，以笥退奠于坫上，复位。⑪大射正执弓，以袂顺左右隈，上再下壹，左执弣，右执箫，以授公。公亲揉之。⑫小臣师以巾内拂矢而授矢于公，稍属。⑬大射正立于公后，以矢行告于公。⑭下曰留，上曰扬，左右曰方。⑮公既发，大射正受弓而俟，拾发以将乘矢。⑯公卒射，小臣师以巾退，反位。大射正受弓。⑰小射正以笥受决、拾，退奠于坫上，复位。大射正退，反司正之位。小臣正赞袭。公还而后宾降，释弓于堂西，反位于阶西，东面。⑱公即席，司正以命升宾。宾升复筵，而后卿大夫继射。

右君与宾耦射

①不敢与君并俟告。取之以升，俟君事毕。○君待告，乃取弓矢。

②言继三耦，明在大夫北。○此适次，亦过次前，至堂东，三耦之南，西面立也。

③君尊，若始焉。

④新之。

⑤告当射也。今文曰"阼阶下"，无"适"。

⑥授弓，当授大射正。拂弓，去尘。

⑦不敢与君并。笴，矢干。东面立，乡君也。

⑧还右，还君之右也，犹出下射之南，还其后也。今文曰"右还"。

⑨笥，萑苇器。大射正舍司正，亲其职。○大射正初为摈者，复自摈者立为司正，至此又舍司正来执弓也。

⑩极，犹放也，所以韬指，利放弦也。以朱韦为之。三者，食指、将指、无名指。无极，放弦契于此指，多则痛。小指短，不用。

[1] 北，阮刻本《仪礼注疏》无。

⑪既袒乃设拾。拾，当以鞲襦上。

⑫顺，放之也。隈，弓渊也。揉，宛之，观其安危也。今文“顺”为“循”，古文“揉”为“纽”。〇隈，乌回反。揉，而九反。

⑬内拂，恐尘及君也。稍属，不搢矢。〇“稍属”者，发一矢乃复授一矢，接续而授也。〇属，之玉反。

⑭若不中，使君当知而改其度。

⑮留，不至也。扬，过去也。方，出旁也。

⑯公，下射也，而先发，不留尊也。

⑰受弓以授有司于东堂。

⑱阶西东面，宾降位。

诸公卿取弓矢于次中，袒、决、遂，执弓，搢三挟一个，出，西面揖，揖如三耦，升射。卒射，降如三耦。适次，释弓，说决、拾，袭，反位。众皆继射，释获皆如初。①卒射，释获者遂以所执余获适阼阶下，北面告于公，曰：“左右卒射。”②反位，坐委余获于中西，兴，共而俟。

右公卿大夫及众耦皆射

①诸公卿言取弓矢，众言释获，互言也。

②司射不言[1]告者，释获者于是有事，宜终之也。余获，余算也。无余算则无所执。古文曰“余算”。

司马袒执弓，升，命取矢，如初。负侯许诺，以旌负侯，如初。司马降，释弓，如初。小臣委矢于楅，如初。①宾、诸公、卿、大夫之矢皆异束之以茅。卒，正坐，左右抚之，进束，反位。②宾之矢，则以授矢人于西堂下。③司马释弓，反位，而后卿、大夫升就席。④

---

[1]言，阮刻本《仪礼注疏》无，附校勘记：“徐本、《通解》同，毛本下有‘言’字。”

右射讫取矢

①司马，司马正，于是司马师亦坐乘矢。

②异束大夫矢，尊殊之也。正，司马正也。进，前也。又言束，整结之，示亲也。

③是言矢人，则纳射器之有司，各以其器名官职。不言君矢，小臣以授矢人于东堂下可知。

④此言其升，前小臣委矢于楅。○方司马释弓反位，卿大夫即升就席，是其升在小臣委矢之前，以上文类言如初诸事，故至此始特言之。

司射适阶西，释弓，去扑，袭，进由中东，立于中南，北面视算。①释获者东面于中西坐，先数右获。②二算为纯。③一纯以取，实于左手。十纯则缩而委之。④每委异之。⑤有余纯，则横诸下。⑥一算为奇，奇则又缩诸纯下。⑦兴，自前适左，⑧东面坐。⑨坐，兼敛算，实于左手，一纯以委，十则异之。⑩其余如右获。⑪司射复位，释获者遂进，取贤获执之，由阼阶下北面告于公。⑫若右胜，则曰："右贤于左。"若左胜，则曰："左贤于右。"以纯数告。若有奇者，亦曰奇。⑬若左右钧，则左右各执一算以告，曰："左右钧。"还复位，坐，兼敛算，实八算于中，委其余于中西，兴，共而俟。

右数左右获算多少

①释弓去扑，射事已也。

②固东面矣，复言之者，少南就右获。

③纯，犹全也，耦阴阳也。

④缩，从也。于数者东西为从。古文"缩"皆作"蹙"。

⑤易校数。

⑥又异之也，自近为下。

⑦又从之。

⑧从中前北也，更端，故起。

⑨少北[1]于故。

⑩变于右也。

⑪谓所缩所横者。○按释获者在中西东面而释获，其右获之算在中南，左获之算在中北，故此数右获则注云“少南，就右获”，数左获则注云“从中前北”，又云“少北于故”也。

⑫贤获，胜党之算也。执之者，齐而取其余。

⑬告曰：某贤于某若干纯、若干奇。

司射命设丰。①司宫士奉丰，由西阶升，北面坐设于西楹西，降复位。胜者之弟子洗觯，升酌散，南面坐奠于丰上，降反位。②司射遂[2]袒执弓，挟一个，搢扑，东面于三耦之西，命三耦及众射者胜者皆袒、决、遂，执张弓。③不胜者皆袭，说决、拾，却左手，右加弛弓于其上，遂以执弣。④司射先反位。⑤三耦及众射者，皆升，饮射爵于西阶上。⑥小射正作升饮射爵者，如作射。一耦出，揖如升射。及阶，胜者先升，升[3]堂少右。⑦不胜者进，北面坐取丰上之觯，兴，少退，立卒觯，进，坐奠于丰下，兴，揖。⑧不胜者先降，⑨与升饮者相左，交于阶前，相揖，适次，释弓，袭，反位。仆人师继酌射爵，取觯实之，反奠于丰上，退俟于序端。⑩升饮者如初，三耦卒饮。若宾、诸公、卿、大夫不胜，则不降，不执弓，耦不升。⑪仆人师洗，升实觯以授，宾、诸公、卿、大夫受觯于席，以降，适西阶上，北面立饮，卒觯，授执爵者，反就席。⑫若饮公，则侍射者降，洗角觯，升酌散，降拜。⑬公降一等，小臣正辞，宾升，再拜稽首，公答再拜。宾坐祭，卒爵，再拜稽首。公答再拜。宾降，洗象觯，升酌膳以

[1]北，阮刻本《仪礼注疏》同，附校勘记：“徐本、《通解》同，毛本‘北’作‘比’，陈、闽、监、葛俱误作‘效’。”

[2]遂，阮刻本《仪礼注疏》同，附校勘记：“唐石经、徐本、杨、敖同，毛本无‘遂’字。”

[3]升，阮刻本《仪礼注疏》同，附校勘记：“《通解》不重。”

致，下拜。小臣正辞，升，再拜稽首。公答再拜。公卒觯，宾进受觯，降洗散觯，升实散，下拜。小臣正辞，升，再拜稽首。公答再拜。⑭宾坐，不祭，卒觯，降奠于篚，阶西东面立。⑮摈者以命升宾，宾升就席。⑯若诸公、卿、大夫之耦不胜，则亦执弛弓，特升饮。⑰众皆继饮射爵，如三耦。射爵辩，乃彻丰与觯。⑱

右饮不胜者

①当饮不胜者射爵。

②弟子，其少者也。不授者，射爵犹罚爵，略之。

③执张弓，言能用之也。右手挟弦。

④固袭说决、拾矣，复言之者，起胜者也。不胜者执弛弓，言不能用之也。两手[1]执弣，无所挟也。

⑤居前，俟所命入次而来饮。

⑥不胜之党无不饮。○疏曰：大射者所以择士以助祭，今若在[2]于不胜之党，虽数中亦受罚。及其助祭，虽饮射爵亦得助祭。但在胜党，虽不饮罚[3]爵，若不数中，亦不得助祭。饮罚据一党而言，助祭取一身之艺，义固不同也。

⑦先升，尊贤也。少右，辟饮者，亦因相饮之礼然。○献酬之礼，献者在右也。

⑧立卒觯，不祭、不拜，受罚不备礼也。右手执觯，左手执弓。

⑨后升先降，略之，不由次也。降而少右，复并行。

⑩仆人师酌者，君使之代弟子也。自此以下辩为之酌。

⑪此耦谓士也。诸公、卿或阙，士为之耦者，不升。其诸公、卿、大夫相为耦者，不降席，重耻尊也。

⑫虽尊，亦西阶上立饮，不可以己尊枉正罚也。授爵而不奠丰，尊大夫也。

[1]手，金陵书局本作“言”。

[2]“在”字上，阮刻本《仪礼注疏》有“罚爵”二字。

[3]罚，阮刻本《仪礼注疏》无，附校勘记：“《要义》同，毛本、《通解》‘饮’下有‘罚’字。”

⑬侍射，宾也，饮君则不敢以为罚，从致爵之礼也。○角觯，疏以为以兕角为之，对下文饮君象觯而言，仍是三升之觯，非“四升曰角”之角也。

⑭宾复酌自饮者，夹爵也。但如致爵，则无以异于燕也。夹爵，亦所以耻公也。所谓若饮君，燕则夹爵。○注末引《乡射》文若云若饮君，用《燕礼》致爵之法，其异者夹爵耳。

⑮不祭，象射爵。

⑯摈者，司正也。今文“席”为“筵”。

⑰此耦亦谓士也。特，犹独也。以尊[1]为耦，而又不胜，使之独饮，若无伦匹，孤贱也。

⑱徹，除也。

司宫尊侯于服不之东北，两献酒，东面，南上，皆加勺，设洗于尊西北，篚在南，东肆，实一散于篚。①司马正洗散，遂实爵，献服不。②服不侯西北三步，北面拜受爵。③司马正西面拜送爵，反位。④宰夫有司荐，庶子设折俎。⑤卒错，获者适右个，荐俎从之。⑥获者左执爵，右祭荐俎，二手祭酒。⑦适左个，祭如右个，中亦如之。⑧卒祭，左个之西北三步，东面。⑨设荐俎，立卒爵。⑩司马师受虚爵，洗，献隶仆人与巾车、获者，皆如大侯之礼。⑪卒，司马师受虚爵，奠于篚。⑫获者皆执其荐，庶子执俎从之，设于乏少南。⑬服不复负侯而俟。

右献获者

①为大侯获者设尊也。言尊侯者，获者之功由侯也。不于初设之者，不敢必君射也。君不射，则不献大侯之获者。散，爵名，容五升。○献，素何反。

②言服不者，著其官，尊大侯也。服不，司马之属，掌养猛兽而教扰之者。洗酌皆西面。○服不即获者也。前此皆言获者，以其事名之，至此乃著其

[1]“尊”下，阮刻本《仪礼注疏》有“与卑”二字，附校勘记：“徐本、杨氏同，毛本、《通解》无‘与卑’二字。”

官,是尊大侯也。

③近其所为献。〇服不得献以侯之故,则侯是其所为献也,故近侯而不近乏。

④不俟卒爵,略贱也。此终言之,献服不之徒乃反位。〇此段郑注可疑,当以经文为正。服不之徒或在司马师所献之中耳。

⑤宰夫有司,宰夫之吏也。《乡射记》曰:"获者之俎,折脊、胁、肺。"

⑥不言服不,言获者,国君大侯,服不负侯。其徒居乏待获,变其文,容二人也。司马正皆献之。荐俎已错,乃适右个,明此献已,己归功于侯也。适右个由侯内。《乡射记》曰:"东方谓之右个。"〇信如注言司马正并献二人,当用二爵。经文明言"实一散于篚",安得有二爵乎?司马正所献决是服不氏一人,其徒则司马师,献隶仆、巾车后乃献之。服不本下士,其徒庶人在官者,故可后也。〇《图解》:错音厝,个音干。

⑦祭俎不奠爵,不备礼也。二手祭酒者,获者南面于俎北,当为侯祭于豆间,爵反注,为一手不能正也。此荐俎之设,如于北面人焉。天子祝侯曰:"唯若宁侯,无或若女不宁侯,不属于王所,故抗而射女。强饮强食,贻女曾孙诸侯百福。"诸侯以下,祝辞未闻。〇祝,之又反。

⑧先祭个,后中者,以外即之至中,若神在中。《乡射礼》曰,献获者"俎与荐皆三祭"。

⑨北[1]乡,受献之位也。不北面者,嫌为侯卒爵。

⑩不言不拜既爵,司马正已反位,不拜可知也。《乡射礼》曰:"获者荐右东面立饮。"

⑪隶仆人埽侯道,巾车张大侯。及参侯、干侯之获者,其受献之礼,如服不也。隶仆人、巾车,于服不之位受之,功成于大侯也。不言量人者,此自后以及先可知。

⑫获者之篚。

⑬少南,为复射妨旌也。隶仆人、巾车、量人,自服不而南。

---

[1] 北,阮刻本《仪礼注疏》作"此",附校勘记:"徐本、杨、敖同,毛本、钟本、《通解》'此'俱作'北'。"

司射适阶西，去扑，适堂西，释弓，说决、拾，袭，适洗，洗觚，升实之，降，献释获者于其位，少南。①荐脯醢、折俎，皆有祭。②释获者荐右东面拜受爵。司射北面拜送爵。释获者就其荐坐，左执爵，右祭脯醢，兴，取肺，坐祭，遂祭酒。③兴，司射之西，北面立卒爵，不拜既爵。司射受虚爵，奠于篚。释获者少西辟荐，反位。④司射适堂西，袒、决、遂，取弓，挟一个，适阶西，搢扑以反位。⑤

右献释获者第二番射事竟

①献释获者与获者异，文武不同也。去扑者，扑不升堂也。少南，辨[1]中。〇释获者，太史也。"少南，辨中"者，献释获者于其位之南，欲其稍远乎中，与献获者近侯有异也。

②俎与服不同，唯祭一为异。〇服不之俎与荐皆有三祭，以其祭侯三处各用其一也。

③祭俎不奠爵，亦贱不备礼。

④辟荐少西之者，为复射妨司射视算，亦辟俎也。

⑤为将复射。

司射倚扑于阶西，适阼阶下，北面请射于公，如初。①反[2]搢扑，适次，命三耦皆袒、决、遂，执弓，序出取矢。②司射先反位。③三耦拾取矢如初。小射正作取矢如初。④三耦既拾取矢，诸公、卿、大夫皆降，如初位，与耦入于次，皆袒、决、遂，执弓，皆进当楅，进坐，说矢束。上射东面，下射西面，拾取矢如三耦。⑤若士与大夫为耦，士东面，大夫西面。大夫进坐，说矢束，退反位。⑥耦揖进坐，兼取乘矢，兴，顺羽，且左还，毋周，反面揖。⑦大夫进坐，亦兼取乘矢，如其耦。北面搢三挟一个，

[1] 辨，阮刻本《仪礼注疏》作"辟"，附校勘记："徐本、《通解》、杨、敖同，毛本'辟'作'辨'。"

[2] 反，金陵书局本作"及"。

揖进。大夫与其耦皆适次，释弓，说决、拾，袭，反位。诸公、卿升就席。⑧众射者继拾取矢，皆如三耦，遂入于次，释弓矢，说决、拾，袭，反位。

右将以乐射，射者拾取矢

①不升堂，宾、诸公、卿大夫既射矣，闻之可知。○此下言第三番射以乐为节之仪，射前有诸公、卿、大夫拾取矢，正射不鼓不释，射后三耦及众射者又拾取矢，此三事为异，其余并如释获之射。

②向言拾，是言序，互言耳。

③言先，先三耦也。司射既命三耦以入次之事，即反位。三耦入次，袒、决、遂，执弓、挟矢，乃出反次外西面位[1]。向不言司射先反位，三耦未有次[2]外位，无所先也。○注“挟矢”字衍。

④小射正，司射之佐，作取矢，礼杀，代之。

⑤皆进当楅，进三耦揖之位也。凡继射，命耦而已，不作射，不作取矢，从初。○降如初位，三耦南之位也。注“继射”谓继三耦而射，“从初”谓从三耦之法。继射者皆从耦法，故不再命之也。

⑥说矢束，自同于三耦，谦也。○欲与其耦拾取也。

⑦兼取乘矢，不敢与大夫拾。

⑧大夫反位，诸公卿乃升就席，大夫与已上下位。○诸公、卿、大夫自为耦者，拾取矢在前；大夫与士耦者，取矢在后。前取矢者，待于三耦之南，至大夫与耦取矢反位，乃与之同升就席，以爵同，故相待也。

司射犹挟一个以作射，如初。一耦揖升如初。司马升，命去侯，负侯许诺。司马降，释弓反位。司射与司马交于阶前，倚扑于阶西，适阼阶下，北面请以乐于公。公许。①司射反，搢扑，东面命乐正曰：“命用乐。”②乐正曰：“诺。”司射遂适堂下，北

[1] 位，阮刻本《仪礼注疏》同，附校勘记：“杨氏作‘立’。”
[2] 次，阮刻本《仪礼注疏》同，附校勘记：“徐本同，毛本、《通解》‘次’下有‘外’字，与疏合。”

面眡[1]上射，命曰：“不鼓不释。”③上射揖，司射退反位。乐正命大师，曰：“奏《狸首》，间若一。”④大师不兴，许诺。乐正反位。奏《狸首》以射。三耦卒射。宾待于物如初。公乐作而后就物，稍属，不以乐志。其它如初仪。⑤卒射如初。宾就席，诸公、卿、大夫、众射者皆继射，释获如初。卒射，降反位。释获者执余获进告左右卒射，如初。

右以乐节射

①请奏乐以为节也。始射，获而未释获，复释获，复用乐行之。君子之于事也，始取苟能，中课有功，终用成法，教化之渐也。射用应乐为难。孔子曰：“射者何以听，循声而发，发而不失正鹄者，其唯贤者乎？”

②言君有命用乐射也。乐正在工南，北面。○疏曰：此时工在洗东，西面；乐正在工南，北面；司射在西阶下，东面。经云“命乐正”者，东面遥命之。

③不与鼓节相应，不释算也。鼓亦乐之节。《学记》曰：“鼓无当于五声[2]，不得不和。”凡射之鼓节，《投壶》其存者也，《周礼》射节：天子九，诸侯七，卿大夫以下五。

④乐正西面受命，左还东面，命大师以《大射》之乐章，使奏之也。《狸首》，逸诗《曾孙》也。狸之言不来也。其诗有“射诸侯首不朝者”之言，因以名篇，后世失之，谓之《曾孙》。曾孙者，其章头也，《射仪[3]》所载《诗》曰“曾孙侯氏”是也。以为诸侯射节者，采其既有弧矢之威，又言“小大莫处，御于君所，以燕以射，则燕则誉”，有乐以时会君事之志也。“间若一”者，调其声之疏数重节。○声之疏数，必使匀适如一，以射礼所重在于能循此节也。○《图解》：狸，里之反。

[1] 眡，阮刻本《仪礼注疏》作“视”，附校勘记：“《唐石经》、徐本、《通解》、杨、敖同，毛本‘视’作‘眡’，按《释文》于前‘视算’作‘眡’，注云‘本亦作视’，于此无，则亦作‘视’也。‘眡’当从目，从耳非也。”

[2] “五声”下，阮刻本《仪礼注疏》复有“五声”二字，附校勘记：“徐本、《通解》、杨氏同，毛本无‘五声’二字，非也。”

[3] 仪，阮刻本《仪礼注疏》作“义”，是，《射义》为《礼记》之一篇，此本当据改。

⑤不以乐志，君之射仪，迟速从心，其发不必应乐，辟不敏也。志，意所拟[1]度也。《春秋传》曰："吾志其目。"○云"如初"者，皆如上第二番射法，唯作乐为异也。

司马升，命取矢，负侯许诺。司马降，释弓反位。小臣委矢，司马师乘之，皆如初，司射释弓、视算，如初。释获者以贤获与钧告，如初。复位。

右乐射后取矢数获

司射命设丰、实觯，如初。遂命胜者执张弓，不胜者执弛弓，升、饮，如初。卒，退丰与觯，如初。

右乐射后饮不胜者

司射犹袒、决、遂，左执弓，右执一个，兼诸弦，面镞，适次，命拾取矢，如初。①司马反位。三耦及诸公、卿、大夫、众射者皆袒、决、遂，以拾取矢，如初。矢不挟，兼诸弦，面镞，退适次，皆授有司弓矢，袭，反位。②卿、大夫升就席。

右乐射后拾取矢

①侧持弦矢曰执。面犹尚也。兼矢于弦，尚镞，将止，变于射也。

②不挟，亦谓执之如司射。

司射适次，释弓，说决、拾，去扑，袭，反位。司马正命退楅、解纲。小臣师退楅，巾车、量人解左下纲。司马师命获者以旌与荐俎退。①司射命释获者退中与算而俟。②

右三番射竟退诸射器，将坐燕以终礼

①解犹释也。今文"司马师"无"司马"。

[1]拟，阮刻本《仪礼注疏》作"儗"，附校勘记："毛本'儗'作'拟'，《释文》、徐本俱从'人'，与《述注》合。"

②诸所退射器皆俟，备君复射，释获者亦退其荐俎。

公又举奠觯，唯公所赐。若宾若长，以旅于西阶上，如初。大夫卒受者以虚觯降，奠于篚，反位。

右为大夫举旅酬

司马正升自西阶，东楹之东，北面告于公：“请徹俎。”公许。①遂适西阶上，北面告于宾。宾北面取俎以出。诸公、卿取俎如宾礼，遂出，授从者于门外。②大夫降复位。③庶子正徹公俎，降自阼阶以东。④宾、诸公、卿皆入门，东面北上。⑤司正升宾。宾、诸公、卿、大夫皆说屦，升就席。公以宾及卿、大夫皆坐，乃安。⑥羞庶羞。⑦大夫祭荐。⑧司正升受命，皆命：“公曰：‘众无不醉。’”宾及诸公、卿、大夫皆兴，对曰：“诺，敢不醉！”皆反位坐。⑨

右徹俎安坐

①射事既毕，礼杀人倦，宜徹俎燕坐。

②自其从者。

③门东北面位。○疏云：“大夫降”者，大夫虽无俎，以宾、公、卿皆送俎，不可独立于堂，故降复位。云“门东北面位”，初小臣纳卿大夫，门东北面揖位也。下文“宾、诸公、卿皆入门，东面北上”，谓在西阶下，知大夫不在西阶下者，以其西阶下旧无位也，此云“复位”，故知非西阶下也。公、卿入西阶下，以将[1]，亦因从宾。此时公、卿未入，大夫无可从，不可独居西阶，故在门东北面也。

④降自阼阶，若亲徹也。以东，去藏。

⑤诸公不入门而右，以将宴[2]，亦因从宾。

⑥向命以我安，臣于君尚犹踧踖，至此乃敢安。

[1]以将，依下注文“诸公不入门而右，以将宴，亦因从宾”，此下当有“燕”字。
[2]宴，阮刻本《仪礼注疏》作“燕”。

⑦羞，进也。庶，众也。所进众羞，谓膷肝膋、狗胾醢也。或有炮鳖、脍鲤、雉、兔、鹑、鴽。

⑧燕乃祭荐，不敢于盛成礼。○宾与卿皆于献时祭荐。

⑨皆命者，命宾、命诸公、命卿大夫，皆乡其位也。兴对必降席，敬也。司正退立西序端。○疏云：经直云兴，不言降席，郑知降席者，以为反坐，故知降席也。知司正退立西序端者，案司正监酒，此将献士，事未讫，亦如乡饮酒监旅时，立于西序端也。

主人洗，酌，献士于西阶上。士长升，拜受觯，主人拜送。[①]士坐祭，立饮，不拜既爵。其它不拜，坐祭，立饮。[②]乃荐司正与射人于觯南，北面东上，司正为上。[③]辩献士。士既献者立于东方，西面北上。乃荐士。[④]祝史、小臣师亦就其位而荐之。[⑤]主人就士旅食之尊而献之。旅食不拜，受爵，坐祭，立饮。[⑥]主人执虚爵，奠于篚，复位。

右主人献士及旅食

①献士用觯，士贱也。今文“觯”作“觚”。

②其它，谓众士也。升不拜受爵。

③司正，射人士也。以齿受献，既乃荐之也。司正，大射正也。射人，小射正也，略其佐。○疏曰：案《燕礼》荐司正与射人一人，司士一人，执幂两人，此不言其数，又不言司士与执幂，文不具。

④士既献易位者，以卿大夫在堂，臣位尊东也。毕献荐之，略贱。

⑤亦者，亦士也。辩献乃荐也。祝史门东北面，东上。

⑥主人既酌，西面，士旅食北面受之，不洗者，于贱略之也。

宾降洗，升，媵觯于公，酌散，下拜。公降一等。小臣正辞。宾升再拜稽首，公答再拜。[①]宾坐祭，卒爵，再拜稽首。公答再拜。宾降，洗象觚，升酌膳，坐奠于荐南，降拜。小臣正辞。宾升成拜，公答拜。宾反位。[②]公坐，取宾所媵觯，兴。唯公所赐。受者如初受酬之礼，降，更爵，洗，升酌膳，下，再拜稽首。小臣正辞，升成拜。公答再拜。乃就席，坐行之。[③]有执爵者。[④]唯受于公者拜。[⑤]司正命执爵者爵辩，卒受者兴以酬士。[⑥]大夫卒受者以爵兴，西阶上酬士。士升，大夫奠爵拜，士答拜。[⑦]大夫立卒爵，不拜，实之。士拜受，大夫拜送。士旅于西阶上，辩。[⑧]士旅酌。[⑨]

右宾举爵为士旅酬

①宾受公赐多矣。礼将终，宜劝公，序厚意也。今文"觯"为"觚"，"公答拜"无"再拜"。

②反位，反席也。此"觚"当为"觯"。○疏云：户牖之间位则有席，凡旅酬皆用觯，故知觚当为觯。

③坐行之，若今坐相劝酒。

④士有盥升，主酌授之。

⑤公所赐者拜，其余则否。

⑥欲令惠均。○司正以酬士命大夫，下文方言酬节，此其命之辞也。

⑦兴酬士者，士立堂下，与上坐者异。

⑧祝史、小臣师、旅食皆及焉。

⑨旅，序也。士以次自酌相酬，无执爵者。

若命曰复射，则不献庶子。[①]司射命射，唯欲。[②]卿、大夫皆降，再拜稽首。公答拜。[③]壹发，中三侯皆获。[④]

右坐燕时或复射

①献庶子则正礼毕，后无事。○士旅酬后当献庶子等，如下节所陈。若复射则暂止，俟射毕，乃献。

②司射命宾及诸公、卿、大夫射，欲者则射，不欲者则止。可否之事，从人心也。

③拜君乐与臣下执事无已。不言宾，宾从群臣礼在上。

④其功一也，而和者益多，尚欢乐也。矢扬触，或有参中者。○卿、大

夫主射参侯，士主射豻侯，矢或扬触，容中别侯，皆得释获。礼杀尚欢，故优假之也。

主人洗，升自西阶，献庶子于阼阶上，如献士之礼。辩献，降洗，遂献左右正与内小臣，皆于阼阶上，如献庶子之礼。①

右主人献庶子等献礼之终也

①庶子既掌正六牲之体，又正舞位，授舞器，与膳宰、乐正联事。又掌国子戒令，教治世子之官也。左右正，谓乐正、仆人正也，位在中庭之左右。小乐正颂磬之北，右也。工在西，即北面。工迁于东，则东面。大乐正在笙磬之北，左也。工在西，则西面。工迁于东，则北面。仆人正相大师，工升堂，与其师士降立于小乐正之北，北上。工迁于东，则陪其工后。国君无故不释县。二正，君之近官也。内小臣，奄人，掌君阴事阴令，后夫人之官也。献三官于阼阶，别内外臣也。同献更洗，以时事不联也。献正下及内小臣，则磬人、钟人、镈人、鼓人、仆人师、仆人士，尽献可知也。庶子、内小臣，位在小臣师之东，少退，西上。

无算爵。①士也，有执膳爵者，有执散爵者。执膳爵者酌以进公，公不拜，受。执散爵者酌以之公命所赐，所赐者兴，受爵，降席下，奠爵，再拜稽首。公答再拜。②受赐爵者以爵就席坐，公卒爵，然后饮。③执膳爵者受公爵，酌，反奠之。④受赐者兴授执散爵者，执散爵者乃酌行之。⑤唯受于公者拜。卒爵者兴以酬士于西阶上。士升，大夫不拜，乃饮，实爵。⑥士不拜，受爵。大夫就席，士旅酌，亦如之。⑦公有命彻幂，则宾及诸公卿大夫皆降，西阶下北面东上，再拜稽首。⑧公命小臣正辞。公答拜，大夫皆辟。升反位。⑨士终旅于上，如初。⑩无算乐。⑪

右燕末尽欢

①算，数也，爵行无次数，唯意所欢，醉而止。

②席下，席西。

③酬之礼，爵代举。今爵并行，嫌不代也。并行犹代者，明劝惠从尊者来。

④燕之欢在饮酒，成其意也。

⑤与其所欢者。

⑥乃犹而也。

⑦○亦如大夫之不拜而饮，饮毕遂实爵也。

⑧命徹幂者，公意殷勤，欲尽酒。

⑨升不成拜，于将醉，正臣礼。

⑩卿大夫降而爵止，于其反席卒之。

⑪升歌间合无次数，唯意所乐。

宵，则庶子执烛于阼阶上，司宫执烛于西阶上，甸人执大烛于庭，阍人为烛于门外。①宾醉，北面坐取其荐脯以降。②奏《陔》。③宾所执脯，以赐钟人于门内霤，遂出。④卿大夫皆出。⑤公不送。⑥公入，《骜》。⑦

右宾出公入

①宵，夜也。烛，燋也。甸人，掌共薪蒸者。庭大烛，为其位广也。为，作也，作烛候[1]宾出。

②取脯，重得君之赐。

③《陔夏》，乐章也，其歌颂类也。以钟鼓奏之，其篇今亡。

④必赐钟人，钟人以钟鼓奏《陔夏》，赐之脯，明虽醉，志礼不忘乐。

⑤从宾出。

⑥臣也，与之安燕交欢，嫌亢礼也。

⑦《骜夏》，亦乐章也，以钟鼓奏之，其诗今亡。此公出而言入者，射宫在郊，以将还为入。燕不《骜》者，于路寝，无出入也。○诸侯大学在郊，是其大射之所。○骜音鳌。

[1] 候，阮刻本《仪礼注疏》作“俟”，附校勘记：“徐、陈、《通解》同，毛本‘俟’作‘候’。”

卷八　聘礼①

①郑《目录》云：大问曰聘。诸侯相于久无事，使卿相问之礼。小聘使大夫。《周礼》曰："凡诸侯之邦交，岁相问也[1]，殷相聘也，世相朝也。"于五礼属宾礼。《大戴》第十四，《小戴》第十五，《别录》第八。○疏云：事谓盟会之属。若有事，事上相见，故郑据久无事而言。又云：《大行人》云，上公九介，侯伯七介，子男五介。诸侯之卿各下其君二等，上公七介，侯伯五介，子男三介。若小聘使大夫，又下其卿二等。此聘礼是侯伯之卿大聘，以其经云五介，又及竟张旜，孤卿建旜，据侯伯之卿之聘也。殷相聘，三年一大聘也。

聘礼。君与卿图事，①遂命使者。②使者再拜稽首，辞。③君不许，乃退。④既图事，戒上介，亦如之。⑤宰命司马戒众介，众介皆逆命，不辞。⑥

右命使

①图，谋也。谋聘故及可使者。谋事者必因朝，其位，君南面，卿西面，大夫北面，士东面。○自此至"不辞"，言命使人之事。疏云：《仪礼》之内见诸侯三朝：燕朝，《燕礼》是也；射朝，《大射》是也；不见路门外正朝，当与二朝面位同。《燕礼》、《大射》皆云卿西面，大夫北面，士东面，公降阶南面揖之，是以知正朝面位然也。○聘，匹正反。

②遂犹因也。既谋其人，因命之。聘使卿。○使，所吏反。

③辞以不敏。

④退，反位也。受命者必进。○不许者，不许其辞也。

⑤既，已也。戒，犹命也。已谋事，乃命上介，难于使者易于介。○亦如其再拜辞不许乃退也。

[1] 也，阮刻本《仪礼注疏》无，附校勘记："毛本、《通解》有'也'字。"

⑥宰，上卿，贰君事者也。诸侯谓司徒为宰。众介者，士也，士属司马。《周礼》司马之属，司士“掌作士，适四方，使为介”。逆，犹受也。○疏云：“天子有六卿，诸侯兼官而有三卿：立地官司徒兼冢宰，立夏官司马兼春官，立冬官司空兼秋官。故诸侯谓司徒为宰也。”众介不辞，副使贱，不敢辞。

宰书币，[①]命宰夫官具。[②]及期，夕币。[③]使者朝服，帅众介夕。[④]管人布幕于寝门外。[⑤]官陈币：皮，北首西上，加其奉于左皮上；马则北面，奠币于其前。[⑥]使者北面，众介立于其左，东上。[⑦]卿大夫在幕东，西面北上。[⑧]宰入，告具于君。君朝服出门左，南乡。[⑨]史读书展币。[⑩]宰执书，告备具于君，授使者。使者受书，授上介。[⑪]公揖入。[⑫]官载其币，舍于朝。[⑬]上介视载者，[⑭]所受书以行。[⑮]

右授币

①书聘所用币多少也。宰又掌制国之用。○自此至“所受书以行”，言授币。

②宰夫，宰之属也。命之使众官具币及所宜赍。○命之者，宰也。宰既书用币之数，遂命宰夫使官具之。《周礼》宰夫“掌百官府之征令。”

③及，犹至也。夕币，先行之日夕陈币而视之，重聘也。

④视其事也。古文“帅”皆作“率”。

⑤管，犹馆也，馆人，谓掌次舍帷幕者也。布幕以承币。寝门外，朝也。古文“管”作“官”，今文“布”作“敷”。○郑注“布幕以承币”，此幕非在上之幕，乃布之地以为藉者。

⑥奉，所奉以致命，谓束帛及玄纁也。马言则者，此享主用皮，或时用马，马入则在幕南，皮马皆乘。古文“奉”为“卷”，今文无“则”。

⑦既受行，同位也。位在幕南。○未受命行已前，卿西面，大夫北面，士东面，面位各异。

⑧大夫西面，辟使者。○疏曰：此谓处者，大夫常北面，今与卿同西面，故云辟使者。

⑨入告,入路门而告。

⑩展,犹校录也。史幕东西面读书。贾人坐抚其币。每者曰在。必西面者,欲君与使者俱见之也。○疏云:贾人当在幕西,东而[1]抚之。○贾音嫁。

⑪史展币毕,以书还授宰,宰既告备,以授使者。其受授皆北面。○疏曰:云"其授受皆北面"者,当宰以书授使者之时,宰来至使者之东,北面授使者,使者北面授介,三者皆北面,向君故也。

⑫揖,礼群臣。

⑬待旦行也。○官谓官人从宾行者。舍止于朝,须守币也。

⑭监其安处之,毕乃出。

⑮为当复展。○上介所受之书,则将之以行,为至彼国竟上,当复展也。

厥明,宾朝服释币于祢。①有司筵几于室中。祝先入,主人从入。主人在右,再拜,祝告,又再拜。②释币,制玄纁束,奠于几下,出。③主人立于户东,祝立于牖西。④又入,取币,降,卷币,实于笲,埋于西阶东。⑤又释币于行。⑥遂受命。⑦上介释币亦如之。⑧

右将行告祢与行

①告为君使也。宾,使者谓之宾,尊之也。天子诸侯将出,告群庙,大夫告祢而已。凡释币,设洗盥如祭。○自此至"亦如之",言使者与上介,将行告祢,告无牲,直用币而已。执币须洁,当有洗以盥手。其设洗如祭时。

②更云主人者,庙中之称也。祝告,告以主人将行也。○主人亦谓使者。

③祝释之也。凡物十曰束。玄纁之率,玄居三,纁居二。《朝贡礼》云:"纯,四只。制,丈八尺。"○制玄纁束,丈八尺之玄纁,其数十卷也。疏云:纯谓幅之广狭,制谓舒之长短。○率音律。只音纸。

④少顷之间,示有俟于神。

⑤又入者,祝也。埋币必盛以器,若藏之然。○笲音烦。

⑥告将行也。行者之先,其古人之名未闻。天子诸侯有常祀在冬。大

[1]而,金陵书局本作"面"。

夫三祀：曰门，曰行，曰厉。丧礼有毁宗躐行，出于大门，则行神之位在庙门外西方。不言埋币，可知也。今时民春秋祭祀有行神，古之遗礼乎？

⑦宾须介来，乃受命也。言遂者，明自是出，不复入。

⑧如其于祢与行。

上介及众介俟于使者之门外。①使者载旜，帅以受命于朝。②君朝服，南乡。卿大夫西面北上。君使卿进使者。③使者入，及众介随入，北面东上。君揖使者进之，上介立于其左，接闻命。④贾人西面坐启椟，取圭，垂缫，不起而授宰。⑤宰执圭，屈缫，自公左授使者。⑥使者受圭，同面，垂缫以受命。⑦既述命，同面授上介。⑧上介受圭，屈缫，出授贾人，众介不从。⑨受享束帛加璧，受夫人之聘璋，享玄纁束帛加琮，皆如初。⑩遂行，舍于郊。⑪敛旜。⑫

右受命遂行

①俟，待也。待于门外，东面北上。○自此至"敛旜"，言宾介向君朝受命即行。

②旜，旌旗属也。载之者，所以表识其事也。《周礼》曰"通帛为旜"，又曰"孤卿建旜"。至于朝门，使者北面东上。古文"旜"皆为"膳"。○疏云：凡诸侯三门：皋、应、路。路门外有常朝位。下文君臣皆朝列位，乃使卿进使者，使者乃入至朝，即此朝门者，皋门外矣。○旜，之然反。

③进之者，使者谦，不敢必君之终使己。

④进之者，有命，宜相近也。接，犹续也。○"接闻命"者，上介所立之位近于使者，使者述命可接续而闻也。

⑤贾人，在官知物贾者。缫，所以藉圭也。其或拜，则奠于其上。今文"缫"作"璪"。○疏谓缫有二种：一者以木为中干，以韦衣之，其或拜则以藉圭；一者以绚组为之，所以系玉于韦版。此云垂缫屈缫，则绚组之缫也。愚谓据疏所言仍是一物，韦版、绚组相待为用，何得言二也？

⑥屈缫者，敛之。礼以相变为敬也。自公左，赞币之义。○《少仪》云：

“诏辞自右，赞币自左。”

⑦同面者，宰就使者北面并授之。既授之，而君出命矣。凡授受者，授由其右，受由其左。

⑧述命者，循君之言，重失误。〇使者受命，又重述之，以告上介，故上文云“接闻命也”。

⑨贾人，将行者，在门外北面。〇对上贾人是留者。

⑩享，献也。既聘又献，所以厚恩惠也。帛，今之璧色缯也。夫人亦有聘享者，以其与己同体，为国小君也。其聘用璋，取其半圭也。君享用璧，夫人用琮，天地配合之象也。圭璋特达，瑞也；璧琮有加，往德也。《周礼》曰：“瑑圭、璋、璧、琮，以頫[1]聘。”〇束帛玄纁前授币时已授矣。此复言者，以方授璧、琮，取其相配之物兼言之，如云享时束帛上所加之璧，玄纁束帛上所加之琮耳。《周礼》曰：“瑑圭、璋、璧、琮，以頫聘。”出聘之玉，以瑑为文，非君所执之圭与璧也。如初者，如受圭之仪也。〇瑑，大转反，音篆。

⑪于此脱舍衣服，乃即道也。《曲礼》曰：“凡为君使，已受命，君言不宿于家。”

⑫此行道耳，未有事也。敛，藏也。

若过邦，至于竟，使次介假道，束帛将命于朝，曰：“请帅。”奠币。①下大夫取以入告，出许，遂受币。②饩之以其礼，上宾大牢，积唯刍禾，介皆有饩。③士帅，没其竟。④誓于其竟，宾南面，上介西面，众介北面，东上。史读书，司马执筴立于其后。⑤

右过他邦假道

①至竟而假道，诸侯以国为家，不敢直径也。将犹奉也。帅犹道也，请道己道路所当由。〇自此至“执筴立于其后”，言过他邦假道之礼。

②言遂者，明受其币，非为许故也。容其辞让不得命也。

③凡赐人以牲，生曰饩。饩，犹禀也，给也。以其礼者，尊卑有常差也。常差者，上宾、上介牲用大牢，群介用少牢。米皆百筥，牲陈于门内之西，北

[1] 頫，阮刻本《仪礼注疏》作“眺”，附校勘记：“葛本、《集释》俱作‘頫’。”

面。米设于中庭。上宾、上介致之以束帛，群介则牵羊焉。上宾有禾十车、刍二十车，禾以秣马。○积唯刍禾，谓所致之积唯刍与禾，无米车也。介但有饩，无积。○饩，许气反。积，子赐反。秣音末。

④没，尽。

⑤此使次介假道，止而誓也。宾南面，专威信也。史于众介之前，北面读书，以敕告士众，为其犯礼暴掠也。礼，君行师从，卿行旅从。司马，主军法者，执策示罚。○疏云：此誓当在使次介假道之时，止而誓，因上说彼国礼法讫，乃更却本而言之，不谓此士帅没竟后。

未入竟，壹肄。①为壝坛，画阶，帷其北，无宫。②朝服无主，无执也。③介皆与，北面西上。④习享，士执庭实。⑤习夫人之聘享，亦如之。习公事，不习私事。⑥

右豫习威仪

①谓于所聘之国竟也。肄，习也。习聘之威仪，重失误。○自此至“不习私事”，言将至，豫习威仪。

②壝土象坛也。帷其北，宜有所乡依也。无宫，不壝土，画外垣也。○疏曰：案《觐礼》与《司仪》同为坛三成，宫方三百步，此则无外宫，其坛壝土为之，无成，又无尺数，象之而已。愚案：《广韵》“壝，埒也，坛也，”盖坛之形埒也。坛须筑土高厚，有阶级。壝则略除地聚土，令有形埒而已。此壝坛兼言，壝亦有坛名也。○壝，以垂反。

③不立主人，主人尊也。不执玉，不敢亵也。徒习其威仪而已。

④入门左之位也。古文“与”作“豫”。

⑤士，士介也。庭实必执之者，皮则有摄张之节。

⑥公事，致命者也。○公事，谓君聘享、夫人聘享及问卿大夫，皆致君命行之者。私事，谓私觌于君、私面于卿大夫之事。

及竟，张旜，誓。①乃谒关人。②关人问从者几人。③以介对。④君使士请事，遂以入竟。⑤

右至竟迎入

①及，至也。张旜，明事在此国也。张旜，谓使人维之。○自此至“遂以入竟”，言宾至竟、谒关、迎入之事。誓亦警戒从人，使勿犯礼。

②谒，告也。古者竟上为关，以讥异服，识异言。○《周礼·司关职》云：“凡四方之宾客叩关，则为之告。”

③欲知聘问，且为有司当共委积之具。○疏曰：不问使人而问从者，关人卑者，不敢轻问尊者，故问从者。又云：问得从者，即知使者是大聘、是小聘。卿行旅从，大夫小聘，当百人从也。○几，居岂反。

④以所与受命者对，谦也。《聘礼》：“上公之使者七介，侯伯之使者五介，子男之使者三介。以其代君交于列国，是以贵之。”《周礼》曰：“凡诸侯之卿，其礼各下其君二等。”○上公介九人，诸侯介七人，子男介五人，卿下其君二等，大夫又各下卿二等。不以从者对，而以介对，注云“谦也”，固是。亦以知介数，即为聘、为问可知，其从者多少亦可知也。

⑤请，犹问也，问所为来之故也。遂以入，因道之。○宾向来，犹停关外，君使士请事讫，因道以入。本使士迎之，而必先请事者，君子不必人也。

入竟，敛旜，乃展。①布幕，宾朝服立于幕东，西面，介皆北面，东上。贾人北面。坐拭圭。②遂执展之。③上介北面视之，退复位。④退圭。⑤陈皮，北首，西上，又拭璧，展之。会诸其币，加于左皮上。上介视之，退。⑥马则幕南，北面，奠币于其前。⑦展夫人之聘享，亦如之。贾人告于上介，上介告于宾。⑧有司展群币，以告。⑨及郊，又展，如初。⑩及馆，展币于贾人之馆，如初。⑪

右入竟展币

①复校录币，重其事。敛旜，变于始入。○自此至“贾人之馆”，言入竟三度展币之事。

②拭，清也。侧幕而坐，乃开椟。

③持之而立，告在。

④言退复位，则视圭进违位。

⑤圭璋尊，不陈之。

⑥会，合也。诸，于也。古文曰“陈币北首”。○疏曰：璧言合诸币者，享时当合，故今亦合而陈之。

⑦前，当前幕上。

⑧展夫人聘享，上介不视，贬于君也。贾人既拭璋琮，南面告于上介，上介于是乃东面以告宾。亦所谓“放而文”之类。

⑨群币，私觌及大夫者。有司，载币者，自展自告。

⑩郊，远郊也。周制：天子畿内千里，远郊百里。以此差之，远郊上公五十里，侯伯三十里，子男十里也。近郊各半之。

⑪馆，舍也。远郊之内有侯馆，可以小休止沐浴。展币不于宾馆者，为主国之人有劳问已者就焉，便疾也。

宾至于近郊，张旜。君使下大夫请行，反。君使卿朝服，用束帛劳。①上介出请，入告。宾礼辞，迎于舍门之外，再拜。②劳者不答拜。③宾揖，先入，受于舍门内。④劳者奉币入，东面致命。⑤宾北面听命，还，少退，再拜稽首，受币。劳者出。⑥授老币。⑦出迎劳者。⑧劳者礼辞，宾揖，先入，劳者从之。乘皮设。⑨宾用束锦傧劳者。⑩劳者再拜稽首受。⑪宾再拜稽首，送币。⑫劳者揖皮出，乃退。宾送再拜。⑬夫人使下大夫劳以二竹簠[1]方，玄被纁里，有盖。⑭其实枣蒸栗择，兼执之以进。⑮宾受枣，大夫二手授栗。⑯宾之受，如初礼。⑰傧之如初。下大夫劳

[1] 簠，阮刻本《仪礼注疏》作“簋”，注同，附校勘记：“《唐石经》、徐本、聂氏、《集释》、敖氏俱作‘簋’，注同；《释文》作‘簠’，云“本或作‘簋’，外圆内方曰簠，内圆外方曰簋”；《通解》、杨氏载经注、《要义》载经，俱作‘簠’；张氏曰：‘《释文》明著内外方圆之制，盖辨或本之误也。郑氏注曰：“以竹为之，状如簋而方。”若取郑注，易“簋”以“簠”字读之，“簠”义甚明，郑氏固作“簠”字解矣。今诸本犹从或本，惑之甚也，从《释文》。’○按《冬官·玉人》注疏及《觐礼疏》引此经并作‘簋’，《地官·舍人》注云‘方曰簠，圆曰簋’，疏谓‘皆据外而言’，审此则《释文》之误显然，张氏从之，非也，《说文》曰：簋，黍稷方器也；簠，黍稷圜器也，此许君之义，与郑不同。”

者遂以宾入。⑱

右郊劳

①请行，问所之也。虽知之，谦不必也。士请事，大夫请行，卿劳，弥尊宾也。其服皆朝服。○自此至“遂以宾入”，言宾至近郊，君与夫人使人劳宾。

②出请，出门西面，请所以来事也。入告，入北面告宾也。每所及至，皆有舍。其有来者与[1]，皆出请入告，于此言之者，宾弥尊，事弥录。

③凡为人使，不当其礼。

④不受于堂，此主于侯伯之臣也。公之臣，受劳于堂。○疏曰：知公之臣受劳于堂者，案《司仪》云：“诸公之臣相为国客，及大夫郊劳，三辞，拜辱，三让，登听命。”是公之臣受劳于堂之事。

⑤东面，乡宾。○疏曰：宾在馆，如主人当入门西面，故劳者东面向之也。

⑥北面听命，若君南面然。少退，象降拜。

⑦老，宾之臣。

⑧欲傧之。○《司仪》注云：“上于下曰礼，敌者曰傧。”此言傧者，欲见宾以礼礼使者。

⑨设于门内也。物四曰乘。皮，麋鹿皮也。○设乘皮以傧劳者，每皮一人执之。

⑩言傧者，宾在公馆如家之义，亦以来者为宾。○傧，必刃反。

⑪稽首，尊国宾也。

⑫受、送，拜皆北面，象阶上。○疏云：案归饔饩宾傧大夫时，宾楹间北面授币，大夫西面受，此宾亦宜与彼同北面授，还北面拜送。若然，云“受送拜皆北面”者，误，当云“授送拜皆北面”，并据宾而言也。愚谓如疏言，则“拜”字不得连下读，当云“授拜送”，不当作“送拜”。

⑬揖皮出，东面揖执皮者而出。○疏云：执皮者在门内，当门，劳者在执皮之西，故知东面揖皮，揖之若亲受之。又执皮是宾之使者，执皮者得揖

[1] 与，阮刻本《仪礼注疏》作“者”。

从出,劳者从人当讶受之。

⑭竹簠方者,器名也。以竹为之,状如簠而方,如今寒具筥。筥者圜,此方耳。○簠音甫。

⑮兼犹两也。右手执枣,左手执栗。

⑯受授不游手,慎之也。○疏云:初两手俱用,既授枣,而不两手共授栗,则是游暇一手,不慎也。

⑰如卿劳之仪。○如其北面再拜也。

⑱出以束锦授从者,因东面释辞,请导[1]之以入,然则宾送不拜。

至于朝,主人曰:"不腆先君之祧,既拚以俟矣。"①宾曰:"俟闲。"②大夫帅至于馆,卿致馆。③宾迎,再拜。卿致命,宾再拜稽首。卿退,宾送再拜。④宰夫朝服设飧,⑤饪一牢,在西,鼎九,羞鼎三;腥一牢,在东,鼎七。⑥堂上之馔八,西夹六。⑦门外米、禾皆二十车。⑧薪刍倍禾。⑨上介,饪一牢,在西,鼎七,羞鼎三;堂上之馔六;门外米禾皆十车,薪刍倍禾。⑩众介皆少牢。⑪

右致馆设飧

①宾至外门,下大夫入告,出释此辞。主人者,公也。不言公而言主人,主人,接宾之辞,明至欲受之,不敢稽宾也。腆,犹善也。迁主所在曰祧。《周礼》,天子七庙,文武为祧,诸侯五庙。则祧,始祖也,是亦庙也。言祧者,祧尊而庙亲,待宾客者,上尊者。○自此至"皆少牢",言宾初至,不即行礼,主国致馆设飧之事。○拚,方问反,音偾。

②宾之意不欲奄卒主人也。且以道路悠远,欲沐浴斋[2]戒,俟闲,未敢闻命。○俟闲者,俟君燕闲,乃敢进见也。○卒,寸忽反。斋,侧皆反。

---

[1] 导,阮刻本《仪礼注疏》作"道",附校勘记:"徐本、《通解》、杨氏、敖氏同,毛本'道'作'导'。"

[2] 斋,阮刻本《仪礼注疏》作"齐",附校勘记:"毛本'齐'作'斋',《释文》作'齐',云'本亦作斋'。徐本、《集释》亦俱作'齐',《通解》、杨氏俱作'斋';按《通解》曰:'斋,侧皆反,盖本"齐"字,故特音之,若作"斋",则不必音矣。'"

③致，至也。宾至[1]此馆，主人以上卿礼致之，所以安之也。○以上卿礼致之，谓使上卿以束帛之礼致之也。《周礼·司仪职》云："诸公之臣相为国客……致馆如初之仪。"郑注云："如郊劳也，不傧耳。"郊劳用束帛，则此致馆亦用束帛可知也。

④卿不俟设飧之毕，以不用束帛致故也。不用束帛致之者，明为新至，非大礼也。○注"不用束帛致之"，指设飧而言也。设飧礼轻，故可略也。致馆有束帛，致飧空以辞致君命，无束帛。○飧音孙。

⑤食不备礼曰飧。《诗》云"不素飧兮"，《春秋传》曰"方食鱼飧"，皆谓是。

⑥中庭之馔也。饪，熟也。熟在西，腥在东，象春秋也。鼎西九东七，凡其鼎实与其陈，如陈饔饩。羞鼎则陪鼎也，以其实言之，则曰羞，以其陈言之，则曰陪。○疏曰：云"中庭之馔也"者，对下文是堂上及门外之馔也。云"鼎西九东七"者，九谓正鼎九，牛、羊、豕、鱼、腊、肠胃、肤、鲜鱼、鲜腊；"东七"者，腥鼎无鲜鱼、鲜腊，故七。陪鼎三，则下云"膷、臐、膮"是也。

⑦八、六者，豆数也。凡馔以豆为本。堂上八豆、八簋、六铏、两簠、八壶。西夹六豆、六簋、四铏、两簠、六壶。其实与其陈，亦如饔饩。

⑧禾，稿实并刈者也。诸侯之礼，车米视生牢，禾视死牢，牢十车。大夫之礼，皆视死牢而已。虽有生牢，不取数焉。米陈门东，禾陈门西。○刈，鱼废反。

⑨各四十车。凡此之陈，亦如饔饩。

⑩西鼎七，无鲜鱼、鲜腊。

⑪亦饪在西，鼎五，羊、豕、肠胃、鱼、腊。新至尚熟，堂上之馔四豆、四簋、两铏、四壶，无簠。

厥明，讶宾于馆。①宾皮弁聘，至于朝。宾入于次。②乃陈币。③卿为上摈，大夫为承摈，士为绍摈。摈者出请事。④公皮弁，迎宾于大门内。大夫纳宾。⑤宾入门左。⑥公再拜。⑦宾辟，

[1]至，金陵书局本作"主"。

不答拜。⑧公揖入，每门每曲揖。⑨及庙门，公揖入，立于中庭。⑩宾立接西塾。⑪几筵既设，摈者出请命。⑫贾人东面坐启椟，取圭，垂缫，不起而授上介。⑬上介不袭，执圭，屈缫，授宾。⑭宾袭，执圭。⑮摈者入告，出辞玉。⑯纳宾，宾入门左。⑰介皆入门左，北面西上。⑱三揖。⑲至于阶，三让。⑳公升二等，㉑宾升，西楹西，东面。㉒摈者退中庭。㉓宾致命。㉔公左还，北乡。㉕摈者进。㉖公当楣再拜。㉗宾三退，负序。㉘公侧袭，受玉于中堂与东楹之间。㉙摈者退，负东塾而立。㉚宾降，介逆出。㉛宾出。㉜公侧授宰玉。㉝裼，降立。㉞摈者出请。㉟宾裼，奉束帛加璧享。摈者入告，出许。㊱庭实，皮则摄之，毛在内，内摄之，入设也。㊲宾入门左，揖让如初，升致命，张皮。㊳公再拜受币，士受皮者自后右客。㊴宾出，当之坐摄之。㊵公侧授宰币，皮如入，右首而东。㊶聘于夫人用璋，享用琮，如初礼。㊷若有言，则以束帛，如享礼。㊸摈者出请事，宾告事毕。㊹

右聘享

①此讶，下大夫也。以君命迎宾谓之讶。讶，迎也。亦皮弁。○自此至“宾不顾”，皆主国庙中所行之礼，其为公礼者有五：聘一，享一，聘夫人一，享夫人一，若有言者又一。于是主君礼宾。其为私礼者有二：宾私觌一，介私觌一。公乃送宾出。又有问君、问大夫之仪，此聘之正礼也，分为四节。

②服皮弁者，朝聘主相尊敬也。诸侯视朔皮弁服。入于次者，俟办也。次在大门外之西，以帷为之。○下《记》云：“宗人授次，次以帷，少退于君之次。”○办，蒲苋反。

③有司入于主国庙门外，以布幕陈币，如展币焉。圭璋，贾人执椟而俟。

④摈，为[1]主国之君所使出接宾者也。绍，继也，其位相承继而出也。主君，公也，则摈者五人；侯伯也，则摈者四人；子男也，则摈者三人。

[1] 为，阮刻本《仪礼注疏》作“谓”，附校勘记：“徐本、《集释》、《通解》同，毛本‘谓’作‘为’；○按‘谓’与疏合。”

《聘义》曰:“介绍而传命,君子于其所尊不敢质,敬之至也。”既知其所为来之事,复请之者,宾来当与主君为礼,为其谦不敢斥尊者,启发以进之。于是时,宾出次,直闑西,北面。上擯在闑东阈外,西面。其相去也,公之使者七十步,侯伯之使者五十步,子男之使者三十步。此旅擯耳,不传命。上介在宾西北,东面。承擯在上擯东南,西面,各自次序而下。末介、末擯,旁相去三丈六尺。上擯之请事,进南面,揖宾俱前,宾至末介,上擯至末擯,亦相去三丈六尺。止揖而请事,还入告于公。天子诸侯朝覲,乃命介绍传命耳。其仪,各乡本受命。反面传而下,及末,则乡受之,反面传而上。又受命传而下,亦如之。此三丈六尺者,门容二辙参个,旁各加[1]一步也。今文无“擯”。○注云“此旅擯耳,不传命”者,谓卿、大夫聘问,上擯受公命出,门南面遥揖宾使前,上擯渐南行,宾至末介北,东面,上擯至末擯南,西面,东西立定,乃揖而请所为来之事。宾对讫,上擯入告公。上擯与宾亲自问对,是旅擯不传命也。若诸侯朝天子,受享于庙,或诸侯自相朝,则擯受命而出,递传于介,介传于宾,介又受宾之辞,递传于擯,擯又传而入,谓之交擯,此介绍传命法也。注云“门容二辙参个”者,车辙广八尺,天子之门容二十四尺,是为八尺者三。又加二步一十二尺,为三丈六尺。

⑤公不出大门,降于待其君也。大夫,上擯也,谓之大夫者,上序可知。从大夫,总无所别也。于是宾主人皆裼。○裼,西历反。

⑥内宾位也。众介随入,北面西上少退,擯者亦入门而右,北面东上,上擯进相君。

⑦南面拜迎。

⑧辟位逡遁,不敢当其礼。

⑨每门辄揖者,以相人偶为敬也。凡君与宾入门,宾必后君,介及擯者随之,并而雁行。既入,则或左或右,相去如初。《玉藻》曰:“君入门,介拂闑,大夫中枨与闑之间,士介拂枨。宾入不中门,不履阈。”此宾,谓聘卿大夫也。门中,门之正也。不敢与君并由之,敬也。介与擯者雁行,卑不逾尊者之迹,亦敬也。宾之介,犹主人之擯。○枨,直庚反。

[1] 各加,阮刻本《仪礼注疏》、金陵书局本二字互乙。

⑩公揖先入，省内事也。既则立于中庭以俟宾，不复出。如此得君行一臣行二，于礼可矣。公迎宾[1]大门内，卿大夫以下入庙门即位而俟之。○方君在大门内时，卿大夫当于庙中在位矣。

⑪接，犹近也。门侧之堂谓之塾。立近塾者，已与主君交礼，将有出命，俟之于此。介在币南，北面西上，上摈亦随公入门东，东上，少进于士。

⑫有几筵者，以其庙受，宜依神也。宾至庙门，司宫乃于依前设之。神尊，不豫事也。席西上，上摈待而出请受宾所以来之命，重停宾也。至此言命，事弥至，言弥信也。《周礼》："诸侯祭祀，席蒲筵，缋纯，右雕几。"○"依前"之"依"，于岂反，本又作"扆"。《尔雅·释宫》："牖户之间谓之扆。"但天子以屏风设于扆，诸侯无屏风为异。

⑬贾人乡入陈币，东面俟，于此言之，就有事也。授圭不起，贱不与为礼也。不言裼袭者，贱不裼也。缫，有组系也。

⑭上介北面受圭，进西面授宾。不袭者，以盛礼不在于己也。屈缫，并持之也。《曲礼》曰："执玉，其有藉者则裼，无藉者则袭。"○疏以屈缫为无藉，垂缫为有藉。《曲礼》陈氏注以圭璋特达为无藉，琮璧有束帛为有藉。陈说得之，详见《记》中。

⑮执圭盛礼，而又尽饰，为其相蔽敬也。《玉藻》曰："服之袭也，充美也。是故尸袭，执玉龟袭也。"○观此注知疏以垂缫屈缫为有藉、无藉，诚误也。○尽，津忍反。

⑯摈者，上摈也。入告公以宾执圭，将致其聘命。圭，贽之重者，辞之，亦所以致尊让也。○疏云："致尊让"，《乡饮酒义》文。案文公十二年《左氏传》云："秦伯使西乞术来聘，襄仲辞玉，宾对曰：'不腆敝器，不足辞也。'"

⑰公事自闑西。○《玉藻》云："公事自闑西。"注云："聘享也。"又云："私事自闑东。"注云："觌面也。"

⑱随宾入也。介无事，止于此。今文无"门"。○此后唯摈者得入相君礼，介则止于此也。

---

[1]"宾"下，阮刻本《仪礼注疏》有"于"字，附校勘记："徐本、《集释》同，毛本、《通解》无'于'字。"

⑲君与宾也。入门将曲，揖；既曲北面，又揖；当碑揖。○疏云：公先在庭南面，宾入门将曲，揖，既曲，宾又揖，二者主君皆向宾揖之，再揖讫，主君亦东面向堂涂，北行当碑，宾主又相向揖，是君行一，臣行二，非谓宾入门时，主君更向内霤，相近而揖也。

⑳让，升。

㉑先宾升二等，亦欲君行一，臣行二。

㉒与主君相乡。

㉓乡公所立处，退者以公宜亲受宾命，不用摈相也。

㉔致其君之命也。

㉕当拜。

㉖进阼阶西，释辞于宾，相公拜也。

㉗拜贶也。贶，惠赐也。楣谓之梁。

㉘三退，三逡遁也。不言辟者，以执圭将进授之。

㉙侧，犹独也。言独，见其尊宾也。他日公有事，必有赞为之者。凡袭于隐者，公序坫之间可知也。中堂，南北之中也。入堂深，尊宾事也。东楹之间，亦以君行一，臣行二。○两楹之间为宾主处中，今于东楹之间，更侵东半间，故云“君行一，臣行二”。

㉚反其等位，无事。

㉛逆出，由便。

㉜聘事毕。

㉝使藏之，授于序端。

㉞裼者，免上衣，见裼衣。凡当盛礼者，以充美为敬。非盛礼者，以见美为敬。礼尚相变也。《玉藻》曰：“裘之裼也，见美也。”又曰：“麛裘青豻褎，绞衣以裼之。”《论语》曰：“素衣，麑裘。”皮弁时或素衣，其裘同可知也。裘者为温，表之，为其亵也。寒暑之服，冬则裘，夏则葛。凡襢裼者左。降立，俟享也，亦于中庭。古文“裼”皆作“赐”。○以上聘礼。○褎，详又反。豻，五旦反。绞，户交反。

㉟不必宾事之有无。

㊱许受之。

㊲皮，虎豹之皮。摄之者，右手并执前足，左手并执后足，毛在内，不欲文之豫见也。内摄之者，两手相乡也。入设，亦参分庭一在南，言则者，或以马。凡君于臣，臣于君，麋鹿皮可也。

㊳张者，释外足，见文也。○当宾于堂上致命之时，庭实即张之见文，相应为节也。

㊴自，由也。从东方来，由客后西，居其左受皮也。执皮者既授，亦自前西而出。○当公于堂上受币，士亦于堂下受皮。

㊵象受于宾。○士初受皮，仍如前张之。及宾出，降至庭，乃对宾坐而摄之。当，对也。

㊶如入，左在前。皮右首者，变于生也。○执皮者，初入时行在前者，立在左。此受皮者东行，亦立在左者行在前，故云"如入"也。《曲礼》云："执禽者左首。"此右首，是变于生。○以上享礼。

㊷如公立于中庭以下。○此约言聘享夫人之礼，亦公受之。

㊸有言，有所告请，若有所问也。《记》曰："有故，则束帛加书以将命。"《春秋》臧孙辰告籴于齐，公子遂如楚乞师，晋侯使韩穿来言汶阳之田，皆是也。无庭实也。○此容有告请之礼。

㊹公事毕。

宾奉束锦以请觌。①摈者入告，出辞。②请礼宾，宾礼辞，听命。摈者入告。③宰夫徹几改筵。④公出，迎宾以入，揖让如初。⑤公升，侧受几于序端。⑥宰夫内拂几三，奉两端以进。⑦公东南乡，外拂几三，卒，振袂，中摄之，进，西乡。⑧摈者告。⑨宾进，讶受几于筵前，东面俟。⑩公壹拜送。⑪宾以几辟。⑫北面设几，不降，阶上答再拜稽首。⑬宰夫实觯以醴，加柶于觯，面枋。⑭公侧受醴。⑮宾不降，壹拜，进筵前受醴，复位。公拜送醴。⑯宰夫荐笾豆脯醢，宾升筵，摈者退负东塾。⑰宾祭脯醢，以柶祭醴三，庭实设。⑱降筵，北面，以柶兼诸觯，尚擸，坐啐醴。⑲公用束帛。⑳建柶，北面奠于荐东。㉑摈者进，相币。㉒宾降，辞币。㉓公降一等辞。㉔栗阶升，听命。㉕降拜。㉖公辞。㉗升，再拜稽首，受币，当东楹，北面。㉘退，东面俟。㉙公壹拜，宾降也。公再拜。㉚宾执左马以出。㉛上介受宾币，从者讶受马。㉜

右主君礼宾

①觌，见也。乡将公事，是欲交其欢敬也。不用羔，因使而见，非特来。○自此至"讶受马"，言宾请私觌，主君不许而先礼宾。

②客有大礼，未有以待之。

③告宾许也。

④宰夫，又主酒食者也。将礼宾，徹神几，改神席，更布也。宾席东上。《公食大夫礼》曰："蒲筵常，缁布纯，加萑席寻，玄帛纯。"此筵上、下大夫也。《周礼》曰"筵国宾于牖前，莞筵纷纯，加缫席画纯，左彤几"者，则是筵孤也。孤，彤几，卿大夫其漆几与？○莞音官。

⑤公出迎者，已之礼更端也。

⑥漆几也。今文无"升"。

⑦内拂几，不欲尘坋尊者，以进，自东箱来授君。○坋，蒲闷反。

⑧进，就宾也。

⑨告宾以公授几。

⑩未设也。今文"讶"为"梧"。○梧，五故反。

⑪公尊也。古文"壹"作"一"。

⑫辟位逡遁。

⑬不降，以主人礼未成也。凡宾左几。○云"凡宾左几"者，对神右几也。

⑭酌以授君也。君不自酌，尊也。宰夫亦洗升实觯，以醴自东箱来，不面擸，不讶受[1]也。○公西面向宾，宰夫以醴自东箱来公旁，并授与公，公不讶受，故面枋不面擸也。

⑮将以饮宾。

[1]受，阮刻本《仪礼注疏》作"授"，附校勘记："杨氏作'受'。"

⑯宾壹拜者，醴质，以少为贵。

⑰事未毕，摈者不退中庭，以有宰夫也。○事未毕，当在中庭。今负东塾者，以有宰夫陈饮食也。

⑱庭实，乘马。

⑲降筵，就阶上。○擸音猎，又音拉，折也，又持也，于义并难通。案《冠礼》、《昏礼》"面叶"，叶，柶大端也，古文"叶"作"擖"，擖音叶，箕舌也，与匙头相类，可以借用。"擸"字或"擖"字之讹，尚擸即尚叶也。尚叶者，仰柶端向上也。○擸，以涉反。

⑳致币也。言用，尊于下也。亦受之于序端。

㉑糟醴不啐。○"啐"字误。

㉒赞以辞。

㉓不敢当公礼也。

㉔辞宾降也。

㉕栗阶，趋君命尚疾，不连步。○听命，听致币之命。既命又降，拜以受也。

㉖拜受。

㉗不降一等，杀也。

㉘亦讶受而北面者，礼主于己。己，臣也。○疏云：前行聘享时，宾东面，主君西面，讶授受，但以奉君命，故不北面。此以主君礼己，己臣也，故北面受，异于聘享时也。

㉙俟君拜也。不北面者，谦若不敢当阶然。

㉚不俟公再拜者，不敢当公之盛也。公再拜者，事毕成礼。

㉛受尊者礼，宜亲之也。效马者并左右靮授之。余三马，主人牵者从出也。○靮，丁历反。

㉜从者，士介。

宾觌，奉束锦，总乘马，二人赞。入门右，北面奠币，再拜稽首。①摈者辞，②宾出。③摈者坐取币，出，有司二人牵马以从，出门，西面于东塾南。④摈者请受。⑤宾礼辞，听命。⑥牵马，右之。入设。⑦ 宾奉币，入门左，介皆入门左，西上。⑧公揖让如初，升。公北面再拜。⑨宾三退，反还，负序。⑩振币进授，当东楹北面。⑪士受马者，自前还牵者后，适其右，受。⑫牵马者自前西，乃出。⑬宾降阶东拜送，君辞。⑭ 拜也，君降一等辞。⑮摈者曰："寡君从子，虽将拜，起也。"⑯栗阶升。公西乡。宾阶上再拜稽首。⑰公少退。⑱宾降出。公侧授宰币。马出。⑲公降立。⑳

摈者出请。上介奉束锦，士介四人皆奉玉锦束，请觌。㉑摈者入告，出许。上介奉币，俪皮，二人赞。㉒皆入门右，东上，奠币，皆再拜稽首。㉓摈者辞，㉔介逆出。㉕摈者执上币，士执众币，有司二人举皮，从其币，出请受。㉖委皮南面，㉗执币者西面，北上。摈者请受。㉘介礼辞，听命。皆进，讶受其币。㉙上介奉币，皮先，入门左，奠皮。㉚公再拜。㉛介振币，自皮西进，北面授币，退复位，再拜稽首送币。㉜介出。宰自公左受币。㉝有司二人坐举皮以东。㉞

摈者又纳士介。㉟士介入门右，奠币，再拜稽首。㊱摈者辞，介逆出。摈者执上币以出，礼请受，宾固辞。㊲公答再拜。摈者出，立于门中以相拜。㊳士介皆辟。㊴士三人，东上，坐取币，立。㊵摈者进。㊶宰夫受币于中庭，以东。㊷执币者序从之。㊸

右私觌

①不请不辞，乡时已请也。觌用束锦，辟享币也。总者，总八辔牵之。赞者，居马间扣马也。入门而右，私事自闑右。奠币再拜，以臣礼见也。赞者，贾人之属，介特觌也。○自此至"序从之"，言私觌之事，不升堂入币，是以臣礼见也。不以介从，故赞者止是贾人之属，以其介将各自特觌也。

②辞其臣。

③事毕。

④将还之也，赞者有司受马乃出。凡取币于庭，北面。

⑤请以客礼受之。

⑥宾受其币,赞者受马。

⑦庭实先设,客礼也。右之,欲人居马左,任右手便也。于是牵马者四人,事得申也。《曲礼》曰:“效马效羊者右牵之。”

⑧以客礼入,可从介。

⑨公再拜者,以其初以臣礼见,新之也。

⑩反还者,不敢与授圭同。

⑪不言君受,略之也。

⑫自,由也。适牵者之右而受之也。此亦并授者,不自前左,由便也,便其已授而去也。受马自前,变于受皮。○牵马者四人,各在马西,右手牵马北面立。士受马者从东方来,由马前各逿牵马者之后,在人东马西而受之,牵马者自前西行而出。此受马,亦视堂上受币以为节也。○还,户患反。

⑬自,由也。

⑭拜送币于阶东,以君在堂,乡之。○疏云:宾拜送币,私觌己物故也。前享币不拜送,致君命,非己物也。

⑮君乃辞之,而宾由[1]拜,敬也。

⑯此礼固多有辞矣,未有著之者,是其志而焕乎?未敢明说。

⑰成拜。

⑱为敬。

⑲庙中宜清。

⑳○以上宾觌。

㉑玉锦,锦之文纤缛者也。礼有以少文为贵者,后言束,辞之便也。○缛音辱。

㉒俪,犹两也。上介用皮,变于宾也。皮,麋鹿皮。

㉓皆者,皆众介也。赞者奠皮出。

㉔亦辞其臣。

[1]由,阮刻本《仪礼注疏》作“犹”,附校勘记:“由,杨、敖俱作‘犹’,浦镗云:‘由,古通犹。’”

㉕亦事毕也。

㉖此请受，请于上介也。摈者先即西面位请之。释辞之时，众执币者随立门中而俟。

㉗摈者既释辞，执众币者进即位，有司乃得委之。南面，便其复入也。委皮当门。

㉘请于上介也。上言“其次”，此言“其位”，互约文也。○疏云：以理推之，上当言摈者执币，士四人，北面东上，坐取币，从有司二人，坐举皮，从其币出，随立于门中，摈者出门西面，于东塾南请受，士执币者进，立摈南西面北上，执皮者南面委皮于门中，北上。如是，乃为文备也。

㉙此言皆讶受者，嫌摈者一一受之。

㉚皮先者，介随执皮者而入也。入门左，介至揖位而立。执皮者奠皮以有不敢授之义。古文“重入”。○注“入门左，介至揖位而立”，揖位即门左北面之位。宾至此待揖而后进，故云“揖位”。享礼庭实使人执之，以授主人，有司此奠之于地，介出后，有司二人坐举皮，是不敢授也。

㉛拜中庭也。不受于堂，介贱也。

㉜进者，北行，参分庭一而东行，当君乃复北行也。

㉝不侧受[1]，介礼轻。

㉞○上介觌礼竟。

㉟纳者，出道入也。

㊱终不敢以客礼见。

㊲礼请受者，一请受而听之也。宾为之辞，士介贱，不敢以言通于主君。固，衍字，当如面大夫也。

㊳摈者以宾辞入告，还立门中阈外，西面。公乃遥答拜也，相者赞告之。

㊴辟，于其东面位逡遁也。

㊵俟摈者执上币来也。○士介之币，奠者四，摈者执其上币出请，故别

[1] 受，阮刻本《仪礼注疏》作“授”，附校勘记：“徐本、《集释》同，毛本‘授’作‘受’。”

用士三人，执其余币，俟摈者入而同授之宰也。

㊶就公所也。○疏曰：以公在庭，故摈者自门外来，进向公左，授币与宰也。

㊷使宰夫受于士，士介币轻也，受之于公左。宾币，公侧授宰，上介币，宰受于公左。士介币，宰夫受于士，敬之差。○注云"使宰夫受于士"，实则宰夫止受摈者所执，其余，则执币者执以从之而东，经文自明。

㊸序从者，以宰夫当一一受之。○以上众介觌。

摈者出请，宾告事毕。①摈者入告，公出送宾。②及大门内，公问君。③宾对，公再拜。④公问大夫，宾对。公劳宾，宾再拜稽首，公答拜。⑤公劳介，介皆再拜稽首，公答拜。宾出，公再拜送，宾不顾。⑥

右宾礼毕出公送宾

①宾既告事毕，众介逆道宾而出也。

②公出，众摈亦逆道。绍摈及宾并行，间亦六步。

③乡以公礼将事，无由问也。宾至始入门之位，北面，将揖而出。众介亦在其右，少退西上，于此可以问君"居处何如"[1]，序殷勤也。时承摈、绍摈亦于门东，北面东上。上摈往来传君命，南面。蘧伯玉使人于孔子，孔子问曰："夫子何为？"此公问君之类也。

④拜其无恙。公拜，宾亦辟。

⑤劳以道路之勤。

⑥公既拜，客趋辟，君命上摈送宾出，反告宾不顾，于此君可以反路寝矣。《论语》说孔子之行曰："君召使摈，色勃如也，足躩如也。宾退，必复命曰：宾不顾矣。"

宾请有事于大夫。①公礼辞，许。②宾即馆。③卿大夫劳宾，宾不见。④大夫奠雁再拜，上介受。⑤劳上介，亦如之。⑥

[1] "何如"二字，阮刻本《仪礼注疏》作"为于"。

右卿劳宾

①请问，问卿也。不言问聘，聘亦问也，嫌近君也。上摈送宾出，宾东面而请之，摈者反命，因告之。○自此至“亦如之”，言宾请问卿，卿先往劳宾，其请辞宜云“有事于某子”。

②礼辞，一辞。

③少[1]休息也。即，就也。○疏云：此一日之间，其事多矣，明旦行问，卿暂时止息。

④以已公事未行，上介以宾辞辞之。○仍有问大夫之公事未行也。

⑤不言卿，卿与大夫同执雁，下见于国君。《周礼》，凡诸侯之卿见朝君，皆执羔。○注“见朝君”，见来朝之君也。卿见来朝之君，执羔，此见来聘之宾，执雁，是下于见朝君也。

⑥○亦如之者，亦劳于其馆。上介不见而士介代受雁。

君使卿韦弁，归饔饩五牢。①上介请事，宾朝服礼辞。②有司入陈。③饔，④饪一牢，鼎九，设于西阶前，陪鼎当内廉，东面北上，上当碑，南陈；牛、羊、豕、鱼、腊、肠胃同鼎，肤、鲜鱼、鲜腊，设扃鼏。膷、臐、膮，盖陪牛、羊、豕。⑤腥二牢，鼎二七，无鲜鱼、鲜腊，设于阼阶前，西面，南陈如饪鼎，二列。⑥堂上八豆，设于户西，西陈，皆二以並，东上，韭菹，其南醓醢，屈。⑦八簋继之，黍其南稷，错。⑧六铏继之，牛以西羊、豕，豕南牛，以东羊、豕。⑨两簠继之，粱在北。⑩八壶设于西序，北上，二以并，南陈。⑪西夹六豆，设于西墉下，北上，韭菹，其东醓醢，屈。六簋继之，黍其东稷，错。四铏继之，牛以南羊，羊东豕，豕以北牛。两簠继之，粱在西。皆二以并，南陈。六壶西上，二以并，东陈。⑫馔于东方，亦如之，⑬西北上。⑭壶东上，西陈。⑮醯[2]醢百瓮，夹碑，十以为列，醯在

[1] 少，阮刻本《仪礼注疏》作“小”，附校勘记：“徐本，《通解》同，毛本‘小’作‘少’。”
[2] 醯，金陵书局本、阮刻本《仪礼注疏》作“醢”。

东。⑯饩二牢，陈于门西，北面东上。牛以西羊、豕，豕西牛、羊、豕。⑰米百筥，筥半斛，设于中庭，十以为列，北上。黍、粱、稻皆二行，稷四行。⑱门外，米三十车，车秉有五籔，设于门东，为三列，东陈。⑲禾三十车，车三秅，设于门西，西陈。⑳薪刍倍禾。㉑宾皮弁迎大夫于外门外，再拜，大夫不答拜。㉒揖入。及庙门，宾揖入。㉓大夫奉束帛，㉔入，三揖，皆行，㉕至于阶，让，大夫先升一等。㉖宾从，升堂，北面听命。㉗大夫东面致命。宾降，阶西再拜稽首，拜饩亦如之。㉘大夫辞，升成拜。㉙受币堂中西，北面。㉚大夫降，出。宾降，授老币，出迎大夫。㉛大夫礼辞，许。入，揖让如初。宾升一等，大夫从，升堂。㉜庭实设，马乘。㉝宾降堂，受老束锦，大夫止。㉞宾奉币西面，大夫东面。宾致币。㉟大夫对，北面当楣，再拜稽首。㊱受币于楹间，南面，退，东面俟。㊲宾再拜稽首送币。大夫降，执左马以出。㊳宾送于外门外，再拜。明日，宾拜于朝，拜饔与饩，皆再拜稽首。㊴上介，饔饩三牢，饪一牢，在西，鼎七，羞鼎三；㊵腥一牢，在东，鼎七；堂上之馔六。㊶西夹亦如之。筥及瓮，如上宾。㊷饩一牢。门外米、禾视死牢，牢十车，薪刍倍禾。凡其实与陈，如上宾。㊸下大夫韦弁，用束帛致之。上介韦弁以受，如宾礼。㊹傧之两马束锦。㊺士介四人，皆饩大牢，米百筥，设于门外。㊻宰夫朝服，牵牛以致之。㊼士介朝服，北面再拜稽首受。㊽无傧[1]。㊾

右归饔饩于宾介

①变皮弁，服韦弁，敬也。韦弁，韎韦之弁，兵服也。而服之者，皮韦同类，取相近耳。其服盖韎布以为衣，而素裳。牲，杀曰饔，生曰饩。今文"归"或为"馈"。〇自此至"无傧"，言主君使卿大夫馈饔饩之事，此下言卿馈宾。《周礼·春官·司服》祭服下先云韦弁服，后云皮弁服，韦弁尊于皮弁，故云

[1] 傧，阮刻本《仪礼注疏》作"擯"，附校勘记："毛本'擯'作'傧'，《唐石经》、徐、陈、闽、葛、《集释》、《通解》、杨、敖俱作'擯'，与《述注》合，李氏曰：'"擯"当作"傧"，下经记"无擯"及注"不擯宾"同。'〇按篇中言'无傧'者，旧本俱作'擯'，今本俱作'傧'，殆因李说而改。"

“敬也”。

②朝服，示不受也。受之当以尊服。

③入宾所馆之庙，陈其积。

④谓饪与腥。

⑤陪鼎，三牲臛膷、臐、膮陪之，庶羞加也。当内廉，辟堂涂也。肠胃次腊，以其出牛羊也。肤，豕肉也，唯燖者有肤。此馔先陈其位，后言其次，重大礼，详其事也。宫必有碑，所以识日景，引阴阳也。凡碑，引物者，宗庙则丽牲马，以取毛血。其材，宫庙以石，窆用木。○腊音昔。膷音香。臐，许云反。膮，许尧反。燖音寻。窆，彼验反。

⑥有腥者，所以优宾也。

⑦户，室户也。东上，变于亲食宾也。醓醢，汁也。屈，犹错也。今文“並”皆为“并”。○公亲食宾则设豆西上，此东上，是变于亲食宾也。屈，犹错也，菹醢不自相当，交错陈之也。疏云：谓其东上醓醢，醓醢西昌本，昌本西麋臡，麋臡西菁菹，菁菹北鹿臡，鹿臡东葵菹，葵菹东蜗醢，蜗醢东韭菹，此兼用朝事馈食之豆。○菹，庄居反。醢，他感反。

⑧黍在北。○疏云：“继”者，继八豆以西陈之。“错”者，黍稷二种相间错也。

⑨鉶，羹器也。○不言缔屈错者，缔文自具，故不言也。

⑩簠不次簋者，粱稻加也。凡馔屈错要相变。

⑪壶，酒尊也。酒盖稻酒、粱酒。不错者，酒不以杂错为味。

⑫东陈在北墉下，统于豆。○疏曰：“六豆”者，先设韭菹，其东醓醢，又其东昌本，南麋臡，麋臡西菁菹，又西鹿臡。此陈还取朝事之豆。

⑬东方，东夹室。

⑭亦韭菹，其东醓醢也。○疏曰：云“西北上”者，则于其东壁下南陈，西北有韭菹，东有醓醢，次昌本，次南麋臡，次西有菁菹，次北有鹿臡，亦屈错也。岐案：两夹之馔，方位顺同，非相对而陈也。

⑮亦在北墉下，统于豆。

⑯夹碑在鼎之中央也。醯在东，醯、谷，阳也。醢、肉，阴也。○疏云：瓮，

瓦器，其容一斛。《旊人》云："簋，实一斛。"又云："豆，实三而成斛。"四升曰豆，则瓮与簋同受斗二升也。《礼器》注云："壶大一石，瓦甒五斗。"即此壶大一石也。○瓮，乌弄反。

⑰饩，生也。牛羊，右手牵之。豕，束之，寝右，亦居其左。

⑱庭实固当庭中，言当中庭者，南北之中也。东西为列，列当醯醢南，亦相变也。此言中庭，则设碑近如堂深也。○上享时，直言庭实入设，不言中庭，则在东西之中，其南北三分庭一在南，此更言中庭，欲明南北之中也。上文公立于中庭，宰受币于中庭，皆南北之中也。知东西为列者，以经言"北上"，故知之。若南北纵陈，止得言东西，不得言北上。醯醢南北列，米筥东西列，是相变也。米在中庭，其北有醯醢夹碑，知碑之设，近庭北，如堂之深也。○筥，居吕反。行，户郎反。

⑲大夫之礼，米禾皆视死牢。秉、籔，数名也。秉有五籔，二十四斛也。籔，读若"不数"之"数"。今文"籔"或为"逾"。○疏云：饪一牢，腥二牢，是三牢死，故米禾皆三十车。十斗曰斛，十六斗曰籔，十籔曰秉，一秉十六斛，又五籔为八斛，是二十四斛也。○籔，色缕反。

⑳秅，数名也。三秅，千二百秉。○四百秉为一秅。○秅，丁故反。

㉑倍禾者，以其用多。薪从米，刍从禾，四者之车皆陈，北辀。凡此所以厚重礼也。《聘义》曰："古之用财不能均如此，然而用财如此其厚者，言尽之于礼也。尽之于礼，则内君臣不相陵，而外不相侵，故天子制之，而诸侯务焉尔。"○辀，丁留反。

㉒大夫，使者卿也。○大夫即君所使卿，韦弁者也。

㉓宾与使者揖而入。使者止执币，宾俟之于门内，谦也。古者天子适诸侯，必舍于大祖庙。诸侯行，舍于诸公庙。大夫行，舍于大夫庙。

㉔执其所以将命。

㉕皆，犹并也。使者尊，不后主人。

㉖让不言三，不成三也。凡升者，主人让于客三。敌者则客三辞，主人乃许升，亦道宾之义也。使者尊，主人三让，则许升矣。今使者三让，则是主人四让也。公虽尊，亦三让乃许升，不可以不下主人也。古文曰"三让"。○

注意谓凡升者必三让，敌者则客三辞，主人先升以道之，是成三让也。客尊，则主人三让而客即升，如此经大夫先升是也。主人三让，客不三辞，故云“不成三也”。假使客三辞而犹先升，则是主人四让矣，礼固无四让法也，故即经文大夫先升，知大夫未尝三辞，是谓不成三也。公虽尊，当其为主人，亦必三让乃先升，此主人自下之义也。

㉗北面于阶上也。

㉘大夫以束帛同致饔饩也，宾殊拜之，敬也，重君之礼也。○大夫东面致命，在西阶上也。宾降阶西再拜，东阶之西也。“殊拜”者，分别两次拜之，成拜讫，又降拜也。

㉙尊宾。○成拜处亦当东阶之西。

㉚趋主君命也。堂中西，中央之西。

㉛老，家臣也。宾出迎，欲傧之。

㉜宾先升，敌也，皆北面。

㉝乘，四马也。

㉞止不降，使之余尊。○主人降，宾亦降，敌体之礼也。今主人降，而大夫止，是使命之余尊。

㉟不言致命，非君命也。

㊱稽首，尊君客也。致对，有辞也。

㊲宾北面授，尊君之使。

㊳出庙门，从者亦讶受之。

㊴拜谢主君之恩惠于大门外。《周礼》曰：“凡宾客之治令讶听之。”此拜亦皮弁服。○《周礼·秋官》有“掌讶”，注引之者，明宾客发馆至朝来往，皆掌讶前驱为之导。

㊵饪鼎七，无鲜鱼、鲜腊也。宾、介皆异馆。○此下言下大夫馈上介。

㊶六者，宾西夹之数。

㊷凡所不贬者，尊介也。言如上宾者，明此宾客介也。○无东方之馔。

㊸凡，凡饪以下。○实其物，陈其位也。

㊹介不皮弁者，以其受大礼似宾，不敢纯如宾也。

㊺○使者受傧礼，当亦如卿受宾傧也。

㊻牢米不入门，略之也。米设当门，亦十为列，北上。牢在其南，西上。○此下言宰夫馈士介。

㊼执纼牵之，东面致命，朝服无束帛，亦略之。士介西面拜迎。○下《记》云“士馆于工商”，则此致者在工商之馆门外也。

㊽受，于牢东拜，自牢后适宰夫右受，由前东面授从者。

㊾既受，拜送之矣。明日，众介亦各如其受之服，从宾拜于朝。

宾朝服问卿。①卿受于祖庙。②下大夫摈。③摈者出请事，大夫朝服迎于外门外，再拜。宾不答拜，揖。大夫先入，每门每曲揖。及庙门，大夫揖入。④摈者请命。⑤庭实设四皮。⑥宾奉束帛入。三揖，皆行，至于阶，让。⑦宾升一等，大夫从，升堂，北面听命。⑧宾东面致命。⑨大夫降，阶西再拜稽首。宾辞，升成拜。受币堂中西，北面。⑩宾降，出。大夫降，授老币，无傧。⑪摈者出请事。宾面，如觌币。⑫宾奉币，庭实从。⑬入门右，大夫辞。⑭宾遂左。⑮庭实设，揖让如初。⑯大夫升一等，宾从之。⑰大夫西面，宾称面。⑱大夫对，北面当楣再拜，受币于楹间，南面，退，西面立。⑲宾当楣再拜送币，降，出。大夫降，授老币。

右宾问卿面卿

①不皮弁，别于主君。卿，每国三人。○自此至“如主人受币礼不拜”，皆言宾问主国卿大夫之事。宾初以君币问卿，次以私币面卿，次上介特面，次众介皆面，次上介以君币问下大夫尝使至者，次上介以私币面下大夫，凡六事，分为三节。次又设言大夫不见之礼。宾自聘觌主君礼毕，君送宾后，宾即请有事于大夫。至明日，拜饔饩于朝，返即备举此礼，此下宾问卿。

②重宾礼也。祖，王父也。○初宾请有事于大夫，君礼辞许，是以卿不敢更辞。

③无士摈者，既接于君所，急见之。○设摈多者，示相见有渐。卿与宾既接于君所，故不须士摈。

④入者，省内事也。既而俟于宁也。○疏云：宁，门屋宁也。不俟于庭，下君也。

⑤亦从入而出请，不几筵，辟君也。

⑥麋鹿皮也。

⑦皆犹并也。古文曰“三让”。

⑧宾先升，使者尊。

⑨致其君命。

⑩于堂中央之西受币，趋聘君之命。

⑪不傧宾，辟君也。

⑫面，亦见也。其谓之面，威仪质也。○此下宾面卿。

⑬庭实，四马。

⑭大夫于宾入，自阶下辞迎之。

⑮见，私事也。虽敌，宾犹谦，入门右，为若降等然。《曲礼》曰：“客若降等，则就主人之阶，主人固辞于客，然后客复就西阶。”

⑯大夫至庭中，旋并行。

⑰大夫先升，道宾。

⑱称，举也。举相见之辞以相接。

⑲受币楹间，敌也。宾亦振币进，北面授。

摈者出请事。上介特面，币如觌。介奉币。①皮，二人赞。②入门右，奠币，再拜。③大夫辞。④摈者反币。⑤庭实设，介奉币入，大夫揖让如初。⑥介升，大夫再拜受。⑦介降拜，大夫降辞。介升，再拜送币。⑧摈者出请。众介面，如觌币，入门右，奠币，皆再拜。大夫辞，介逆出。摈者执上币出，礼请受，宾辞。⑨大夫答再拜。摈者执上币，立于门中以相拜，士介皆辟。老受摈者币于中庭，士三人坐取群币以从之。摈者出请事。宾出，大夫送于外门外，再拜。宾不顾。⑩摈者退，大夫拜辱。⑪

右介面卿

①特面者，异于主君，士介不从而入也。君尊，众介始觌不自别也。上宾则众介皆从之。〇此下上介特面卿。注“上宾众介从之”者，谓宾问卿面卿时也。

②亦俪皮也。

③降等也。

④于辞，上介则出。

⑤出还于上介也。

⑥大夫亦先升一等。今文曰“入设”。

⑦亦于楹间南面而受。

⑧介既送币，降出也。大夫亦授老币。

⑨宾亦为士介辞。〇此下众介面卿。

⑩不顾，言去。

⑪拜送也。〇拜其相已行礼也。

下大夫尝使至者，币及之。①上介朝服，三介，问下大夫，下大夫如卿受币之礼。②其面，如宾面于卿之礼。③

右问下大夫

①尝使至己国，则以币问之也。君子不忘旧。〇此下问下大夫旧使己国者。

②上介三介，下大夫使之礼也。

③〇既致公币而又私面也。

大夫若不见，①君使大夫各以其爵为之受，如主人受币礼，不拜。②

右大夫代受币

①有故也。〇此下主国大夫不亲受币之礼。

②各以其爵，主人卿也，则使卿；大夫也，则使大夫。不拜，代受之耳，不当主人礼也。

夕，夫人使下大夫韦弁归礼。[1]堂上笾豆六，设于户东，西上，二以并，东陈。[2]壶设于东序，北上，二以并，南陈。醙、黍、清，皆两壶。[3]大夫以束帛致之。[4]宾如受饔之礼，傧之乘马、束锦。上介四豆、四笾、四壶，受之如宾礼。[5]傧之两马、束锦。明日，宾拜礼于朝。[6]

右夫人归礼宾介

①夕，问卿之夕也。使下大夫，下君也。君使之，云夫人者，以致辞当称寡小君。○自此至“宾拜礼于朝”，言主君夫人归礼于宾与上介。

②笾豆六者，下君礼也。臣设于户东，又辟馔位也。其设，脯其南醢，屈，六笾六豆。○疏云：先于北设脯，即于脯南设醢，又于醢东设脯，以次屈而陈之，皆如上也。

③醙，白酒也。凡酒，稻为上，黍次之，粱次之，皆有清白，以黍间清白者，互相备，明三酒六壶也。先言醙，白酒尊，先设之。○稻、黍、粱三酒，白者、清者各一壶，并之而陈也。疏曰：醙，白也，上言白，明黍、粱皆有白；下言清，明稻、黍亦有清，于清白中言黍，明醙即是稻，清即是粱也，故言“互相备”也。○醙，所九反。

④致夫人命也。此礼无牢，下朝君也。○夫人于来朝之君有牢，此于聘卿无牢，是下朝君。

⑤四壶，无稻酒也。不致牢，下于君也。

⑥于是乃言宾拜，明介从拜也。今文“礼”为“醴”。

大夫饩宾大牢，米八筐。[1]宾迎，再拜。老牵牛以致之，宾再拜稽首受。老退，宾再拜送。[2]上介亦如之。众介皆少牢，米六筐，皆士牵羊以致之。[3]

右大夫饩宾介

①其陈于门外，黍、粱各二筐，稷四筐，二以并，南陈，无稻。牲陈于后，东上，不馔于堂庭，辟君也。○自此至“牵羊以致之”，言主国大夫饩宾及介。《记》云：“凡饩，大夫黍、粱、稷筐五斛。”案《掌客》邻国之君来朝，卿皆见

以羔，膳太牢，侯伯子男膳特牛。彼又无筐米，此侯伯之臣得用太牢，有筐米者，彼为君礼，此是臣礼，各自为差降。

②老，室老，大夫之贵臣。

③米六筐者，又无粱也。士亦大夫之贵臣。○室老，家相也，士，邑宰也，故为大夫之贵臣。

公于宾，壹食再飨。[1]燕与羞，俶献，无常数。[2]宾介皆明日拜于朝。上介壹食壹飨。[3]若不亲食，使大夫各以其爵，朝服致之以侑币，如致饔，无傧。[4]致飨以酬币，亦如之。[5]大夫于宾，壹飨壹食。上介，若食若飨。若不亲飨，则公作大夫致之以酬币，致食以侑币。[6]

右主国君臣飨食宾介之法

①飨，谓亨太牢以饮宾也。《公食大夫礼》曰："设洗如飨。"则飨与食互相先后也。古文"壹"皆为"一"，今文"飨"皆为"乡"。○自此至"致食以侑币"，概言主国君臣，于宾介食飨燕献之数，及不亲食飨之法。食礼无酒，飨礼有酒。○食音嗣。

②羞，谓禽羞雁鹜之属，成熟煎和也。俶，始也。始献，四时新物，《聘义》所谓"时赐无常数"，由恩意也。古文"俶"作"淑"。○俶，昌淑反。鹜音木。

③飨食宾，介为介，从飨献矣，复特飨之，客之也。○飨礼介从飨，若食礼，介虽从入，不从食。

④君不亲食，谓有疾及他故也。必致之，不废其礼也。致之必使同班，敌者易以相亲敬也。致礼于卿，使卿；致礼于大夫，使大夫，非必命数也。无傧，以己本宜往。古文"侑"皆作"宥"。○侑币，食礼有侑食之币。《周礼·典命》大国小国卿、大夫命数不同，此所使致礼，但取爵同耳，不计命数也。食礼宾当往君所受礼，无傧使者之法。今虽使人致礼，以宾本宜赴庙，故仍无傧也。

⑤酬币，飨礼酬宾劝酒之币也，所用未闻也。礼币束帛乘马，亦不是过也。《礼器》曰"琥璜爵"，盖天子酬诸侯。

⑥作，使也。大夫有故，君必使其同爵者为之致之。列国之宾来，荣辱之事，君臣同之。○疏云：此直言飨食，不言燕，当亦有燕也。

君使卿皮弁，还玉于馆。①宾皮弁，袭，迎于外门外，不拜，帅大夫以入。②大夫升自西阶，钩楹。③宾自碑内听命，升自西阶，自左，南面受圭，退负右房而立。④大夫降中庭。宾降自碑内，东面，授上介于阼阶东。⑤上介出请，宾迎。大夫还璋，如初入。⑥宾裼，迎。大夫贿用束纺。⑦礼玉、束帛、乘皮，皆如还玉礼。⑧大夫出，宾送，不拜。

右还玉报享

①玉，圭也。君子于玉比德焉。以之聘，重礼也。还之者，德不可取于人，相切厉之义也。皮弁者，始以此服受之，不敢不终也。○自此至“宾送不拜”，言主君使卿诣宾馆还玉及报享之事。

②迎之不拜，示将去，不纯为主也。帅，道也。古[1]文曰“迎于门外”，古文“帅”为“率”。

③钩楹，由楹内，将南面致命。致命不东面，以宾在下也。必言钩楹者，宾在下，嫌楹外也。

④听命于下，敬也。自左南面，右大夫且并受也。必并受者，若乡君前耳。退，为大夫降逡遁。今文或曰“由自西阶”，无“南面”。○碑内，碑之北。听命毕，乃升受圭。受毕，大夫降，宾遂退，因负右房而立俟也。

⑤大夫降出，言中庭者，为宾降节也。授于阼阶东者，欲亲见贾人藏之也。宾还阼阶下西面立。○宾自阼阶向西阶，自西阶向阼阶，皆由碑内，虽升降西阶，宾不由西向堂涂也，故下经注云“出入犹东”。

⑥出请，请事于外以入告也。宾虽将去，出入犹东，唯升堂由西阶。凡介之位，未有改也。

⑦贿，予人财之言也。纺，纺丝为之，今之縳也。所以遗聘君，可以为衣服，相厚之至也。○縳，息绢反。

[1] 古，阮刻本《仪礼注疏》作“今”。

⑧礼，礼聘君也，所以报享也。亦言玉，璧可知也。今文“礼”皆作“醴”。○皆者，谓贿纺与礼玉二事，其升受皆如还玉之仪也。

公馆宾，①宾辟，②上介听命。③聘享，夫人之聘享，问大夫，送宾，公皆再拜。④公退，宾从，请命于朝。⑤公辞，宾退。⑥

右宾将行君馆宾

①为宾将去，亲存送之，厚殷勤，且谢聘君之义也。公朝服。○自此至“宾退”，言明日宾将发，君往存宾，宾来请命之事。馆宾者，拜宾于馆也。

②不敢受[1]国君见己于此馆也。此亦不见，言“辟”者，君在庙门，敬也。凡君有事于诸臣之家，车造庙门乃下。○注云“此亦不见”，亦劳宾时也。

③听命于庙门中，西面，如相拜然也。摈者每赞君辞，则曰：“敢不承命，告于寡君之老。”

④拜此四事，公东面拜，摈者北面。○摈者历举四事而君拜之。

⑤宾从者，实为拜主君之馆已也。言请命者，以已不见，不敢斥尊者之意。

⑥辞其拜也。退，还馆装驾，为旦将发也。《周礼》曰：“宾从，拜辱于朝，明日，客拜礼赐，遂行[2]。”

宾三拜乘禽于朝，讶听之。①遂行，舍于郊。②公使卿赠，如觌币。③受于舍门外，如受劳礼，无傧。④使下大夫赠上介，亦如之。使士赠众介，如其觌币。大夫亲赠，如其面币，无傧。赠上介亦如之。使人赠众介，如其面币。士送至于竟。

右宾行主国赠送

[1]“受”下，阮刻本《仪礼注疏》有“主”字，附校勘记：“徐本、《集释》、《通解》、杨氏同，毛本无主字。”

[2]“行”下，阮刻本《仪礼注疏》有“之”字。

①发去乃拜乘禽，明己受赐，大小无不识。○他赐皆即拜于朝，唯日归乘禽不胜其拜，故于发时，总三拜之。自此至“送至于竟”，言宾行主君赠送之礼。

②始发，且宿近郊，自展軨。

③赠，送也，所以好送之也。言如觌币，见为反报也。今文“公”为“君”。

④不入，无傧，明去而宜有已也。如受劳礼，以赠劳同节。

使者归，及郊，请反命。①朝服，载旜。②禳，乃入。③乃入，陈币于朝，西上。上宾之公币、私币皆陈，上介公币陈，他介皆否。④束帛各加其庭实，皮左。⑤公南乡。⑥卿进使者，使者执圭，垂缫，北面。上介执璋，屈缫，立于其左。⑦反命，曰：“以君命聘于某君，某君受币于某宫，某君再拜。以享某君，某君再拜。”⑧宰自公左受玉。⑨受上介璋，致命亦如之。⑩执贿币以告，曰：“某君使某子贿。”授宰。⑪礼玉亦如之。⑫执礼币，以尽言赐礼。⑬公曰：“然，而不善乎？”⑭授上介币，再拜稽首。公答再拜。⑮私币不告。⑯君劳之，再拜稽首。君答再拜。⑰若有献，则曰：“某君之赐也。⑱君其以赐乎？”⑲上介徒以公赐告，如上宾之礼。⑳君劳之，再拜稽首。君答拜。劳士介亦如之。㉑君使宰赐使者币，使者再拜稽首。㉒赐介，介皆再拜稽首。㉓乃退。㉔介皆送至于使者之门，㉕乃退揖。㉖使者拜其辱。㉗

右使者反命

①郊，近郊也。告郊人，使请反命于君也。必请之者，以己久在外，嫌有罪恶，不可以入。春秋时，郑伯恶其大夫高克，使之将兵，逐而不纳，此盖请而不得入。○自此至“拜其辱”，言使者归反命于朝。

②行时税舍于此郊，今还至此，正其故行服，以俟君命，敬也。古文“旜”作“膳”。

③禳，祭名也。为行道累历不祥，禳之以除灾凶。

④皆否者，公币、私币皆不陈。此币，使者及介所得于彼国君卿大夫之赠赐也。其或陈或不陈，详尊而略卑也。其陈之，及卿大夫处者待之，如夕币。其礼于君者不陈。上宾，使者。公币，君之赐也。私币，卿大夫之币也。他介，士介也。言他，容众从者。○注云“礼于君者不陈”，谓贿用束纺，礼玉、束帛、乘皮，不陈之者，以使者将亲执以告。

⑤不加于其皮上，荣其多也。○不令相掩蔽也。

⑥亦宰告于君，君乃朝服出门。左，南乡。○疏云：此陈币，当如初夕币之时，是以郑此注亦依夕币而言之。

⑦此主于反命，士介亦随入，并立，东上。○疏云：今此宾执圭，宾则裼。注言“亦”者，亦初行受于朝时。

⑧君亦揖使者进之，乃进反命也。某君，某国名也。某宫，若言桓宫、僖宫也。某君再拜，受[1]也。必言此者，明彼君敬己君[2]，不辱命。○注“君亦揖使者”，初受命于朝位，立定时，君揖，使者乃进受命，明反命亦然。

⑨亦于使者之东，同面并受也。不右使者，由便也。○疏云：此言“亦”者，亦于出使初受玉时，宰自公左授使者圭，同面。凡并授者，授由其右，受由其左。此受由其右者，因东藏之便。

⑩变反言致者，若云非君命也。致命曰：“以君命聘于某君夫人，某君再拜，以享于某君夫人，某君再拜。”不言受币于某宫，可知，略之。○受上介璋，宾受之也。宾受璋，当亦垂缫而致命。本以君夫人聘君夫人，但妇人无外事，亦君命之，故言“致命”，若非君命然也。

⑪某子，若言高子、国子。凡使者所当以告君者，上介取以授之，贿币在外也。

⑫亦执束帛加璧也。告曰：“某君使某子礼。”宰受之，士随自后，左士介，受乘皮如初。上介出取玉束帛，士介后取皮也。○宾将告君之时，上介出取玉帛，士介取皮，宾执玉帛以告，宰受玉帛，士即自士介后居其右而受皮，

[1]“受”上，阮刻本《仪礼注疏》有“谓再拜”三字，附校勘记：“‘谓再拜’三字，陈、闽、监、葛、《通解》俱脱。”

[2]“己君”二字，阮刻本《仪礼注疏》作“君己”，附校勘记：“‘君己’二字，闽、监、葛本、《集释》俱倒。”

向东藏之。

⑬礼币，主国君初礼宾之币也。以尽言赐礼，谓自此至于赠。○自郊劳至赠行，八度礼宾，皆有币，执郊劳之币而历举其全以告也。○尽，津忍反。

⑭善其能使于四方。而，犹女也。

⑮授上介币，当拜公言也。不授宰者，当复陈之。

⑯亦略卑也。

⑰劳之以道路勤苦。

⑱言此物某君之所赐予为惠者也。其所献虽珍异，不言其[1]为彼君服御物，谦也。其大夫出，反必献，忠孝也。

⑲不必其当君也。献不拜者，为君之答己也。○所献是宾人己之物，盖彼国之君于常币外别有赐予者。曰“君其以赐乎”，言未必可当君用，或以为赐下之需乎？

⑳徒谓空手，不执其币。

㉑士介四人，旅答壹拜，又贱也。○疏云：上介再拜稽首，君答拜，不言再拜，则君答上介一拜矣。劳士介不言皆，则总答一拜矣。劳上介，君答一拜，已是贱，士介四人共答一拜，故云“又贱也”。此一拜答臣下，《周礼》九拜“七曰奇拜”是也。

㉒以所陈币赐之也。礼，臣子，人赐之而必献之君父，不敢自私服也。君父因以予之，则拜受之，如更受赐也。既拜，宰以上币授之。

㉓士介之币，皆载以造朝，不陈之耳。与上介同受赐命，俱拜。既拜，宰亦以上币授上介。

㉔君揖入，皆出去。

㉕将行，俟于门，反又送于门，与尊长出入之礼也。

㉖揖别也。

㉗随谢之也。再拜上介，三拜士介。○士三人每人一拜，士卑。

[1] 其，阮刻本《仪礼注疏》作“某”。

释币于门。[①]乃至于祢，筵几于室，荐脯醢。[②]觞酒陈。[③]席于阼，[④]荐脯醢，[⑤]三献。[⑥]一人举爵，[⑦]献从者，[⑧]行酬，乃出。[⑨]上介至，亦如之。

右使还奠告

①门，大门也。主于闑，布席于闑西阈外，东面，设洗于门外东方，其余如初于祢时。出于行，入于门，不两告，告所先见也。○自此至“亦如之”，言使还礼门奠祢之事。

②告反也。荐，进也。

③主人酌进奠，一献也。言陈者，将复有次也。先荐后酌，祭礼也。行释币，反释奠，略出谨入也。

④为酢主人也。酢主人者，祝取爵酌，不酢于室，异于祭。

⑤成酢礼也。

⑥室老亚献，士三献也。每献奠，辄取爵酌主人，自酢也。○注当以“辄取爵酌主人”为句，言室老酌主人，因自酢也。疏于“酌”字句，未是。

⑦三献礼成，更起酒也。主人奠之，未举也。

⑧从者，家臣从行者也。主人献之，劳之也。皆升饮酒于西阶上，不使人献之，辟国君也。

⑨主人举奠酬从者，下辩，室老亦与焉也。

聘遭丧，入竟，则遂也。[①]不郊劳，[②]不筵几，[③]不礼宾。[④]主人毕归礼，[⑤]宾唯饔饩之受。[⑥]不贿，不礼玉，不赠。[⑦]遭夫人、世子之丧，君不受，使大夫受于庙，其它如遭君丧。[⑧]遭丧，将命于大夫，主人长衣练冠以受。[⑨]

右遭所聘国君丧及夫人世子丧

①遭丧，主国君薨也。入竟则遂，国君以国为体，士既请事，已入竟矣。关人未告，则反。○自此至“卒殡乃归”，皆聘者遭丧之礼。或所聘国君薨及夫人世子丧，或出聘后本国君薨，或聘宾有私丧，或宾死及介死，凡四节。

②子未君也。

③致命不于庙，就尸柩于殡宫，又不神之。

④丧降事也。○疏曰：云“不礼”者，谓既行聘享讫，不以醴酒礼宾也。

⑤宾所饮食不可废也。礼，谓饔饩飧食。

⑥受正不受加也。○疏曰：饔饩大礼是其正，自飧食之等是其加也。

⑦丧杀礼，为之不备。○贿谓束纺；礼玉，谓以束帛、乘皮报享；赠谓宾出至郊，以物赠之。

⑧夫人、世子死，君为丧主，使大夫受聘礼，不以凶接吉也。其它，谓礼所降。○“礼所降”，谓郊劳、礼宾、飧食、贿赠之类。

⑨遭丧，谓主国君薨，夫人、世子死也。此三者，皆大夫摄主人。长衣，素纯布衣也。去衰易冠，不以纯凶接纯吉也。吉时在里为中衣，中衣、长衣，继皆掩尺，表之曰深衣，纯袂寸半耳。君丧不言使大夫受，子未君，无使臣义也。○疏云：向来所释，皆是君主始薨。假令君薨逾年，嗣子即位，邻国朝聘，以吉礼受之于庙，虽逾年而未葬，则亦使人受之。

聘，君若薨于后，入竟则遂。①赴者未至，则哭于巷，衰于馆。②受礼，③不受飧食。④赴者至，则衰而出，⑤唯稍受之。⑥归，执圭复命于殡，升自西阶，不升堂。⑦子即位，不哭。⑧辩复命，如聘。⑨子臣皆哭。⑩与介入，北乡哭。⑪出，袒括发。⑫入门右，即位踊。⑬

右出聘后本国君丧

①既接于主国君也。

②未至，谓赴告主国君者也。哭于巷者，哭于巷门，未可为位也。衰于馆，未可以凶服出见人。其聘享之事，自若吉也。今文“赴”作“讣”。

③受饔饩也。

④亦不受加。

⑤礼为邻国阙，于是可以凶服将事也。○“礼为邻国阙”，襄公二十三年《传》语，谓邻国有丧，为之彻乐也。

⑥稍，禀食也。○饔饩亦不受矣。

⑦复命于殡者，臣子之于君父，存亡同。

⑧将有告请之事，宜清净也。不言世子者，君薨也。诸臣待之，亦皆如朝夕哭位。

⑨自陈币至于上介，以公赐告，无劳。○遍复命于殡，如聘礼之常，但不代君作劳辞耳。

⑩使者既复命，子与群臣皆哭。

⑪北乡哭，新至别于朝夕。○疏云：复命之时，介在币南，北面，去殡远。复命讫，除去币，宾更与介前入近殡，北向哭。朝夕哭位在阼阶下，西面，今宾介新至，故于殡前北乡也。

⑫悲哀变于外，臣也。○子奔丧则袒括发于殡东矣。

⑬从臣位，自哭至踊，如奔丧礼。

若有私丧，则哭于馆，衰而居，不飨食。①归，使众介先，衰而从之。②

右宾聘有私丧

①私丧，谓其父母。哭于馆，衰而居，不敢以私丧自闻于主国，凶服于君之吉使。《春秋传》曰："大夫以君命出，闻丧，徐行而不反。"○"衰而居"，谓服衰居馆，行聘享，即皮弁吉服。《春秋传》，宣公八年《公羊传》文。

②已有齐斩之服，不忍显然趋于往来，其在道路，使介居前，归又请反命，已犹徐行随之。君纳之，乃朝服，既反命，出公门，释服，哭而归。其它如奔丧之礼。吉时道路深衣。

宾入竟而死，遂也。主人为之具，而殡。①介摄其命。②君吊，介为主人。③主人归礼币，必以用。④介受宾礼，无辞也。⑤不飨食。⑥归，介复命，柩止于门外。⑦介卒复命，出，奉柩送之。君吊，卒殡。⑧若大夫介卒，亦如之。⑨士介死，为之棺敛之，⑩君不吊焉。⑪若宾死，未将命，则既敛于棺，造于朝，介将命。⑫若介死，归复命，唯上介造于朝。若介死，虽士介，宾既复命，往，卒殡乃归。⑬

右出聘宾介死

①具，谓始死至殡所当用。○疏云：若未入竟，即反来。殡非谓殡于馆，敛于棺而已。

②为致聘享之礼也。初时，上介接闻命。○上介接闻君命，故宾死得摄其命。

③虽有臣子亲姻[1]，犹不为主人，以介与宾并命于君，尊也。

④当中奠赠诸丧具之用，不必如宾礼。

⑤介受主国宾己之礼，无所辞也。以其当陈之以反命也。有宾丧，嫌其辞之。○主国待宾之礼，介代为受而不辞。

⑥○前经云："上介壹食、壹飨。"

⑦门外，大门外也。必以柩造朝，达其忠心。○疏云：君有三门：皋、应、路；又有三朝：内朝在路寝庭，正朝在路门外，应门外无朝，外朝应在皋门外。经直云"止于门外"，无入门之言，明知止于大门外，外朝之上。

⑧卒殡，成节乃去。○柩既殡，君与大夫乃尽去，以殡是丧之大节。

⑨不言上介者，小聘，上介，士也。○"亦如之"，谓在聘国及反本国诸事。

⑩不具他衣物也，自以时服也。

⑪主国君使人吊，不亲往。

⑫未将命，请[2]俟间之后也。以柩造朝，以已至朝，志在达君命。○疏云：上介国外死，不以柩造朝可知。

⑬往，谓送柩。

小聘曰问。不享，有献，不及夫人。主人不筵几，不礼。面不升，不郊劳。①其礼，如为介，三介。②

右小聘

[1] 姻，阮刻本《仪礼注疏》作"因"，附校勘记："徐本同，毛本、《集释》、《通解》、杨氏'因'俱作'姻'。"

[2] 请，阮刻本《仪礼注疏》作"谓"，附校勘记："徐本、《集释》、《通解》杨、敖同，毛本'谓'作'请'。"

①记贬于聘，所以为小也。献，私献也。面犹觌也。○前经既详聘礼，未复言小聘之异。“不礼”者，聘讫，不以醴礼宾也。“面不升”者，谓私觌庭中受之，不升堂也。

②如为介，如为大聘上介。○礼，主国待宾之礼，谓饔饩食飧之属，如待大聘时大夫之为上介者，其宾则士三人为之介也。

记

久无事，则聘焉。①若有故，则卒聘。束帛加书将命，百名以上书于策，不及百名书于方。②主人使人与客读诸门外。③客将归，使大夫以其束帛反命于馆。④明日，君馆之。⑤

右记有故卒聘致书之事

①事，谓盟会之属。

②故，谓灾患及时事相告请也。将犹致也。名，书文也，今谓之字。策，简也。方，板也。○“有故”，如告籴、乞师之类。“卒聘”，仓猝而聘，不待殷聘之期也。字多书于策，策以众简编连也；字少书于方，一板可尽也。

③受其意，既聘享，宾出而读之[1]。不于内者，人稠处严，不得审悉。主人，主国君也。人，内史也。书必玺之。○“读诸门外”，就门外燕闲之处读之。

④为书报也。

⑤既报，馆之，书问尚疾也。

既受行，出，遂见宰，问几月之资。①使者既受行日，朝同位。②出祖，释軷，祭酒脯，乃饮酒于其侧。③

右记使者受命将行之礼

①资，行用也。古者君臣谋密草创，未知所之远近，问行用，当知多少而已。古文“资”作“赍”。○赍，子兮反。

[1]阮刻本《仪礼注疏》此处“读之”二字重出，附校勘记：“徐本、《集释》、杨氏同，毛本、《通解》不重出‘读之’二字。”

②谓前夕币之间，同位者，使者北面，介立于左少退，别于[1]其处臣也。○未受命行以前，卿、大夫、士面位各异。

③祖，始也。既受聘享之礼，行出国门，止陈车骑，释酒脯之奠于軷，为行始也。《诗传》曰："軷，道祭也。"谓祭道路之神。《春秋传》曰："軷涉山川。"然则軷，山行之名也。道路以险阻为难，是以委土为山，伏[2]牲其上，使者为軷祭，酒脯祈告也。卿大夫处者，于是饯之，饮酒于其侧。礼毕，乘车轹之而遂行，舍于近郊矣。其牲，犬羊可也。古文"軷"作"祓"。○疏曰：在国内释币于行者，谓平适道路之神；出国门释奠于軷者，谓山行道路之神。○軷，蒲末反。骑，其义反。轹，力狄反。

所以朝天子，圭与缫皆九寸，剡上寸半，厚半寸，博三寸，缫三采六等，朱白苍[3]。①问诸侯，朱绿缫，八寸。②皆玄纁系，长尺，绚组。③问大夫之币，俟于郊，为肆，又赍皮马。④

右记朝聘玉币

①圭，所执以为瑞节也。剡上，象天圆[4]地方也。杂采曰缫，以韦衣木板，饰以三色。再就，所以荐玉，重慎也。九寸，三[5]公之圭也。古文"缫"或作"藻"，今文作"璪"。○疏云：凡圭，天子镇圭，公桓圭，侯信圭，皆博三寸，厚半寸，剡上左右各寸半，唯长短依命数不同。以韦衣木板，木板大小一如玉制，然后以韦衣包之，大小一如其板。经云"三采六等"，注云"三色再就"，就即等也。一采为再就，三采即六等也。一匝为一就，三采据公侯伯，

[1] 于，阮刻本《仪礼注疏》无，附校勘记："毛本'别'下有'于'字，徐本、《集释》、《通解》、杨氏俱无。张氏曰：'注曰："少退，别其处。"按《释文》"别于"之注云"别处同"，"别处"谓此也，无"其"字，从《释文》。'○按张引注亦无'于'字，又据《释文》去'其'字，与疏合，惟前经'使者北面'节疏引此注无'于'字而有'其'字。"

[2] "伏"上，阮刻本《仪礼注疏》有"或"字，附校勘记："毛本无'或'字，徐本、《集释》、《通解》、杨氏俱有，与疏合。"

[3] 苍，阮刻本《仪礼注疏》作"仓"，附校勘记："苍，唐石经、严本、《集释》、敖氏俱作'仓'，与单疏标目合，《通解》、杨氏、毛本俱作'苍'。"

[4] 圆，阮刻本《仪礼注疏》作"圜"，附校勘记："徐本、《通解》、杨氏同，毛本'圜'作'圆'。"

[5] 三，阮刻本《仪礼注疏》作"上"，附校勘记："严本、《集释》、《通解》、杨氏、敖氏同，毛本'上'作'三'。"

天子五采,子男则二采。

②二采再就,降于天子也。于天子曰朝,于诸侯曰问,记之于聘,文互相备。○降于天子,降于朝天子也。疏谓:诸侯自相朝亦同,圭与缫九寸,侯伯以下依命数。诸侯遣臣问天子圭与缫亦八寸,故注云"于天子曰朝,于诸侯曰问,文互相备也"。又云:此言八寸,据上公之臣,侯伯之臣则六寸,子男之臣则四寸,各下其君二等。

③采成文曰绚。系,无事则以系玉,因以为饰,皆用五采组,上以玄,下以绛为地。今文"绚"作"約"。○缫以藉玉,系以联玉与缫,组即所以饰系者,其质上玄下纁,而又加五采之组也。○系音计。长,直亮反。组音祖。約音巡。

④肆,犹陈列也。赍,犹付也。使者既受命,宰夫载问大夫之礼待于郊,陈之为行列,至则以付之也。使者初行,舍于近郊。币云肆,马云赍,因其宜,亦互文也。不于朝付之者,辟君礼也。必陈列之者,不夕也。古文"肆"为"肄"。○赍,子兮反。

辞无常,逊而说。①辞多则史,少则不达。②辞苟足以达,义之至也。③辞曰:"非礼也,敢。"对曰:"非礼也,敢。"④

记修辞之节因及辞对二言

①孙,顺也。大夫使,受命不受辞,辞必顺且说。○孙音逊。说音悦。

②史,谓策祝。

③至,极也。今文"至"为"砥"。○聘问之辞,难豫为成说,其大要在谦逊而和悦,辞多则近史祝,辞少则不足以达意,苟足以达意,而又不失之多,修辞之义,于是为至。

④辞,不受也。对,答问也。二者皆卒曰敢,言不敢。

卿馆于大夫,大夫馆于士,士馆于工商。①管人为客,三日具沐,五日具浴。②

记宾馆

①馆者必于庙,不馆于敌者之庙,为大尊也。自官师以上,有庙有寝,

工商则寝而已。

②管人，掌客馆者也。客，谓使者下及士介也。

飧不致。①宾不拜，②沐浴而食之。③

记设飧

①不以束帛致命，草次馔，飧具轻。

②以不致命。

③自洁清，尊主国君赐也。记此，重者沐浴可知。〇重者谓饔饩。

卿，大夫讶。大夫，士讶。士皆有讶。①宾即馆，讶将公命，②又见之以其摰。③宾既将公事，复见讶[1]以其摰。④

记宾讶往复之礼

①卿，使者。大夫，上介也。士，众介也。讶，主国君所使迎待宾者，如今使者护客。〇按《周礼·秋官》有掌讶，彼谓天子设官，此诸侯因宾至，以降一等者讶之，使待事于客，通所求索也。

②使已迎待之命。〇谓以君使已迎待之命告之于宾。

③又，复也。复以私礼见者，讶将舍于宾馆之外，宜相亲也。大夫讶者执雁，士讶者执雉。

④既，已也。公事，聘享问大夫。复，报也。使者及上介执雁，群介执雉，各以见其讶。

凡四器者，唯其所宝，以聘可也。①

释聘用圭璧之故

①言国独以此为宝也。四器，谓圭、璋、璧、琮。〇注据公侯伯而言，若子男聘用璧、琮，享用琥、璜，四器唯其所宝，故以行聘，非所宝，则不足以通

[1] “见讶”二字，阮刻本《仪礼注疏》作“见之”，附校勘记：“之，《唐石经》、徐本、《集释》、《要义》、敖氏俱作‘之’，《通解》、杨氏俱作‘讶’；《石经考文提要》曰：‘监本作“见讶”，此因《仪礼经传通解》之误，《通解》引此记与上文“又见之以其摰”不相属，故改为“讶”，传写者不知其意而沿之。’”

诚好矣。

宗人授次。次以帷。少退于君之次。①

记授宾次

①主国之门外，诸侯及卿大夫之所使者，次位皆有常处。○疏云：朝聘、陈宾介，上公九十步，侯伯七十步，子男五十步，使其臣聘又各降二等，其次皆依其步数，就西方而置之。未行礼之时，止于次中，至将行礼，宾乃出次。凡为次，君次在前，臣次在后，故云“少退于君之次”。

上介执圭，如重，授宾。①宾入门，皇；升堂，让；将授，志趋。②授如争承，下如送；君还，而后退。③下阶，发气，怡焉；再三举足，又趋。④及门，正焉。⑤执圭，入门，鞠躬焉，如恐失之。⑥及享，发气焉，盈容。⑦众介北面，跄焉。⑧私觌，愉愉焉。⑨出，如舒雁。⑩皇，且行；入门主敬，升堂主慎。⑪

右三记宾介聘享之容

①慎之也。《曲礼》曰：“凡执主器，执轻如不克。”○此谓将聘主君庙门外，上介屈缫授宾时。

②皇，自庄盛也。让，谓举手平衡也。志，犹念也。念趋，谓审行步也。孔子之执圭，鞠躬如也，如不胜，上如揖，下如授，勃如战色，足蹜蹜如有循。古文“皇”皆作“王”。○疏云：“宾入门，皇”，谓未至堂时。“升堂，让”，谓升堂东面向主君之时。“将授，志趋”，谓宾执玉向楹，将授玉之时，念乡入门在庭时，执玉徐趋，今当亦然。愚谓注所云“审行步”者，谓审乎君行一、臣行二之节也。疏又云：《曲礼》云“执天子之器则上衡”，注云：“谓高于心。”“国君则平衡”，注云：“谓与心平。”

③争，争斗之争[1]，重失队也。而后，犹然后也。○疏云：授谓就东楹授玉于主君时，如与人争接取物，恐失坠。“下如送”者，谓聘享每讫，君实不送，而宾之敬如君送然。君回还，宾则退出庙门，更行后事，非谓宾出大门

[1]“争，争斗之争”五字，阮刻本《仪礼注疏》无。

也。愚谓“下如送”当与《论语》“下如授”同解，言其授玉时手容也。“君还”谓君转身将授玉于宰，而后宾退而下阶。若以下为下阶，退为出庙门，恐非文次。

④发气，舍息也。再三举足，自安定，乃复趋也。至此云举足，则志趋卷豚[1]而行也。孔子之升堂，鞠躬如也，屏气似不息者，出降一等，逞颜色，怡怡如也。没阶，趋进，翼如也。○豚，大本反。

⑤容色复故，此皆心变见于威仪。○出门将更行后事。此皆心变见于威仪，统指宾入门以下而言。

⑥记异说也。○疏云：亦谓方聘执圭入庙门时。

⑦发气[2]，舍气也。孔子之于享礼，有容色。○注：“舍气”即舍息。

⑧容貌舒扬。○疏云：此谓宾行聘，众介从，入门左，北面。

⑨容貌和敬。○疏云：舒于盈容也。

⑩威仪自然而有行列。舒雁，鹅也。○兼指宾介。○疏云：此出庙门之外，又舒缓于愉愉也。

⑪复记执玉异说。

凡庭实，随入，左先，皮马相间可也。①宾之币，唯马出，其余皆东。②多货，则伤于德。③币美，则没礼。④贿，在聘于贿。⑤

记庭实货币之宜

①随入，不并行也。间，犹代也。土物有宜，君子不以所无为礼，畜兽同类可以相代。古文“间”作“干”。

②马出，当从厩也。余物皆东，藏之内府。

③货，天地所化生，谓玉也。君子于玉比德焉。朝聘之礼，以为瑞节，重礼也。多之则是主于货，伤败其为德。○圭璧、璋琮聘享君与夫人各用一而已，本取相厉以德，多之，是所重在货而伤于德也。

---

[1] 豚，阮刻本《仪礼注疏》作“遯”，附校勘记：“毛本、《要义》‘遯’作‘豚’。”
[2] “发气”二字，阮刻本《仪礼注疏》作“发”，附校勘记：“徐本同，毛本‘发’下有‘气’字。”

④币,人所造成,以自覆币,谓束帛也。受[1]之斯欲衣食之,君子之情也,是以享用币,所以副忠信,美之,则是主于币,而礼之本意不见也。○注"以自覆币"谓束帛也,"币"字疑当作"蔽"字,自覆蔽谓其可为衣也。"受之"当作"爱之"。忠信,即其爱之之情。

⑤贿,财也。于读曰为。言主国礼宾,当视宾之聘礼,而为之财也。宾客者,主人所欲丰也。若苟丰之,是又伤财也。《周礼》曰:"凡诸侯之交,各称其邦而为之币,以其币为之礼。"古文"贿"皆作"悔"。○在,视也。贿谓贿用束纺,礼用玉帛、乘皮及赠之属是也。

凡执玉,无藉者袭。①

记袭裼之节

①藉,谓缫也。缫所以组藉玉。○按疏以屈缫为无藉,垂缫为有藉,又以缫有二种,其说愈支而难通。《曲礼》陈氏注云:"所谓无籍,谓圭璋特达,不加束帛,当执圭璋之时,其人则袭。有藉者谓璧琮加于束帛之上,当执璧琮时,其人则裼。"此定说也。又按《曲礼》郑注亦云:"圭璋特而袭,璧琮加束帛而裼。"疏引熊氏云:"朝时用圭璋特,宾主俱袭,行享时用璧琮加束帛,宾主俱裼亦是也。"先儒已有此说,亦非陈氏创为之也。

礼,不拜至。①醴尊于东厢[2],瓦大一,有丰。②荐脯五職,祭半職,横之。③祭醴,再扱,始扱一祭,卒再祭。④主人之庭实,则主人遂以出,宾之士讶受之。⑤

记公礼宾仪物

①以宾不于是始至。今文"礼"为"醴"。○礼为聘享毕,公礼宾也。疏以为聘时,似非经意。

②瓦大,瓦尊。丰,承尊器,如豆而卑。○大音泰。

[1]受,阮刻本《仪礼注疏》作"爱",附校勘记:"《要义》俱作'爱',与注合,下同,毛本作'受'。"据下文张尔岐说,作"爱"是。

[2]厢,阮刻本《仪礼注疏》作"箱",附校勘记:"毛本'箱'作'厢',《唐石经》、徐、陈、《集释》俱作'箱'。○按上经'宰夫实觯以醴'疏引,作'箱'是正字,'厢'是俗字。"

③膱，脯如版然者，或谓之脡，皆取直貌焉。○脡，大顶反。

④卒，谓后扱。○扱，初洽反。

⑤此谓余三马也，左马，宾执以出矣。士，士介从者。○主人牵者从宾以出，至门外，士介迎受之。

既觌，宾若私献，奉献，将命。①摈者入告，出礼辞。②宾东面坐奠献，再拜稽首。③摈者东面坐取献，举以入告，出，礼请受。④宾固辞，公答再拜。⑤摈者立于阈外以相拜，宾辟。⑥摈者授宰夫于中庭。⑦若兄弟之国，则问夫人。⑧

记觌后宾私献

①时有珍异之物，或宾奉之，所以自序尊敬也，犹以君命致之。

②辞其献也。

③送献不入者，奉物礼轻。

④东面坐取献者，以宜并受也。其取之，由宾南而自后右宾[1]也。

⑤拜受于宾也，"固"亦衍字。

⑥相，赞也。古文"阈"为"蹙"。

⑦东藏之，既乃介觌。

⑧兄弟，谓同姓若婚姻甥舅有亲者。问，犹遗也，谓献也。不言献者，变于君也。非兄弟，献不及夫人。

若君不见，①使大夫受。②自下听命，自西阶升受，负右房而立。宾降亦降。③不礼。④

记君不亲受之礼

①君有疾若他故，不见使者。

②受聘享也，大夫，上卿也。

③此仪如还圭然，而宾大夫易处耳。今文无"而"。○还圭之仪见前经。

[1]宾，阮刻本《仪礼注疏》作"客"。

④辟正主也。○聘享讫，以醴礼宾，主君之礼也。

币之所及，皆劳，不释服。①

记大夫劳宾

①以与宾接于君所，宾又请有事于己，不可以不速也。所不及者，下大夫未尝使者也。不劳者，以先是宾请有事于己同类，既闻彼为礼所及，则己往有嫌也。所以知及不及者，宾请有事，固曰某子某子。

赐饔，唯羹饪。筮一尸，若昭若穆。①仆为祝。祝曰："孝孙某，孝子某，荐嘉礼于皇祖某甫，皇考某子。"②如馈食之礼。③假器于大夫。④肦肉及廋、车。⑤

记宾受饔而祭

①羹饪，谓饪一牢也。肉谓之羹，唯是祭其先，大礼之盛者也。筮尸若昭若穆，容父在，父在则祭祖，父卒则祭祢。腥饩不祭，则士介不祭也。士之初行，不释币于祢，不祭可也。古文"羹"为"羔"，"饪"作"腍"。○腍，而甚反。

②仆为祝者，大夫之臣摄官也。○上文云"若昭若穆"，故此亦两言之。○祝祝，上之六反，下之又反。

③如少牢馈食之礼，不言少牢，今以大牢也。今文无"之"。○疏云：致爵、加爵，及献兄弟弟子等，固当略之。

④不敢以君之器为祭器。

⑤肦犹赋也。廋，廋人也。车，巾车也。二人掌视车马之官也。赋及之，明辩也。古文"肦"作"纷"。○祭讫颁胙无不遍也。《夏官》廋人职掌养马。○肦音班。廋，所求反。

聘日致饔。明日，问大夫。①夕，夫人归礼。②既致饔，旬而稍，宰夫始归乘禽，日如其饔饩之数。③士中日则二双。④凡献，执一双，委其余于面。⑤禽羞、俶献比。⑥

记宾主行礼之节，次及禽献之等杀

①不以残日问人，崇敬也。古文曰“问夫人也”。

②与君异日，下之也。今文“归”作“馈”。

③稍，禀食也。乘谓[1]乘行之禽也，谓雁鹜之属。其归之，以双为数。其，宾与上介也。古文“既”为“饩”。○十日之后，宾不得时反，则致稍禀与乘禽、雁鹜之属，行有行列，故曰乘禽。如饔饩之数者一牢当一双，故《聘义》云“乘禽日伍双”，是饔饩五牢者也。上介则日三双，士介日一双。

④中，犹间也。不一日一双，大寡，不敬也。

⑤执一双，以将命也。面，前也。其受之，止[2]上介受以入告之，士举其余从之，宾不辞，拜受于庭。上介执之，以相拜于门中，乃入授人。上介受，亦如之。士介拜受于门外。

⑥比，放也。其致之，礼如乘禽也。禽羞，谓成熟有齐和者。俶献，四时珍美新物也。俶，始也，言其始可献也。《聘义》谓之时赐。

归大礼之日，既受饔饩，请观。①讶帅之，自下门入。②

记宾游观

①聘于是国，欲见其宗庙之好，百官之富，若无[3]尊大之焉。

②帅犹道也。从下门外入，游观非正也。

各以其爵，朝服。①士无饔，无饔者无傧。②

记士介之杀礼

①此句[4]宜在“凡致礼”下。

②谓归饩也。

---

[1] 谓，阮刻本《仪礼注疏》作“禽”，附校勘记：“严本、《集释》、敖氏同，毛本上‘禽’字作‘谓’。”

[2] 止，阮刻本《仪礼注疏》作“也”，附校勘记：“徐本、《集释》、杨、敖同，毛本、《通解》‘也’作‘止’。”

[3] 无，阮刻本《仪礼注疏》作“尤”，是，此本形近而误。

[4] “此句”下，阮刻本《仪礼注疏》有“亦非其次”四字，“下”下有“绝烂在此”四字，附校勘记：“毛本、《通解》俱脱‘似非其次、绝烂在此’八字，徐本、《集释》、敖氏俱有，与此本标目合。”

大夫不敢辞，君初为之辞矣。①凡致礼，皆用其飨之加笾豆。②无饔者无飨礼。③

记不亲飨与无飨

①此句[1]宜在"明日问大夫"之下。

②凡致礼，谓君不亲饔宾及上介，以酬币致其礼也。其，其宾与上介也。加笾豆，谓其实也，亦实于瓮筐。飨礼今亡。

③士介无飨礼。

凡饩，大夫黍、粱、稷，筐五斛。①

记大夫饩宾、上介之实与器

①谓大夫饩宾、上介也。器寡而大，略。

既将公事，宾请归。①凡宾拜于朝，讶听之。②

记宾请归拜赐

①谓已问大夫，事毕请归，不敢自专，谦也。主国留之，飨食燕献无日数，尽殷勤也。

②拜，拜赐也。唯稍不拜。

燕则上介为宾，宾为苟敬。①宰夫献。②

记燕聘宾之礼

①飨食，君亲为主，尊宾也。燕，私乐之礼，崇恩杀敬也。宾不欲主君复举礼事礼己，于是辞为宾，君听之。从诸公之席，命为苟敬。苟敬者，主人所以小敬也。更降迎其介以为宾。介，大夫也。虽为宾，犹卑于君，君则不与亢礼也。主人所以致敬者，自敌以上。

②为主人代公献。

[1] "此句"下，阮刻本《仪礼注疏》有"亦非其次"四字，附校勘记："毛本脱'亦非其次'四字，徐本、《集释》俱有，《通解》作'此宜在明日问大夫下'。"

无行，则重贿反币。①

记特聘宜加礼

①无行，谓独来，复无所之也。必重其贿与反币者，使者归，以得礼多为荣，所以盈聘君之意也。反币，谓礼玉、束帛、乘皮，所以报聘君之享礼也。昔秦康公使西乞术聘于鲁，辞孙而说。襄仲曰："不有君子，其能国乎？"厚贿之。此谓重贿反币者也。今文曰"贿反币"。

曰："子以君命在寡君，寡君拜君命之辱。"①"君以社稷故，在寡小君，拜。"②"君贶寡君，延及二三老，拜。"③又拜送。④

记公馆宾拜四事之辞

①此赞君拜聘享辞也。在，存也。〇此及下三节即前经公馆宾宾辟时公皆再拜之四事，此其赞拜之辞也。

②此赞拜夫人聘享辞也。言君以社稷故者，夫人与君敌体[1]，不敢当其惠也。其卒亦曰："寡君拜命之辱。"

③此赞拜问大夫之辞。贶，赐也。大夫曰老。

④拜送宾也。其辞盖云："子将有行，寡君敢拜送。"此宜承上君馆之下。

宾于馆堂楹间，释四皮、束帛。宾不致，主人不拜。①

宾谢馆主人

①宾将遂去是馆，留礼以礼主人，所以谢之。不致，不拜，不以将别崇新敬也。

大夫来使，无罪，飨之；①过则饩之。②其介为介。③有大客后至，则先客不飨食，致之。④

记飨不飨之宜

①乐与嘉宾为礼。

[1]"敌体"二字，阮刻本《仪礼注疏》作"体敌"。

②饩之，生[1]致其牢礼也。其致之辞，不云“君之有故”耳。《聘义》曰：“使者聘而误，主君不亲飨食，所以愧厉之也。”不言罪者，罪将执之。○君有故，亦不亲飨。此以使者有过，不飨，故致辞异也。

③飨宾有介者，尊宾[2]行敌礼也。○疏云：饗宾于庙之时，还以聘之上介为介。上经云“上介一食一飨”，则是从宾为介之外，复别飨也。

④卑不与尊[3]齐礼。

唯大聘有几筵。①

记受聘大小不同

①谓受聘享时也。小聘轻，虽受于庙，不为神位。

十斗曰斛，十六斗曰薮，十薮曰秉。①二百四十斗。②四秉曰筥。③十筥曰稯。十稯曰秅。四百秉为一秅。④

明致饔米禾之数

①秉，十六斛。今江、淮之间量名有为籔者。今文“籔”为“逾”。

②谓一车之米，秉有五籔。○致饔时每车米数。

③此秉谓刈禾盈手之秉也。筥，穧名也，若今莱阳之间，刈稻聚把，有名为筥者。《诗》云：“彼有遗秉。”又云：“此有不敛穧。”○穧，才计反。

④一车之禾三秅，为千二百秉。三百筥，三十稯也。古文“稯”阼“緵”。○致饔时禾三十车，车三秅，此其秉数。○稯音总。緵，子工反。

[1] 生，阮刻本《仪礼注疏》作“腥”，附校勘记：“徐、陈、《通解》、杨氏同，毛本、《集释》‘腥’作‘生’。”
[2] “尊宾”二字，阮刻本《仪礼注疏》作“宾尊”。
[3] 尊，阮刻本《仪礼注疏》作“尊者”，附校勘记：“徐本、《集释》、《通解》同，毛本、杨氏无‘者’字。”

卷九　公食大夫礼①

①郑《目录》云：主国君以礼食小聘大夫之礼，于五礼属嘉礼。《大戴》第十五，《小戴》第十六，《别录》第九。○疏云篇中荐豆六，黍稷六簋，庶羞十六豆，此等皆是下大夫小聘之礼。下及[1]别言食上大夫之法。《聘礼》据侯伯之大聘，此篇小聘夫夫者，周公设经，互见为义。又云不言食宾与上介，直言大夫者，小聘上介乃是士，是以直云大夫，兼得大夫聘宾与上介，亦兼小聘之宾。○食音嗣。

公食大夫之礼。使大夫戒，各以其爵。①上介出请，入告。②三辞。③宾出，拜辱。④大夫不答拜，将命。⑤宾再拜稽首。⑥大夫还，⑦宾不拜送，遂从之。⑧宾朝服即位于大门外，如聘。⑨

右戒宾

①戒，犹告也。告之必使同班，敌者易以相亲敬。○自此至“馔于东房”，皆将食大夫，戒备之事。疏云：此篇虽据子男大夫为正，兼见五等诸侯大聘使卿之事，故云“各以其爵”也。

②问所以为来事。

③为既先受赐，不敢当。○既先受赐，谓聘日致饔。

④拜使者，屈辱来迎己。

⑤不答拜，为人使也。将犹致也。

⑥受命。

⑦复于君。

⑧不拜送者，为从之，不终事。

⑨于是朝服，则初时玄端。如聘，亦入于次俟。○疏曰：云大门外，如聘

[1] 及，阮刻本《仪礼注疏》、金陵书局本作“乃”，是。

者,则宾主设摈介以相待,如聘时。又云:宾在馆拜所戒大夫即玄端,宾遂从大夫至君大门外,入次,乃去玄端,着朝服,出次,即位也。

即位。具。[①]羹定,[②]甸人陈鼎七,当门,南面,西上。设扃鼏。鼏若束若编。[③]设洗如飨。[④]小臣具盘匜,在东堂下。[⑤]宰夫设筵,加席、几。[⑥]无尊。[⑦]饮酒、浆饮,俟于东房。[⑧]凡宰夫之具,馔于东房。[⑨]

右陈具

①主人也。摈者俟君于大门外,卿大夫士序,及宰夫具其馔物,皆于庙门之外。○即位者,待宾之人。具者,待宾之物。

②肉谓之羹。定,犹熟也。著之者,下以为节。

③七鼎,一大牢也。甸人,冢宰之属,兼亨人者。南面西上,以其为宾,统于外也。扃,鼎扛,所以举之者也。凡鼎鼏,盖以茅为之,长则束本,短则编其中央。今文"扃"作"铉",古文"鼏"皆作"密"。

④必如飨者,先飨后食,如其近者也。飨礼亡,《燕礼》则设洗于阼阶东南。古文"飨"或作"乡"。○注引《燕礼》,欲见设洗之法。燕与飨食同。

⑤为公盥也。公尊,不就洗。小臣于小宾客飨食,掌正君服位。○《夏官·小臣职》云:"小祭祀,宾客飨食如大仆之法。"○匜,以支反。

⑥设筵于户西,南面而左几。公不宾至授几者,亲设湆酱,可以略此。

⑦主于食,不献酬。

⑧饮酒,清酒也。浆饮,截浆也。其俟奠于丰上也。饮酒先言饮,明非献酬之酒也。浆饮先言浆,别于六饮也。○食礼不献酬,设清酒以拟酳口,故言"饮酒",《浆人》:"共王六饮:水、浆、醴、凉、医、酏。"此云"浆饮",明是浆之一种,不兼六饮,浆亦以酳口也。注云"浆饮,截浆也。"疏云:截之言载,以其汁滓相载,故云"截"。汉法有此名也。

⑨凡,非一也。饮食之具,宰夫所掌也。酒浆不在凡中者,虽无尊,犹嫌在堂。

公如宾服，迎宾于大门内。①大夫纳宾。②宾入门左。公再拜。宾辟，再拜稽首。③公揖入。宾从。④及庙门，公揖入。⑤宾入，三揖。⑥至于阶，三让。⑦公升二等，宾升。⑧大夫立于东夹南，西面北上。⑨士立于门东，北面西上。⑩小臣，东堂下，南面西上。宰，东夹北，西面南上。⑪内官之士在宰东北，西面南上。⑫介门西，北面西上。⑬公当楣，北乡。至再拜。宾降也，公再拜。⑭宾西阶东，北面答拜。⑮摈者辞。⑯拜也，公降一等。辞曰："寡君从子，虽将拜，兴也。"⑰宾栗阶升，不拜。⑱命之，成拜，阶上北面再拜稽首。⑲

右宾入拜至

①不出大门，降于国君。○自此至"阶上北面再拜稽首"，言主君迎宾拜至之事。

②大夫，谓上摈也。纳宾以公命。

③左，西方，宾位也。辟，逡遁，不敢当君拜也。

④揖入，道之。

⑤庙，祢庙也。○疏云：《仪礼》之内单言庙者，皆据祢庙。若非祢庙，则言庙祧。又云：受聘在祖庙，食飨在祢，燕礼又在寝，是其差次也。

⑥每曲揖，及当碑揖，相人偶。

⑦让先升。

⑧远下人君。

⑨东夹南，东西节也。取节于夹，明东于堂。序西为堂，序东有夹室。[1]○此谓主国卿大夫立位，并下文士、小臣、宰、内官等皆从公入，立于其位也。

⑩统于门者，非其正位，辟宾在此。○按《燕礼》、《大射》，士在西方，东面北上，是其正位也。

⑪宰，宰夫之属也。古文无"南上"。

⑫夫人之官，内宰之属也。自卿大夫至此，不先即位，从君而入者，明

[1]"序西为堂序东有夹室"九字，阮刻本《仪礼注疏》无。

助君飨食，宾自无事。

⑬西上，自统于宾也。然则承摈以下，立于士西，少进东上。○疏云："承摈以下，立于士西，少进东上者"，以介统于宾而西上，则摈统于君而东上可知。又承摈是大夫，尊于士，故知少进东上也。

⑭楣谓之梁。至再拜者，兴礼俟宾，嘉其来也。公再拜，宾降矣。

⑮西阶东，少就主君，敬也。

⑯辞拜于下。

⑰宾降再拜，公降，摈者释辞矣。宾犹降，终其再拜稽首。兴，起也。

⑱自以己拜也。栗，实栗也。不拾级连步，趋主国君之命，不拾级而下曰辵。○按：疏及《燕礼记》、注疏所言"升降有四法"。拾级连步谓两足相随不相过，是寻常升阶法。栗阶者，始升犹聚足连步，至近上二等，左右足各一发而升堂，是趋君命之法。故《燕礼记》云："凡栗阶不过二等。"又此经注"不拾级而下曰辵"，疏以为越三等是下阶近地，三等即不聚足也。又云"越一等为历阶"。共为四法。○辵音绰。

⑲宾降拜，主君辞之，宾虽终拜，于主君之意犹为不成。

士举鼎，去鼏于外，次入，陈鼎于碑南，南[1]面，西上。右人抽扃，坐，奠于鼎西，南顺，出自鼎西。左人待载。①雍人以俎入，陈于鼎南。旅人南面加匕于鼎，退。②大夫长盥，洗东南，西面，北上，序进盥，退者与进者交于前。卒盥，序进，南面匕。③载者西面。④鱼、腊饪。⑤载体进奏，⑥鱼七，缩俎，寝右。⑦肠、胃七，同俎。⑧伦肤七。⑨肠胃、肤皆横诸俎垂之。⑩大夫既匕，匕奠于鼎，逆退，复位。⑪

右载鼎实于俎

①入由东，出由西，明为宾也。今文"奠"为"委"，古文"待"为"持"。○

[1] 阮刻本《仪礼注疏》不重"南"字，附校勘记："'南'字，《唐石经》、严本、《集释》、《通解》、敖氏俱不重，徐本、杨氏、毛本俱重，敖氏曰：'"碑"下脱一"南"字'。"张尔岐《石本误字》谓"脱一南字"。

自此至“逆退复位”，言鼎入，载实于俎，以待设。次入，序入也。

②旅人，雍人之属，旅食者也。雍人言入，旅人言退，文互相备也。出入之由，亦如举鼎者。匕俎每器一人，诸侯官多也。

③长，以长幼也。序，犹更也。前，洗南。

④载者，左人也。亦序自鼎东，西面于其前，大夫匕则载之。

⑤饪，熟也。食礼宜熟，飨有腥者。

⑥体，谓牲与腊也。奏，谓皮肤之理也。进其理，本在前。下大夫体七个。○其载牲腊之体，进其奏理之本，使之向人。体七个者，疏以为当用右胖，肩、臂、臑、肫、骼、脊、胁，其左胖为庶羞。下文十六豆、二十豆是也。

⑦右首也。寝右，进鬐也。干鱼近腴，多骨鲠。○鱼在俎为纵，于人为横。

⑧以其同类也。不异其牛羊，腴贱也。此俎实凡二十八。○“同类”者，同是腴也。二十八，牛羊各十四也。

⑨伦，理也。谓精理滑脆[1]者。今文“伦”或作“论”。

⑩顺其在牲之性也。肠胃垂及俎拒。

⑪事毕，宜由便也。士匕载者，又待设俎。

公降盥。①宾降，公辞。②卒盥，公壹揖壹让，公升，宾升。③宰夫自东房授醯酱。④公设之。⑤宾辞，北面坐迁而东迁所。⑥公立于序内，西乡。⑦宾立于阶西，疑立。⑧宰夫自东房荐豆六，设于酱东，西上。韭菹以东醓醢、昌本，昌本南麋臡，以西菁菹、鹿臡。⑨士设俎于豆南，西上。牛、羊、豕，鱼在牛南，腊、肠胃亚之。⑩肤以为特。⑪旅人取匕，甸人举鼎，顺出，奠于其所。⑫宰夫设黍、稷六簋于俎西，二以並，东北上。黍当牛俎，其西稷，错以终，南陈。⑬太羹湆不和，实于镫。宰右执镫，左执盖，由门入，升自阼阶，尽阶，不升堂，授公，以盖降，

[1] 脆，阮刻本《仪礼注疏》作“脃”，附校勘记：“徐、陈、闽、监、葛本、《集释》、《通解》俱作‘脆’，《释文》、毛本、严本俱作‘脃’，按《说文》‘脃，从肉从绝省’，作‘脆’，非也。”

出，入反位。[14]公设之于酱西，宾辞，坐迁之。[15]宰夫设铏四于豆西，东上，牛以西羊，羊南豕，豕以东牛。[16]饮酒，实于觯，加于丰。[17]宰夫右执觯，左执丰，进设于豆东。[18]宰夫东面，坐启簋会，各却于其西。[19]赞者负东房，南面告具于公。[20]

右为宾设正馔

①将设酱。○此下乃详食宾之节。为宾设正馔，宾祭正馔。为宾设加馔，宾祭加馔。宾三饭，侑宾以束帛，宾卒食。凡七节而礼终宾出。

②辞其从己。

③揖让皆一，杀于初。古文“壹”皆作“一”。

④授，授公也。醓酱，以醓和酱。○疏曰：按《记》云“蒲筵常”，长丈六尺，于堂上户牖之间南面设之。乃设正馔于中席已东，自中席已西设庶羞也。

⑤以其为馔本。

⑥东迁所，奠之东侧，其故处。○所，处也。君设当席中，宾稍东迁之，不敢当君设，故辟其故处。

⑦不立阼阶上，示亲馔。

⑧不立阶上，以主君离阼也。疑，正立也，自定之貌。今文曰“西阶”。

⑨醓醢，醢有醓。昌本，昌蒲本，菹也。醢有骨谓之臡。菁，萁菁，菹也。今文“臡”皆作“麋”。○臡，奴兮反。

⑩亚，次也。不言绛错，俎尊也。○绛，侧耕反。

⑪直豕与肠胃东也。特肤者，出下牲，贱。

⑫以其空也。其所，谓当门。

⑬並，并也。今文曰“併”。古文“簋”皆作“轨”。

⑭太羹湆，煮肉汁也。太古之羹不和，无盐菜。瓦豆谓之镫。宰谓大宰，宰夫之长也。有盖者，馔自外入，为风尘。今文“湆”为“汁”，又曰“入门自阼阶”，无“升”。○宰位在东夹北，西面南上。今以盖降出，送门外，乃更入反此位也。○镫音登。

⑮亦东迁所。

⑯铏，菜和羹之器。○下《记》云“牛藿、羊苦、豕薇”，是菜和羹，以铏

盛之。○铏音刑。

⑰丰，所以承觯者也，如豆而卑。

⑱食有酒者，优宾也。设于豆东，不举也。《燕礼记》曰："凡奠者于左。"○"凡奠者于左，举者于右"，《乡饮酒》、《乡射记》皆有此文。注以为《燕礼记》，误也。

⑲会，簋盖也。亦一一合却之。各当其簋之西。

⑳负东房，负房户而立也。南面者，欲得乡公与宾也。

公再拜，揖食。①宾降拜。②公辞。宾升，再拜稽首。③宾升席，坐取韭菹，以辩擩于醢，上豆之间祭。④赞者东面坐取黍，实于左手，辩，又取稷，辩，反于右手，兴以授宾。宾祭之。⑤三牲之肺不离，赞者辩取之，壹以授宾。⑥宾兴受，坐祭。⑦挩手，扱上铏以柶，辩擩之，上铏之间祭。⑧祭饮酒于上豆之间。鱼、腊、酱、湆不祭。⑨

右宾祭正馔

①再拜，拜宾馔具。

②答公拜。

③不言成拜，降未拜。

④擩，犹染也。今文无"于"。○䜴，亦醢也。《少牢》云："尸取韭菹辩擩于三豆。"○擩，《五经文字》汝主反。

⑤取授以右手，便也。宾亦兴受，坐祭之，于豆祭也。独云赞兴，优宾也。《少仪》曰："受立，授立，不坐。"

⑥肺不离者，刌之也。不言刌，刌则祭肺也。此举肺不离而刌之，便宾祭也。祭离肺者，绝肺祭也。壹，犹稍也。古文"壹"作"一"。○离而不殊，留中央少许相连，谓之离肺。刌则切断之，故云"不离"。"祭离肺"者，必用手绝断其连处，刌肺则否，故注云"便宾祭也"。壹，《说文》训"专壹"。《广韵》训"合"，当是总合授宾使之祭，如上文祭黍稷之例。注云"犹稍也"，下文注云"每肺兴受"，恐与经未合。食礼本杀，节文不宜如是其繁。

⑦于是云“宾兴受坐祭”，重牲也。宾亦每胏兴受，祭于豆祭。

⑧扱以柶，扱其铏菜也。挩，拭也，拭以巾。

⑨不祭者，非食物之盛者。

宰夫授公饭粱，公设之于湇西。宾北面辞，坐迁之。①公与宾皆复初位。②宰夫膳稻于粱西。③士羞庶羞，皆有大、盖，执豆如宰。④先者反之，⑤由门入，升自西阶。⑥先者一人升，设于稻南簋西，间容人。⑦旁四列，西北上。⑧膷以东臐、膮、牛炙。⑨炙南醢，以西牛胾、醢、牛鮨。⑩鮨南羊炙，以东羊胾、醢、豕炙。炙南醢，以西豕胾、芥酱、鱼脍。⑪众人腾羞者尽阶、不升堂，授，以盖降，出。⑫赞者负东房，告备于公。⑬

右为宾设加馔

①既告具矣，而又设此，殷勤之加也。迁之，迁而西之，以其东上也。

②位，序内阶西。

③膳，犹进也。进稻粱者以篚。

④羞，进也。庶，众也。进众珍味可进者也。大，以肥美者特为脔，所以祭也。鱼或谓之膴，膴，大也。唯醢酱无大。如宰，如其进大羹湇，右执豆[1]，左执盖。○盖执豆，兼盖而执之也。

⑤释曰：反之者，以其庶十六豆，羞人不足，故先至者反取之。下文云“先者一人升，设于稻南”，其人不反，则此云“先者反之”，谓第二已下为先者也。○此段有“释曰”字，疑是疏文，俟质别本。

⑥庶羞多，羞人不足，则相授于阶上，复出取也。○注兼上文。

⑦簋西，黍稷西也。必言稻南者，明庶羞加，不与正豆并也。间容人者，宾当从间往来也。

⑧不统于正馔者，虽加，自是一礼，是所谓“羹胾中别”。

⑨膷、臐、膮，今时臛也。牛曰膷，羊曰臐，豕曰膮，皆香美之名也。古文“膷”作“香”，“臐”作“熏”。

[1]豆，阮刻本《仪礼注疏》作“镫”。

⑩先设醢，绛之以次也。《内则》谓鮨为脍，然则脍用鮨。今文“鮨”作“鰭”。〇鮨，《图解》臣之反。

⑪芥酱，芥实酱也。《内则》曰：“脍，春用葱，秋用芥。”

⑫腾当作媵。媵，送也。授，授先者一人。

⑬复告庶羞具者，以其异馔。

《公食大夫礼》正馔、加馔陈设图

	饮酒丰	肤俎				
	昌本	麋臡	豕俎	肠胃俎		
	醓醢	菁菹	羊俎	腊俎		
	韭菹	鹿臡	牛俎	鱼俎		
席东正馔	牛铏	牛铏	黍簋	稷簋		
	羊铏	豕铏	稷簋	黍簋		
户	醓酱		黍簋	稷簋		
北 蒲筵	太羹					
牖	梁簠					
	稻簠		牛炙	醢	豕炙	醢
席西加馔	浆饮丰		豕膮	牛胾	醢	豕胾
			羊臐	醢	羊胾	芥酱
			牛膷	牛鮨	羊炙	鱼脍

赞升宾，①宾坐席末，取粱，即稻，祭于酱湆间。②赞者北面坐，辩取庶羞之大，兴，一以授宾。宾受，兼壹祭之。③宾降拜，④公辞。宾升，再拜稽首，公答再拜。

右宾祭加馔

①以公命命宾升席。

②即，就也。祭稻粱不以[1]豆祭，祭加宜于加。〇酱湆不得言加，注偶

[1]以，阮刻本《仪礼注疏》作“于”，附校勘记：“严本、杨氏同，与《述注》合，毛本‘于’作‘以’，陈本重‘以’字。”

误。粱是公所亲设,酱湆亦公所亲设,公设是馔尊处,故祭粱不于豆而于此耳。

③一一受之,而兼壹祭之,庶羞轻也。自祭之于膷臐之间,以异馔也。○“一以授宾”者,品授之也。“兼壹祭之”者,总祭之也。

④拜庶羞。○前疏云:上文正馔,公先拜,宾答拜。此宾先拜公,公答拜。

宾北面自间坐，左拥簠粱，右执湆以降。①公辞。宾西面坐奠于阶西，东面对，西面坐取之，栗阶升，北面反奠于其所，降辞公。②公许，宾升，公揖退于箱。③摈者退，负东塾而立。④宾坐，遂卷加席，公不辞。⑤宾三饭以湆酱，⑥宰夫执觯浆饮与其丰以进。⑦宾捝手，兴受。⑧宰夫设其丰于稻西。⑨庭实设。⑩宾坐祭，遂饮，奠于丰上。⑪

右宾食馔三饭

①自间坐,由两馔之间也。拥,抱也。必取粱者,公所设也。以之降者,堂,尊处,欲食于阶下然也。

②奠而后对,成其意也。降辞公,敬也。必辞公者,为其尊而亲临己食。待食,赞者之事。○“成其意”者,成其降食阶下之意。降辞公,辞公之亲临也。

③箱,东夹之前,俟事之处。

④无事。

⑤赞者以告公,公听之,重来,优宾。○公听之而不轻来,所以优宾,使不烦劳也。

⑥每饭,歠湆,以殽[1]擩酱,食正馔也。三饭而止,君子食不求饱。不言其殽,优宾。○疏曰:按《特牲》、《少牢》尸食时举殽,皆言次第,此不言者,任宾取之,是优宾也。

[1]殽,阮刻本《仪礼注疏》作“肴”,附校勘记:“徐、陈、《通解》、杨氏俱作‘肴’,下同,毛本作‘殽’;按‘殽’者,相杂错也,俗借为‘肴馔’字,闽、葛于此作‘殽’,于下不言,其‘殽’又作‘肴’,可见其无定也,后不悉校。”

⑦此进漱也,非为卒食,为将有事,缘宾意欲自洁清。

⑧受觯。

⑨酒在东,浆在西,是所谓左酒右浆。

⑩乘皮。○设之将以侑宾。

⑪饮,漱。

公受宰夫束帛以侑,西乡立。①宾降筵,北面。②摈者进相币。③宾降辞币,升听命。④降拜。⑤公辞,宾升,再拜稽首,受币,当东楹,北面。⑥退,西楹西,东面立。⑦公壹拜,宾降也,公再拜。⑧介逆出。⑨宾北面揖,执庭实以出。⑩公降立。⑪上介受宾币,从者讶受皮。⑫

右公以束帛侑宾

①束帛,十端帛也。侑,犹劝也。主国君以为食宾,殷勤之意未至,复发帛以劝之,欲用深安宾也。西乡立,序内位也。受束帛于序端。

②以君将有命也。北面于西阶上。

③为君释币辞于宾。

④降辞币,主国君又命之,升,听命,释许辞。

⑤当拜受币。

⑥主国君南面授之,当东楹者,欲得君行一,臣行二也。

⑦俟主国君送币也。退不负序,以将降。

⑧宾不敢俟成拜。

⑨以宾事毕。

⑩揖执者,示亲受。

⑪俟宾反。

⑫从者,府史之属。讶,迎也。今文曰“梧受”。○上介,士介也。子男小聘使大夫,士介一人而已,故知讶受者是府史之属也。

宾入门左,没霤,北面再拜稽首。①公辞。②揖让如初,升。③宾再拜稽首，公答再拜。④宾降辞公如初。⑤宾升，公揖退于箱。宾卒食会饭，三饮。⑥不以酱湆。⑦

右宾卒食

①便退则食礼未卒，不退则嫌，更入行拜，若欲从此退。○没霤，门檐霤尽处。嫌谓贪食之嫌。

②止其拜，使之卒食。

③如初入也。

④宾拜，拜主国君之厚意。宾揖，介入复位。

⑤将复食。

⑥卒，已也。已食会饭，三漱浆也。会饭谓黍稷也。此食黍稷，则初时食稻粱。○上文宰夫设黍稷云“启会”，是簋兼会设之，稻粱不言“启会”，是簠不兼会，故经以黍稷为会饭也。前三饭一饮漱，此云“三饮”，当九饭也。

⑦不复用正馔也。初时食加饭用正馔，此食正饭用庶羞，互相成也。后言湆[1]，或时后用。

捝手，兴，北面坐取粱与酱以降，西面坐奠于阶西。①东面再拜稽首。②公降，再拜。③介逆出，宾出。公送于大门内，再拜。宾不顾。④

右礼终宾退

①示亲彻也。不以出者，非所当得，又以已得侑币。○公所亲设，宾亦亲彻。

②卒食拜也。不北面者，异于辞。○前受侑出，更入门，北面拜，其时欲辞退，故北面。此卒食礼终，故东面。

③答之也。不辞之使升堂，明礼有终。

④初来揖让，而退不顾，退礼略也，示难进易退之义。摈者以宾不顾告公，公乃还也。

---

[1] 湆，阮刻本《仪礼注疏》作“湆者湆”，附校勘记：“严本、杨氏同，毛本无‘者湆’二字。”

有司卷三牲之俎，归于宾馆。①鱼、腊不与。②

右归俎于宾

①卷，犹收也，无遗之辞也。三牲之俎，正馔尤尊，尽以归宾，尊之至也。归俎者实于篚，他时有所释故。○《特牲》及《士虞》，俎归尸三个，是有所释，此无所释，故称“卷”也。

②以三牲之俎无所释故也。礼之有余为施惠。不言肠胃、肤者，在鱼、腊下，不与可知也。古文“与”作“豫”。

明日，宾朝服拜赐于朝。拜食与侑币，皆再拜稽首。①讶听之。②

右宾拜赐

①朝，谓大门外。

②受其言，入告出报也。此下大夫有士讶。

上大夫八豆、八簋、六铏、九俎，鱼腊皆二俎。①鱼、肠胃、伦肤，若九若十有一，下大夫则若七若九。②庶羞，西东毋过四列。③上大夫庶羞二十，加于下大夫以雉、兔、鹑、鴽。④

右食上大夫礼之加于下大夫者

①记公食上大夫，异于下大夫之数。豆加葵菹、蜗醢，四四为列，俎加鲜鱼、鲜腊，三三为列，无特。○此下别言食礼之异者，食上大夫之礼，君不亲食之礼，大夫相食之礼，大夫不亲食之礼，凡四事。

②此以命数为差也。九谓再命者也，十一谓三命者也，七谓一命者也，九或上或下者，再命谓小国之卿，次国之大夫也。卿则曰上，大夫则曰下。大国之孤视子男。○小国之上大夫，次国之下大夫，皆再命，故鼎实皆以九为数。疏云：大国之孤四命，与子男同十三，侯伯十五，上公十七，差次可知。

③谓上、下大夫也。古文“毋”为“无”。○下大夫庶羞十六，东西四行，南北亦四行，上大夫庶羞二十，东西四行，南北则五行。

④鴽，无母。○疏云：案《尔雅·释鸟》云："鴽，鴾母。"郭璞曰："鷂也。"《庄子》曰："田鼠化为鹑。"《淮南子》云："虾蟆所化。"《月令》曰："田鼠化为鴽。"然则鴽、鹑一物也。据经鹑、鴽并列，还是两物。○《图解》鹑音淳，鴽音如。

若不亲食，①使大夫各以其爵、朝服以侑币致之。②豆实，实于瓮，陈于楹外，二以並，北陈。簋实，实于筐，陈于楹内、两楹间，二以並，南陈。③庶羞陈于碑内。④庭实陈于碑外。⑤牛、羊、豕陈于门内西方，东上。⑥宾朝服以受，如受饔礼。⑦无傧[1]。⑧明日，宾朝服以拜赐于朝。讶听命。⑨

右君不亲食，使人往致

①谓主国君有疾病，若他故。○他故，谓死丧及宾有过或大客继至之属。按《聘礼》"聘遭丧主人毕归礼，宾唯饔饩之受"，谓有死丧而致飧与食，则宾不受之，若疾病及余事不亲食者，其致之皆可受也。

②执币以将命。

③陈瓮筐于楹间者，象授受于堂中也。南北相当，以食馔同列耳。瓮北陈者，变于食。瓮数如豆，醢芥酱从焉。筐米四。今文"並"作"并"。

④生鱼也。鱼腊从焉。上大夫加鲜鱼、鲜腊、雉兔鹑鴽，不陈于堂，辟正馔。

⑤执乘皮者也，不参分庭一在南者，以言归，宜近内。

⑥为其践污馆庭，使近外。

⑦朝服，食礼轻也。

⑧以己本宜往。

⑨赐亦谓食，侑币。

大夫相食，亲戒速。①迎宾于门外，拜至，皆如飨拜。②降

[1] 傧，阮刻本《仪礼注疏》作"摈"，附校勘记："《唐石经》、徐本、《集释》、敖氏俱作'摈'，《通解》、杨氏、毛本俱作'傧'，说见《聘礼》。"

盥，受酱、湇、侑币、束锦也，皆自阼阶降堂受，授者升一等。[③]宾止也。[④]宾执粱与湇，之西序端。[⑤]主人辞，宾反之。卷加席，主人辞，宾反之。辞币，降一等，主人从。[⑥]受侑币，再拜稽首。主人送币，亦然。[⑦]辞于主人，降一等，主人从。[⑧]卒食，徹于西序端。[⑨]东面再拜，降出。[⑩]其它皆如公食大夫之礼。[⑪]

右大夫相食之礼

①记异于君者也。速，召也。先就告之，归具，既具，复自召之。

②飨，大夫相飨之礼也，今亡。古文"飨"或作"乡"。

③皆者，谓受酱、受湇、受币也。侑用束锦，大夫文也。降堂，谓止阶上。今文无"束"。

④主人三降，宾不从○疏曰：以主人降堂，不至地，故宾止不降也。愚案：注言"三降"，不数降盥者，盥时宾亦从降，自如常法也。

⑤不敢食于尊处。

⑥从辞宾降。

⑦敌也。

⑧辞，谓辞其临己食。

⑨亦亲徹。

⑩拜，亦拜卒食。

⑪释曰：云"其它"，谓豆数、俎体、陈设皆不异上陈，但礼异者，谓亲戒速，君则不亲迎宾；公不出，此大夫出大门；公受酱湇币，不降，此大夫则降也；公食大夫，大夫降食于阶下，此言"西序端"；上公食卷加席，公不辞，此则辞之，皆是异也[1]。○愚以为：降而盥，侑用锦，降辞币时，主人从而辞降；受币时，主人稽首送币，降辞主人，主人从降；卒食，徹于西序端，不拜阶下，亦皆异于公食者。

若不亲食，则公作大夫，朝服以侑币致之。[①]宾受于堂。无

[1]案，此段八十六字为疏文，此误为注。

傧[1]。②

右大夫不亲食，君使人代致

①作，使也。大夫有故，君必使其同爵者为之致礼。列国之宾来，荣辱之事君臣同。

②与受君礼同。

记

不宿戒。①戒，不速。②不授几。③无阼席。④亨于门外东方。⑤司宫具几，与蒲筵常，缁布纯，加萑席寻，玄帛纯，皆卷自末。⑥宰夫筵，出自东房。⑦宾之乘车在大门外西方，北面立。⑧铏芼，牛藿、羊苦、豕薇，皆有滑。⑨赞者盥，从俎升。⑩簠有盖幂。⑪凡炙无酱。⑫上大夫蒲筵，加萑席。其纯，皆如下大夫纯。⑬卿摈由下。⑭上赞，下大夫也。⑮上大夫庶羞。酒饮浆饮，庶羞可也。⑯拜食与侑币，皆再拜稽首。⑰

①食礼轻也。此所以不宿戒者，谓前期三日之戒，申戒为宿，谓前期一日。

②食宾之朝[2]，夙兴戒之，宾则从戒者而来，不复召。

③异于醴也。

④公不坐。

⑤必于门外者，大夫之事也。东方者，主阳。

⑥司宫，大宰之属，掌宫庙者也。丈六尺曰常，半常曰寻。纯，缘也。萑，细苇也。末，经所终，有以识之。必长筵者，以有左右馔也。今文"萑"皆为"莞"。○疏曰：上陈馔之时，正馔在左，庶羞在右，陈馔虽不在席上，皆陈于席前，当席左右，其间容人，故必长筵也。

⑦筵本在房，宰夫敷之也。天子诸侯左右房。

[1] 傧，阮刻本《仪礼注疏》作"摈"，附校勘记："《唐石经》、《集释》、《敖氏》俱从'手'，徐本、《通解》、杨氏、毛本俱从'人'。"
[2] 朝，金陵书局本作"期"。

⑧宾车不入门,广敬也。凡宾即朝,中道而往,将至,下行,而后车还立于西方。宾及位而止,北面。卿大夫之位当车前。凡朝位,宾主之间,各以命数为远近之节也。○疏曰:云“卿大夫之位当车前”者,案《大行人》云“上公立当轵,侯伯立当前疾,子男立当衡”,又云“大国之孤朝位当车前”,则卿大夫立亦与孤同一节。云“凡朝位,宾主之间,各以命数为远近之节”者,案《大行人》云“上公朝位,宾主之间九十步,侯伯七十步,子男五十步”,注云:“朝位,谓大门外宾下车,及王车出迎所立处。”又云“凡诸侯之卿,其礼各下其君二等”。云“依命数”者,据君而言,其臣依君命数而降之。愚按:经文“北面立”者,指其车而言。前经“宾朝服即位于大门外,如聘”,是下行入俟于次矣,则所云“立当车前”者何时乎?此段注疏未能详,俟质。

⑨藿,豆叶也。苦,苦荼也。滑,堇荁之属。今文“苦”为“芐”。○堇音谨,荁音丸,芐音户。

⑩俎,其所有事。○赞者佐宾祭,故盥升以待事,俎先设,故俎升亦升。

⑪稻粱将食乃设,去会于房,盖以幂。幂,巾也。今文或作“鼏”。

⑫已有咸和。

⑬谓三命大夫也。孤为宾,则莞筵纷纯,加缫席画纯也。

⑭不升堂也。○此谓上摈于堂下诏宾,主升降周旋之事而不升堂。

⑮上,谓堂上。摈,赞者,事相近,以佐上下为名。○堂上之赞,以下大夫为之,摈佐于堂下,赞佐于堂上,故曰“事相近”,言其相终始也。

⑯于食庶羞,宰夫又设酒浆,以之食庶羞可也。以优宾。○前经下大夫不言食庶羞,言饮漱,不言饮酒,亦其礼之殊者。

⑰嫌上大夫不稽首。○虽上大夫必执臣礼,故《记》特明之。

卷十　觐礼①

①郑《目录》云：觐，见也。诸侯秋见天子之礼。春见曰朝，夏见曰宗，秋见曰觐，冬见曰遇。朝宗礼备，觐遇礼省。是以享献不见焉。三时礼亡，唯此存尔。觐礼于五礼属宾。《大戴》第十六，《小戴》十七，《别录》第十。○疏曰：按《曲礼下》云："天子当扆而立，诸侯北面而见天子曰觐。天子当宁而立，诸公东面、诸侯西面曰朝。"郑注："诸侯春见曰朝，受挚于朝，受享于庙，生气，文也。秋见曰觐，一受之于庙，杀气，质也。朝者，位于内朝而序进；觐者，位于庙门外而序入。王南面立于扆、宁而受焉。夏宗依春，冬遇依秋，春秋时齐侯唁鲁昭公，以遇礼相见，取易略也。"是朝、宗礼备，觐、遇礼省可知。

觐礼。至于郊，王使人皮弁用璧劳。侯氏亦皮弁迎于帷门之外，再拜。①使者不答拜，遂执玉，三揖。至于阶，使者不让，先升。侯氏升听命，降，再拜稽首，遂升受玉。②使者左还而立，侯氏还璧，使者受。侯氏降，再拜稽首，使者乃出。③侯氏乃止使者，使者乃入。侯氏与之让升。侯氏先升，授几。侯氏拜送几，使者设几，答拜。④侯氏用束帛、乘马傧使者，使者再拜受。侯氏再拜送币。⑤使者降，以左骖出。侯氏送于门外，再拜。侯氏遂从之。⑥

右王使人郊劳

①郊，谓近郊，去王城五十里。《小行人职》曰："凡诸侯入，王则逆劳于畿。"则郊劳者，大行人也。皮弁者，天子之朝朝服也。璧无束帛者，天子之玉尊也。不言诸侯，言侯氏者，明国殊舍异，礼不凡之也。郊舍狭寡，为帷宫以受劳。《掌舍职》曰："为帷宫，设旌门。"○此下言侯氏入觐初至之事。至郊

则郊劳，至国则赐舍，凡二节。疏云：引《小行人职》者，小行人既劳于畿，明近郊使大行人也。案《大行人》上公三劳，侯伯再劳，子男一劳。《小行人》云："凡诸侯入，王则逆劳于畿"，不辨尊卑，则五等同有畿劳。其子男唯有此一劳而已，侯伯又加远郊劳，上公又加近郊劳，则此云近郊，据上公而言。

②不答拜者，为人使不当其礼也。不让先升，奉王命尊也。升者，升坛。使者东面致命，侯氏东阶上西面听之。

③左还，还南面，示将去也。立者，见侯氏将有事于己，俟之也。还玉，重礼。○疏曰：直云使者左还，不云拜送玉者，凡奉命使，皆不拜送。若身自致者，乃拜送。

④侯氏先升，宾礼统焉。几者，安宾，所以崇优厚也。上介出止使者，则已布席也。

⑤傧使者，所以致尊敬也。拜者各于其阶。

⑥騑马曰骖。左骖，设在西者。其余三马，侯氏之士遂以出授使者之从者于外。从之者，遂随使者以至朝。

天子赐舍。①曰："伯父，女顺命于王所，赐伯父舍。"②侯氏再拜稽首，③傧之束帛、乘马。④

右王赐侯氏舍

①以其新至，道路劳苦，未受其礼，且使即安也。赐舍犹致馆也，所使者司空与？小行人为承摈。今文"赐"作[1]"锡"。○疏云："赐舍犹致馆"者，犹《聘礼》宾至于朝，君使卿致馆也。知"小行人为承摈"者，案《聘礼》致馆，宾主人各摈介，故知此亦陈摈介。必知使小行人为承摈者，案《小行人》云"及郊劳，眂馆，将币，为承而摈"，是其义也。

② 此使者致馆辞。○女音汝。

③受馆。

④王使人以命致馆，无礼，犹傧之者，尊王使也。侯氏受馆于外，既则傧使者于内。○外，馆舍之门外也。

[1]作，阮刻本《仪礼注疏》作"皆作"，附校勘记："严本、《集释》同，毛本无'皆'字。"

天子使大夫戒，曰：“某日，伯父帅乃初事。”①侯氏再拜稽首。②

右王戒觐期

① 大夫者，卿为讶者也。《掌讶职》曰：“凡讶者，宾客至而往，诏相其事。”戒犹告也。其为告，使顺循其事也。初犹故也。今文“帅”作“率”。○此下言将觐之事，王使人告觐期，诸侯先期受次于庙，凡二事，帅乃初事者，遵循朝觐之旧典也。

②受觐日也。

诸侯前朝，皆受舍于朝。同姓西面北上，异姓东面北上。①

右受次于庙门外

①言诸侯者，明来朝者众矣。顾其入觐，不得并耳。受舍于朝，受次于文王庙门之外。《聘礼记》曰：“宗人授次，次以帷，少退于君之次。”则是次也。言舍者，尊舍也，天子使掌次为之。诸侯上介先朝受焉。此觐也，言朝者，觐、遇之礼虽简，其来之心，犹若朝也。分别同姓异姓，受之将有先后也。《春秋传》曰：“寡人若朝于薛，不敢与诸任齿。”则周礼先同姓。○疏云：春夏受贽于朝，无迎法，受享于庙，有迎礼。秋冬受贽、受享皆在庙，并无迎法。是以大门外无位，既受觐于庙，故在庙门外受次。又云：天子春夏受享，诸侯相朝聘迎宾客者，皆有外次，即《聘礼记》“宗人授次”是也。有外次于大门外者，则无庙门外之内次。天子觐、遇在庙者，有庙门外之内次，无大门外之外次，此文是也。又云“《下曲礼》云：“天子当依而立，诸侯北面而见天子曰觐。”彼诸侯皆北面，不辨同姓异姓，与此不同者，此谓庙门外为位时，彼谓入见天子时。岐案：受舍于庙，康成以为受次于文王庙门之外，盖以下文有“肉袒庙门之东”一语，遂以为宗庙。戴氏驳之甚当。天子三朝，皋门内库门外之朝，谓之外朝；路门外之朝，谓之内朝，亦曰治朝；其后路寝，谓之燕朝，燕朝非接见诸侯之所。则受享于庙者，路门外之朝，天子当扆而立者也。受贽于朝者，库门外之朝，天子当宁而立者也。郑既以庙为宗庙，遂以朝为路门外之内朝，故其注《曲礼》者曰：“朝者，位于内朝而序进。觐者，位于

庙门外而序入。”当亦误也。

侯氏裨冕，释币于祢。①乘墨车，载龙旗、弧韣，乃朝以瑞玉，有缫。②天子设斧依于户牖之间，左右几。③天子衮冕，负斧依。④啬夫承命，告于天子。⑤天子曰：“非他，伯父实来，予一人嘉之。伯父其入，予一人将受之。”⑥侯氏入门右，坐奠圭，再拜稽首。⑦摈者谒。⑧侯氏坐取圭，升致命。王受之玉。侯氏降，阶东北面再拜稽首。摈者延之，曰：“升。”升成拜，乃出。⑨

右侯氏执瑞玉，行觐礼

①将觐，质明时也。裨冕者，衣裨衣而冠冕也。裨之为言埤也。天子六服，大裘为上，其余为裨，以事尊卑服之，而诸侯亦服焉。上公衮无升龙，侯伯鷩，子男毳，孤絺，卿大夫玄。此差，司服所掌也。祢，谓行主。迁主矣，而云祢，亲之也。释币者，告将觐也。其释币，如聘大夫将受命释币于祢之礼，既则祝藏其币，归乃埋之于祧，西阶之东。〇此下至“升成拜降出”，备言入觐之事。质明，先以将觐告行主，乃入觐。以瑞玉为贽，次行三享，次肉袒请罪，凡三节。王劳之，乃出。“裨冕”者，上公衮冕，侯伯鷩冕，子男毳冕也。案《玉藻》，诸侯玄冕以祭，不得服衮冕以下。而此裨冕释币于祢者，以将入天子之庙，故服之也。〇裨，婢支反。

②墨车，大夫制也。乘之者，入天子之国，车服不可尽同也。交龙为旗，诸侯之所建。弧，所以张縿之弓也，弓衣曰韣。瑞玉，谓公桓圭、侯信圭、伯躬圭、子穀璧、男蒲璧。缫，所以藉玉。以韦衣本，广袤各如其玉之大小，以朱白苍为六色。今文“玉”为“璧”[1]，“缫”或为“璪”。〇案《巾车》云，同姓金路，异姓象路，四卫革路，各得天子五路之一。今乃乘大夫之墨车者，以金象等路，皆在本国所乘。既入天子之国，方服裨冕以朝，不可更乘此车同于王者。故注云“车服不可尽同也”。弧韣，与龙旗并言，注以为张縿之弓，仍是旗上一物。信然否，俟考。〇韣音独。缫音早。

[1] 璧，阮刻本《仪礼注疏》作“圭”，附校勘记：“严本、《通解》同，毛本‘圭’作‘璧’。”

③依，如今绨素屏风也，有绣斧文，所以示威也。斧谓之黼。几，玉几也。左右者，优至尊也。其席莞席纷纯，加缫席画纯，加次席黼纯。○依读如扆，于岂反。孔安国《顾命传》云“扆，屏风，画为斧文，置户牖间”是也。“莞席纷纯”等，并《周礼·司几筵》文。

④衮衣者，裨之上也。缋之、绣之，为九章。其龙，天子有升龙，有降龙。衣此衣而冠冕，南乡而立，以俟诸侯见。○自衮冕至玄冕，五者皆裨衣。唯衮为最尊。天子与上公同服，以有升龙为异。九章：一曰龙，二曰山，三曰华虫，四曰火，五曰宗彝，皆缋于衣。六曰藻，七曰粉米，八曰黼，九曰黻，皆绣于裳。凡九也。

⑤啬夫，盖司空之属也。为末摈承命于侯氏下介。传而上，上摈以告[1]天子。天子见公，摈者五人；见侯伯，摈者四人；见子男，摈者三人。皆宗伯为上摈。《春秋传》曰：“啬夫驰。”○疏云：此所陈摈介，当在庙之外，门东陈摈，从北乡南行[2]。西陈介，从南乡北，各自为上下。“啬夫承命，告于天子”，则命先从侯氏出。下文天子得命，呼之而入，命又从天子下至侯氏。即令入，此觐遇之礼略，唯有此一辞而已。《司仪》云“交摈三辞”者，据诸侯自相见于大门外法。其天子春夏受享于庙，见于大门外，亦可交摈三辞矣。又云：大宗伯为上摈，小行人为承摈，啬夫为末摈。若子男三摈，此则足矣。若侯伯四摈，别增一士。上公五摈，更别增二士。若时会殷同，则肆师为承摈。○注引“啬夫驰”者，欲见啬夫是卑官，为末摈也。顾炎武云：“此文在《书·胤征》，不引《书》，而曰《春秋传》者，孔氏古文，康成时未见也。”

⑥言非他者，亲之辞。嘉之者，美之辞也。上摈又传此而下至啬夫，侯氏之下介受之传而上，上介以告其君，君乃许入。今文“实”作“寔”，“嘉”作“贺”。

⑦入门[3]右，执臣道，不敢由宾客位也。卑者见尊，奠摯而不授。

⑧谒，犹告也。上摈告以天子前辞，欲亲受之，如宾客也。其辞所易者

---

[1]“告”下，阮刻本《仪礼注疏》有“于”字，附校勘记：“严本、《集释》同，毛本无‘于’字。”

[2]行，阮刻本《仪礼注疏》作“门”，附校勘记：“陈本、《要义》同，毛本‘门’作‘行’。”

[3]“门”下，阮刻本《仪礼注疏》有“而”字，附校勘记：“严本、《集释》、《通典》、杨、敖同，毛本、《通解》无‘而’字。”

曰:“伯父其升。”

⑨摈者请之。侯氏坐取圭,则遂左,降拜稽首,送玉也。从后诏礼曰延。延,进也。○侯氏得摈者之告,坐取圭,遂向门左。从左堂涂,升自西阶致命也。

四享,皆束帛加璧,庭实唯国所有。①奉束帛,匹马卓上,九马随之,中庭西上,奠币,再拜稽首。②摈者曰:“予一人将受之。”③侯氏升致命。王抚玉。侯氏降自西阶,东面授宰币,西阶前再拜稽首,以马出,授人,九马随之。④事毕。⑤

右覲已即行三享

①四当为三。古书作三四,或皆积画,此篇又多四字,字相似,由此误也。《大行人职》曰“诸侯庙中将币,皆三享”,其礼差又无取于四也。初享,或用马,或用虎豹之皮。其次享,三牲鱼腊,笾豆之实,龟也,金也,丹漆、丝纩、竹箭也,其余无常货。此地物非一国所能有,唯所有分为三享,皆以璧帛致之。○疏云:“三牲鱼腊笾豆之实”以下,皆《礼器》文。云“璧帛致之”者,据享天子而言。若享后,即用琮锦。但三享在庭,分为三段,一度致之,据三享而言,非谓三度致之为皆也。

②卓,读如“卓王孙”之“卓”。卓,犹的也。以素的一马以为上,书其国名,后当识其何产也。马必十匹者,不敢斥王之乘,用成数,敬也。○疏云:中庭亦是南北之中,不参分庭一在南者,以其三享同陈,须入庭深设之,故也。

③亦言王欲亲受之。

④王不受玉,抚之而已,轻财也。以马出,随侯氏出授王人于外也。王不使人受马者,至于享,王之尊益君,侯氏之卑益臣。○疏云:币即束帛加璧,并玉言币,故《小行人》合六币。宰即太宰,太宰主币。《周礼·太宰职》云:“大朝觐会同,赞玉币、玉献、玉几、玉爵。”注云“助王受此四者”是也。春夏[1]受贽于朝,虽无迎法,王犹在朝[2]。至受享,又迎之而称宾主。覲礼

[1]夏,金陵书局本作“秋”。
[2]朝,原作“庙”,据金陵书局本、阮刻本《仪礼注疏》改。

受享，皆无迎法，不下堂而见诸侯，已是王尊侯卑，王犹亲受其玉。至于三享，使自执其马玉[1]，不使人受之于庭，是王之尊益君，侯氏之卑益臣也。又云：诸侯觐天子，享天子讫，亦当有币问公卿大夫。

⑤三享讫。

乃右肉袒于庙门之东。乃入门右，北面立，告听事。①摈者谒诸天子。天子辞于侯氏曰："伯父无事，归宁乃邦。"②侯氏再拜稽首，出，自屏南适门西，遂入门左，北面立，王劳之。再拜稽首。摈者延之曰："升。"升成拜，降出。③

右侯氏请罪，天子辞，乃劳之

①右肉袒者，刑宜施于右也。凡以礼事者左袒，入更从右者，臣益纯也。告听事者，告王以国所用为罪之事也。《易》曰："折其右肱，无咎。"○告听事者，告王以已所为多罪，愿听王谴责之事也。

②谒，告。宁，安也。乃，犹女也。

③王辞之，不即左者，当出隐于屏而袭之也，天子外屏。劳之，劳其道劳也。

天子赐侯氏以车服。迎于外门外，再拜。①路先设，西上。路下四，亚之。重赐无数，在车南。②诸公奉箧服，加命书于其上，升自西阶，东面，大史是右。③侯氏升，西面立。大史述命。④侯氏降，两阶之间，北面再拜稽首，⑤升成拜。⑥大史加书于服上，侯氏受。⑦使者出。侯氏送，再拜。傧使者，诸公赐服者束帛四马，傧大史亦如之。⑧

右王赐侯氏车服

①赐车者，同姓以金路，异姓以象路。服，则衮也、鷩也、毳也。古文曰："迎于门外也。"○自此至"乃归"，皆言王赐礼侯氏之事。疏云：案《周礼·巾车》"掌五路"：玉路以祀，尊之，不赐诸侯。金路，同姓以封。象路，异姓以

[1] 玉，阮刻本《仪礼注疏》作"王"。

封。革路以封四卫，木路以封蕃国。郑云："同姓谓王子母弟，率以功德出封，虽为侯伯，其画服犹如上公。"赐鲁侯、郑伯，服则衮冕，得乘金路以下，与上公同，则太公与杞宋，虽异姓，服衮冕、乘金路矣。异姓谓舅甥之国，与王有亲者，得乘象路。异姓侯伯，同姓子男，皆乘象路以下。四卫，谓要服以内，庶姓与王无亲者，自侯伯子男，皆乘革路以下。蕃国据外为总名，皆乘木路而已。案《司服》上陈王之吉服有九，下云"公之服自衮冕而下，如王之服；侯伯自鷩冕而下，如公之服；子男自毳冕而下，如侯伯之服"也。

②路，谓车也。凡君所乘车曰路。路下四，谓乘马也。亚之，次车而东也。《诗》云："君子来朝，何锡予之？虽无予之，路车乘马。又何与之？玄衮及黼。"重，犹善也。所加赐善物，多少由恩也。《春秋传》曰："重锦三十两。"○郑注《周礼》云："路，大也。"君之居以大为名，是以云路寝、路门之等。

③言诸公者，王同时分命之而使赐侯氏也。右，读如"周公右王"之"右"。是右者，始随入，于升东面，乃居其右。古文"是"为"氏"也。○疏云：言"诸"，非一之义。以诸侯来觐者众，各停一馆，故命诸公分往赐之。"周公右王"，《左传》晋祁奚语。引之者，证大史是右，是佐公而在公右之义也。大史卑，始时随公后，升讫，公东面，大史于是乃居公右，而并东面以宣王命也。○大音泰。

④读王命书也。

⑤受命。

⑥大史辞之降也。《春秋传》曰："且有后命，以伯舅耋老，毋下拜。"此辞之类。○《春秋传》僖九年，王使宰孔赐齐侯语。引之者，证此大史述王辞，侯氏下拜，亦如此。但彼未降已辞，齐侯亦不升成拜，以年老故也。

⑦受箧服。

⑧既云拜送，乃言傧使者，以劳有成礼，略而遂言。○使者，兼公与大史而言，傧使者在拜送前，乃于送后略言之者，以前经郊劳时已详载成礼，故略言已足也。

同姓大国，则曰"伯父"；其异姓，则曰"伯舅"。同姓小邦，则曰“叔父”；其异姓小邦，则曰“叔舅”。①

右王辞命，称谓之殊

①据此礼云伯父，同姓大邦而言。

飨、礼，乃归。①

右略言王待侯氏之礼，以上庙受觐礼竟

①礼，谓食燕也。王或不亲，以其礼币致之，略言飨礼，互文也。《掌客职》曰：“上公三享三食三燕，侯伯再享再食再燕，子男一享一食一燕。”

诸侯觐于天子，为宫方三百步，四门，坛十有二寻，深四尺，加方明于其上。①方明者，木也，方四尺。设六色：东方青，南方赤，西方白，北方黑，上玄，下黄。设六玉：上圭，下璧，南方璋，西方琥，北方璜，东方圭。②上介皆奉其君之旗，置于宫，尚左。公侯伯子男，皆就其旗而立。③四传摈。④天子乘龙，载大旗，象日月、升龙、降龙，出拜日于东门之外，反祀方明。⑤礼日于南门外，礼月与四渎于北门外，礼山川丘陵于西门外。⑥祭天，燔柴。祭山、丘陵，升。祭川，沈。祭地，瘗。⑦

①四时朝觐，受之于庙，此谓时会、殷同也。宫，谓壝土为埒，以象墙壁也。为宫者，于国外，春会同，则于东方；夏会同，则于南方；秋会同，则于西方；冬会同，则于北方。八尺曰寻，十有二寻，则方九十六尺也。深，谓高也，从上曰深。《司仪职》曰：“为坛三成。”成，犹重也。三重者，自下差之为三等，而上有堂焉。堂上方二丈四尺，上等、中等、下等，每面十二尺。方明者，上下四方神明之象也。上下四方之神者，所谓明神也。会同而盟，明神监之，则谓之天之司盟，有象者，犹宗庙之有主乎？王巡守，至于方岳之下，诸侯会之，亦为此宫以见之。《司仪职》曰“将会诸侯，则命为坛三成，宫旁一门，诏王仪，南乡见诸侯”也。○自此至篇末，皆言时会殷同，及王巡守、为坛而见诸侯之事。疏云：案《大宗伯》云“时见曰会，殷见曰同”，郑注云：“时见者，言无常期。诸侯有不顺服者，王将有征讨之事，则既朝觐，王为坛于国外，

合诸侯而命事焉。《春秋传》曰'有事而会，不协而盟'是也。殷，犹众也。十二岁，王如不巡守，则六服尽朝。朝礼既毕，王亦为坛，合诸侯，以命政焉。所命之政，如王巡守，殷见四方。四方四时分来，终岁则遍。"若如[1]注，则时会殷同，亦有朝、觐在庙。假命[2]当方诸侯有不顺服，则顺服者皆来朝王，其中若当朝之岁者，自于庙朝觐。若不当朝之岁者，当在坛朝。十二年王不巡守，则殷朝；六服之内若当岁者，即在庙，其余在坛朝。故郑言："既朝觐，乃为坛于国外也。"《朝事仪》，未在坛朝，而先言帅诸侯拜日，亦谓帅已朝者诸侯而言也。南乡见诸侯者，王在堂上，公于上等，侯伯于中等，子男于下等，奠玉拜，皆升堂授玉，乃降也。○埒音劣。

②六色象其神，六玉以礼之。上宜以苍璧，下宜以黄琮，而不以者，则上下之神，非天地之至贵者也。设玉者，刻其木而着之。○据注与疏，方明之制，合六木而为之。上下四方各异色，刻木为陷而饰以玉，盖以一物而象上下四方之神，非六物也。

③置于宫者，建之，豫为其君见王之位也。诸公，中阶之前，北面东上。诸侯，东阶之东，西面北上。诸伯，西阶之西，东面北上。诸子，门东，北面东上。诸男，门西，北面东上。尚左者，建旗，公东上，侯先伯，伯先子，子先男，而位皆上东方也。诸侯入壝门，或左或右，各就其旗而立。王降阶，南乡见之，三揖。土揖庶姓，时揖异姓，天揖同姓。见揖，位乃定。古文"尚"作"上"。○疏云："中阶之前"已下，皆《朝事仪》、《明堂位》文。言"上"者，皆以近王为上。"土揖庶姓"之等，是《司仪职》。郑彼注云："土揖，推手小下之也；时揖，平推手也；天揖，推手小举之。"

④王既揖五者，升坛，设摈升诸侯，以会同之礼。其奠瑞玉，及享币，公拜于上等，侯伯于中等，子男于下等。摈者每延之，升堂致命，王受玉抚玉，降拜于下等，及请事、劳皆如觐礼，是以记之《觐》云。四传摈者，每一位毕，摈者以告，乃更陈列而升。其次，公也，侯也，伯也，各一位。子男俠门而俱东上，亦一位也。至庭乃设摈，则诸侯初入门，王官之伯帅之耳。古文"传"作

[1] "如"下，阮刻本《仪礼注疏》有"此"字，附校勘记："《要义》同，毛本无'此'字。"
[2] 命，阮刻本《仪礼注疏》作"令"。

“傅”。○据注疏推其次第，上介先期置旗，质明，王帅诸侯拜日东郊，反祀方明，二伯帅诸侯入壝门，左右立。王降阶，南乡三揖。诸侯皆就其旗而立，乃传摈，执瑞玉以觐，璧帛以享，请事、劳，皆如前经所陈也。

⑤此谓会、同以春者也。马八尺以上为龙。大旗，大常也。王建大常，縿首画日月，其下及旒，交画升龙、降龙。《朝事仪》曰：“天子冕而执镇圭尺有二寸，缫藉尺有二寸，搢大圭，乘大路，建大常十有二旒，樊缨十有二就，贰车十有二乘，帅诸侯而朝日于东郊，所以教尊尊也，退而朝诸侯。”由此二者言之，已祀方明，乃以会同之礼见诸侯也。凡会同者，不协而盟。《司盟职》曰：“凡邦国有疑，会同则掌其盟约之载书，及其礼仪，北面诏明神，既盟则藏之。”言北面诏明神，则明神有象也。象者其方明乎？及盟时，又加于坛上，乃以载辞告焉。诅祝掌其祝号。○疏云：邦国有疑，则有盟事。朝日既毕，乃祀方明于坛，祀方明礼毕，退去方明于下，天子乃升坛与诸侯相见。朝礼既毕，乃更加方明于坛，与诸侯行盟誓之礼。若邦国无疑，王帅诸侯朝日而已，无祀方明之事。

⑥此谓会同以夏、冬、秋者也。变拜言礼者，客[1]祀也。礼月于北郊者，月，太阴之精，以为地神也。盟神必云日月山川焉者，尚著明也。《诗》曰：“谓予不信，有如皦日。”《春秋传》曰：“纵子忘之，山川神祇其忘诸乎？”此皆用明神为信也。○郑云：“变拜言礼者，客祀也。”拜日于东门之外，日实在东，故言拜。日月、四渎、山川、丘陵不在[2]其处，但于此致敬而已。故云客祀，不言拜而言礼也。礼毕，亦反祀方明而见诸侯矣。

⑦升、沈，必就祭者也。就祭，则是谓王巡守及诸侯之盟神[3]也。其盟，揭[4]其著明者。燔柴、升、沈、瘗，祭礼终矣、备矣。《郊特牲》曰：“郊

[1] 客，阮刻本《仪礼注疏》作“容”，下同，附校勘记：“严本、《集释》、《通解》俱作‘容’，与《述注》合，毛本作‘客’，《通典》误作‘祭’。”

[2] 在，金陵书局本作“信”。

[3] 神，阮刻本《仪礼注疏》作“祭”。

[4] 揭，阮刻本《仪礼注疏》作“愒”，附校勘记：“徐、陈、《通解》俱作‘愒’，与《述注》合，《集释》、杨氏、毛本从‘手’；按《释文》音‘苦盖反’，是读为‘忨岁愒日’之‘愒’，明系‘愒’字，今本《释文》亦误作‘揭’，唯宋本不误；或曰：‘愒’当作‘楬’，《职金》注曰：‘今人之书有所表识谓之“楬櫫”。’下‘其’字，疏作‘于’。”

之祭也,迎长日之至也,大报天而主日也。"《宗伯职》曰:"以实柴祀日月星辰。"则燔柴祭天,谓祭日也。柴为祭日,则"祭地,瘗"者,祭月也。日月而云天地,灵之也。《王制》曰"王巡守,至于岱宗,柴",是王巡守之盟,其神主日也。《春秋传》曰"晋文公为践土之盟",而《传》云"山川之神",是诸侯之盟,其神主山川也。月者,太阴之精,上为天使,臣道莫贵焉。是王官之伯,会诸侯而盟,其神主月与?古文"瘗"作"殪"。○此言天子巡守四岳,各随方向祭之,以为盟主。于山言升,于川言沈,是就其处而举此礼,故知是王者巡守之事。郑前注云"王巡守至于方岳之下,诸侯会之,亦为此宫以见之",为此经设也。郑又以祭天为祭日,祭地为祭月,皆非正祭天地之神。前经春夏皆祭日,则此言祭天燔柴,亦谓春夏东巡、南巡也。前经秋祭西郊,此言祭山丘陵升,亦西巡事。前经冬祭月与四渎,此言"祭川,沉"、"祭地,瘗",亦北巡事,未知然否?姑据注疏释之。

记

几俟于东箱。①偏驾不入王门。②奠圭于缫上。③

①王即席,乃设之也。东箱,东夹之前,相翔待事之处。

②在旁与己同,曰偏。同姓金路,异姓象路,四卫革路,蕃国木路。驾之与王同,谓之偏驾。不入王门,乘墨车以朝,是也。偏驾之车,舍之于馆与?○《周礼·巾车》掌王五辂[1]:玉辂以祀,金辂以宾,象辂以朝,革辂以即戎,木辂以田。此五辂者,天子乘之为正。诸侯分受其四,则为偏也。驾之为偏,其犹冕之为裨与?

③谓释于地也。○侯氏入门右,奠圭于地时,以所垂之缫承藉之。

[1] 辂,阮刻本《仪礼注疏》作"路",附校勘记:"《要义》俱作'路',下并同,毛本作'辂';按陈、闽唯'四辂者,诸侯乘之为偏'句作'路'。○按'路'是正字,《周礼》本作'路'。"

卷十一　丧服①

①郑《目录》云：天子以下，死而相丧，衣服年月亲疏隆杀之礼，不忍言死而言丧。丧者，弃亡之辞，若全存居于彼焉，已亡之耳。《大戴》第十七，《小戴》第九，刘向《别录》第十一。○疏云：案《丧服》上下十有一章，从斩至缌麻，升数有异。异者，斩有正[1]、义不同。为父以三升为正，为君以三升半为义。其冠同六升。三年齐衰，惟有正服[2]四升，冠七升。继母慈母虽是义，以配父故，与因母同，是以略为节，有正而已。杖期齐衰，有正而已，父在为母，与为妻同正服，齐衰五升，冠八升。"不杖齐衰期"章，有正、有义二等。正则五升，冠八升；义则六升，冠九升。"齐衰三月"章，皆义服，齐衰六升，冠九升。曾祖父母，计是正服，但正服合以小功，以尊其祖，不服小功而服齐衰，非本服，故同义服也。殇大功有降有义，为夫之昆弟之长子殇是义，其余皆降服也。降服衰七升，冠十升。义服衰九升，冠十一升。"大功"章，有降有正有义，姑姊妹出适之等是降，妇人为夫之族类为义，自余皆正，衰冠如上释也。繐衰唯有义服四升半，皆冠七升而已。以诸侯大夫为天子，故同义服也。殇小功有降有义，妇人为夫之族类是义，自余皆降服。降则衰冠同十升，义则衰冠同十二升。小功亦有降[3]有正有义如前释。缌麻亦有降有正有义，皆如上陈，但衰冠同十五升抽去半而已。自斩以下至缌麻，皆以升数。升数少者在前，升数多者在后。要不得以此升数为叙者，一则正义及降，升数不得同在一章。又繐衰四升半，在大功之下，小功之上。郑下注云："在小

[1] 正，阮刻本《仪礼注疏》作"二"，附校勘记："陈、闽、《要义》同，毛本'二'作'正'，《通解》作'斩有二，有正有义'，无'不同'二字。"
[2] 服，阮刻本《仪礼注疏》作"之"，附校勘记："聂氏、《要义》同，毛本、《通解》'之'作'服'。"
[3] "降"下，阮刻本《仪礼注疏》有"亦"字，附校勘记："《要义》同，毛本无下'亦'字。"

功之上者，欲审著缕之精粗。”若然，《丧服》章次虽以升数多少为前后，要取缕之精粗为次第也。

丧服，斩衰裳，苴绖、杖、绞带，冠绳缨、菅屦者。①

①“者”者，明为下出也。凡服，上曰衰，下曰裳。麻在首在要皆曰绖。绖之言实也，明孝子有忠实之心[1]。首绖象缁布冠之缺项，要绖象大带。又有绞带，象革带。齐衰以下用布。○丧服二字，此一篇总目。斩衰裳，谓斩三升布以为上衰下裳也。苴绖杖绞带，苴字冒下三事，谓以苴麻为首绖要绖。苴竹为杖，又以苴麻为绞带。苴，恶貌，又黎黑色也。冠绳缨以六升布为冠，又屈一条绳为武，垂下为缨也。疏云：“此绳缨不用苴麻，用枲麻。”菅屦以菅草为屦。周公设经，上陈其服，下列其人，故以“者”字截句，言丧服如此等者，臣子为君为父然也。故注云“者”者明为下出也。注“齐衰以下用布”，单指绞带一事而言。○苴，七余反。绖，大结反。绞，户交反，一如字。菅，古颜反。屦，九具反。

传曰：斩者何？不缉也。苴绖者，麻之有蕡者也。苴绖大搹，左本在下，去五分一以为带。齐衰之绖，斩衰之带也，去五分一以为带。大功之绖，齐衰之带也，去五分一以为带。小功之绖，大功之带也，去五分一以为带。缌麻之绖，小功之带也，去五分一以为带。苴杖，竹也。削杖，桐也。杖各齐其心，皆下本。杖者何？爵也。无爵而杖者何？担主也。非主而杖者何？辅病也。童子何以不杖？不能病也。妇人何以不杖？亦不能病也。①绞带者，绳带也。冠绳缨，条属，右缝。冠六升，外毕，锻而勿灰。衰三升。菅屦者，菅菲也。外纳。②居倚庐，寝苫、枕块，哭昼夜无时。歠粥，朝一溢米，夕一溢米。寝不脱绖带，既虞，翦屏柱楣，寝有席。食疏食，水饮，朝一哭夕一哭而已。既练，舍外寝，始食菜果。饭素食，哭无时。③

[1]“心”下，阮刻本《仪礼注疏》有“故为制此服焉”六字，附校勘记：“下六字，毛本脱，徐本、《通典》、聂氏、《集释》、《通解》俱有，与本疏及疏序合，惟杨氏无。”

①盈手曰搹。搹，扼也。中人之扼，围九寸。以五分一为杀者，象五服之数也。爵，谓天子、诸侯、卿、大夫、士也。无爵，谓庶人也。担，犹假也。无爵者假之以杖，尊其为主也。非主，谓众子也。○蕡，麻子，麻之有子者。质色粗恶，以之为首绖、要绖与绞带也。“苴绖大搹”者，首绖之大，其围九寸，应中人大指食指之一扼也。“左本在下”者，本谓麻根。首绖之制，以麻根置左，当耳上，从额前绕项后复至左耳上。以麻之末，加麻根之上，缀束之也。贾疏以为此对为母，则右本在上也。去五分一以为带，带，要绖也。去首绖五分之一以为要绖之数，首绖九寸，则要绖七寸二分也。齐衰首绖七寸二分，其要绖则五寸零二十五分寸之十九。自大功至缌麻，其首绖、要绖降杀之法并放此。苴杖，斩衰所用。削杖，齐衰所用。因释杖而兼及之。削谓削之令方。《丧服小记》云：“绖杀五分而去一，杖大如绖。”郑注云：“如要绖也。”传云：“童子妇人皆不杖。”疏以为此庶童子不杖，若当室童子则免而杖矣。又《丧服小记》云：“女子子在室为父母，其主丧者不杖，则子一人杖。”郑注云：“无男昆弟，使同姓为摄主不杖。则子一人杖，谓长女也。”是妇人亦有时当杖。疏又云：《礼记》诸文言妇人杖者甚众，何言无杖？愚意《礼记》杂出汉儒，当据此传为正。○蕡，扶云反。搹音革。担，市艳反。

②属，犹着也。通屈一条绳为武，垂下为缨，着之冠也。布八十缕为升。“升”字当为“登”。登，成也。今之礼皆以“登”为“升”，俗误已行久矣。《杂记》曰：“丧冠条属以别吉凶，三年之练冠，亦条属右缝。”小功以下左缝。外毕者，冠前后屈而出，缝于武也。○“绞带”者，绞麻为绳以作带也。疏云：“大如要绖。要绖象大带，此象革带。”又云：“绖带至虞后，变麻服葛。绞带至虞后，亦当变麻服布。”盖以意推之。“冠绳缨条属”者，冠以绳为缨，同条而连属也。疏曰：“案《礼记》云：‘丧冠条属，以别吉凶。’若然，吉冠则缨武别材。凶冠则缨武同材。是以郑云‘通屈一条绳为武’，谓将一条绳，从额上约之，至项后，交过两厢[1]，各至耳，于武缀之，各垂于颐下结之。云着之冠者，武缨皆上，属着冠。冠六升外毕是也。”“右缝”者，其冠三辟积向右为之。小功以下，冠亦三辟积向左为之，不同也。“外毕”者，疏云：“冠广二寸，

[1] 厢，阮刻本《仪礼注疏》作“相”，附校勘记：“《通解》同，毛本‘相’作‘厢’。”

落项[1]前后，两头皆在武下，乡外出反屈之，缝于武而为之。两头缝毕乡外，故云外毕。”由在武下出，反屈之，故丧冠又谓之厌冠。“锻”者，用水濯之，以冠是首饰，故布倍衰裳而又锻之，但勿加灰耳。衰三升，裳与衰同可知。此子为父正服，若臣为君义服，则衰三升半。菅屦即菅菲，以菅草为屦也。疏云：“周公时谓之屦，子夏时谓之菲。”“外纳”者，郑氏以纳为收余，谓编屦毕以其余头向外结之○属音烛。升，郑音登，登，成也。锻，丁乱反。

③二十两曰溢，为米一升二十四分升之一。楣，谓之梁。柱楣，所谓梁闇。疏，犹粗也。舍外寝，于中门之外，屋下垒墼为之，不涂塈，所谓垩室也。素，犹故也。谓复平生时食也。斩衰不书受月者，天子、诸侯、卿、大夫、士，虞、卒哭异数。○“居倚庐”一段言居三年丧之大节。自“居倚庐”至“不脱绖带”，言未葬时事。既虞，谓葬毕卒哭后。练谓小祥后也。“居倚庐”者，疏云：孝子所居，右门外东壁，倚木为庐。《既夕》郑注云：“倚木为庐，在中门外，东方北户。”又《丧大记》云：“凡非适子者，自未葬倚于隐者为庐。”注云：“不欲人属目，盖庐于东南角。”若然，适子则庐于其北显处为之，以当应接吊宾，故不于隐者。“哭昼夜无时”者，疏云：哭有三无时，始死，未殡已前，哭不绝声，一无时；既殡已后，卒哭祭已前，阼阶之下，为朝夕哭，在庐中，思忆则哭，二无时；既练之后，无朝夕哭，惟有庐中，或十日或五日，思忆则哭，三无时也。卒哭之后，未练之前，惟有朝夕哭，是一有时也。据疏，则传言哭昼夜无时，谓未殡前哭不绝声，卒哭前哀至则哭也。“歠粥”三句，三日始食后之食节也。既虞翦屏柱楣，疏云：既虞之后，乃改旧庐，西乡开户，翦去户傍两厢屏之余草。“柱楣”者，前梁谓之楣，楣下两头竖柱施梁，乃夹户傍之屏也。练，十三月之祭，此日以练布为冠服，故以名祭，即小祥也。“既练舍外寝”者，注以为垩室，明非正寝，但于中门外旧庐处为屋以居而已。是月，男子除首绖而带独存，妇人除要带而绖独存，其服期者则即吉。注云“复平生时食”，此据谷食而言，谓精凿如平生，不复用粗粝，非谓饮酒食肉也。注云：“斩衰不言受月。”疏云：服随哀降杀，以冠为受，斩衰裳三升，冠六升。既葬

[1] 项，阮刻本《仪礼注疏》作“顶”，附校勘记：“《通解》、《要义》同，毛本‘顶’作‘项’。○按‘项’字误，‘顶’字是也。”

后,以其冠为受,衰裳六升,冠七升。小祥又以其冠为受,衰裳七升,冠八升。自余齐衰以下,受服之时,差降可知。然葬后有受有不受,经皆有文。此斩衰及齐衰,应言受月而不言者,以天子以下,葬期不同。其葬期远者,虞而受服;葬期近者,卒哭而受服。有此异数。经言其上下合同者,故略之不言也。枕,之鸩反。块,苦对反。歠,昌悦反。粥,之六反。柱,丁主反。楣,亡悲反。疏食,音嗣。墼,古狄反。塈,其既反。

父。

传曰:为父何以斩衰也?父至尊也。

诸侯为天子。

传曰:天子至尊也。

君。

传曰:君,至尊也。①

①天子、诸侯及卿大夫有地者,皆曰君。○疏曰:士无臣,虽有地,不得君称。故仆隶等为其长,吊服加麻,不服斩也。

父为长子。①

①不言嫡子,通上下也。亦言立嫡以长。

传曰:何以三年也?正体于上,又乃将所传重也。庶子不得为长子三年,不继祖也。①

①此言为父后者,然后为长子三年,重其当先祖之正体。又以其将代己为宗庙主也。庶子者,为父后者之弟也。言庶者,远别之也。《小记》曰"不继祖与祢",此但言祖不言祢,容祖祢共庙。

为人后者。

传曰:何以三年也?受重者,必以尊服服之。何如而可为之后？同宗则可为之后。何如而可以为人后？支子可也。为所后者之祖父母、妻、妻之父母、昆弟、昆弟之子，若子。①

①若子者，为所为后之亲，如亲子。○受重者，受宗祧祭祀之重也。所后者之祖父母，即其曾祖父母。所后者之妻，即其母。所后者之妻之父母、昆弟、昆弟之子，即其外祖父母及舅与内兄弟，皆如亲子为之着服也。不遍言他亲，其并如亲子，可推知也。

妻为夫。

传曰：夫至尊也。①

①○自此以下，论妇人服。

妾为君。

传曰：君至尊也。①

①妾谓夫为君者，不得体之，加尊之也，虽士亦然。

女子子在室，为父。①

①女子子者，子，女也，别于男子也。言在室者，关已许嫁。

布总，箭笄，髽，衰三年。①

①此妻、妾、女子子丧服之异于男子者。总，束发，谓之总者，既束其本，又总其末。箭笄，筱[1]也。髽，露紒也，犹男子之括发。斩衰括发以麻，则髽亦用麻也。盖以麻[2]自项而前交于额上，却绕紒，如着幓头焉。《小记》曰："男子冠而妇人笄，男子免而妇人髽。"凡服，上曰衰，下曰裳。此但言衰不言裳，妇人不殊裳。衰如男子衰，下如深衣。深衣则衰无带，下又无衽。

[1]"筱"下，阮刻本《仪礼注疏》有"竹"字，附校勘记："徐本、《集释》、《杨氏》同，《释文》、《通典》、《通解》、敖氏、毛本俱无'竹'字，按严本有'竹'字，与《释文》不合，而张氏无说，盖偶遗之耳。○按段玉裁云'筱'上仍当有'箭'字。"

[2]"盖以麻"三字，阮刻本《仪礼注疏》作"以麻者"，附校勘记："徐本、《集释》、杨氏同，毛本、《通解》'以麻者'作'盖以麻'。"

○疏云：经之体例，皆上陈服，下陈人，此服之异，在下言之者，欲见与男子同者如前，与男子异者如后，故设文与常不例也。又曰：上文列服之中，冠绳缨非女子所服，此布总笄髽等，亦非男子所服。是以为文以易之也。○髽，侧瓜反。幓，七消反。

传曰：总六升，长六寸。箭笄，长尺。吉笄尺二寸。①

①总六升者，首饰象冠数，长六寸，谓出紒后所垂为饰也。○总六升，注云"象冠数"，谓象斩衰冠之数。余服当亦各象其冠布之数。长六寸，注知其指紒后者，以其束发处，人所不见，无寸可言也。疏云：此斩衰六寸，南宫縚妻为姑总八寸。以下虽无文，大功当与齐同八寸，缌麻小功同一尺。吉总当尺二寸，与笄同也。又云：此斩之笄用箭。下《记》云："女子子适人为父母，妇为舅姑，用恶笄。"郑以为榛木为笄，则《檀弓》南宫縚之妻之姑之丧，云"盖榛以为笄"，是也。吉时大夫士与妻用象，天子诸侯之后夫人用玉为笄。今于丧中，唯有此箭笄及榛二者，若言寸数，亦不过此二等。五服皆用一尺而已，是以女子子为父母既用榛笄，卒哭之后，折吉笄之首，归于夫家，以榛笄之外，无可差降也。○长，直亮反。

子嫁，反在父之室，为父三年。①

①谓遭丧后而出者，始服齐衰期。出而虞，则受以三年之丧受。既虞而出，则小祥亦如之。既除丧而出，则已。凡女行于大夫以上曰嫁，行于士庶人曰适人。○疏云：嫁女为父，五升衰，八升总。虞后受以八升衰，九升总。今未虞而出，虞后受服，当与在室之女同以三年之丧受。三年之丧，始死，三升衰裳，六升冠。既葬，以其冠为受，六升衰裳，七升冠。此被出之女，亦受以衰六升、总七升也。既虞而出，已受以出嫁齐期之受矣。至小祥后练祭乃受以衰七升，总八升，与在室之女同。若既小祥而出，以其嫁女本为父母期。至此已除，则不复更为父母着服也。又云：若天子之女嫁于诸侯，诸侯之女嫁于大夫，出嫁为夫斩，仍为父母不降。以其外宗、内宗及与诸侯为兄弟者，为君皆斩。明知女虽出嫁，反为君不降。

公士大夫之众臣，为其君布带绳屦。①

①士，卿士也。公卿大夫，厌于天子诸侯，故降其众臣布带绳屦。贵臣得伸，不夺其正。○布带与齐衰同，绳屦与大功同。自二事外，并如斩衰之制也。贵臣与众臣异，则得依上文绞带、菅屦。○厌，一叶反。

传曰：公卿大夫室老士，贵臣。其余皆众臣也。君，谓有地者也。众臣，杖，不以即位。近臣，君服斯服矣。绳屦者，绳菲也。①

①室老，家相也。士，邑宰也。近臣，阍寺之属。君，嗣君也。斯，此也。近臣，从君丧服，无所降也。绳菲，今时不借也。○传言公卿大夫之家臣，唯家老与邑宰，二者是贵臣，其余皆众臣。经所言"为其君布带绳屦"者，皆是属也。公卿大夫有有地，有无地。此所谓君，谓有地者也。有地者，其众臣又不但带屦有别，虽有杖，不得与嗣君同即东阶下朝夕哭位。无地者之臣，则得以杖即位。若夫近君之小臣，又与众臣不同。嗣君所服，近臣斯服之矣。

疏衰裳齐，牡麻绖，冠布缨，削杖，布带，疏屦，三年者。①

①疏，犹粗也。○以四升粗布为衰裳，而缉之。牡麻为首绖、要绖。冠以七升布为武，垂下为缨。削桐为杖。七升布为带以象革带。疏草为屦。服此服以至三年者，下文所列者，其人也。○牡，茂后反。

传曰：齐者何？缉也。牡麻者，枲麻也。牡麻绖右本在上。冠者沽功也。疏屦者，藨蒯之菲也。①

①沽，犹粗也。冠尊，加其粗。粗功，大功也。齐衰不书受月者，亦天子、诸侯、卿、大夫、士，虞、卒哭异数。○牡麻，麻之华而不实者。牡麻为绖，其本在冠右而居末上。此首绖结束之法也。齐衰冠用七升布而粗加人功，以冠尊，故升数恒多而加饰也。藨蒯，皆草名，以此草为屦也。受衰必于虞、卒哭。虞、卒哭异数，故齐衰不言其受月，亦如斩衰章也。○枲，子[1]似反。沽音古，后同。藨，皮表反。蒯，古怪反。

[1] 子，金陵书局本作"思"。

父卒，则为母。①

①尊得伸也。○疏云：父卒三年之内而母卒，仍服期。要父服除后而母死，乃得伸三年。

继母如母。

传曰：继母何以如母？继母之配父，与因母同。故孝子不敢殊也。①

①因，犹亲也。

慈母如母。

传曰：慈母者何也？传曰：妾之无子者，妾子之无母者。父命妾曰：女以为子。命子曰：女以为母。若是，则生养之，终其身，如母。死则丧之三年，如母，贵父之命也。①

①此谓大夫之妾也，不命，则亦服庶母慈己之服可也。[1]大夫之妾子，父在为母大功。则士之妾子，为母期矣。父卒，则皆得伸也。○疏曰：传别举传者，是子夏引旧传，证成己义故也。又云：妾之无子者，谓旧有子今无者。若未经有子，恩慈浅，则不得立后而养他子[2]。不云"君命妾曰"而云"父"者，对子而言父，故言父也。云"贵父之命"者，一非骨肉之属，二非配父之尊，但唯贵父之命故也。又云：案《丧服小记》云："为慈母后者，为庶母可也，为祖庶母可也。"郑云："缘为慈母后之义。父之妾无子者，亦可命己庶子为后。"疏又云：郑知此主谓大夫士之妾，知非天子诸侯之妾与妾子者，下《记》云："公子为其母练冠麻衣縓缘，既葬除之。"父没乃大功，何有命为母子为之三年乎？又云："不命则亦服庶母慈己之服"者，谓但使养之，不

[1]此句，阮刻本《仪礼注疏》作"此主谓大夫士之妾，妾子之无母，父命为母子者，其使养之不命为母子，则亦服庶母慈己之服可也"，附校勘记："徐本、《通典》、《集释》、《通解》、《要义》、敖氏俱如此，与疏合，毛本脱二十字衍一'也'字，杨氏与毛本同。○《通典》、《通解》、敖氏'己'下俱有'者'字。"

[2]子，阮刻本《仪礼注疏》无，附校勘记："《要义》同，毛本、《通解》'他'下有'子'字。"

命为母子,为之服小功。若不慈己,则缌麻矣。注“父卒则皆得伸”,谓皆得为其母三年。愚尝疑为祖庶母后之说。陈氏注云:“若父之妾有子而子死,己命己之妾子后之亦可。故云为祖庶母可也。”徐氏注云:“凡妾之有子者,称庶母、祖庶母;其无子者,则称父妾、祖妾而已。但为庶母后,即后此母。为祖庶母后,即后其子之受室者,此为不同耳。”顾炎武云:“父命妾曰‘女以为子’,谓怜其无母,视之如子长之、育之,非立之以为妾后也,《丧服小记》以为‘为慈母后’,此汉儒之误,吾未之敢信也。”得之。

母为长子。

传曰:何以三年也?父之所不降,母亦不敢降也。①

①不敢降者,不敢以己尊,降祖祢之正体。○疏云:母为长子,不问夫之在否。

疏衰裳齐,牡麻绖,冠布缨,削杖,布带,疏屦,期者。①

①○疏云:此章虽止一期,而禫杖具有。案《杂记》云:“期之丧,十一月而练,十三月而祥,十五月而禫。”注云“此谓父在为母”,即是此章者也。

传曰:问者曰:何冠也?曰:齐衰、大功,冠其受也。缌麻、小功,冠其衰也。带缘各视其冠。①

①问之者,斩衰有三[1],其冠同。今齐衰有四章,不知其冠之异同尔。缘如深衣之缘,今文无“冠布缨”。○疏曰:云“齐衰大功冠其受也”者,降服齐衰四升,冠七升。既葬,以其冠为受,衰七升,冠八升,正服齐衰五升,冠八升。既葬,以其冠为受,衰八升,冠九升。义服齐衰六升,冠九升。既葬,以其冠为受,衰九升,冠十升。降服大功,衰七升,冠十升。既葬以其冠为受,受衰十升,冠十一升。正服大功,衰八升,冠十升。既葬以其冠为受,受衰十升,冠十一升。义服大功,衰九升,冠十一升。既葬以其冠为受,受衰十一升,

[1] “斩衰有三”四字,阮刻本《仪礼注疏》作“见斩衰有二”,附校勘记:“徐本、《集释》、《通解》、《要义》同,毛本无‘见’字,‘二’作‘三’。”

冠十二升。以其初死冠升[1]与既葬衰升数同，故云“冠其受也”。云“缌麻小功冠其衰也”者，以其降服小功衰十升，正服小功衰十一升，义服小功衰十二升，缌麻十五升抽其半，七升半。冠皆与衰升数同，故云“冠其衰”也。云“带、缘各视其冠”者，带谓布带，象革带者；缘谓丧服之内中衣缘，用布缘之，二者之布，升数多少，各比拟其冠也。按，注“斩衰有三”，指为父、为君、为子之三等。齐衰四章，谓三年、杖期、不杖期、三月，凡四章也。疏又云：丧服中衣用布，亦当各视其冠。○缘，以绢反。

父在为母。

传曰：何以期也？屈也。至尊在，不敢伸其私尊也。父必三年然后娶，达子之志也。①

①○吴澄云：“夫为妻之服既除，则子为母之服亦除，家无二尊也。子服虽除，而居丧之实如故。所杀者，三年之文而已。”

妻。

传曰：为妻何以期也？妻至亲也。①

①适子，父在则为妻不杖，以父为之主也。《服问》曰：“君所主，夫人妻，大子，适妇。”父在，子为妻以杖即位，谓庶子。○疏云：天子以下至士庶人，父皆不为庶子之妻为丧主，故夫皆为妻杖，得伸也。

出妻之子为母。①

①出，犹去也。

传曰：出妻之子为母期，则为外祖父母无服。传曰：绝族无施服，亲者属。出妻之子为父后者，则为出母无服。传曰：与尊者为一体，不敢服其私亲也。①

①在旁而及曰施。亲者属，母子至亲无绝道。○妻出，则与其族绝，即

[1]“升”下，阮刻本《仪礼注疏》有“皆”字，附校勘记：“《通解》、《要义》同，毛本无‘皆’字。”

无旁及之服，唯母子至亲，为相连属，故为服也。为父后者，谓父没，适子代父承宗庙祭祀之事，故云“与尊者为一体”。

父卒，继母嫁。从，为之服报。①

①○疏云：父卒，继母嫁，此母已为父服斩衰三年，恩意之极，故子为之一期，得伸禫杖。云“从为之服”者，以其继母，又嫁，便是路人，子仍着服，故生“从为之”文也。“报”者，两相为服也。《丧服》上下并《记》云报者十有二皆无降杀之差。吴氏以“从”为从之改嫁，顾炎武云：“‘从’字句，谓年幼不能自立，从母而嫁也。母之义既绝于父，故不得三年。而其恩犹在，于子不可以不为之服也。”○为，于伪反。

传曰：何以期也？贵终也。①

①尝为母子，贵终其恩。

不杖，麻屦者。①

①此亦齐衰，言其异于上。○疏曰：此章与上章，虽杖与不杖不同，其正服齐衰裳，皆同五升，而冠八升，则不异也。

祖父母。

传曰：何以期也？至尊也。

世父母、叔父母。

传曰：世父、叔父何以期也？与尊者一体也。然则昆弟之子，何以亦期也？旁尊也。不足以加尊焉，故报之也。父子一体也，夫妻一体也，昆弟一体也。故父子首足也，夫妻牉合也，昆弟四体也。故昆弟之义无分。然而有分者，则辟子之私也。子不私其父，则不成为子，故有东宫、有西宫、有南宫、有北宫，异居而同财。有余则归之宗，不足则资之宗。世母、叔母何以亦期也？以名服也。①

①宗者，世父为小宗典宗事者也。资，取也。为姑[1]在室亦如之。○世叔父与尊者一体，于祖为父子，于父为兄弟，是与己之尊者为一体也。以其为旁尊，不足以加尊于人，故为昆弟之子，亦如其服以报之。若祖之正尊，则孙为祖期，而祖但为孙大功矣。下文皆广明一体之义，且以见尊之有正有旁，恩礼所由隆杀也。末言有余、不足，皆统于宗，仍以明一体之义。世叔母曰以名服者，二母本是路人，以牉合于世叔父，故有母名，因而服之，即上所云“夫妻一体也”。○旁，薄浪反。牉，普半反。

大夫之适子为妻。①

①○疏曰：云大夫之适子为妻，在此不杖章。则上杖章为妻者，是庶子为妻。父没后适子亦为妻杖，亦在彼章也。愚按下经大夫庶子为妻大功，不知注疏何以云当杖。

传曰：何以期也？父之所不降，子亦不敢降也。何以不杖也？父在，则为妻不杖。①

①大夫不以尊降适妇者，重适也。凡不降者，谓如其亲服服之。降有四品，君大夫以尊降，公子、大夫之子以厌降，公之昆弟以旁尊降，为人后者、女子子嫁者以出降。○案下经适妇在大功章，庶妇在小功章。父之所不降，谓不降在小功也。子亦不敢降，大夫众子为妻皆大功，今适子为妻期，是亦不敢降也。前章注云“父在，子为妻以杖即位，谓庶子”者，盖士礼也。若大夫之庶子，父在仅得服大功。何以得以杖即位乎？

昆弟。①

①昆，兄也。为姊妹在室亦如之。

为众子。①

[1]“姑”下，阮刻本《仪礼注疏》有“姊妹”二字，附校勘记：“徐本、《集释》俱有‘姊妹’二字，与疏合，毛本无；卢文弨校‘疏云“姊妹”二字衍，宋本注中已误’；金曰追云‘郑于下“昆弟”节注云“为姊妹亦如之”，疏云“义同于上章姑在室也”，则此之误衍明矣’。○许宗彦云‘姑姊妹连文，或姑姊或姑妹，通称姑姊妹，《左传》“以公之姑姊娶之”是也，应是注脱二字，非疏衍也’。”

①众子者,长子之弟及妾子。女子在室亦如之[1]。士谓之众子,未能远别也。大夫则谓之庶子,降之为大功。天子国君不服之。《内则》曰:“冢子未食而见,必执其右手。适子、庶子已食而见,必循其首。”○注引《内则》证众子之异于长子也。

昆弟之子。

传曰:何以期也?报之也。①

①《檀弓》曰:“《丧服》:兄弟之子,犹子也。盖引而进之。”

大夫之庶子为适昆弟。①

①两言之者,适子或为兄或为弟。

传曰:何以期也?父之所不降,子亦不敢降也。①

①大夫虽尊,不敢降其适,重之也。适子为庶昆弟,庶昆弟相为,亦如大夫为之。○疏曰:“云‘父之所不降’者,即斩章父为长子是也。云‘子亦不敢降’者,于此服期是也。”按后经大夫为庶子降服大功,适子为庶昆弟,庶昆弟相为,并大功。故注曰“如大夫为之”。

适孙。

传曰:何以期也?不敢降其适也。有适子者无适孙,孙妇亦如之。①

①周之道,适子死,则立适孙,是适孙将上为祖后者也。长子在,则皆为庶孙耳。孙妇亦如之。适妇在,亦为庶孙之妇。凡父于将为后者,非长子皆期也。○传言“有适子者无适孙”,明此言适孙是长子死,其适孙承重者,祖为之期,若长子在,则同于庶孙,但为服大功也。顾炎武云:“冢子,身之副贰也。家无二主,亦无二副,故有适子者无适孙。唐高宗有太子而复太孙,非矣。”注言“凡父于将为后者,非长子皆期也”,谓无适长子,而立众子为

[1]“女子”二字,阮刻本《仪礼注疏》作“女子子”,附校勘记:“徐本、《集释》、敖氏同,《通解》、杨氏、毛本俱不重‘子’字;卢文弨云‘在室二字疏无’。”

后,亦但为之期。曰"凡父",则士以上皆然也。

为人后者，为其父母报。①

①○子出后于人,为本生父母服期。其本生父母亦报之以期者,顾炎武云:"重其继大宗,故不以出降也。"

传曰：何以期也？不贰斩也。何以不贰斩也？持重于大宗者，降其小宗也。为人后者，孰后？后大宗也。曷为后大宗？大宗者，尊之统也。禽兽知母而不知父，野人曰：父母何算焉？都邑之士，则知尊祢矣。大夫及学士，则知尊祖矣。诸侯及其大祖，天子及其始祖之所自出，尊者尊统上，卑者尊统下。大宗者，尊之统也。大宗者，收族者也。不可以绝，故族人以支子后大宗也。适子不得后大宗。①

①都邑之士,则知尊祢,近政化也。大祖,始封之君。始祖者,感神灵而生,若稷契也。自,由也。及始祖之所由出,谓祭天也。上,犹远也。下,犹近也。收族者,谓别亲疏,序昭穆。《大传》曰:"系之以姓而弗别,缀之以食而弗殊,虽百世婚姻不通者,周道然也。"○持重于大宗,谓既为大宗服重服也。大宗者,尊之统,谓其为族中尊贵之统绪也。爵尊者,其尊统所及者远,天子诸侯是也。爵卑者,其尊统所及者近,大夫士是也。上下虽不同,凡为大宗,则其族中尊贵之统绪也。凡为大宗,皆以收合族人,使不乖睽者也。故不可以绝,故为之后者,即其降本宗。适子不得后大宗,以其自当主小宗之事故也。

女子子适人者，为其父母、昆弟之为父后者。

传曰：为父何以期也？妇人不贰斩也。妇人不贰斩者何也？妇人有三从之义，无专用之道，故未嫁从父，既嫁从夫，夫死从子，故父者子之天也，夫者妻之天也。妇人不贰斩者，犹曰不贰天也。妇人不能贰尊也。为昆弟之为父后者，何以亦期也？妇人虽在外，必有归宗，曰小宗，故服期也。①

①从者，从其教令。归宗者，父虽卒犹自归宗。其为父后服[1]重者，不自绝于其族类也。曰小宗者，言是乃小宗也。小宗明非一也。小宗有四，丈夫妇人之为小宗，各如其亲之服，避大宗也[2]。○出嫁之女，为本宗期者三：父一、母一、昆弟为父后者一。妇人虽已嫁在外，必有所归之宗。此昆弟之为父后者，即继祢之小宗，故为之服期也。注"小宗有四"者，谓继高祖之宗，继曾祖之宗，继祖之宗，继祢之宗。丈夫妇人为四等小宗，各如其亲疏尊卑服之，无所加减。大宗则五服外皆为齐衰三月，五服内则依其月算，为之齐衰，故云"辟大宗"也。女子适人，为其私亲皆降一等，于兄弟之为父后者，则不降也。

继父同居者。

传曰：何以期也？传曰：夫死妻稚、子幼，子无大功之亲。与之适人，而所适者亦无大功之亲。所适者以其货财为之筑宫庙，岁时使之祀焉。妻不敢与焉。若是，则继父之道也。同居，则服齐衰期。异居，则服齐衰三月也。必尝同居，然后为异居。未尝同居，则不为异居。①

①妻稚，谓年未满五十。子幼，谓年十五已下。子无大功之亲，谓同财者也。为之筑宫庙于家门之外，神不歆非族，妻不敢与焉，恩虽至亲，族已绝矣。天[3]不可二，以此恩服尔。未尝同居，则不服之。○"必尝同居然后为

---

[1]服，阮刻本《仪礼注疏》作"持"，附校勘记："'持'，《徐本》、《要义》俱作'特'，《通典》、《集释》俱作'持'，毛本、《通解》作'服'。"胡培翚《仪礼正义》谓此当作"持"，其谓"云'归宗者父虽卒犹自归'者，此注当以'归'字为句，'宗'字属下句。'归'即《公羊传》'大归曰来归'之'归'，何注所谓'废弃来归'是也，言父虽卒，犹自有来归之时。云'宗其为父后持重者，不自绝于其族类也'者，言父卒而归，必以为父后持重者为宗主者，以其为已之族类，虽见绝于夫家，而不自绝于族类也。'持重'二字，释为'父后'，言主持庙祀之重。郑必以'父卒'为言者，以父在则所谓'子嫁反在父之室'者，自有父主之，不必以昆弟为宗主也。自贾疏误读'犹自归宗'为句，而'持'字或误作'特'，或误作'服'，文义遂不可通矣。"

[2]"各如其亲之服，避大宗也"，阮刻本《仪礼注疏》无"也"字，附校勘记："《通典》'服'下有'服之'二字。"

[3]天，阮刻本《仪礼注疏》作"夫"，附校勘记："徐、陈、闽、葛、《通典》、《集释》、《通解》、杨氏、敖氏同，毛本'夫'作'天'。"

异居”者,前时三者具为同居,后三者一事阙,即为异居,乃为齐衰三月。若初往继父家时,三者即不具,是未尝同居,全不为服。○适,施只反。

为夫之君。

传曰:何以期也?从服也。①

①○从夫而服也。

姑、姊妹、女子子适人无主者,姑、姊妹报。

传曰:无主者,谓其无祭主者也。何以期也?为其无祭主故也。①

①无主后者,人之所哀怜,不忍降之。○姑、姊妹、女子子已适人,应降服大功,以其无祭主,不忍降还为之期。其姑、姊妹,亦为侄兄弟报。女子子不言报者,为父母自然犹期,不须言报也。

为君之父母、妻、长子、祖父母。

传曰:何以期也?从服也。父母、长子,君服斩。妻则小君也。父卒,然后为祖后者服斩。①

①此为君矣。而有父若祖之丧者,谓始封之君也。若是继体,则其父若祖有废疾不立。父卒者,父为君之孙,宜嗣位而早卒,今君受国于曾祖。○注言继体之君,容有祖父之丧者,谓父有废疾不立,而受国于祖。或祖有废疾不立,父宜立而又早卒,受国于曾祖。故身已为君而又有父若祖之丧,皆为之三年,其臣从服为之期也。疏又载:赵商问:“已为诸侯,父有废疾,不任国政,不任丧事,而有祖丧,欲言三年,则父在,欲言期,复无主,其制度年月如何?”答曰:“天子诸侯之丧,皆服斩无期。”彼志与此注相兼乃具。按此经所言,君之父祖皆未尝为君者,若已为君,则嗣立者不得称君,而臣亦不敢仅为之期矣。

妾为女君。

传曰：何以期也？妾之事女君，与妇之事舅姑等。①

①女君，君适妻也。女君于妾无服，报之则重，降之则嫌。○注“报之则重”二句解“女君于妾无服”之故。嫌谓嫌若姑为妇降服也。

妇为舅姑。

传曰：何以期也？从服也。

夫之昆弟之子。①

①男女皆是。

传曰：何以期也？报之也。

公妾、大夫之妾为其子。

传曰：何以期也？妾不得体君，为其子得遂也。①

①此言二妾不得从于女君尊降其子也。女君与君一体，唯为长子三年，其余以尊降之，与妾子同也。○疏云：诸侯为众子无服，大夫为众子大功，其妻体君，亦从夫而降，妾贱不得体君，故自为其子得伸，遂而服期也。

女子子为祖父母。

传曰：何以期也？不敢降其祖也。①

①经似在室，传似已嫁。明虽有出道，犹不降。○疏云：已嫁之女，可降旁亲，祖父母正期，故不降也。又云：经传互言之，欲见在室、出嫁同不降。

大夫之子为世父母、叔父母、子、昆弟、昆弟之子，姑、姊妹、女子子无主者为大夫命妇者，唯子不报。①

①命者，加爵服之名。自士至上公，凡九等。君命其夫，则后夫人亦命其妻矣。此所为者，凡六命夫、六命妇。○大夫之子得行大夫礼，降其旁亲一等。此十二人皆合降至大功，以其为大夫、为命妇，尊与己同，故不降。“唯子不报”者，子为父母三年，女子适人，自当服期，不得言报，余人则皆报也。

传曰：大夫者，其男子之为大夫者也。命妇者，其妇人之为大夫妻者也。无主者，命妇之无祭主者也。何以言唯子不报也？女子子适人者为其父母期，故言不报也。言其余皆报也。何以期也？父之所不降，子亦不敢降也。大夫曷为不降命妇也？夫尊于朝，妻贵于室矣。①

①无主者，命妇之无祭主，谓姑、姊妹、女子子也。其有祭主者，如众人。唯子不报，男女同不报尔。传唯据女子子，似失之矣。大夫曷为不降命妇，据大夫于姑、姊妹、女子子，既已出降大功，其适士者又以尊降在小功也。夫尊于朝，与己同，妇贵于室，从夫爵也。〇其有祭主者如众人，谓亦服大功。

大夫为祖父母、适孙为士者。

传曰：何以期也？大夫不敢降其祖与适也。①

①不敢降其祖与适，则可降其旁亲也。

公妾以及士妾为其父母。①

①〇自公妾及士妾中，包孤卿大夫之妾。

传曰：何以期也？妾不得体君，得为其父母遂也。①

①然则女君有以尊降其父母者与？《春秋》之义，“虽为天王后，犹曰吾季姜”。是言子尊不加于父母，此传似误矣。礼，妾从女君而服其党服，是嫌不自服其父母，故以明之。

疏衰裳齐、牡麻绖，无受者。①

①无受者，服是服而除，不以轻服受之。不着月数者，天子诸侯葬异月也。《小记》曰：“齐衰三月，与大功同者绳屦。”〇凡受服，皆因葬练祥乃行。此至葬后即除，故无变服之理，虽不言月数，大夫、士三月葬，故以三月为主。

寄公为所寓。①

①寓，亦寄也。为所寄之国君服。

传曰：寄公者何也？失地之君也。何以为所寓服齐衰三月也？言与民同也。①

①诸侯五月而葬，而服齐衰三月者，三月而藏其服，至葬又更服之，既葬而除之。

丈夫、妇人为宗子、宗子之母、妻。①

①妇人，女子子在室及嫁归宗者也。宗子，继别之后，百世不迁，所谓大宗也。

传曰：何以服齐衰三月也？尊祖也。尊祖故敬宗。敬宗者，尊祖之义也。宗子之母在，则不为宗子之妻服也。①

①○《丧服小记》云："别子为祖，继别为大宗。"别子谓始有家者也。国君太子，嗣为国君，其次子即是别子，如鲁桓公太子同既为君，次子庆父、叔牙、季友等为别子，后皆各为其家之祖。其世世嫡长是谓大宗也，故曰："敬宗者，尊祖之义也。"疏云："必为宗子母、妻服者，以宗子燕食族人于堂，其母、妻亦燕食族人之妇于房，皆序以昭穆，故族人为之服也。""宗子母在，则不为宗子之妻服"者，疏以为，宗子母在，则其妻不得与祭燕食族人，故不为服，必待其母七十以上，宗子妻得与祭，乃为之服也。顾炎武云："家无二主也。"

为旧君、君之母、妻。

传曰：为旧君者，孰谓也？仕焉而已者也。何以服齐衰三月也？言与民同也。君之母、妻，则小君也。①

①仕焉而已者，谓老若有废疾而致仕者也。为小君服者，恩深于民。

庶人为国君。①

①不言民而言庶人，庶人或有在官者。天子畿内之民，服天子亦如之。

大夫在外，其妻、长子为旧国君。①

①在外，待放已去者。○疏云：大夫在外，不言为旧君服与不服者，案《杂记》云："违诸侯之大夫不反服，违大夫之诸侯不反服。"以其尊卑不敌。若然，其君尊卑敌，乃反服旧君服。

传曰：何以服齐衰三月也？妻，言与民同也。长子，言未去也。①

①妻虽从夫而出，古者大夫不外娶，妇人归宗，往来犹民也。《春秋传》曰："大夫越境逆女，非礼。"君臣有合离之义，长子去，可以无服。

继父不同居者。①

①尝同居，今不同。

曾祖父母。

传曰：何以齐衰三月也？小功者，兄弟之服也，不敢以兄弟之服服至尊也。①

①正言小功者，服之数尽于五，则高祖宜缌麻，曾祖宜小功也。据祖期，则曾祖大功，高祖宜小功也。高祖、曾祖，皆有小功之差，则曾孙、玄孙，为之服同也。重其衰麻，尊尊也。减其日月，恩杀也。

大夫为宗子。

传曰：何以服齐衰三月也？大夫不敢降其宗也。

旧君。①

①大夫待放未去者。

传曰：大夫为旧君，何以服齐衰三月也？大夫去，君埽其宗庙，故服齐衰三月也，言与民同也，何大夫之谓乎？言其以道去君而犹未绝也。①

①以道去君，谓三谏不从，待放于郊。未绝者，言爵禄尚有列于朝，出

入有诏于国，妻子自若民也。○此章言为旧君者三，为旧君及其母、妻，此昔仕今已，在其故国者也；大夫在外，此其身已去，其子尚在本国者也；此言旧君，则大夫去而未绝。孟子所谓“三有礼”者也。埽其宗庙，谓使宗族为之祭祀，爵禄有列，谓旧位仍在。出入有诏于国，疏以为，兄弟宗族犹存，吉凶书信相告不绝。

曾祖父母为士者，如众人。

传曰：何以齐衰三月也？大夫不敢降其祖也。①

①○按：此上三节并承大夫为三字。

女子子嫁者、未嫁者为曾祖父母。

传曰：嫁者，其嫁于大夫者也。未嫁者，其成人而未嫁者也。何以服齐衰三月？不敢降其祖也。①

①言嫁于大夫者，明虽尊犹不降也。成人谓年二十已笄醴者也。此者不降，明有所降。

大功布衰裳、牡麻绖，无受者。①

①大功布者，其锻治之功粗沽之。○此降服大功。疏云：降服大功，衰七升，冠十升。功谓人功，用灰锻治。大功者用功粗，小功者用功细。

子、女子子之长殇、中殇。①

①殇者，男女未冠笄而死，可哀殇者。女子子许嫁，不为殇也。○疏云：兄弟之子亦同此。

传曰：何以大功也？未成人也。何以无受也？丧成人者其文缛，丧未成人者其文不缛，故殇之绖不樛垂，盖未成人也。年十九至十六为长殇，十五至十二为中殇，十一至八岁为下殇，不满八岁以下皆为无服之殇。无服之殇以日易月，以日易月之殇，殇而无服。故子生三月则父名之，死则哭之，未名则不哭也。①

①缛犹数也。其文数者,谓变除之节也。不樛垂者,不绞其带之垂者。《杂记》曰:“大功以上散带。”以日易月,谓生一月者哭之一日也。殇而无服者,哭之而已。为昆弟之子、女子子亦如之。凡言子者,可以兼男女。又云女子子者,殊之以子,关适庶也。○凡丧至小敛,大功以上皆散其麻带之垂者,至成服乃绞之,小功以下,初即绞之。此殇大功,亦于小敛服麻,散垂,至成服亦不绞,以其未成人也。○缛音辱。樛,居纠反。

叔父之长殇、中殇,姑姊妹之长殇、中殇,昆弟之长殇、中殇,夫之昆弟之子、女子子之长殇、中殇,适孙之长殇、中殇,大夫之庶子为适昆弟之长殇、中殇,公为适子之长殇、中殇,大夫为适子之长殇、中殇。①

①公,君也。诸侯大夫不降适殇者,重适也。天子亦如之。○自“叔父”至“适昆弟”,皆是成人齐衰期。公与大夫之适子,皆是成人斩衰,以其殇并入大功。

其长殇皆九月,缨绖。其中殇七月,不缨绖。①

①绖有缨者,为其重也。自大功已上绖有缨,以一条绳为之,小功已下绖无缨也。

大功布衰裳、牡麻绖缨、布带三月,受以小功衰,即葛九月者。①

①受犹承也。凡天子、诸侯、卿、大夫既虞,士卒哭而受服。正言三月者,天子诸侯无大功,主于大夫士也。此虽有君为姑、姊妹、女子子嫁于国君者,非内丧也。○非内丧,则彼国自于五月葬后受服,此自以三月受服,同于大夫、士也。

传曰:大功布,九升。小功布,十一升。①

①此受之下也,以发传者,明受尽于此也。又受麻绖以葛绖。《间传》曰:“大功之葛,与小功之麻同。”○大功有降、有正、有义,降则衰七升,冠十

升;正则衰八升,冠亦十升;义则衰九升,冠十一升。卒哭后各以其冠为受,或受十升,或受十一升。受十升者,降小功之布;受十一升者,正小功之布也。今传曰:“大功布,九升。小功布,十一升。”据义服大功而言,故注云:“受之下也。”自此而下,小功葬后唯有变麻即葛,因故衰,更无受服之法,故又云“明受尽于此也”。“受麻绖以葛绖”,解经文“即葛”,引《间传》者以证大功葛绖大小之制也。

姑、姊妹、女子子适人者。

传曰:何以大功也,出也。①

①出必降之者,盖有受我而厚之者。○此等并是本期,今降大功,以其夫自为之禫杖期,故于此从薄也。

从父昆弟。①

①世父、叔父之子也,其姊妹在室亦如之。

为人后者为其昆弟。

传曰:何以大功也?为人后者,降其昆弟也。①

①○疏曰:若然,于本宗余亲,皆降一等。

庶孙。①

①男女皆是。下“殇小功章”曰“为侄庶孙,丈夫妇人”同。

适妇。①

①适妇,适子之妻。

传曰:何以大功也?不降其适也。①

①妇言适者,从夫名。

女子子适人者为众昆弟。①侄丈夫妇人,报。②

①父在则同，父没，乃为父后者服期也。

②为侄男女服同。

传曰：侄者何也？谓吾姑者吾谓之侄。①

①〇此名对姑生称，若对世叔，唯得言昆弟之子，不得名侄。

夫之祖父母、世父母、叔父母。

传曰：何以大功也？从服也。夫之昆弟何以无服也？其夫属乎父道者，妻皆母道也。其夫属乎子道者，妻皆妇道也。谓弟之妻妇者，是嫂[1]亦可谓之母乎？故名者，人治之大者也，可无慎乎？①

①道犹行也。谓弟之妻为妇者，卑远之，故谓之妇。嫂者，尊严之称。嫂，犹叟也。叟，老人称也。是为序男女之别尔。若己以母妇之服服兄弟之妻，兄弟之妻以舅子之服服己，则是乱昭穆之序也。治，犹理也。父母兄弟夫妇之理，人伦之大者，可不慎乎？《大传》曰："同姓从宗合族属，异姓主名治际会。"名著而男女有别。〇妇人与夫之昆弟不相为服，常情所疑，故传于此发之，以为从父之妻可名为母，从子之妻可名为妇，故可相与为服。若弟之妻不可谓之妇，兄之妻不可谓之母，是路人也，路人而复为之服，近于乱矣，故推而远之，塞乱源也，其谓之嫂、谓之妇者，立此名以尊严之、卑远之尔。顾炎武曰："外亲之同爨犹缌，而独兄弟之妻不为制服者，以其分亲而年相亚，故圣人嫌之，嫌之故远之，而大为之坊，不独以其名也，存其恩于娣姒，而断其义于兄弟，圣人之所以处此者精矣。"

大夫为世父母、叔父母、子、昆弟、昆弟之子为士者。①

①子，谓庶子。

传曰：何以大功也？尊不同也。尊同，则得服其亲服。①

①尊同，谓亦为大夫者。亲服，期。

[1]嫂，原作"嫁"，据阮刻本《仪礼注疏》改。

公之庶昆弟、大夫之庶子为母、妻、昆弟。①

①公之庶昆弟,则父卒也。大夫之庶子,则父在也。其或为母,谓妾子也。○疏云:若云公子,是父在。今继兄而言弟,又公子父在为母、妻,在五服之外,今服大功,故知父卒也。大夫之庶子,继父而言。又大夫卒,子为母、妻得伸,今但大功,故知父在也。于适妻,君大夫自不降,其子皆得伸。今为母,但大功,明妾子自为己母也。

传曰:何以大功也?先君余尊之所厌,不得过大功也。大夫之庶子,则从乎大夫而降也。父之所不降,子亦不敢降也。①

①言"从乎大夫而降",别于父卒如国人也。昆弟,庶昆弟也。旧读昆弟在下,其于厌降之义,宜蒙此传也,是以上而同之。父所不降,谓适也。○据注及疏,此经文"昆弟"二字,旧在传后,郑君始移在传前,与母妻合文。

皆为其从父昆弟之为大夫者。①

①皆者,言其互相为服,尊同则不相降。其为士者,降在小功。适子为之,亦如之。○疏曰:此文承上"公之庶昆弟,大夫之庶子"之下,则是二人为此从父昆弟之为大夫者,以其二人为父所厌降亲,今此从父昆弟为大夫,故此二人不降,而服大功,依本服也。愚谓经文"皆"字谓上文公庶昆弟、大夫庶子并然也。注以互相为释之,恐未当。注"其为士者",从父昆弟之为士者也。"适子为之,亦如之",明不特大夫之庶子不为之降也,此又依经推言之。

为夫之昆弟之妇人子适人者。①

①妇人子者,女子子也。不言女子子者,因出,见恩疏。○疏云:此谓世叔母为之服,在家期,出嫁大功。

大夫之妾为君之庶子。①

①下传曰:"何以大功也?妾为君之党服,得与女君同。"指为此也。妾为君之长子亦三年,自为其子期,异于女君也。士之妾,为君之众子亦期。

女子子嫁者、未嫁者为世父母、叔父母、姑、姊妹。①

①旧读合“大夫之妾为君之庶子、女子子嫁者、未嫁者”，言大夫之妾为此三人之服也。

传曰：嫁者，其嫁于大夫者也。未嫁者，成人而未嫁者也。何以大功也？妾为君之党服，得与女君同。下言为世父母、叔父母、姑、姊妹者，谓妾自服其私亲也。①

①此不辞，即实为妾遂自服其私亲，当言“其”以见之。“齐衰三月章”曰：“女子子嫁者、未嫁者为曾祖父母。”经与此同，足以见之矣。传所云“何以大功也？妾为君之党服得与女君同”文烂在下尔。女子子成人者，有出道，降旁亲及将出者，明当及时也。〇愚按：旧读与传文甚协，郑君必欲破之，不知何故？且女子未嫁而逆降旁亲，于义亦自可疑，两存其说可也。

大夫、大夫之妻、大夫之子、公之昆弟为姑、姊妹、女子子嫁于大夫者。君为姑、姊妹、女子子嫁于国君者。①

①〇疏云：大夫、大夫之妻若子、公之昆弟，皆降旁亲姑、姊妹已下一等，大功，又以出降，当小功。但嫁于大夫，尊同，无尊降，直有出降，故皆大功也。又云：大夫妻为夫之姑、姊妹在室及嫁，皆小功。若不为大夫妻，又降在缌麻，今在大功科中者，此命妇为本亲姑姊妹、己之女子子也。又云：国君绝期已下，今为尊同，故亦不降，依嫁服大功。

传曰：何以大功也？尊同也。尊同则得服其亲服。诸侯之子称公子，公子不得祢先君。公子之子称公孙，公孙不得祖诸侯。此自卑别于尊者也。若公子之子孙有封为国君者，则世世祖是人也，不祖公子，此自尊别于卑者也。是故始封之君不臣诸父昆弟，封君之子不臣诸父而臣昆弟，封君之孙尽臣诸父昆弟。故君之所为服，子亦不敢不服也。君之所不服，子亦不敢服也。①

①不得祢、不得祖者，不得立其庙而祭之也。卿大夫以下，祭其祖祢。则世世祖是人，不得祖公子者，后世为君者，祖此受封之君，不得祀别子也。公子若在高祖以下，则如其亲服，后世迁之，乃毁其庙尔。因国君以尊

降其亲,故终说此义云。○疏云:诸侯绝旁期,大夫降一等,今此大功,所以亦为服者,各自以其尊同,故服之也。“诸侯之子称公子”已下,因尊同,遂广说尊不同之义也。诸侯支庶不称诸侯子,变名公子,卑远之也。“不得祢、不得祖”者,以其庙已有适子为君者立之,支庶不得并立庙,故云“不得”也。其后子孙自以此公子公孙为祖,所谓别子也。公子之后有封为诸侯者,则其子孙以此始封之君为祖,不以公子为祖,凡此者皆以著尊卑之别也。自,由也,由其位之或尊或卑各自为别也。下言有不臣者、有臣者,其不臣者则为之服;其臣者则不为之服也。

繐衰裳、牡麻绖,既葬除之者。

传曰:繐衰者何?以小功之繐也。①

①治其缕如小功,而成布四升半。细其缕者,以恩轻也。升数少者,以服至尊也。凡布细而疏者谓之繐,今南阳有邓繐。○疏云:传云小功之繐,则带屦亦同小功可知。

诸侯之大夫为天子。

传曰:何以繐衰也?诸侯之大夫,以时接见乎天子。①

①接,犹会也。诸侯之大夫,以时会见于天子而服之,则其士庶民不服可知。○谓诸侯使大夫来见天子,适有天子之丧则其服如此。愚意诸侯若来会葬,其从行者或亦然。

小功布衰裳、澡麻带绖五月者。①

①澡者,治去莩垢,不绝其本也。《小记》曰:“下殇小功,带澡麻,不绝其本,屈而反以报之。”○大功已上绖带有本,小功以下断本。此殇小功,重于成人小功,故带不绝本,与大功同。疏曰:“屈而反以报之”者,谓先以一股麻不绝本者为一条,展之为绳。报,合也。以一头屈而反,乡上合之,乃绞垂。又云:不言屦者,当与下章同吉屦无絇也。又云:此亦无受。○莩音敷。

叔父之下殇，适孙之下殇，昆弟之下殇，大夫庶子为适昆弟之下殇，为姑、姊妹、女子子之下殇，为人后者为其昆弟、从父昆弟之长殇。①

①○"叔父"至"女子子"八人，皆是成人期。长殇、中殇则大功，下殇则小功。为人后者为其昆弟，与凡人之为从父昆弟，二者本服大功，其长殇则小功。

传曰：问者曰：中殇何以不见也？大功之殇，中从上，小功之殇，中从下。①

①问者，据从父昆弟之下殇在缌麻也。大功、小功，皆谓服其成人也。大功之殇中从上，则齐衰之殇亦中从上也。此主谓丈[1]夫之为殇者服也。凡不见者，以此求之也。○此章有从父昆弟之长殇，"缌麻"章有从父昆弟之下殇，唯不见中殇，故发此问。成人当服大功者，其中殇与长殇同。成人当服小功者，其中殇与下殇同。凡不见于经者，皆当以此例求之。此男子服殇者之法，若妇人为夫族服殇法，又在后缌麻传也。

为夫之叔父之长殇。①

①不见中殇者，中从下也。

昆弟之子、女子子、夫之昆弟之子、女子子之下殇。①

①○此皆成人为之齐衰期者。

为侄、庶孙丈夫妇人之长殇。①

①○姑为侄、祖为庶孙皆成人大功。

大夫、公之昆弟、大夫之子为其昆弟、庶子、姑、姊妹、女子子之长殇。①

①大夫为昆弟之长殇小功，谓为士者若不仕者也，以此知为大夫无

[1] 丈，原作"大"，据金陵书局本、阮刻本《仪礼注疏》改。

殇服也。公之昆弟不言庶者,此无服,无所见也。大夫之子不言庶者,关适子亦服此殇也。云公之昆弟为庶子之长殇,则知公之昆弟犹大夫。○疏云:此三人为此六种人,成人以尊,降至大功,故长殇小功中亦从上。

大夫之妾为庶子之长殇。①

①君之庶子。○疏云:妾为君之庶子,成人在大功。今长殇在小功。

小功布衰裳、牡麻绖、即葛五月者。①

①即,就也。小功轻,三月变麻,因故衰以就葛绖带,而五月也。《间传》曰:"小功之葛与缌之麻同。"旧说:"小功以下,吉屦无絇也。"

从祖祖父母、从祖父母,报。①

①祖父之昆弟之亲○疏云:从祖祖父母,是曾祖之子,祖之兄弟。"从祖父母"者,是从祖祖父之子,父之从父昆弟。"报"者,恩轻,两相为服。

从祖昆弟。①

①父之从父昆弟之子。○疏云:此是从祖父之子,己之再从兄弟。

从父姊妹。①

①父之昆弟之女。○疏云:不言出适与在室,皆小功,以姊妹既逆降,宗族亦逆降报之。此说可疑,当通下文"孙适人者"为一节,皆为出适而降小功也。

孙适人者。①

①孙者,子之子,女孙在室,亦大功也。

为人后者,为其姊妹适人者。①

①不言姑者,举其亲者,而恩轻者降可知。

为外祖父母。

传曰：何以小功也？以尊加也。

从母丈夫、妇人报。①

①从母，母之姊妹。○疏云：云“丈夫妇人”者，马氏云：“从母报姊妹之子男女也。”

传曰：何以小功也？以名加也。外亲之服皆缌也。①

①外亲异姓，正服不过缌。丈夫妇人，姊妹之子，男女同。○传云“外亲之服皆缌”者，明小功之为加重也，有母名故加之。

夫之姑、姊妹，娣姒妇，报。①

①夫之姑、姊妹，不殊在室及嫁者，因恩轻，略从降。

传曰：娣姒妇者，弟长也，何以小功也？以为相与居室中，则生小功之亲焉。①

①娣姒妇者，兄弟之妻相名也。长妇谓稚妇为娣妇，娣妇谓长妇为姒妇。○经言妇与夫之姑、姊妹相为服，传则单言二妇相为服，然所谓“相与居室中”者，实兼姑姊、娣姒等也。

大夫、大夫之子、公之昆弟为从父昆弟、庶孙、姑、姊妹、女子子适士者。①

①从父昆弟及庶孙，亦谓为士者。○从父昆弟、庶孙本大功，此降小功，故注谓为士者，以尊降也。

大夫之妾为庶子适人者。①

①君之庶子，女子子也。庶女子子在室大功，其嫁于大夫亦大功。○疏云：此适人者谓适士也。

庶妇。①

①夫将不受重者。

君母之父母、从母。[①]

①君母，父之适妻也。从母，君母之姊妹。○疏云：此谓妾子为适母之父母及姊妹。

传曰：何以小功也？君母在则不敢不从服，君母不在则不服。[①]

①不敢不服者，恩实轻也。凡庶子，为君母，如适子。

君子子为庶母慈己者。[①]

①君子子者，大夫及公子之适妻子。

传曰：君子子者，贵人之子也，为庶母何以小功也？以慈己加也。[①]

①云“君子子”者，则父在也。父没，则不服之矣。以慈己加，则君子子亦以士礼为庶母缌也。《内则》曰：“异为孺子室于宫中，择于诸母与可者，必求其宽裕慈惠，温良恭敬，慎而寡言者，使为子师。其次为慈母，其次为保母，皆居子室。他人无事不往。”又曰：“大夫之子有食母。”庶母慈己者，此之谓也。其不慈己，则缌可矣。不言师、保，慈母居中，服之可知也。“国君世子生，卜士之妻，大夫之妾，使食子，三年而出，见于公宫，则劬”，非慈母也。士之妻自养其子。○加谓于缌麻上加至小功也。注“父没则不服”，谓不服其加服，仍为服缌，以此慈母本庶母也。引《内则》国君养子之法，证大夫公子之适妻子亦得立三母耳。又言士妻、大夫妾，是国君养子于三母之外又有食子者，不与慈母同类也。国君子于三母无服。士妻自养其子，故注知为大夫公子之适妻子也。

缌麻三月者。[①]

①缌麻，布衰裳而麻绖带也。不言衰绖，略轻服，省文。○疏云：以缌如丝者为衰裳，又以澡治莩垢之麻为绖带，故曰缌麻。

传曰：缌者，十五升抽其半，有事其缕，无事其布，曰缌。①

①谓之缌者，治其缕，细如丝也。或曰有丝，朝服用布，何衰用丝乎？抽，犹去也。《杂记》曰："缌冠澡缨。"○缕细如朝服，而数则半之，细而疏也。事，锻治之事，治其缕，不治其布也。"澡缨"者，以澡治之布为冠缨也。

族曾祖父母，族祖父母，族父母，族昆弟。①

①族曾祖父者，曾祖昆弟之亲也。族祖父者，亦高祖之孙，则高祖有服明矣。○疏曰：此即《礼记·大传》云"四世而缌，服之穷也"，名为四缌麻者也。"族曾祖父母"者，己之曾祖亲兄弟也。"族祖父母"者，己之祖父从父昆弟也。"族父母"者，己之父从祖昆弟也。"族昆弟"者，己之三从兄弟也。皆名为族。族，属也，骨肉相连属。又云：此四缌麻与己同出高祖，己上至高祖为四世，旁亦四世，旁四世既有服，于高祖有服明矣。

庶孙之妇，庶孙之中殇。①

①庶孙者，成人大功，其殇，中从上。此当为下殇，言中殇者，字之误尔。又诸言中者，皆连上下也。○疏曰：庶孙之妇缌者，以其适子之妇大功，庶子之妇小功，适孙之妇小功，庶孙之妇缌，是其差也。

从祖姑姊妹适人者，报。从祖父、从祖昆弟之长殇。①

①不见中殇，中从下。○此皆本服小功，以或出适、或长殇降一等。

外孙。①

①女子子之子。

从父昆弟、侄之下殇，夫之叔父之中殇、下殇。①

①言中殇者，中从下。○此皆成人大功，大功中殇从下，妇人服夫族殇法也。

从母之长殇，报。[①]

①○从母，成人小功。

庶子为父后者为其母。

传曰：何以缌也？传曰：与尊者为一体，不敢服其私亲也。然则何以服缌也？有死于宫中者，则为之三月不举祭，因是以服缌也。[①]

①君卒，庶子为母大功。大夫卒，庶子为母三年。士虽在，庶子为母皆如众人。○注言庶子为母大功及三年者，皆谓不承后者。若承后，则皆缌。士在，庶子为母如众人，谓亦齐衰期也。士卑无厌，故如众人也。

士为庶母。

传曰：何以缌也？以名服也。大夫以上为庶母无服。

贵臣、贵妾。[①]

①此谓公士大夫之君也。殊其臣妾贵贱而为之服。贵臣，室老士也。贵妾，侄娣也。天子诸侯降其臣妾，无服。士卑无臣，则士妾又贱，不足殊，有子则为之缌，无子则已。

传曰：何以缌也？以其贵也。[①]

①○愚按：大夫以上为庶母无服，而服其贵臣、贵妾，于义似难强通。此殆承上士为庶母之文言士礼耳。其私属亦可谓之臣，妾之有子者即贵者也。

乳母。[①]

①谓养子者有他故，贱者代之慈己。

传曰：何以缌也？以名服也。

从祖昆弟之子。[①]

①族父母为之服。○与其父同曾祖，为其子服缌。

曾孙。①

①孙之子。

父之姑。①

①归孙为祖父之姊妹。○《尔雅》云："女子谓昆弟之子为侄，谓侄之子为归孙。"

从母昆弟。

传曰：何以缌也？以名服也。

甥。①

①姊妹之子。

传曰：甥者何也？谓吾舅者吾谓之甥。何以缌也？报之也。①

①○甥既服舅以缌，舅亦报甥以缌也。

婿。①

①女子子之夫也。

传曰：何以缌？报之也。①

①○婿既从妻而服妻之父母，妻之父母遂报之服。

妻之父母。

传曰：何以缌？从服也。①

①从于妻而服之。

姑之子。①

①外兄弟也。

传曰：何以缌？报之也。①

①○姑之子既为舅之子服，舅之子亦为姑之子服也。

舅。①

①母之兄弟。

传曰：何以缌？从服也。①

①从于母而服之。

舅之子。①

①内兄弟也。

传曰：何以缌？从服也。①

①○从服者亦从于母而服之。

夫之姑、姊妹之长殇。①

①○妇人为夫之姑、姊妹成人小功。

夫之诸祖父母，报。①

①诸祖父母者，夫之所为小功，从祖祖父母，外祖父母。或曰曾祖父母。曾祖于曾孙之妇无服，而云报乎？曾祖父母正服小功，妻从服缌。○或以诸祖为有曾祖，故郑破其非。

君母之昆弟。

传曰：何以缌？从服也。①

①从于君母而服缌也。君母在，则不敢不服。君母卒，则不服也。

从父昆弟之子之长殇，昆弟之孙之长殇，为夫之从父昆弟之妻。①

①○二长殇本服皆小功。夫之从父昆弟之妻，同堂娣姒也，降于亲娣姒。

传曰：何以缌也？以为相与同室，则生缌之亲焉。长殇、中殇降一等，下殇降二等。齐衰之殇中从上，大功之殇中从下。①

①同室者，不如居室之亲也。齐衰、大功，皆明其成人也。大功之殇中从下，则小功之殇亦中从下也。此主谓妻为夫之亲服也。凡不见者，以此求之。

记

公子为其母，练冠、麻，麻衣縓缘；为其妻，縓冠、葛绖带、麻衣縓缘。皆既葬除之。①

①公子，君之庶子也。其或为母，谓妾子也。麻者，缌麻之绖带也。此麻衣者，如小功布，深衣，为不制衰裳变也。《诗》云："麻衣如雪。"縓，浅绛也，一染谓之縓。练冠而麻衣縓缘，三年练之受饰也。《檀弓》曰："练，练衣黄里、縓缘。"诸侯之妾子厌于父，为母不得伸，权为制此服，不夺其恩也。为妻縓冠、葛绖带，妻轻。

传曰：何以不在五服之中也？君之所不服，子亦不敢服也。君之所为服，子亦不敢不服也。①

①君之所不服，谓妾与庶妇也。君之所为服，谓夫人与适妇也。诸侯之妾，贵者视卿，贱者视大夫，皆三月而葬。

大夫、公之昆弟、大夫之子，于兄弟降一等。①

①兄弟，犹言族亲也。凡不见者，以此求之也。

为人后者，于兄弟降一等，报。于所为后之兄弟之子，若子。①

①言报者，嫌其为宗子不降。○注所谓宗子，指为人后者，恐人疑入继大宗主宗事，本亲不为降服，故云"报"，明两相为服皆降也。

兄弟皆在他邦，加一等。不及知父母，与兄弟居，加一等。①

①皆在他邦，谓行仕出游，若辟仇。不及知父母，父母早卒。

传曰：何如则可谓之兄弟？传曰：小功以下为兄弟。①

①于此发兄弟传者，嫌大功已上又加也。大功已上，若皆在他国，则亲自亲矣。若不及知父母，则固同财矣。○所为加服者，小功以下兄弟也。若大功以上，恩自隆重，不容再加。

朋友皆在他邦，袒免，归则已。①

①谓服无亲[1]者，当为之主，每至袒时则袒，袒则去冠，代之以免。旧说云以为，免，象冠，广一寸。已犹止也。归有主，则止也。主若幼少，则未止。《小记》曰："大功者主人之丧，有三年者，则必为之再祭，朋友虞祔而已。"○袒时，谓小敛讫，正主人袒而括发之时。朋友在外，无主则为之袒，而以免代冠。《小记》所言旁人主丧之法，大功之亲必为之练祭、祥祭乃已。朋友则虞祔而已。

朋友，麻。①

①朋友虽无亲，有同道之恩，相为服缌之绖带。《檀弓》曰："群居则绖，出则否。"其服，吊服也。《周礼》曰："凡吊，当事则弁绖。"弁绖者，如爵弁而素，加环绖也。其服有三：锡衰也，缌麻[2]也，疑衰也。王为三公六卿锡衰，为诸侯缌衰，为大夫士疑衰。诸侯及卿大夫亦以锡衰为吊服，当事则弁绖，否则皮弁，辟天子也。士以缌衰为丧服，其吊服则疑衰也。旧说以为士吊服布上素下，或曰素委貌冠加朝服。《论语》曰："羔裘玄冠不以吊。"何朝服之有乎？然则二者皆有似也。此实疑衰也，其弁绖皮弁之时，则如卿大夫然。又改其裳以素，辟诸侯也。朋友之相为服，即士吊服疑衰素裳。庶人不爵弁，则其吊服素冠委貌。○"麻"者，谓服如吊服而加缌之绖带。缌服盖

[1] 亲，原作"新"，据金陵书局本、阮刻本《仪礼注疏》改。
[2] 麻，阮刻本《仪礼注疏》作"衰"，附校勘记："徐本、《集释》同，毛本'衰'作'麻'。"

以澡麻为首绖要带。引《周礼》者，见天子以下各有吊服。士之吊服则疑衰，其或弁绖或皮弁，如卿大夫而改其裳也。疑者，拟也，拟于吉也。吉服十五升，而此服用十四升，是近于吉。朋友之服即此服，而加麻也。《周礼·司服》："凡吊事，弁绖服。"此经注引之作"凡吊，当事则弁绖"，误。"当事则弁绖"者，诸侯卿大夫也，当正之。

君之所为兄弟服，室老降一等。①

①公士大夫之君。○公卿大夫对其室老亦有君称，其为兄弟服已降一等，室老从之而服，又降一等。

夫之所为兄弟服，妻降一等。①

①○唯夫之昆弟之子不降。

庶子为后者，为其外祖父母、从母、舅无服。不为后，如邦人。①

①○若不为后，亦如邦人为母党服也。

宗子孤为殇，大功衰、小功衰皆三月。亲则月算如邦人。①

①言孤，有不孤者。不孤，则族人不为殇服服之也。不孤，谓父有废疾，若年七十而老，子代主宗事者也。孤为殇，长殇、中殇大功衰，下殇小功衰，皆如殇服而三月，谓与宗子绝属者也。亲，谓在五属之内。算，数也。月数如邦人者，与宗子有期之亲者，成人服之齐衰期，长殇，大功衰九月；中殇，大功衰七月；下殇，小功衰五月。有大功之亲者，成人服之齐衰三月。卒哭，受以大功衰九月。其长殇、中殇，大功衰五月；下殇，小功衰三月。有小功之亲者，成人服之齐衰三月。卒哭，受以小功衰五月。其殇与绝属者同。有缌麻之亲者，成人及殇，皆与绝属者同。○缌麻之亲与绝属者同，谓成人则齐衰三月，殇则如《记》所言也。

改葬，缌。①

①谓坟墓以他故崩坏，将亡失尸柩者也。改葬者，明棺物毁败，改设之如葬时也。其奠如大敛，从庙之庙，从墓之墓，礼宜同也。服缌者，臣为君也，子为父也，妻为夫也。必服缌者，亲见尸柩，不可以无服，缌三月而除之。

童子，唯当室缌。①

①童子，未冠之称也。当室者，为父后，承家事者，为家主，与族人为礼。于有亲者，虽恩不至，不可以无服也。

传曰：不当室则无缌服也。

凡妾为私兄弟，如邦人。①

①嫌厌降之也。私兄弟，目其族亲也。女君有以尊降其兄弟者，谓士之女为大夫妻，与大夫之女为诸侯夫人，诸侯之女为天王后者。父卒，昆弟之为父后者宗子，亦不敢降也。○疏云：妾言凡者，总天子以下至士，故凡以该之也。妾为私亲，疑为君与女君所厌降，实则不厌，故服同邦人常法，谓如女子适人者之服也。

大夫吊于命妇，锡衰。命妇吊于大夫，亦锡衰。①

①吊于命妇，命妇死也。吊于大夫，大夫死也。《小记》曰："诸侯吊，必皮弁锡衰。"《服问》曰："公为卿大夫锡衰以居，出亦如之，当事则弁绖。大夫相为亦然。为其妻，往则服之，出则否。"

传曰：锡者何也？麻之有锡者也。锡者，十五升抽其半，无事其缕，有事其布，曰锡。①

①谓之锡者，治其布，使之滑易也。锡者，不治其缕，哀在内也。缌者不治其布，哀在外也。君及卿大夫吊士，唯当事，皮弁锡衰而已。士之相吊，则如朋友服，疑衰素裳。凡妇人相吊，吉笄无首，素总。

女子子适人者为其父母，妇为舅姑，恶笄有首以髽。卒哭，子折笄首以笄，布总。①

①言以髽，则髽有着笄者明矣。○疏云：正服齐衰冠八升，则正齐衰总亦八升，长八寸。此卒哭后宜从大功十升之布总也。

传曰：笄有首者，恶笄之有首也。恶笄者，栉笄也。折笄首者，折吉笄之首也。吉笄者，象笄也。何以言子折笄首而不言妇？终之也。①

①栉笄者，以栉之木为笄，或曰榛笄。有首者，若今时刻镂摘头矣。卒哭而丧之大事毕，女子子可以归于夫家而着吉笄。折其首者，为其大饰也。吉笄尊，变其尊者，妇人之义也。据在夫家，宜言妇。终之者，终子道于父母之恩。○按传言"终之者"，因记本以女子子与妇并言。"恶笄有首以髽"下单言"子折笄首，布总"，而不言妇当如何，故解之曰"终之也"，谓当以恶笄终期也。注云"据在夫家宜言妇"，仍指女子子而言，误会传文。又疏云："出适女子与在家妇俱着恶笄，以女子外成，既以哀杀事人，故独折笄首耳。"此即传文正解，下文则不免曲循郑注矣。○栉，耻一反。镂音陋。摘，他狄反。

妾为女君、君之长子，恶笄有首，布总。

凡衰，外削幅。裳，内削幅。幅三袧。①

①削犹杀也。大古冠布衣布，先知为上，外杀其幅，以便体也。后知为下，内杀其幅，稍有饰也。后世圣人易之，以此为丧服。袧者，谓辟两侧，空中央也。祭服朝服，辟积无数。凡裳，前三幅，后四幅也。○疏云：自此已下尽"袪尺二寸"，记衰裳之制，用布多少，尺寸之数也。云"凡"者，总五服而言。云"衰外削幅"者，谓缝之边幅向外。"裳内削幅"者，亦谓缝之边幅向内。云"幅三袧"者，据裳而言，为裳之法，前三幅后四幅，幅皆三辟，摄之。又云：七幅，布幅二尺二寸，两畔各去一寸，为削幅，共十四尺，故须辟积要中也。○袧音钩。

若齐，裳内衰外。①

①齐，缉也。凡五服之衰，一斩四缉。缉裳者，内展之。缉衰者，外展

之。○上言五服衰裳之缝，斩衰裳亦在其中。此言衰裳之下，用针功缉之者，斩衰裳不缉，故言“若”以别之。

负，广出于适寸。①

①负，在背上者也。适，辟领也。负出于辟领外旁一寸。○疏曰：以一方布置于背上，上畔缝着领，下畔垂放之，以在背上，故有负名。适辟领，即下文适也，出于辟领外旁一寸，总尺八寸也。

适，博四寸，出于衰。①

①博，广也。辟领广四寸，则与阔中八寸也。两之为尺六寸也。出于衰者，旁出衰，不著寸数者，可知也。○适以在两肩者而言，则四寸，并阔中共八寸，两之则为尺六寸。上文负，广出适旁各一寸，故疏以为总尺八寸也。衰在胸前，出于衰者，以两肩辟领向前望衰之外也。疏云：衰广四寸，辟领横广总尺六寸，除中央四寸当衰，两旁各出衰六寸也。

衰，长六寸，博四寸。①

①广袤当心也。前有衰，后有负板，左右有辟领，孝子哀戚无所不在。○缀于外衿之上，故得广长当心。

衣带下尺。①

①衣带下尺者，要也。广尺，足以掩裳上际也。○此谓带衣之带，非大带、革带类也。用布高一尺，上缀衣身，绕要前后。据疏，衣带言其物，下尺者，向下量之一尺，言其度也。今则目之，曰带下尺矣。

衽，二尺有五寸。①

①衽所以掩裳际也。二尺五寸，与有司绅齐也。上正一尺，燕尾二尺五寸，凡用布三尺五寸。○疏云：取布三尺五寸，广一幅，留上一尺为正，不破。一尺之下，从一畔旁入六寸，乃向下，邪向下一畔一尺五寸，去下畔亦六

寸，横断之，留下一尺为正。如是，则用布三尺五寸，得两条衽，衽各二尺五寸，然后两旁皆缀于衣，垂之向下掩裳际，此谓男子之服，妇人则无。

袂，属幅。①

①属犹连也。连幅，谓不削。○疏云：属幅者，谓整幅二尺二寸，不削去其边，取其与衣纵横皆二尺二寸，正方也。

衣，二尺有二寸。①

①此谓袂中也。言衣者，明与身参齐。二尺二寸，其袖足以容中人之肱也。衣自领至要二尺二寸，倍之四尺四寸，加阔中八寸而又倍之，凡衣用布一丈四寸。○二尺二寸，据衣身之长而言。郑注则总计用布多少之数也。其云"加阔中八寸而又倍之"者，即别用布一尺六寸，以为领者也。

袪，尺二寸。①

①袪，袖口也。尺二寸，足以容中人之并两手也。吉时拱尚左手，丧时拱尚右手。

衰三升，三升有半。其冠六升。以其冠为受，受冠七升。①

①衰，斩衰也。或曰三升半者，义服也。其冠六升，齐衰之下也。斩衰正服，变而受之此服也。三升，三升半，其受冠皆同，以服至尊，宜少差也。○疏云：自此至篇末皆论衰冠升数多少也。"以其冠为受"，谓至虞时服三升、三升半之衰者，改用六升之布为衰，如其初丧之冠也。"受冠七升"者，既以六升布为衰，即亦更以七升布为冠也。注"其冠六升，齐衰之下"者，疏云：齐服降服四升，正服五升，义服六升，以其六升是义服，故云"下"也。

齐衰四升，其冠七升。以其冠为受，受冠八升。①

①言受以大功之上也。此谓为母服也。齐衰正服五升，其冠八升。义服六升，其冠九升。亦以其冠为受。凡不着之者，服之首主于父母。○疏云：

此据父卒为母齐衰三年而言,注“受以大功之上”,以降服大功衰七升也。

繐衰四升有半,其冠八升。①

①此诸侯之大夫为天子繐衰也。服在小功之上者,欲著其缕之精粗也。升数在齐衰之中者,不敢以兄弟之服服至尊也。

大功八升,若九升。小功十升,若十一升。①

①此以小功受大功之差也。不言七升者,主于受服,欲其文相值,言服降而在大功者衰七升,正服衰八升,其冠皆十升;义服九升,其冠十一升,亦皆以其冠为受也。斩衰受之以下,大功受之以正者,重者轻之,轻者从礼,圣人之意然也。其降而在小功者,衰十升,正服衰十一升,义服衰十二升,皆以即葛。及缌麻无受也。此大功不言受者,其章既著之。

卷十二　士丧礼①

①郑《目录》云：士丧其父母，自始死至于既殡之礼。丧于五礼属凶。《大戴》第四，《小戴》第八，《别录》第十二。○疏云：郑直云士丧父母，不言妻与长子，二者亦依士礼。

士丧礼。死于适室，幠用敛衾。①复者一人，以爵弁服，簪裳于衣，左何之，扱领于带。②升自前东荣，中屋，北面招以衣，曰："皋，某复！"三。降衣于前。③受用箧，升自阼阶，以衣尸。④复者降自后西荣。⑤

右复魂。复者犹冀其生，复而不生，始行死事

①适室，正寝之室也。疾者齐，故于正寝焉。疾时处北牖下，死而迁之南牖下，有床衽。幠，覆也。敛衾，大敛所并用之衾。衾，被也。小敛之衾当陈。《丧大记》曰："始死，迁尸于床，幠用敛衾，去死衣。"○疾者齐，以正性情，故必于正寝，若即安燕寝与侧室者，是不得其正。君、大夫、士皆小敛一衾，大敛二衾。始死，大敛未至，故且以其一覆尸，至大敛，则一以为荐，一以为覆，故注云"大敛所并用之衾"也。不用小敛衾者，以小敛时近，其衾当陈，故不用。死衣，病时所加新衣也。○幠，火吴反。敛，力艳反。

②复者，有司招魂复魂也。天子则夏采、祭仆之属，诸侯则小臣为之。爵弁服，纯衣纁裳也。礼，以冠名服。簪，连也。○"复"者，招魂使反。《檀弓》所谓"孝子尽爱之道，有祷祀之心焉"者是也。复者人数多少，各如其命之数。士一命，故一人。簪裳于衣，连缀其裳于衣之下也。"扱领于带"者，平叠衣裳使领与带齐，并何于左臂以便升屋也。夏采、祭仆，《周礼》二官名，掌复事者，但用纯衣纁裳，不用爵弁，而云爵弁服，是以冠名其服也。○簪，侧林反。纯，侧其反。

③北面招，求诸幽之义也。皋，长声也。某，死者之名也。复，反也。降衣，下之也。《丧大记》曰："凡复，男子称名，妇人称字。"○荣，屋翼也。复声必三者，礼成于三。前谓前檐。○中，如字。

④受者，受之于庭也。复者，其一人招，则受衣亦一人也。人君则司服受之，衣尸者覆之，若得魂反之。○此复衣以覆尸，浴则去之，不以袭敛。○衣，于既反。

⑤不由前降，不以虚反也。降因徹西北厞，若云此室凶不可居然也。自是行死事。○注言"徹西北厞"，盖以《丧大记》云："将沐，甸人取所徹庙之西北厞薪用之。"故云复者降时徹之，其为说近诬。○厞，扶味反。

楔齿用角柶，[1]缀足用燕几。[2]奠脯醢、醴酒，升自阼阶，奠于尸东。[3]帷堂。[4]

右事死之初事。丧礼凡二大端：一以奉体魄；一以事精神。楔齿、缀足，奉体魄之始；奠脯醢，事精神之始也

①为将含，恐其口闭急也。○楔，息结反。

②缀，犹拘也。为将履，恐其辟戾也。今文"缀"为"对"。○案《记》云："缀足用燕几，校在南，御者坐持之。"注云："校，胫也。尸南首，几胫在南，以拘足则不得辟戾矣。"是几两头有胫，侧立此几，并排两足于两胫之间，以夹持之也。○缀，丁劣反。

③鬼神无象，设奠以凭依之。○案《檀弓》：曾子曰："始死之奠，其余阁也与？"余阁者，阁中之余食也。疏以为无过一豆一笾。醴酒亦科用其一。

④事小讫也。○案《檀弓》曾子曰："尸未设饰，故帷堂。小敛而徹帷。"以此时尚未袭敛，暂帷堂以为蔽，故郑云"事小讫"。

乃赴于君。主人西阶东，南面命赴者，拜送。[1]有宾，则拜之。[2]

右使人赴君

①赴，告也。臣，君之股肱耳目，死当有恩。○大夫以上，父兄命赴者，

士则主人亲命。

②宾，僚友群士也。其位犹朝夕哭矣。○因命赴遂拜宾，不然则不出。疏曰：云"其位犹朝夕哭矣"者，谓宾吊位犹如宾朝夕哭位，其主人之位则异于朝夕，而在西阶东，南面拜之，拜讫，西阶下东面，下经所云"拜大夫之位"是也。朝夕哭位，详见后。

入，坐于床东。众主人在其后，西面。妇人侠床，东面。[①]亲者在室。[②]众妇人户外北面，众兄弟堂下北面。[③]

右主人以下室中哭位。愚案：主人哭位，唯小敛以前在此，小敛后则在阶下矣

①众主人，庶昆弟也。妇人，谓妻妾子姓也，亦适妻在前。○"入坐"云者，承上文出命赴、拜宾讫，复入此位也。○侠，古洽反。

②谓大功以上父兄、姑、姊妹、子姓在此者。

③众妇人、众兄弟，小功以下。

君使人吊。彻帷。主人迎于寝门外，见宾不哭，先入，门右北面。[①]吊者入，升自西阶，东面。主人进中庭，吊者致命。[②]主人哭，拜稽颡，成踊。[③]宾出，主人拜送于外门外。

右君使人吊。《记》曰："尸在室，有君命，众主人不出。"

①使人，士也。礼使人必以其爵。使者至，使人入将命，乃出迎之。寝门，内门也。彻帷，扆之，事毕则下之。○扆，羌据反。

②主人不升，贱也。致命曰："君闻子之丧，使某如何不淑。"○疏云：大夫之子得升受命，乃降拜。

③稽颡，头触地。成踊，三者三。

君使人禭。彻帷。主人如初。禭者左执领，右执要，入，升，致命。[①]主人拜如初。禭者入，衣尸，出。主人拜送如初。[②]唯君命，出，升降自西阶。遂拜宾，有大夫则特拜之。即位于西

阶下，东面，不踊。大夫虽不辞，入也。③

右君使人襚。疏云：君襚，虽在袭前，袭与小敛俱不得用，大敛乃用之

①襚之言遗也。衣被曰襚。致命曰："君使某襚。"○疏曰：云"主人如初"者，如上吊时迎于寝门外以下之事也。

②○疏曰：云"主人拜如初"者，亦如上主人进中庭，哭拜稽颡、成踊。

③唯君命出，以明大夫以下，时来吊襚，不出也。始丧之日，哀戚甚，在室，故不出拜宾也。大夫则特拜，别于士旅拜也。即位西阶下，未忍在主人位也。不踊，但哭拜而已。不辞而主人升入，明本不为宾出，不成礼也。

亲者襚，不将命，以即陈。①庶兄弟襚，使人以将命于室，主人拜于位，委衣于尸东床上。②朋友襚，亲以进，主人拜，委衣如初。退，哭，不踊。③彻衣者执衣如襚，以适房。④

右亲者、庶兄弟、朋友襚

①大功以上，有同财之义也。不将命，不使人将之致于主人也。即陈，陈在房中。

②庶兄弟，即众兄弟也。变众言庶，容同姓耳。将命曰："某使某襚。"拜于位，室中位也。○委衣者，将命者委之也。

③亲以进，亲之，恩也。退，下堂反宾位也，主人徒哭不踊，别于君襚也。○"委衣如初"，如其于尸东床上，委之者朋友也。

④凡于襚者出，有司彻衣。○疏曰："执衣如襚"者，上文君襚之时，襚者左执领，右执要，此彻衣者，亦左执领，右执要，故云"如襚"也。

为铭，各以其物。亡则以缁，长半幅，䞓末，长终幅，广三寸。书铭于末曰："某氏某之柩。"①竹杠长三尺，置于宇西阶上。②

右为铭

①铭，明旌也。杂帛为物，大夫[1]之所建也，以死者为不可别，故以其旗识识之，爱之斯录之矣。亡，无也。无旗，不命之士也。半幅一尺，终幅二尺。在棺为柩。今文"铭"为"旃"也。○赪，丑贞反。

②杠，铭橦也。宇，梠也。○宇，檐下也。疏云：此始造铭，且置宇下西阶上，待为重讫，置于重。卒涂殡，置于肂。○橦，丈江反。

甸人掘坎于阶间，少西。为垼于西墙下，东乡。[①]新盆、盘、瓶、废敦、重鬲，皆濯，造于西阶下。[②]

右沐浴含饭之具陈于阶下者

①甸人，有司主田野者。垼，块灶。西墙，中庭之西。今文"乡"为"面"。○坎以埋沐浴余潘及巾栖等。块灶以煮潘水。○掘，其物反。垼音役。乡，许亮反。

②新此瓦器五种者，重死事。盆以盛水，盘承渜濯，瓶以汲水也。废敦，敦无足者，所以盛米也。重鬲，鬲将县于重者也。濯，涤溉也。造，至也，犹馔也。以造言之，丧事遽。○盘承渜濯，置尸床下承之。○敦音对。重，直容反。鬲音历。造，七到反。

陈袭事于房中，西领，南上，不綪。[①]明衣裳，用布。[②]鬠笄用桑，长四寸，纋中。[③]布巾，环幅，不凿。[④]掩，练帛广终幅，长五尺，析其末。[⑤]瑱，用白纩。[⑥]幎目，用缁，方尺二寸，赪里，着，组系。[⑦]握手，用玄，纁里，长尺二寸，广五寸，牢中旁寸，着，组系。[⑧]决，用正王棘若檡棘，组系，纩极二。[⑨]冒，缁质，长与手齐，赪杀，掩足。[⑩]爵弁服，纯衣。[⑪]皮弁服，[⑫]褖衣，[⑬]缁带，[⑭]韎韐，[⑮]竹笏。[⑯]夏葛屦，冬白屦，皆繶缁絇纯，组綦系于踵。[⑰]庶襚继陈，不用。[⑱]

---

[1]"大夫"下，阮刻本《仪礼注疏》有"士"字，附校勘记："《通典》、《集释》、敖氏俱有'士'字。○按据《周礼·司常》注，则'士'字当有。"案《乡射记》"旌，各以其物"，郑注"杂帛为物，大夫、士之所建也"，"大夫"后有"士"字，与此同。

右陈袭事所用衣物于房中

①袭事谓衣服也。綪读为竫，屈也。袭事少，上陈而下不屈。江沔之间，谓萦收绳索为竫。古文“綪”皆为“精”。○不竫者，以衣裳少，单行列去可尽，不须屈转重列也。綪，注作竫，侧庚反。

②所以亲身，为圭洁也。

③桑之为言丧也，用为笄，取其名也。长四寸，不冠故也。缓笄之中央以安发。○鬠，髻也，会聚其发也。“缓中”者，两头阔，中央狭，则于发安也。○鬠音脍。缓音忧。

④环幅，广袤等也。不凿者，士之子亲含，反其巾而已。大夫以上，宾为之含，当口凿之，嫌有恶。古文“环”作“还”。○布巾为饭含而设，所以覆死者面。广，古旷反。袤音茂。

⑤掩，裹首也。析其末，为将结于颐下，又还结于项中。

⑥瑱，充耳。纩，新绵。○瑱，他见反。

⑦幎目，覆面者也。幎，请若《诗》曰“葛藟萦之”之“萦”。赪，赤也。着，充之以絮也。组系，为可结也。○四角有系，于后结之。○幎音萦。

⑧牢读为楼，楼谓削约握之中央以安手也。今文“楼”为“缓”，“旁”为“方”。○“牢中旁寸”者，削约其中一段之两旁各一寸，两头皆广五寸，中央容四指处广三寸也。○牢音楼。

⑨决犹闿也，挟弓以横执弦。《诗》云：“决拾既佽。”正，善也。王棘与檡棘，善理坚刃者皆可以为决。极犹放弦也。以沓指放弦，令不挈指也。生者以朱韦为之，而三。死用纩，又二，明不用也。古文“王”为“三”。今文“檡”为“泽”。世俗谓王棘矺鼠。○决着于右手巨指，极冒于食指、中指、无名指，皆射所用，具备之以象生平。组系，极之系也。○檡音泽。矺音托。

⑩冒，韬尸者，制如直囊，上曰质，下曰杀。质，正也。其用之，先以杀韬足而上，后以质韬首而下，齐手。上玄下纁，象天地也。《丧大记》曰：“君锦冒黼杀，缀旁七。大夫玄冒黼杀，缀旁五。士缁冒赪杀，缀旁三。”凡冒，质长与手齐，杀三尺。○“缀旁”者，缀质与杀相接之处，使相连也。○冒，亡报反。杀，所界反。

⑪谓生时爵弁所衣之服也。纯衣者，纁裳。古者以冠名服，死者不冠。○爵弁服，即士之常服以助祭者也。○纯，庄其反。

⑫皮弁所衣之服也。其服，白布衣素裳也。○“皮弁”者，于天子为视朝之服，诸侯、大夫、士则为视朔之服也。

⑬黑衣裳，赤缘之谓褖。褖之言缘也，所以表袍者也。《丧大记》曰：“衣必有裳，袍必有表，不禪，谓之一称。”古文“褖”为“缘”。○疏云：此褖衣则玄端，又云：连衣裳以其用之以表袍，袍连衣裳故也。又引《杂记》“子羔袭用税衣纁衲。曾子曰：‘不袭妇服。’”则此褖衣不用赤缘。注云“赤缘之谓褖”者，只证其名同耳。○褖，他乱反。

⑭黑缯之带。○疏云：上陈三服，同用一带。

⑮一命缊韨。○合赤韦为之，故名韎韐，亦名缊韨。三服共设韎韐，亦如带矣。○韎音妹。韐，古答反。缊音温。韨音弗。

⑯笏，所以书思对命者。《玉藻》曰：“笏，天子以璆玉，诸侯以象，大夫以鱼须文竹，士以竹本象可也。”又曰：“笏度二尺有六寸，其中博三寸，其杀六分而去一。”又曰：“天子搢珽，方正于天下也。诸侯荼，前诎后直，让于天子也。大夫前诎后诎，无所不让。”今文“笏”作“忽”。

⑰冬皮屦变言白者，明夏时用葛，亦白也。此皮弁之屦，《士冠礼》曰：“素积白屦，以魁柎之。缁絇、繶、纯，纯博寸。”綦，屦系也，所以拘止屦也。綦，读如“马绊綦”之“綦”。○按《士冠礼》云“素积白屦”，此皮弁之屦也。疏云：三服相参，带用玄端，屦用皮弁，韎韐用爵弁，各用其一，以当三服。又云：繶谓绦在牙底相接之缝中，絇在屦鼻，纯谓缘口，皆以绦为之。○繶，于力反。綦音其。絇，其于反。柎，方于反。

⑱庶，众也。不用，不用袭也。多陈之为荣，少纳之为贵。○庶襚，亲者、庶兄弟、朋友所襚。继陈，谓继袭衣之下陈之。此不用以袭，至小敛则用之。唯君襚，至大敛乃用也。

贝三实于笲，①稻米一豆，实于筐，②沐巾一、浴巾二皆用绤，于笲。③栉于箪，④浴衣于箧，⑤皆馔于西序下，南上。⑥

右沐浴饭含之具陈于序下者

①贝，水物。古者以为货，江水出焉。笲，竹器名。

②豆，四升。

③巾，所以拭污垢。浴巾二者，上体下体异也。绤，粗葛。○疏云：此士礼上下同用绤。《玉藻》云："浴用二巾，上絺下绤。"彼据大夫以上。

④箪，筝笥。

⑤浴衣，已浴所衣之衣，以布为之，其制如今通裁。○浴衣，既浴着之，以腣[1]身。

⑥皆者，皆贝以下。东西墙谓之序。中以南谓之堂。

管人汲，不说繘，屈之。①祝淅米于堂，南面，用盆。②管人尽阶不升堂，受潘，煮于垼，用重鬲。③祝盛米于敦，奠于贝北。④士有冰，用夷盘可也。⑤外御受沐入。⑥主人皆出，户外北面。⑦乃沐，栉，挋用巾。⑧浴用巾，挋用浴衣。⑨渜濯弃于坎。⑩蚤揃如他日。⑪鬠用组，乃笄，设明衣裳。⑫主人入即位。⑬

右沐浴

①管人，有司主馆舍者。不说繘，将以就祝濯米。屈，萦也。○丧事遽，故汲水者不解脱其繘，但萦屈之，往就用处。○繘，君必反。

②祝，夏祝也。淅，汏也。

③尽阶，三等之上。《丧大记》曰："管人受沐，乃煮之。甸人取所徹庙之西北厞薪，爨之。"○潘，淅米汁，所用以沐者也。○潘，芳元反。

④复于筐处也。○盛音成。

⑤谓夏月而君加赐冰也。夷盘，承尸之盘。《丧大记》曰："君设大盘造冰焉。大夫设夷盘造冰焉。士并瓦盘无冰。设床襢笫有枕。"○夷盘造冰，本大夫礼。君加赐有冰，则用夷盘可也。造，犹内也。○襢，之善反。笫，庄矣反。

⑥外御，小臣侍从者。沐，管人所煮潘也。

[1] 腣，阮刻本《仪礼注疏》作"晞"。

⑦象生平沐浴裸裎，子孙不在旁。主人出而禮笫。○禮笫，去席，盝水便也。

⑧挋，晞也，清也。古文"挋"皆作"振"。○疏云：挋，谓拭也。栉讫又以巾拭发，拭讫仍未作紒，待蚤揃讫，乃鬠用组，是其次也。○挋，之慎反。揃，同翦。

⑨用巾，用拭之也。《丧大记》曰："御者二人浴，浴水用盆，沃水用枓。"○枓音主。

⑩沐浴余潘水，巾、栉、浴衣，亦并弃之。古文"渜"作"缘"，荆沔之间语。

⑪蚤读为爪。断爪揃须也。人君则小臣为之。他日，平生时。○蚤字一读，如云"蚤则揃之"。揃须，虽本《丧大记》，恐非此处经意。○蚤音爪。下"鬊蚤"同。揃，子前反。

⑫用组，组束发也。古文"鬠"皆为"括"。○疏云：鬠紒乃可设明衣以蔽体，是其次也。

⑬已设明衣，可以入也。

商祝袭祭服，褖衣次。[1]主人出，南面，左袒，扱诸面之右。盥于盆上，洗贝，执以入。宰洗柶，建于米，执以从。[2]商祝执巾从入，当牖北面，彻枕，设巾，彻楔，受贝，奠于尸西。[3]主人由足西，床上坐，东面。[4]祝又受米，奠于贝北。宰从立于床西，在右。[5]主人左扱米。实于右，三，实一贝。左、中亦如之。又实米，唯盈。[6]主人袭，反位。[7]

右饭含

①商祝，祝习商礼者。商人教之以敬，于接神宜。袭，布衣床上。祭服，爵弁服、皮弁服，皆从君助祭之服。大蜡有皮弁素服而祭，送终之礼也。袭衣于床，床次含床之东，衽如初也。《丧大记》曰："含一床，袭一床，迁尸于堂又一床。"○此但布衣床上，尚未袭而云袭者，衣与衣相袭而布之也。其布衣先祭服，次褖衣，至袭于尸，则褖衣近，明祭服在外。

②俱入户，西乡也。今文宰不言“执”。○“扱诸面之右”，面，前也。谓袒左袖，扱于右腋之下带之内。盆即前淅米盆，盥手，洗贝，洗柶并于其上，洗贝，执以入，洗讫，还于笲内，执以入。宰洗柶，建于米，亦于废敦之内建之。

③当牖北面，直尸南也。设巾覆面，为饭之遗落米也。如商祝之事位，则尸南首明矣。○疏曰：云“受贝”者，就尸东主人边受取笲贝，从尸南过，奠尸西床上，以待主人亲含也。

④不敢从首前也。祝受贝米奠之，口实不由足也。○祝受贝，由尸南奠尸西，故主人空手由足过。

⑤米在贝北，便扱者也。宰立床西，在主人之右，当左饭事。○祝于宰边受米讫，宰亦从主人由足而西。

⑥于右，尸口之右。唯盈，取满而已。○疏云：右谓口东边也。

⑦袭，复衣也。位在尸东。

商祝掩，瑱，设幎目，乃屦，綦结于跗，连絇。①乃袭，三称。②明衣不在算。③设韐带，搢笏。④设决，丽于掔，自饭持之。设握，乃连掔。⑤设冒，櫜之。幠用衾。⑥巾、柶、鬠、蚤埋于坎。⑦

右袭尸

①掩者，先结颐下。既瑱，幎目，乃还结项也。跗，足上也。絇，屦饰，如刀衣鼻，在屦头上，以余组连之，止足坼也。○疏云：掩有四脚，后二脚先结颐下，待设瑱塞耳并设幎目，乃结项后也。“连絇”者，屦系既结，以余组穿连两屦之絇，使两足不相离也。○跗，芳于反。

②迁尸于袭上而衣之。凡衣死者，左衽，不纽，袭不言设床，又不言迁尸于袭上，以其居当牖，无大异。○三称，爵弁服，皮弁服，褖衣也。上文已布之含东床上，今饭含讫，乃迁尸就其上而衣之也。左衽不纽，出《丧大记》“衽乡左，反生时也”。不纽，谓束毕结之，示不复解也。○称，尺证反。

③算，数也。不在数，明衣、禅衣不成称也。○注疏皆以明衣禅不成称，

故不算。愚谓此亲体之衣，非法服，故不算也。

④韐带，靺韐缁带。不言靺缁者，省文，亦欲见韐自有带。韐带用革。搢，插也，插于带之右旁。古文"韐"为"合"也。○疏云：生时缁带以束衣，革带以佩韨玉之等。生时有二带，死亦备此二带。

⑤丽，施也。掔，手后节中也。饭，大擘指本也。决，以韦为之籍，有彄。彄内端为纽，外端有横带，设之，以纽擐大擘本也。因沓其彄，以横带贯纽结于掔之表也。设握者，以綦系钩中指，由手表与决带之余连结之。此谓右手也。古文"丽"亦为"连"，"掔"作"捥"。○其左手无决者，则下《记》云"设握，里亲肤，系钩中指，结于掔"是也。○掔，乌乱反。彄，苦侯反。擐音患。

⑥櫜，韬盛物者，取事名焉。衾者，始死时敛衾。今文"櫜"为"橐"。○櫜，古刀反。

⑦坎至此筑之也。将袭辟奠，既则反之。○巾、柶，用以饭含者。鬊，乱发。蚤，手足爪。辟奠，即始死之奠，设于尸东者，方袭时辟之。袭讫则反之尸东，此奠袭后，又名袭奠。○鬊音舜。

重，木刊凿之。甸人置重于中庭，三分庭一在南。①夏祝鬻余饭，用二鬲，于西墙下。②幂用疏布，久之，系用靲，县于重。幂用苇席，北面，左衽，带用靲，贺之，结于后。③祝取铭，置于重。④

右设重。以上并始死之日所用之礼

①木也，悬物焉曰重。刊，斲治，凿之为县簪孔也。士重木长三尺。○设重以依神，以其木有物悬于下，相重累，故得重名，即下文二鬲粥也。"参分庭一在南"者，其置重处当中庭三分之一而在其南，其北一分，其南二分也。据《既夕篇》"置重如初"，疏云：亦如上篇三分庭一在南，二在北，而置之。是置重处在中庭近南。愚谓重以依神，若置之近南，殆若推而远之矣，且"参分庭"句，"一在南"句，亦觉不文。案本经言"参分庭一在南"者不一，其自外入而言，参分庭一在南者，据外而言，近南者也；其自内出而言，参分庭一在南者，据内而言，近北者也。重固自内出者也。

②夏祝，祝习夏礼者也。夏人教以忠，其于养宜。鬻余饭，以饭尸余米为鬻也。重，主道也。士二鬲，则大夫四，诸侯六，天子八，与簋同差。○上文甸人为灶西墙下，至此夏祝以饭尸余米煮为粥，而盛于鬲。

③久读为灸，谓以盖塞鬲口也。軨，竹筡也。以席覆重，辟屈而反，两端交于后。左衽，西端在上。贺，加也。古文“幂”皆作“密”。○以粗布为鬲之幂塞，令坚固可久。以竹筡为索，系鬲贯重木簪孔中而悬之，又以苇席北向掩重，东端为下向西，西端为上向东，又以竹筡为带加束之而结于后。○軨，《图解》軨、蔑通，张凤翔本軨音今，《字汇》音琴。筡音蔑。

④祝，习周礼者也。

厥明，陈衣于房，南领，西上，綪。绞横三缩一，广终幅，析其末。[①]缁衾，赪里，无紞。[②]祭服次，[③]散衣次，[④]凡十有九称。[⑤]陈衣继之，[⑥]不必尽用。[⑦]

右陈小敛衣

①綪，屈也。绞，所以收束衣服为坚急者也，以布为之。缩，从也。横者三幅，从者一幅。析其末者，令可结也。《丧大记》曰：“绞一幅为三。”○“厥明”者，继昨日而言，死之第二日也。此下为将小敛陈其衣物奠牲。○从，子容反。

②紞，被识也。敛衣或倒，被无别于前后可也。凡衾制同，皆五幅也。○紞，丁感反。

③爵弁服，皮弁服。

④褖衣以下，袍茧之属。

⑤祭服与散衣。

⑥庶襚。

⑦取称而已，不务多。○尽，津忍反。

馔于东堂下，脯、醢、醴、酒。幂奠用功布，实于箪，在馔东。[①]设盆盥于馔东，有巾。[②]

右馔小敛奠及设东方之盥

①功布，锻濯灰治之布也。凡在东西堂下者，南齐坫。古文“奠”为“尊”。○坫，在堂隅。

②为奠设盥也。丧事略，故无洗也。○为设，奠人设。

苴绖，大鬲，下本在左，要绖小焉。散带垂，长三尺。牡麻绖，右本在上，亦散带垂。皆馔于东方。①妇人之带，牡麻结本，在房。②

右陈小敛绖带

①苴绖，斩衰之绖也。苴麻者，其貌苴，以为绖。服重者尚粗恶，绖之言实也。鬲，搤也。中人之手，搤围九寸。绖带之差，自此出焉。下本在左，重服统于内而本阳也。要绖小焉，五分去一。牡麻绖者，齐衰以下之绖也。牡麻绖者，其貌易，服轻者宜差好也。右本在上，服轻本于阴而统于外。散带之垂者，男子之道，文多变也。馔于东方，东坫之南，苴绖为上。○疏云：此小敛绖，有散麻带，垂之，至三日成服，绞之。妇人初而绞之，与小功以下男子同。馔于东方，堂上坫南，非堂下也。○鬲音革。差，初卖反。

②妇人亦有苴绖，但言带者，记其异。此齐衰妇人，斩衰妇人亦有苴绖也。

床笫、夷衾，馔于西坫南。①西方盥，如东方。②

右陈床笫夷衾及西方之盥

①笫，箦也。夷衾，覆尸之衾。《丧大记》曰：“自小敛以往用夷衾，夷衾质杀之。裁，犹冒也。”○夷衾之制如作冒者，上以缁为质，下以赪为杀，但连而裁之，为不同耳。

②为举者设盥也。如东方者，亦用盆布巾，馔于西堂下。○举者，为将举尸者。

陈一鼎于寝门外，当东塾，少南，西面。其实特豚，四鬄，去蹄，两胉、脊、肺。设扃鼏，鼏西末。素俎在鼎西，西顺，覆匕，东柄。①

右陈鼎实。○以上小敛待用衣物计五节

①鬄，解也。四解之，殊肩髀而已，丧事略。去蹄，去其甲，为不洁清也。胉，胁也。素俎，丧尚质。既馔，将小敛，则辟袭奠。今文"鬄"为"剔"，"胉"为"迫"。古文"鼏"为"密"。○疏云：辟袭奠，亦当于室之西南隅。如将大敛，辟小敛奠于序西南也。○鬄，他历反。胉音博。

士盥，二人以并，东面立于西阶下。①布席于户内，下莞上簟。②商祝布绞、衾、散衣、祭服。祭服不倒，美者在中。③士举迁尸，反位。④设床笫于两楹之间，衽如初，有枕。⑤卒敛，徹帷。⑥主人西面冯尸，踊无算。主妇东面冯，亦如之。⑦主人髻发，袒，众主人免于房。⑧妇人髽于室。⑨士举，男女奉尸，侇于堂，幠用夷衾。男女如室位，踊无算。⑩主人出于足，降自西阶。众主人东即位。妇人阼阶上西面。主人拜宾，大夫特拜，士旅之，即位，踊，袭、绖于序东，复位。⑪

右小敛侇尸及主人、主妇袒髻、免、髽、袭、绖之节

①立，俟举尸也。今文"并"为"併"。○举尸，谓从袭床迁尸于户内服上。

②有司布敛席也。

③敛者趋方，或值倒衣裳，祭服尊，不倒之也。美，善也。善衣后布，于敛则在中也。既后布祭服，而又言善者在中，明每服非一称也。○按疏云：敛衣半在尸上，是有藉者，有覆者。既云十九称取法天地之终数，当以十为藉，九为覆也。其敛法：于户内地上布席，席上布绞衾，绞衾上布衣，迁尸衣上，复用衣加尸上，乃结绞衾也。

④迁尸于服上。

⑤衽，寝卧之席也。亦下莞上簟。○此床待敛后侇尸。衽如初，如户内之莞簟也。

⑥尸已饰。

⑦冯，服膺之。○冯音凭，下同。

⑧始死，将斩衰者鸡斯，将齐衰者素冠。今至小敛变，又将初丧服也。髻发者，去笄纚而紒。众主人免者，齐衰将袒，以免代冠。冠，服之尤尊，不以袒也。免之制未闻，旧说以为如冠状，广一寸。《丧服小记》曰："斩衰髻发以麻，免而以布。"此用麻布为之，状如今之着幓头矣。自项中而前，交于额上，却绕紒也。于房于室，释髻发宜于隐者。今文"免"皆作"絻"。古文"髻"作"括"。○髻音括。免音问。絻音问。

⑨始死，妇人将斩衰者去笄而纚，将齐衰者骨笄而纚。今言髽者，亦去笄纚而紒也。齐衰以上，至笄犹髽。髽之异于髻发者，既去纚而以发为大紒，如今妇人露紒，其象也。《檀弓》曰："南宫縚之妻之姑之丧，夫子诲之髽。曰：尔无纵纵尔，尔毋扈扈尔。"其用麻布，亦如着幓头然。○髽，侧瓜反。

⑩侇之言尸也。夷衾，覆尸柩之衾也。堂谓楹间床笫上也。今文"侇"作"夷"。○疏云：初死幠用大敛之衾，以小敛之衾当陈。今小敛后，大敛之衾当拟大敛，故用覆棺之夷衾以覆尸也。○侇音夷。

⑪拜宾，乡宾位拜之也。即位踊，东方位。袭、绖于序东，东夹前。○主人降西阶拜宾讫，向东方阼阶下，即西面位踊，踊讫，袭、绖。主人至此始即阼阶下位也。

乃奠。[①]举者盥，右执匕，却之，左执俎，横摄之，入，阼阶前西面错，错俎北面。[②]右人左执匕，抽扃予在手，兼执之，取鼏，委于鼎北，加扃，不坐。[③]乃杝、载，载两髀于两端，两肩亚，两胉亚，脊、肺在于中，皆覆，进柢，执而俟。[④]夏祝及执事盥，执醴先，酒、脯、醢、俎从，升自阼阶。丈夫踊，甸人彻鼎，巾待于阼阶下。[⑤]奠于尸东，执醴酒，北面西上。[⑥]豆错，俎错于豆东。立于俎北，西上。醴酒错于豆南。祝受巾，巾之，由足降自西阶。妇人踊。奠者由重南，东。丈夫踊。[⑦]宾出，主人拜送于门外。⑧

右小敛奠

①祝与执事为之。

②举者盥，出门举鼎者，右人以右手执匕，左人以左手执俎，因其便也。摄，持也。西面错，错鼎于此宜西面。错俎北面，俎宜西顺之。○错，七故反，下同。

③抽扃取鼏，加扃于鼏上，皆右手。今文“扃”为“铉”，古文“予”为“于”，“鼏”为“密”。

④乃朼，以朼次出牲体，右人也。载，受而载于俎，左人也。亚，次也。凡七体皆覆，为尘。柢，本也。进本者，未异于生也。骨有本末。古文“朼”为“匕”，“髀”为“脾”。今文“胉”为“迫”，“柢”皆为“胝”。○皆覆，谓牲体皆覆设之。○朼，必李反。柢，丁计反。胝音帝。

⑤执事者，诸执奠事者。巾，功布也。执者不升，已不设，祝既错醴，将受之。

⑥执醴酒者先升，尊也。立而俟，后错，要成也。

⑦巾之，为尘也。东，反其位。○立于俎北西上，奠豆俎之人也。俟祝毕事，同由足降自西阶。疏云：主人位在阼阶下，妇人位在上，故奠者升，丈夫踊；奠者降，妇人踊。各以所见先后为踊之节也。“奠者由重南，东。丈夫踊”者，奠者奠讫，主人见之，更与主人为踊节也。又以其重主道，神所凭依，故必由重南东过，是以主人又踊也。

⑧庙门外也。○此宾为小敛来者，注云“庙”，即此适室，盖以鬼神所在则曰庙，故名适寝为庙也。

乃代哭，不以官。①

此小敛后节哀之事

①代，更也。孝子始有亲丧，悲哀憔悴，礼防其以死伤生，使之更哭，不绝声而已。人君以官尊卑，士贱以亲疏为之。三日之后，哭无时。《周礼·挈壶氏》：“凡丧，县壶以代哭。”○《丧大记》君丧，县壶，“乃官代哭，大

夫,官代哭不县壶。士,代哭不以官”。

有襚者，则将命。摈者出请，入告。主人待于位。①摈者出告须,以宾入。②宾入中庭，北面致命。主人拜稽颡。宾升自西阶，出于足，西面委衣，如于室礼，降，出。主人出，拜送。③朋友亲襚，如初仪，西阶东，北面哭，踊三，降。主人不踊。④襚者以褶，则必有裳。执衣如初，徹衣者亦如之。升降自西阶，以东。⑤

右小敛后致襚之仪。〇以上皆亲丧第二日礼

①丧礼略于威仪,既小敛,摈者乃用辞,出请之辞曰:“孤某使某请事。”

②须,亦待也。出告之辞曰:“孤某须矣。”

③〇如于室礼,亦委衣尸东床上也。

④朋友既委衣,又还哭于西阶上,不背主人。

⑤帛为褶,无絮,虽复,与禅同。有裳乃成称,不用表也。以东,藏以待事也。古文“褶”为“袭”。〇执衣如初,谓左执领,右执要,如君襚时。〇褶音牒。

宵，为燎于中庭。①厥明，灭燎。陈衣于房，南领，西上，綪。绞，紷，衾二。君襚、祭服、散衣、庶襚，凡三十称。紷不在算，不必尽用。②东方之馔，两瓦甒，其实醴酒，角觯，木柶。毼豆两，其实葵菹芋，蠃醢。两笾无縢，布巾，其实栗，不择。脯四脡。③奠席在馔北，敛席在其东。④掘肂见衽。⑤棺入，主人不哭。升棺用轴，盖在下。⑥熬黍稷各二筐，有鱼腊，馔于西坫南。⑦陈三鼎于门外，北上。豚合升，鱼鱄鲋九，腊左胖，髀不升，其它皆如初。⑧烛俟于馔东。⑨

右陈大敛衣奠及殡具

①宵,夜也。燎,大燋。〇按下《记》云:“既袭,宵,为燎于中庭。”是未

殡时,夜皆设燎也。○燎,力召反。

②紟,单被也。衾二者,始死敛衾,今又复制也。小敛衣数,自天子达,大敛则异矣。《丧大记》曰:“大敛,布绞,缩者三,横者三。”○紟,其鸩反。

③此馔但言东方,则亦在东堂下也。毼,白也。齐人或名全菹为芋。縢,缘也。《诗》云:“竹柲绲縢。”布巾,笾巾也。笾豆具而有巾,盛之也。《特牲馈食礼》有笾巾。今文“蠃”为“蜗”。古文“縢”为“甸”。○甒,亡甫反。毼音曷。蠃,力禾反。縢,大登反。脡,大顶反。绲,古本反。

④大敛奠而有席,弥神之。

⑤肂,埋棺之坎也,掘之于西阶上。衽,小要也。《丧大记》曰:“君殡用輴,攒至于上,毕涂屋。大夫殡以帱,攒置于西序,涂不暨于棺。士殡见衽,涂上,帷之。”又曰:“君盖用漆,三衽三束。大夫盖用漆,二衽二束。士盖不用漆,二衽二束。”○“见衽”者,其所掘坎浅深之节也。衽,小要也,所以联合棺盖缝者。今谓之银锭扣。见衽者,坎不没棺,其衽见于上。注引《丧大记》“三衽三束”,谓每一面三处用衽,又以皮三处束之也。○肂,以二反。衽,而甚反。要,一遥反。輴,《丧大记》音春。攒,在官反。

⑥轴,輁轴也。輁状如床,轴其轮,挽而行。○轴,长六反。輁,九勇反。

⑦熬所以惑蚍蜉,令不至棺旁也。为举者设盆盥于西。○熬,五刀反。

⑧合升,合左右体升于鼎。其它皆如初,谓豚体及匕俎之陈如小敛时,合升四鬄,亦相互耳。○鱄,市转反。鲋音附。胖音判。

⑨烛,燋也。馔,东方之馔。有烛者,堂虽明,室犹闇。火在地曰燎,执之曰烛。

祝、彻盥于门外,入,升自阼阶,丈夫踊。①祝彻巾,授执事者以待。②彻馔,先取醴酒,北面。③其余取先设者,出于足,降自西阶。妇人踊。设于序西南,当西荣,如设于堂。④醴酒位如初。执事豆北南面,东上。⑤乃适馔。⑥

右彻小敛奠

①祝、徹，祝与有司当徹小敛之奠者。小敛设盥于馔东，有巾。大敛设盥于门外，弥有威仪。○祝、徹，谓祝与徹二事之人。疏云：陈大敛馔讫，当设盥于门外。

②授执巾者于尸东，使先待于阼阶下，为大敛奠又将巾之。祝还徹醴也。○巾，覆小敛奠者也。今徹奠，故先徹巾，待设大敛奠复用之。

③北面立，相待俱降。

④为求神于庭。孝子不忍使其亲须臾无所冯依也。堂，谓尸东也。凡奠设于序西南者，毕事而去之。○疏云：但将设后奠，则徹先奠于西序南，后奠事毕则去之。

⑤如初者，如其醴酒北面西上也。执醴尊，不为便事变位。○醴酒，执醴执酒之人。执事，执豆俎之人，立于豆北相待，设酒醴讫，同东适新馔也。

⑥东方之新馔。○执事者适新馔处以待事。

帷堂。①妇人尸西，东面。主人及亲者升自西阶，出于足，西面袒。②士盥，位如初。③布席如初。④商祝布绞、紟、衾、衣，美者在外，君襚不倒。⑤有大夫则告。⑥士举迁尸，复位。主人踊无算。卒敛，徹帷。主人冯如初，主妇亦如之。⑦

右大敛

①徹事毕。○殆为大敛将迁尸，故帷之。

②袒，大敛变也。不言髽、免、髻发，小敛以来自若矣。

③亦既盥并立西阶下。

④亦下莞上簟，铺于阼阶上，于楹间为少南。

⑤至此乃用君襚，主人先自尽。

⑥后来者，则告以方敛。非敛时，则当降拜之。○批注[1]有大夫为后来者，以此日大夫皆为视敛来，其蚤至者则升自西阶，北面视敛，如《记》所陈也。

---

[1]“批注”二字，金陵书局本作“注解”。

⑦疏曰："士举迁尸"，谓从户外夷床上迁尸于敛上。

主人奉尸敛于棺，踊如初，乃盖。①主人降，拜大夫之后至者，北面视肂。②众主人复位。妇人东复位。③设熬，旁一筐，乃涂，踊无算。④卒涂，祝取铭置于肂。主人复位，踊，袭。⑤

右殡

①棺在肂中，敛尸焉，所谓殡也。《檀弓》曰："殡于客位。"

②北面于西阶东。

③阼阶上下之位。

④以木覆棺上而涂之。为火备。

⑤为铭设柎，树之肂东。

乃奠。烛升自阼阶。祝执巾，席从，设于奥，东面。①祝反降，及执事执馔。②士盥，举鼎入，西面北上，如初。载，鱼左首，进鬐，三列，腊进柢。③祝执醴如初，酒豆笾俎从，升自阼阶。丈夫踊。甸人彻鼎。④奠由楹内入于室，醴酒北面。⑤设豆，右菹，菹南栗，栗东脯，豚当豆，鱼次，腊特于俎北。醴酒在笾南，巾如初。⑥既错者出，立于户西，西上。祝后，阖户。先由楹西，降自西阶，妇人踊。奠者由重南，东。丈夫踊。⑦

右大敛奠

①执烛者先升堂照室，自是不复奠于尸。祝执巾，与执席者从入，为安神位。室中西南隅谓之奥。执烛南面，巾委于席右。

②东方之馔。

③如初，如小敛举鼎、执匕俎扃鼏、朼载之仪。鱼左首设而在南。鬐，脊也。左首进鬐，亦未异于生也。凡未异于生者，不致死也。古文"首"为"手"，"鬐"为"耆"。〇疏云：案《公食》右首进鬐，此云"左首"，则与生异，而云"亦未异于生"者，彼《公食》言右首，据席而言，此左首，据载者而言，若设于席，则亦右首也。〇鬐，巨之反。

④如初，祝先升。

⑤亦如初。

⑥右菹，菹在醢南也。此左右异于鱼者，载者统于执，设者统于席。醴当栗南，酒当脯南。○注"载者"二句，言方其载俎时，则以执者之左右为左右，及设于席，则以席之左右为左右也。

⑦为神冯依之也。○阖，户腊反。

宾出，妇人踊。主人拜送于门外。入，及兄弟北面哭殡。兄弟出，主人拜送于门外。①众主人出门，哭止，皆西面于东方。阖门。②主人揖，就次。③

右大敛毕，送宾、送兄弟及出就次之仪

①小功以下，至此可以归，异门大功亦存焉。

②○东方，门外之东方。阖门，内人阖庙门。

③次，谓斩衰倚庐，齐衰垩室也。大功有帷帐，小功缌麻有床第可也。○揖就次，相揖各就其次也。○垩，于各反。

君若有赐焉，则视敛。既布衣，君至。①主人出迎于外门外，见马首，不哭，还，入门右，北面，及众主人袒。②巫止于庙门外，祝代之。小臣二人执戈先，二人后。③君释采，入门，主人辟。④君升自阼阶，西乡。祝负墉，南面，主人中庭。⑤君哭，主人哭，拜稽颡，成踊，出。⑥君命反行事，主人复位。⑦君升主人，主人西楹东，北面。⑧升公卿大夫，继主人，东上。乃敛。⑨卒，公卿大夫逆降，复位。主人降，出。⑩君反主人，主人中庭。君坐抚，当心。主人拜稽颡，成踊，出。⑪君反之，复初位。众主人辟于东壁，南面。⑫君降，西乡，命主人冯尸。主人升自西阶，由足，西面冯尸，不当君所，踊。主妇东面冯，亦如之。⑬奉尸敛于棺，乃盖。主人降，出。君反之，入门左，视涂。⑭君升即位，众主人复位。卒涂，主人出，君命之反奠，入门右。⑮乃奠，升自西阶。⑯君要节而踊，主人从踊。⑰卒奠，主人出，哭者止。⑱君出门，庙中哭，主人不哭，辟。君式之。⑲贰车毕乘，主人哭，拜送。⑳袭，入即位。众主人袭。拜大夫之后至者，成踊。㉑宾出，主人拜送。㉒

右君临视大敛之仪。以上皆丧亲第三日事

①赐，恩惠也。敛，大敛。君视大敛，皮弁服，袭裘。主人成服之后往，则锡衰。

②不哭，厌于君，不敢伸其私恩。

③巫，掌招弥以除疾病。小臣，掌正君之法仪者。《周礼·男巫》："王吊则与祝前。"《丧祝》："王吊则与巫前"。《檀弓》曰："君临臣丧，以巫祝桃茢执戈以恶之，所以异于生也。"皆天子之礼。诸侯临臣之丧，则使祝代巫，执茢居前，下天子也。小臣，君行则在前后，君升则侠阼阶北面。凡宫有鬼神曰庙。

④释采者，祝为君礼门神也。必礼门神者，明君无故不来也。《礼运》曰："诸侯非问疾吊丧，而入诸臣之家，是谓君臣为谑。"○采，七代反。

⑤祝南面房中，东乡君。墙谓之墉。主人中庭，进益北。○祝相君之礼，故须乡君。

⑥出，不敢必君之卒敛事。

⑦大敛事。

⑧命主人使之升。

⑨公，大国之孤，四命也。《春秋传》曰："吾公在壑谷。"○继主人，继主人而西。

⑩逆降者，后升者先降，位如朝夕哭吊之位。○疏云："卒"者，谓卒敛也。主人降出者，亦是不敢久留君。出谓主人出，乡门外立。

⑪抚，手案之。凡冯尸，兴必踊。今文无"成"。

⑫以君将降也。南面则当坫之东。○疏云：初位，即中庭位。○辟，婢亦反。

⑬君必降者，欲孝子尽其情。○不当君所，不当君所抚之处也。

⑭殡在西阶上。入门左，由便趋疾，不敢久留君。

⑮亦复中庭位。○众主人复位，自东复阼阶下位。注“亦复中庭位”，释入门右，谓在门右，南北当中庭也。

⑯以君在阼。○疏云：凡奠皆升自阼阶，为君在阼，故辟之而升西阶也。

⑰节，谓执奠始升阶，及既奠由重南东时也。

⑱以君将出，不敢欢嚣聒尊者也。

⑲辟，逡遁辟位也。古者立乘，式，谓小俛以礼主人也。《曲礼》曰：“立视五巂，式视马尾。”○巂，《曲礼》音携。

⑳贰车，副车也。其数各视其命之等。君出，使异姓之士乘之，在后。君吊，盖乘象辂。《曲礼》曰：“乘君之乘车不敢旷左，左必式。”

㉑后至，布衣而后来者。○疏云：若未布衣时来，即入前卿大夫从君之内。

㉒自宾出以下，如君不在之仪。○谓如前章所陈宾出诸仪。

三日，成服，杖。拜君命及众宾，不拜棺中之赐。①

右成服。经云三日，除死日数之，实则丧之第四日

①既殡之明日，全三日，始歠粥矣。礼，尊者加惠，明日必往拜谢之。棺中之赐，不施己也。《曲礼》曰：“生与来日。”○疏曰：引《曲礼》者，彼注云：“与犹数也，生数来日，谓成服杖以死明日数也。死数往日，谓殡敛以死日数也。”

朝夕哭，不辟子卯。①妇人即位于堂，南上，哭。丈夫即位于门外，西面北上。外兄弟在其南，南上。宾继之，北上。门东，北面西上。门西，北面东上。西方，东面北上。主人即位。辟门。②妇人拊心，不哭。③主人拜宾，旁三，右还，入门，哭，妇人踊。④主人堂下直东序，西面。兄弟皆即位，如外位。卿大夫在主人之南。诸公门东，少进。他国之异爵者门西，少进。敌

则先拜他国之宾。凡异爵者，拜诸其位。⑤徹者盥于门外。烛先入，升自阼阶。丈夫踊。⑥祝取醴，北面，取酒立于其东，取豆、笾、俎，南面西上。祝先出，酒、豆、笾、俎序从，降自西阶。妇人踊。⑦设于序西南，直西荣。醴酒北面西上。豆西面错，立于豆北，南面。笾、俎既错，立于执豆之西，东上。酒错，复位。醴错于西，遂先，由主人之北适馔。⑧乃奠。醴、酒、脯、醢升，丈夫踊。入，如初设，不巾。⑨错者出，立于户西，西上。灭烛，出。祝阖门，先降自西阶。妇人踊。奠者由重南，东。丈夫踊。宾出，妇人踊。主人拜送。⑩众主人出，妇人踊。出门，哭止。皆复位。阖门。主人卒拜送宾，揖众主人，乃就次。

右朝夕哭奠。自第四日至葬前并用此礼

①既殡之后，朝夕及哀至乃哭，不代哭也。子卯，桀、纣亡日，凶事不辟，吉事阙焉。

②外兄弟，异姓有服者也。辟，开也。凡庙门有事则开，无事则闭。○疏云：此外位丈夫亦哭，但文不备。

③方有事，止欢嚣。○疏云：方有事，谓徹大敛奠设朝奠。○拊，芳甫反。

④先西面拜，乃南面拜，东面拜也。○主人朝自庐中诣殡宫门外即位哭，此时众宾来吊，其拜之如此，拜毕乃入门。

⑤宾皆即此位，乃哭，尽哀止。主人乃右还拜之，如外位矣。兄弟齐衰大功者，主人哭则哭。小功缌麻，亦即位乃哭。上言宾，此言卿大夫，明其亦宾尔。少进，前于列。异爵，卿大夫也。他国卿大夫亦前于列，尊之，拜诸其位，就其位特拜。○主人入，即堂下之位，宾入哭，其拜之如此。疏云：此内位不言外兄弟，以其虽在主人之南，少退，故卿大夫继主人而言。诸公少进，谓进于士。此所陈位不言士之属吏，当亦在门右，又在宾之后也。○直音值。

⑥徹者，徹大敛之宿奠。

⑦序，次也。○疏云：祝执醴在先，次酒，次豆、笾，次俎，为次第也。

⑧遂先者，明祝不复位也。适馔，适新馔，将复奠。

⑨入，入于室也。如初设者，豆先，次笾，次酒，次醴也。不巾，无菹、无栗也。菹栗具则有俎，有俎乃巾之。

⑩哭止乃奠，奠则礼毕矣。今文无“拜”。○注“哭止乃奠”，约略朝夕奠之节而言也。

朔月，奠用特豚、鱼、腊，陈三鼎如初。东方之馔亦如之。[1]无笾，有黍、稷。用瓦敦，有盖，当笾位。[2]主人拜宾，如朝夕哭，卒彻。[3]举鼎入、升，皆如初奠之仪。卒朼，释匕于鼎。俎行，朼者逆出。甸人彻鼎，其序：醴酒、菹醢、黍稷、俎。[4]其设于室，豆错，俎错，腊特。黍稷当笾位。敦启会，却诸其南。醴酒位如初。[5]祝与执豆者巾，乃出。[6]主人要节而踊，皆如朝夕哭之仪。月半不殷奠。[7]有荐新，如朔奠。[8]彻朔奠，先取醴酒，其余取先设者。敦启会，面足。序出如入。[9]其设于外，如于室。[10]

右朔月奠及荐新

①朔月，月朔日也。自大夫以上，月半又奠。如初者，谓大敛时。

②黍稷并于甒北也。于是始有黍稷。死者之于朔月月半，犹平常之朝夕。大祥之后，则四时祭焉。○朝夕之奠有醴、酒、豆、笾，而无黍稷。至月朔殷奠，乃有黍稷，如平时常食者。以下室又自有燕养之馔，故虽不设黍稷，而不为薄也。既奠殡宫又馈下室者，莫必神之所在故也。

③彻宿奠也。

④俎行者，俎后执，执俎者行，鼎可以出。其序，升入之次。

⑤当笾位，俎南黍，黍东稷。会，盖也。今文无“敦”。○疏曰：知“当笾位俎南黍、黍东稷”者，依特牲所设为之也。○会，古外反。

⑥共为之也。

⑦殷，盛也。士月半不复如朔盛奠，下尊者。

⑧荐五谷若时果物新出者。

⑨启会，徹时不复盖也。面足执之，令足间乡前也。敦有足，则敦之形如今酒敦。

⑩外，序西南。

筮宅，冢人营之。[①]掘四隅，外其壤，掘中，南其壤。[②]既朝哭，主人皆往，兆南北面，免绖。[③]命筮者在主人之右。[④]筮者东面，抽上韇，兼执之，南面受命。[⑤]命曰："哀子某，为其父某甫筮宅。度兹幽宅兆基，无有后艰？"[⑥]筮人许诺，不述命，右还，北面，指中封而筮。卦者在左。[⑦]卒筮，执卦以示命筮者。命筮者受视，反之。东面旅占，卒，进告于命筮者与主人："占之曰从。"[⑧]主人绖，哭，不踊。若不从，筮择如初仪。[⑨]归。殡前北面哭。不踊。[⑩]

右筮宅兆

①宅，葬居也。冢人，有司掌墓地兆域者。营，犹度也。《诗》云："经之营之。"

②为葬将北首故也。

③兆，域也，新营之处。免绖者，求吉不敢纯凶。○免，如字。

④命尊者宜由右出也。《少仪》曰："赞币自左，诏辞自右。"

⑤韇，藏筴之器也。兼与筴执之。今文无"兼"。○韇音独。

⑥某甫，且字也。若言山甫、孔甫矣。宅，居也。度，谋也。兹，此也。基，始也。言为其父筮葬居，今谋此以为幽冥居兆域之始，得无后将有艰难乎？艰难，谓有非常若崩坏也。《孝经》曰："卜其宅兆，而安厝之。"古文无"兆"，"基"作"期"。○注"某甫，且字也"，且者，聊且虚拟之，谓以其人无可指，故曰某以虚拟之。兆基，域兆之基址也。古文"期无有后艰"，义意自备。

⑦述，循也。既受命而申言之曰述。不述者，士礼略。凡筮，因会命筮为述命。中封，中央壤也。卦者，识爻卦画地者。古文"述"皆作"术"。

⑧卒筮，卦者写卦示主人，乃受而执之。旅，众也。反与其属共占之，谓掌《连山》、《归藏》、《周易》者。从，犹吉也。

⑨更择地而筮之。

⑩易位而哭，明非常。○疏曰：朝夕哭当在阼阶下西面，今筮宅来北面哭者，是易位，非常故也。

既井椁，主人西面拜工，左还椁，反位，哭，不踊。妇人哭于堂。①献材于殡门外，西面北上，綪。主人徧视之，如哭椁。献素、献成亦如之。②

右哭椁哭器

①既，已也。匠人为椁，刊治其材，以井构于殡门外也。反位，拜位也。既哭之，则往施之窆中矣。主人还椁，亦以既朝哭矣。○左还椁，循行一周，视其良楛也。

②材，明器之材。视之，亦拜工左还。形法定为素，饰治毕为成。○《檀弓》云："既殡，旬而布材与明器。"经言还椁献材在筮宅卜日之间，知彼二事俱在旬内外也。○徧音遍。

卜日。既朝哭，皆复外位。卜人先奠龟于西塾上，南首，有席。楚焞置于燋，在龟东。①族长莅卜，及宗人吉服立于门西，东面南上。占者三人在其南，北上。卜人及执燋、席者在塾西。②阖东扉，主妇立于其内。③席于闑西阈外。④宗人告事具。主人北面免绖，左拥之。莅卜即位于门东，西面。⑤卜人抱龟燋，先奠龟，西首，燋在北。⑥宗人受卜人龟，示高。⑦莅卜受视，反之。宗人还，少退，受命。⑧命曰："哀子某，来日某，卜葬其父某甫，考降，无有近悔。"⑨许诺，不述命，还，即席西面坐，命龟，兴，授卜人龟，负东扉。⑩卜人坐，作龟，兴。⑪宗人受龟示莅卜。莅卜受视反之。宗人退，东面。乃旅占，卒。不释龟，告于莅卜与主人："占曰：'某日从'。"⑫授卜人龟，告于主妇。主妇哭。⑬告于异爵者。使人告于众宾。⑭卜人彻龟。宗人告事毕。主人绖，入，哭如筮宅。宾出，拜送。若不从，卜择如初仪。

右卜葬日

①楚，荆也。荆焞所以钻灼龟者。燋，炬也，所以燃火者也。《周礼》："菙氏，掌共燋契[1]，以待卜事。凡卜，以明火爇燋，遂灼其焌契，以授卜师，遂以役之。"○《周礼》所谓燋即此燋，所谓焌契即此楚焞也。○焞，存闷反。燋，哉约反。菙，时髓反。焌音俊。爇，如悦反。

②族长，有司掌族人亲疏者也。莅，临也。吉服，服玄端也。占者三人，掌玉兆、瓦兆、原兆者也。在塾西者，南面，东上。○疏云：宗人掌礼之官非卜筮者。

③扉，门扉也。

④为卜者也。古文"闑"作"槷"，"阈"作"蹙"。○闑，鱼列反。

⑤莅卜，族长也。更西面，当代主人命卜。

⑥既奠燋，又执龟以待之。○疏曰：卜人抱龟燋，谓从塾上抱，乡阈外待也。

⑦以龟腹甲高起所当灼处，示莅卜也。

⑧受莅卜命。授龟宜近，受命宜却也。

⑨考，登也。降，下也。言卜此日葬，魂神上下，得无近于咎悔者乎？○考，父也。降，骨肉归复于土也。卜得吉，则体魄永安，不近于悔矣。

⑩宗人不述命，亦士礼略。凡卜，述命、命龟异，龟重，威仪多也。负东扉，俟龟之兆也。

⑪作，犹灼也。《周礼》：卜人"凡卜事，示高，扬火以作龟，致其墨"。兴，起也。

⑫不释龟，复执之也。古文"曰"为"日"。

⑬不执龟者，下主人也。

⑭众宾，僚友不来者也。○疏曰：上云既朝哭，皆复外位，外位中有异爵卿大夫等，故就位告之。

---

[1] 契，金陵书局本作"挈"。

卷十三　既夕①

①郑《目录》云:《士丧礼》之下篇也。既,已也。谓先葬二日,已夕哭时,与葬间一日。凡朝庙日,请启期,必容焉。此诸侯之下士一庙,其上士二庙,则既夕哭先葬前三日。《大戴》第五删[1],《小戴》第十四,《别录》名《士丧礼》下篇第十三。

既夕哭。①请启期，告于宾。②

右请启期

①既,已也。谓出门哭止,复外位时。

②将葬,当迁柩于祖。有司于是乃请启殡之期于主人以告宾,宾宜知其时也。今文"启"为"开"。○请启期,主人曰:"在明旦。"有司遂以告宾。

夙兴，设盥于祖庙门外，①陈鼎皆如殡。东方之馔亦如之。②侇床馔于阶间。③

右豫于祖庙陈馔

①祖,王父也。下士祖祢共庙。○疏云:此设盥亦在门外东方,如大敛也。

②皆,皆三鼎也。如殡,如大敛既殡之奠。

③侇之言尸也。朝正柩用此床。○疏云:谓柩至祖庙两楹之间,尸北首之时乃用此床。

二烛俟于殡门外。①丈夫髽，散带垂，即位如初。②妇人不

[1]"第五删"三字,阮刻本《仪礼注疏》作"第十五",附校勘记:"毛本作'大戴第五删'。○案'大戴第十五',乃《公食大夫》,此当作'第五'也,'删'字似后人校语误入正文。○按卷一疏云'大戴《既夕》为第五'。"

哭。主人拜宾，入即位，袒。③商祝免，袒，执功布入，升自西阶，尽阶，不升堂，声三，启三，命哭。④烛入。⑤祝降，与夏祝交于阶下，取铭置于重。⑥踊无算。⑦商祝拂柩用功布，幠用夷衾。⑧

右启殡

①早闇，以为明也。烛用蒸[1]。○大曰薪，小曰蒸。

②为将启变也。此互文以相见耳。髽，妇人之变。《丧服小记》曰："男子免而妇人髽，男子冠而妇人笄。"如初，朝夕哭门外位。○据疏当云"丈夫免，妇人髽"，此或偶脱去三字。注以为互见也。疏又云："启殡之后，虽斩衰亦免而无括发。"

③此不蒙[2]如初者，以男子入门不哭也。不哭者，将有事止欢嚣也。

④功布，灰治之布也，执之，以接神为有所拂仿也。声三，三有声，存神也。启三，三言启，告神也。旧说以为声"噫兴"也。今文"免"作"絻"。○三，息暂反。

⑤照徹与启肂者。○疏云：一烛入室中，照徹奠；一烛于堂，照开殡肂也。

⑥祝降者，祝徹宿奠降也。与夏祝交，事相接也。夏祝取铭置于重，为启肂迁之。吉事交相左，凶事交相右。今文"铭"皆作"名"。○烛入室时，祝从而入，徹宿奠。徹奠者降至阶下，夏祝升取铭，亦至阶下，故曰"交"。降阶者近东，升阶者近西，是交相右也。○夏，户雅反。祝，之六反。

⑦主人也。○此开殡之时。

⑧拂，去尘也。帷[3]覆之为其形露。○柩出自肂，故拂之，覆之。疏云：夷衾当随柩入圹。○注疏无"幠"字，《图解》有"帷"字，似当有。

[1] 蒸，阮刻本《仪礼注疏》作"烝"，附校勘记："徐本同，毛本'烝'作'蒸'；张氏曰：'注曰："烛用蒸"，案《释文》云"苤，之承反，薪也"，从《释文》。'案今本《释文》亦作'蒸'，又严本与徐本同，而张氏所引作'苤'，亦不可解。○按《说文》云'蒸或省火作苤'。"

[2] 蒙，阮刻本《仪礼注疏》作"象"，附校勘记："徐本同，毛本'象'作'蒙'，《集释》、《通解》、杨、敖俱作'蒙'，张氏曰：'疏作"蒙"，从疏'。"

[3] 帷，阮刻本《仪礼注疏》作"幠"，附校勘记："徐本、《通典》、《集释》、《通解》、《要义》、杨、敖同，毛本无'幠'字。"金陵书局本作"幠"。

迁于祖，用轴。[①]重先，奠从，烛从，柩从，烛从，主人从。[②]升自西阶。[③]奠俟于下，东面北上。[④]主人从升，妇人升，东面。众主人东即位。[⑤]正柩于两楹间，用夷床。[⑥]主人柩东，西面。置重如初。[⑦]席升设于柩西。奠设如初，巾之。升降自西阶。[⑧]主人踊无算，降，拜宾，即位踊，袭。主妇及亲者由足，西面。[⑨]

右迁柩朝祖

①迁，徙也，徙于祖，朝祖庙也。《檀弓》曰："殷朝而殡于祖，周朝而遂葬。"盖象平生时，将出必辞尊者。轴，輁轴也，轴状如转辚，刻两头为轵，輁状如长床，穿桯。前后着金而关轴焉。大夫诸侯以上有四周，谓之輴。天子画之以龙。

②行之序也。主人从者，丈夫由右，妇人由左，以服之亲疏为先后，各从其昭穆。男宾在前，女宾在后。○此从奠启殡时所徹去日之夕奠也。疏云：柩前后有烛，以柩车隔，闇，故各有烛以照道。及至庙，烛在前者升照正柩，在后者在阶下，照升柩。

③柩也。犹用子道，不由阼也。

④俟正柩也。

⑤东方之位。○疏云：举主妇东面，主人西面可知。又云：唯主人、主妇升。众主人从柩至西阶下，遂乡东阶下即西面位。

⑥两楹间，象乡户牖也。是时柩北首。○疏云：户牖之间，宾客之位，亦是人君受臣子朝事之处，父母神之所在，故于两楹之间北面乡之。

⑦如殡宫时也。○亦如上篇三分庭一在南而置之。

⑧席设于柩之西，直柩之西，当西阶也。从奠设如初，东面也。不统于柩，神不西面也。不设柩东，东非神位也。巾之者，为御当风尘。○此宿奠从殡宫来，还依室中东面设法，设之于席前也。

⑨设奠时，妇人皆室户西，南面，奠毕乃得东面[1]。亲者西面，堂上

[1]面，阮刻本《仪礼注疏》同，附校勘记："闽、葛、《通解》俱作'也'，案疏云'乃由柩足，乡柩东'，正释注'东'字之义，又云'主人降拜宾，妇人乃得东也'，据此，则注'面'字，当依《通解》作'也'为是。"

迫,疏者可以居房中。○前者主人从殡宫中降,拜宾,入即位,袒,至此乃袭。未设奠时,主人方在柩东。设奠讫,主人降,拜宾。妇人乃得由柩足,乡东,西面也。

荐车直东荣,北輈。①质明,灭烛。②彻者升自阼阶,降自西阶。③乃奠如初,升降自西阶。④主人要节而踊。⑤荐马,缨三就,入门,北面交辔,圉人夹牵之。⑥御者执策立于马后。哭,成踊。右还出。⑦宾出,主人送于门外。

右荐车马设迁祖之奠

①荐,进也。进车者,象生时将行陈驾也。今时谓之魂车。輈,辕也。车当东荣,东陈西上于中庭。○以明旦将行,故豫陈。车,乘车、道车、稿车也。非载柩之车。○輈,竹求反。

②质,正也。

③彻者,辟新奠,不设序西南,已再设为亵。○彻者,彻去从奠也。

④为迁祖奠也。奠升不由阼阶,柩北首,辟其足。○奠,夙兴,所陈三鼎及东方之馔如初者,亦于柩西当阶之上东面席前奠之。

⑤节,升降。○奠升时主人踊,降时妇人踊,由重南主人踊也。

⑥驾车之马,每车二疋。缨,今马鞅也。就,成也。诸侯之臣,饰缨以三色而三成。此三色者,盖绦丝也。其着之如罽然。天子之臣,如其命数,王之革路绦缨。圉人,养马者。在左右曰夹。既奠乃荐马者,为其践污庙中也。凡入门参分庭一在南。○疏云:此三色,如《聘礼记》三色,朱、白、苍也。

⑦主人于是乃哭踊者,荐车之礼,成于荐马。○主人哭踊讫,马则右还而出。

有司请祖期。①曰:"日侧。"②主人入,袒。乃载。踊无算。卒束,袭。③降奠,当前束。④商祝饰柩,一池,纽前赪后缁,齐三采,无贝。⑤设披,⑥属引。⑦

右将祖时先载柩饰柩车

①亦因在外位请之，当以告宾，每事毕辄出。将行而饮酒曰祖。祖，始也。

②侧，昳也，谓将过中之时。○主人应有司之辞。

③祖，为载变也。乃举柩却下而载之。束，束棺于柩车。宾出，遂匠纳车于阶间，谓此车。○宾出，即纳柩车。主人送宾返入，乃载柩在堂北首。今以足乡前，下堂载于车也。○注无"乃"字，案疏当有"乃"字。

④下迁祖之奠也。当将束，犹当尸腢也。亦在柩车西，束有前后也。○疏云：未束以前，其奠使人执之。待束讫，乃降奠之当束也。

⑤饰柩，为设墙柳也。巾奠乃墙，谓此也。墙有布帷，柳有布荒。池者，象宫室之承霤，以竹为之，状如小车笭，衣以青布。一池县于柳前。士不揄绞。纽，所以联帷荒，前赤后黑，因以为饰。左右面各有前后，齐居柳之中央，若今小车盖上蕤矣。以三采缯为之，上朱，中白，下苍。着以絮，元士以上有贝。○饰柩在旁为墙，墙有帷，在上为柳，柳有荒。墙柳自其缚木为格者而言，帷荒自其张于外者而言。池象承霤，即檐也。纽垂于四隅。齐者，柳之顶结也。○纽，女九反。揄音遥。霤，力又反。

⑥披辂柳棺上，贯结于戴，人居旁牵之，以备倾亏。《丧大记》曰："士戴前纁后缁，二披，用纁。"今文"披"皆为"藩"。○以帛系棺纽着柳骨谓之戴，又以帛系戴而出其余于帷外，使人牵之谓之披。注文"辂"字当是"络"字。

⑦属，犹着也。引，所以引柩车，在轴輴曰绋。古者人引柩，《春秋传》曰：坐引而哭之三。○引谓绋绳，属着于柩车。

陈明器于乘车之西。①折，横覆之。②抗木，横三缩二。③加抗席三。④加茵，用疏布，缁翦，有幅，亦缩二横三。⑤器，西南上，綪。⑥茵。⑦苞二。⑧筲三，黍、稷、麦。⑨瓮三，醯、醢、屑，幂用疏布。⑩甒二，醴、酒，幂用功布。⑪皆木桁，久之。⑫用器：弓矢、耒耜、两敦、两杅、盘、匜。匜实于盘中，南流。⑬无祭器，⑭有燕乐器可也。⑮役器：甲、胄、干、笮。⑯燕器：杖、笠、翣。⑰

右陈器与葬具载柩陈器，二事毕则日及侧矣

①明器，藏器也。《檀弓》曰："其曰明器，神明之也。"言神明者，异于生器。"竹不成用，瓦不成味，木不成斲，琴瑟张而不平，竽笙备而不和，有钟磬而无笋虡"。陈器于乘车之西，则重之北也。

②折犹庪也。方凿连木为之。盖如床，而缩者三，横者五，无箦。窆事毕，加之圹上，以承抗席。横陈之者，为苞筲以下綪于其北，便也。覆之，见善面也。○折加于圹时，善者乡下，今陈之反善面乡上也。○庪，九委反。

③抗，御也。所以御止土者。其横与缩，各足掩圹。○抗音刚。

④席所以御尘。○加者，加于抗木之上。

⑤茵，所以藉棺者。翦，浅也。幅，缘之。亦者，亦抗木也。及其用之，木三在上，茵二在下。象天三合地二，人藏其中焉。今文"翦"作"浅"。○茵设圹中，先布横三，乃布缩二。厝柩后施抗圹上，先用缩二，乃用横三。注云"木三在上，茵二在下"，据既设后人所见而言也。其实抗茵皆三者在外，二者在内，如浑天家地之上下周匝皆有天也。故疏云："木与茵皆有天三合地二。"○茵音因。

⑥器，目言之也。陈明器，以西行南端为上。綪，屈也。不容则屈而反之。

⑦茵在抗木上，陈器次而北也。○愚意"茵"字当连上"綪"字为句。言陈器当从茵，屈转而北也。不然前已详茵，岂合重举？

⑧所以裹奠羊豕之肉。○奠谓遣奠。

⑨筲，畚种类也，其容盖与簋同一觳也。○疏云：筲以菅草为之。畚器所以盛种，此筲与畚同类也。

⑩瓮，瓦器，其容亦盖一觳。屑，姜桂之屑也。《内则》曰："屑桂与姜。"幂，覆也。今文"幂"皆作"密"。○觳音斛。

⑪甒亦瓦器。古文"甒"皆作"庑"。

⑫桁，所以庪苞筲瓮甒也。久，当为灸。灸谓以盖案塞其口。每器异桁。○桁，户庚反。

⑬此皆常用之器也。杅,盛汤浆。盘匜,盥器也。流,匜口也。今文“杅”为“桙”。○杅音于。

⑭士礼略也。大夫以上兼用鬼器、人器也。

⑮与宾客燕饮用乐之器也。

⑯此皆师役之器。甲,铠。胄,兜鍪。干,楯。笮,矢箙。○笮,侧白反。铠,苦代反。兜,丁侯反。鍪音矛。楯,当允反。

⑰燕居安体之器也。笠,竹䇭盖也。翣,扇。○翣,所甲反。

彻奠,巾席俟于西方。主人要节而踊。①袒。②商祝御柩,③乃祖。④踊,袭,少南,当前束。⑤妇人降,即位于阶间。⑥祖,还车不还器。⑦祝取铭,置于茵。⑧二人还重,左还。⑨布席,乃奠如初,主人要节而踊。⑩荐马如初。⑪宾出,主人送。有司请葬期。⑫入,复位。⑬

右还柩车设祖奠

①巾席俟于西方,祖奠将用焉。要节者,来象升,丈夫踊;去象降,妇人踊。徹者由明器北,西面。既徹,由重东南。不设于序西南者,非宿奠也。宿奠必设者,为神冯依之久也。○此所徹迁祖之奠,为将旋柩乡外更设祖奠,故迁之。巾席即所徹奠之巾席,俟者,奠已东去,而巾席犹执以俟也。注“象升象降”者,此奠在庭,徹者无升降之事,止有往来[1],主人以其往来为踊节,与徹室中之奠,升阶、降阶者同,故云“象”也。

②为将祖变。

③亦执功布居前,为还柩车为节。

④还柩乡外,为行始。○旋柩车使辕乡外也。○还音患。

⑤主人也。柩还则当前束南。○疏云:前袒为祖变,今既祖讫,故踊而袭。车未还之时,当前束近北,今还车则当前束少南。

⑥为柩将去有时也。位东上。○疏云:云“位东上”者,以堂上时,妇人

[1] “止有往来”四字,阮刻本《仪礼注疏》作“直有来往”,附校勘记:“‘来往’,毛本作‘往来’,此本、《通解》、《要义》俱倒。”

在阼阶西面，统于堂下男子，今柩车南还，男子亦在车东，故妇人降亦东上，统于男子也。妇人不乡车西者，以车西有祖奠，故辟之，在车后。愚案：妇人在车后南面，故注云“东上”。

⑦祖有行渐，车亦宜乡外也。器之陈，自已南上。○车，前所荐之乘车、道车、稿车也。陈器本自南上，不须更还也。

⑧重不藏，故于此移铭加于茵上。○铭本置于重，今将行随柩，故移置茵上也。

⑨重与车马还相反，由便也。○疏云：车马在中庭之东，以右还，乡门为便。重在门内，面乡北。人在其南，以左还，乡门为便。

⑩车已祖，可以为之奠也，是之谓祖奠。○疏云：祖奠既与迁祖奠同车西，人皆从车西来，则此要节而踊，一与迁祖奠同。

⑪柩动车还，宜新之也。

⑫亦因在外位时。

⑬主人也，自死至于殡，自启至于葬，主人及兄弟恒在内位。○主人既以葬期命有司，而遂入。疏云：自死至于殡，在内位，据在殡宫中；自启至于葬，在内位，据在祖庙中。又云：始死未小敛以前位在尸东，小敛后位在阼阶下，若自启之后，在庙位，亦在阼阶下也。

公赗：玄纁束，马两。①摈者出请，入告。主人释杖，迎于庙门外，不哭，先入门右，北面，及众主人袒。②马入设。③宾奉币，由马西当前辂，北面致命。④主人哭，拜稽颡，成踊。宾奠币于栈左服，出。⑤宰由主人之北，举币以东。⑥士受马以出。⑦主人送于外门外，拜，袭，入复位，杖。

右国君赗礼

①公，国君也。赗，所以助主人送葬也。两马，士制也。《春秋传》曰：宋景曹卒，鲁季康子使冉求赗之以马，曰：“其可以称旌繁乎”？○《春秋传》见哀公二十三年，引之者证以马赗人之事。○赗，芳凤反。

②尊君命也，众主人自若西面。

③设于庭，在重南。

④宾，使者。币，玄纁也。辂，辕缚，所以属引。由马西，则亦当前辂之西，于是北面致命，得乡柩与奠。柩车在阶间少前，三分庭之北，辂有前后。

⑤栈谓柩车也。凡士车制无漆饰，左服，象授人授其右也。服，车箱。今文“栈”作“轏”。○疏云：主人哭拜，仍于门右北面，柩车四轮迫地，无漆饰，故言“栈”也。此车南乡，以东为左，尸在车上，以东为右，故奠左服，象授人右也。○栈，士板反。

⑥柩东，主人位。以东，藏之。○此时主人仍在门东，北面。经云“主人之北”，指柩东定位而言。此位虽无主人，宰不得履之以过，故由其北也。

⑦此士谓胥徒之长也。有勇力者受马。《聘礼》曰：“皮马相间可也。”

宾赗者将命。①摈者出请，入告，出告须。②马入设。宾奉币，摈者先入，宾从，致[1]命如初。③主人拜于位，不踊。④宾奠币如初，举币，受马如初。摈者出请。⑤若奠，⑥入告，出，以宾入。将命如初。士受羊，如受马。又请。⑦若赙，⑧入告。主人出门左，西面。宾东面将命。⑨主人拜，宾坐委之。宰由主人之北，东面举之，反位。⑩若无器，则捂受之。⑪又请，宾告事毕，拜送，入。⑫赠者将命。⑬摈者出请，纳宾如初。⑭宾奠币如初。⑮若就器，则坐奠于陈。⑯凡将礼，必请而后拜送。⑰兄弟，赗、奠可也。⑱所知，则赗而不奠。⑲知死者赠，知生者赙。⑳书赗于方，若九，若七，若五。㉑书遣于策。㉒乃代哭，如初。㉓宵，为燎于门内之右。㉔

右宾赗奠赙赠之礼，以上并葬前一日事

①宾，卿大夫士也。○疏云：言“将命”者，身不来，遣使者将命告主人。

②不迎，告曰：“孤某须。”

③初，公使者。

④柩车东位也。既启之后，与在室同。○疏云：始死时，庶兄弟襚，使人

[1] 致，阮刻本《仪礼注疏》同，附校勘记：“《通解》作‘将’。”

以将命于室，主人拜于位。此主人亦拜于位，俱是不为宾出，有君命，亦出迎矣。

⑤宾出在外，请之，为其复有事。○疏云：若无事，宾报事毕，送去也。

⑥宾致可以奠也。○致其堪祭之物。

⑦士亦谓胥徒之长。又，复也。

⑧赙之言补也，助也。货财曰赙。

⑨主人出者，赙主施于主人。

⑩坐委之，明主人哀戚，志不在受人物。反位，反主人之后位。○宰位在主人之后。

⑪谓对相授，不委地。○捂，五故反。

⑫○主人入。

⑬赠，送。○谓以币若器送死者也。

⑭如其入告，出告须。

⑮亦于栈左服。

⑯就，犹善也。赠无常，惟玩好所有。陈，明器之陈。○谓乘车之西，陈明器之处所也。

⑰虽知事毕犹请，君子不必人意。

⑱兄弟，有服亲者，可且赗且奠，许其厚也。赗奠于死生两施。

⑲所知，通问相知也，降于兄弟。奠，施于死者为多，故不奠。

⑳各主于所知。

㉑方，板也。书赗奠赙赠之人名与其物于板。每板若九行，若七行，若五行。

㉒策，简也。遣，犹送也。谓所当藏物茵以下。○疏云：《聘礼记》云："百名以上书于策，不及百名书于方。"以宾客赠物名字少，故书于方。遣送死者明器之等，并赠死者玩好之物名字多，故书之于策。

㉓棺柩有时将去，不忍绝声也。初，谓既小敛时。

㉔为哭者为明。○门内之右，门东也。哭者在柩车东，故于门内右照之。

厥明，陈鼎五于门外，如初。①其实：羊左胖，②髀不升，③肠五，胃五，④离肺。⑤豕亦如之，豚解，无肠胃。⑥鱼、腊、鲜兽，皆如初。⑦东方之馔：四豆，脾析，蜱醢，葵菹，蠃醢；⑧四笾，枣，糗，栗，脯；⑨醴、酒。⑩陈器，⑪灭燎。执烛，侠辂，北面。⑫宾入者，拜之。⑬彻者入，丈夫踊。设于西北，妇人踊。⑭彻者东。⑮鼎入。⑯乃奠，豆南上，綪。笾，蠃醢南，北上，綪。⑰俎二以成，南上，不綪，特鲜兽。⑱醴酒在笾西，北上。⑲奠者出，主人要节而踊。⑳

右葬日陈大遣奠

①鼎五，羊、豕、鱼、腊、鲜兽各一鼎也。士礼，特牲三鼎，盛葬奠加一等，用少牢也。如初，如大敛奠时。○亦如大敛陈鼎在庙门外。

②反吉祭也。言左胖者，体不殊骨也。○特牲、少牢，吉祭，皆升右胖。此则用左体不殊骨者，左边共为一段也。

③周贵肩贱髀。古文“髀”作“脾”。○髀，步礼反。

④亦盛之也。○疏云：少牢用肠三，胃三，今加至五，亦是盛此奠也。

⑤离，掔。○掔，离之不绝中央少许。○掔，苦圭反。

⑥如之，如羊左胖，髀不升，离肺也。豚解，解之如解豚，亦前肩、后肫、脊、胁而已。无肠胃者，君子不食溷腴。○豚解总有七段，今取左胖，则为四段。豚解无肠胃，言其不与羊同者也。

⑦鲜，新杀者。士腊用兔。加鲜兽而无肤者，豕既豚解，略之。○疏云：腊与鲜皆用兔。又云：葬奠用少牢，摄盛则当用肤，与少牢同以豕，既豚解，丧事略，则无肤，亦略之，而加鲜兽也。

⑧脾，读为“鸡脾肶”之“脾”。脾析，百叶也。蜱，蜯也。今文“蠃”为“蜗”。○脾析，牛百叶。此用少牢，无牛，当是羊百叶。○蜱，皮佳反。肶，尺之反。蜯，步讲反。

⑨糗，以豆糗粉饵。○据疏引《笾人》郑注笾实有糗饵、粉餈二物。此经云“糗”，但糗饵也。二物皆稻黍米粉所为，合蒸则为饵，作饼熟之则为餈。又糗与粉皆大豆末，初捣之则为粉，熬之则为糗。糁二物使不粘着也。

注云“以豆糗粉饵”，谓以豆之糗而粉此饵也。饵类今蒸糕，餈类今胡饼。○糗，去九反。

⑩此东方之馔，与祖奠同，在主人之南，当前辂，北上，巾之。○疏云：祖奠与大敛奠同二豆二笾，此葬奠四豆四笾，笾豆虽不同，而同处耳。云“北上”者，盖两甒在北，次南馔四豆，豆南馔四笾也。

⑪明器也。夜敛藏之。○疏云：至此厥明更陈之也。

⑫照徹与葬奠也。○疏云：辂西者照徹祖奠，辂东者照葬奠之馔。

⑬明自启至此，主人无出礼。

⑭犹阼阶升时也。亦既盥乃入。入由重东，而主人踊，犹其升也。自重北西面而徹，设于柩车西北，亦犹序西南。○将设葬奠，先徹祖奠。

⑮由柩车北，东适葬奠之馔。○疏云：以其徹讫当设葬奠，故徹者由柩车北，东适葬奠之馔，取而设于柩车西也。

⑯举入陈之也。陈之盖于重东北，西面北上如初。

⑰笾羸醢南，辟醴酒也。○如疏所释，先馔脾析于西南，次北蜱醢，蜱醢东葵菹，菹南羸醢，是谓南上；绮笾于羸醢，以南为次，先设枣，枣南设糗，糗东设栗，栗北设脯，是谓北上。綪笾之西，脾析之南设醴酒，故注云“辟醴酒也”。

⑱成，犹并也。不綪者，鱼在羊东，腊在豕东。古文“特”为“俎”。○如疏所释，以羊、豕、鱼、腊之次，自南而北，而东，而南回环设之，为綪。羊、豕、鱼、腊并设，皆自南始，为不綪。鲜兽在北，无偶为特也。

⑲统于豆也。

⑳亦以往来为节。奠由重北西，既奠，由重东南。○疏云：此奠馔在辂东，言“由重北”者，亦是由车前明器之北，乡柩车西设之，设讫，由柩车南而东者，礼之常也。

甸人抗重，出自道，道左倚之。①荐马，马出自道，车各从其马，驾于门外，西面而俟，南上。②徹者入，踊如初。徹巾，苞牲，取下体。③不以鱼、腊。④行器，⑤茵、苞、器序从，⑥车从。[7]彻者出，踊如初。[8]

右将葬、抗重出、车马苞器以次先行乡圹

①还重不言甸人，抗重言之者，重既虞将埋之，言其官，使守视之。抗，举也。出自道，出从门中央也。不由闑东西者，重不反，变于恒出入。道左，主人位。今时有死者，凿木置食其中，树于道侧，由此。〇疏云："道左倚之"者，当倚于门东北壁。

②南上，便其行也。行者乘车在前，道、稿序从。〇疏云：案下《记》云："乘车载旜，道车载朝服，稿车载蓑笠。"是序从也。

③苞者，象既飨而归宾俎者也。取下体者，胫骨象行，又俎实之终始也。士苞三个，前胫折取臂臑，后胫折取骼，亦得俎释三个。《杂记》曰："父母而宾客之，所以为哀。"〇牲陈于俎，其胫骨在两端，故胫骨为俎实之终始。士一苞之中有三个牲体，臂也，臑也，骼也。前陈器云"苞二"，羊豕各一苞也，俎释三个者，苞取之余，尚留三个。疏以为羊俎有二段，豕俎有四段，相通计之，为俎释三个，留之为分祷五祀也。

④非正牲也。

⑤目葬行明器在道之次。〇行器，运动明器使行也。

⑥如其陈之先后。

⑦次器。

⑧于是庙中当行者唯柩车。

主人之史请读赗，执算从。柩东，当前束，西面。不命毋哭。哭者相止也。唯主人主妇哭。烛在右，南面。[1]读书，释算则坐。[2]卒，命哭，灭烛，书与算，执之以逆出。[3]公史自西方东面，命毋哭，主人主妇皆不哭。读遣，卒，命哭。灭烛，出。[4]

右读赗读遣

①史北面请，既而与执算西面于主人之前读书释算。烛在右，南面，照书便也。古文"算"皆为"筴"。

②必释算者，荣其多。〇疏云：读书者，立读之，敬也。释算者，坐为释

之，便也。

③卒，已也。

④公史，君之典礼书者。遣者，入圹之物。君使史来读之，成其得礼之正以终也。烛侠辂。○读赗、读遣，皆以告死者。

商祝执功布以御柩，执披。[①]主人袒，乃行，踊无算。[②]出宫，踊，袭。[③]至于邦门，公使宰夫赠玄纁束。[④]主人去杖，不哭，由左听命。宾由右致命。[⑤]主人哭，拜稽颡。宾升，实币于盖，降。主人拜送，复位，杖，乃行。[⑥]

右柩车发行及在道君使宰赠之仪

①居柩车之前，若道有低仰倾亏，则以布为抑扬左右之节，使引者执披者知之。士执披八人。今文无"以"。○引柩者、执披者，皆视商祝所执布以用力也。○仰，五郎反。

②袒，为行变也。乃行，谓柩车行也。凡从柩者，先后左右如迁于祖之序。○疏云：上迁于祖时，注云："主人从者，丈夫由右，妇人由左，以服之亲疏为先后，各从其昭穆。男宾在前，女宾在后。"此从柩向圹之序，一亦如之也。

③哀次。○疏云：大门外有宾客次舍之处，父母生时接宾之所，主人至此感而哀，此次是以有踊，踊讫，即袭，袭讫而行也。

④邦门，城门也。赠，送也。○至圹窆讫时，赠用制币玄纁束，所用即此币。

⑤柩车前辂之左右也。当时止柩车。○疏云：在庙，柩车南乡，左则在东，此出国北门，柩车乡北，左则前辂之西也。

⑥升柩车之前，实其币于棺盖之柳中，若亲授[1]之然。复位，反柩车后。○疏云：宾升，实币于盖，载以之圹。此赠专为死者，故若亲授之然。又云：云"复位，反柩车后"者，上在庙位，在柩车东，此行道，故在柩车后也。

---

[1]授，阮刻本《仪礼注疏》作"受"，附校勘记："徐、陈、《通解》、杨氏同，《通典》、《集释》、敖氏、毛本'受'俱作'授'。"

至于圹，陈器于道东西，北上。[1]茵先入。[2]属引。[3]主人袒，众主人西面，北上。妇人东面。皆不哭。[4]乃窆。主人哭，踊无算。[5]袭，赠用制币玄纁束。拜稽颡，踊如初。[6]卒，袒，拜宾，主妇亦拜宾。即位，拾踊三，袭。[7]宾出，则拜送。[8]藏器于旁，加见。[9]藏苞筲于旁。[10]加折，却之。加抗席，覆之。加抗木。[11]实土三，主人拜乡人。[12]即位，踊，袭如初。[13]

右窆柩藏器葬事毕

①统于圹。○疏云：庙中南上，此则北上，故云"统于圹"也。

②当藉柩也。元士则葬用輁轴，加茵焉。

③于是说载除饰，更属引于缄耳。古文"属"为"烛"。○缄耳，棺束之末，结为耳，以绋贯之而下棺。

④俠羡道为位。

⑤窆下棺也，今文"窆"为"封"。○疏云：主人哭踊，不言处，还于圹东西面也。

⑥丈八尺曰制。二制合之。束，十制五合。○丈八尺曰制，是其一端。二端合为一匹。束十制，计五匹也。此所用，至邦门公所赠者。

⑦主妇拜宾，拜女宾也。即位，反位也。○疏云：卒谓赠卒，更袒拜宾。云"反位"者，各反羡道东西位，其男宾在众主人之南，女宾在众妇之南。○拾，其业反。

⑧相问之宾也。凡吊宾有五，去皆拜之，此举中焉。○案《杂记》云："相趋也，出宫而退；相揖也，哀次而退；相问也，既封而退；相见也，反哭而退；朋友，虞祔而退。"注所云"吊宾有五"也。

⑨器，用器、役器也。见，棺饰也。更谓之见者，加此则棺柩不复见矣。先言藏器，乃云加见者，器在见内也。内之者，明君子之于事，终不自逸也。《檀弓》曰："周人墙置翣。"○见，棺饰也。棺设[1]帷荒池纽之等，周人名为墙，其外又置翣为饰。

⑩于旁者，在见外也。不言甕甒，馔相次可知。四者两两而居。《丧大

[1]设，金陵书局本作"饰"。

记》曰："棺椁之间，君容柷[1]，大夫容壶，士容甒。"○柷，尺六反。

⑪宜次也。○折，陈之美面向上。今用则美面向下，故谓却之。注云"宜次"，谓三者之用有宜有次也。

⑫谢其勤劳。○疏云：勤劳谓在道助执绋，在圹助下棺及实土也。

⑬哀亲之在斯。○疏云：既拜乡人，乃于羡道东即位，踊无算，如初也。

乃反哭，入，升自西阶，东面。众主人堂下东面，北上。①妇人入，丈夫踊，升自阼阶。②主妇入于室，踊，出即位，及丈夫拾踊三。③宾吊者升自西阶，曰："如之何？"主人拜稽颡。④宾降，出，主人送于门外，拜稽颡。⑤遂适殡宫，皆如启位，拾踊三。⑥兄弟出，主人拜送。⑦众主人出门，哭止。阖门。主人揖众主人，乃就次。⑧

右反哭于庙于殡宫，出就次，于是将举初虞之奠矣

①西阶东面，反诸其所作也。反哭者，于其祖庙，不于阼阶西面。西方，神位。○反诸其所作也，《檀弓》文谓："亲所行礼之处。"注"西方，神位"，未详其义，抑欲恸诸祖祢之侧欤？

②辟主人也。

③入于室，反诸其所养也。出即位，堂上西面也。拾，更也。○反诸其所养也，亦《檀弓》文，谓："亲所馈食之处。"自小敛，主妇等位，皆在阼阶上西面，故注云"出即位，堂上西面也"。"拾踊"者，更迭而踊也。

④宾吊者，众宾之长也。反而亡焉，失之矣，于是为甚，故吊之。吊者北面，主人拜于位，不北面拜宾东者，以其亦主人位也。古文无"曰"字。○主人拜宾于西阶上，东面。注云"亦主人位"，疏云："《特牲》、《少牢》助祭之宾，主人皆拜送于西阶东面，故此东面不移，以其亦主人位故也。"未知果经意否？始死，拜宾于西阶。此反而亡，亦拜宾于西阶，将无同欤？

[1] 柷，阮刻本《仪礼注疏》作"祝"，附校勘记："徐本、《要义》、杨氏同，毛本、《释文》、《通典》、《集释》、《通解》、敖氏'祝'俱作'柷'。"

⑤○疏云：此于《杂记》五宾当相见之宾。

⑥启位，妇人入升堂，丈夫即中庭之位。○疏云：此如[1]启位，妇人亦即位于堂东西面，主人即位于堂下，直东序西面。直东序西面，即中庭位也。

⑦兄弟，小功以下也。异门大功，亦可以归。

⑧次倚庐也。

犹朝夕哭，不奠。①三虞。②卒哭。③明日，以其班祔。④

右略言葬后仪节及丧祭之目

①是日也，以虞易奠。○经言葬后至练，皆朝夕哭，与未葬同，但不奠耳。大敛以来朝夕有奠，葬后乃不奠也。注言"是日"，谓葬之日。下注所云"朝而葬，日中而虞"是也。疏以为释不奠之故，尚未是。

②虞，丧祭名。虞，安也。骨肉归于土，精气无所不之，孝子为其彷徨，三祭以安之。朝葬，日中而虞，不忍一日离。○三虞谓葬日初虞，再虞用柔日，后虞用刚日，共三祭也。

③卒哭，三虞之后祭名。始朝夕之间，哀至则哭。至此祭，止也。朝夕哭而已。○后虞之后，又遇刚日，举此祭。既祭，则唯朝夕哭，不无时哭，故名其祭曰卒哭也。

④班，次也。祔，卒哭之明日祭名。祔，犹属也。祭昭穆之次而属之。

记

士处适寝，寝东首于北墉下。①有疾，疾者齐。②养者皆齐。③彻琴瑟。④疾病，外内皆埽。⑤彻亵衣，加新衣。⑥御者四人，皆坐持体。⑦男女改服。⑧属纩，以俟绝气。⑨男子不绝于妇人之手，妇人不绝于男子之手。⑩乃行祷于五祀。⑪乃卒。⑫主人啼，兄弟哭。⑬设床笫，当牖。衽，下莞上簟。设枕。⑭迁尸。⑮

[1] 如，阮刻本《仪礼注疏》作"主"，附校勘记："《要义》同，毛本、《通解》'主'作'如'。"

此据经士死于适室幠用敛衾之文而记君子正终人子侍养之事

①将有疾，乃寝于适室。今文“处”为“居”，“于”为“於”。○疏云：若不疾，则在燕寝。○首，手又反。

②正情性也。适寝者，不齐不居其室。○齐，侧皆反。

③忧也。○养，于亮反。

④去乐。

⑤为有宾客来问也。疾甚曰病。○埽，素倒反。

⑥故衣垢污，为来人秽恶之。○疏云：徹亵衣据死者而言。徹亵衣谓故玄端，加新衣谓更加新朝服，盖其齐时已着玄端，至此更徹去，易朝服也。新衣不言朝服，互见之也。

⑦为不能自转侧。御者，今时侍从之人。

⑧为宾客来问病，亦朝服。主人深衣。○按下“主人啼”，注“于是始去冠而笄纚，服深衣”，则此“主人深衣”四字，羡文也。

⑨为气微难节也。纩，新絮。

⑩备亵。

⑪尽孝子之情。五祀，博言之。士二祀，曰门曰行。

⑫卒，终也。

⑬哀有甚有否，于是始去冠而笄纚，服深衣。《檀弓》曰：“始死，羔裘玄冠者易之。”○疏云：引《檀弓》者，证深衣，易去朝服之事也。

⑭病卒之间废床，至是设之，事相变。衽，卧席，古文“笫”为“茨”。○笫，侧几反。

⑮徙于牖下也。于是幠用敛衾。○疏云：“徙于牖下”者，即上文床笫当牖者也。

复者朝服，左执领，右执要，招而左。①楔，貌如轭，上两末。②缀足用燕几，校在南，御者坐持之。③即床而奠，当腢，用吉器。若醴，若酒，无巾、柶。④

记始死时复魂、楔、缀、设奠诸礼中仪法器物

①衣朝服，服未可以变。○方冀其生，故复者服朝服，不变凶服也。其所执，则经所云爵弁服也。○朝，直遥反。要，一遥反。

②事便也。今文"轭"作"厄"。○上两末，楔屈如轭，以屈处入口，使两末向上也。○轭，於革反。

③校，胫也。尸南首，几胫在南以拘足，则不得辟戾矣。古文"校"为"枝"。

④腢，肩头也。用吉器，器未变也。或卒无醴，用新酒。○疏云：即，就也，谓就尸床而设之。尸南首则在床东，当尸肩头也。又云：若醴若酒，科有其一，不得并用。○腢，古口反。卒，七忽反。

赴曰："君之臣某死。"赴母、妻、长子，则曰："君之臣某之某死。"①

记赴君之辞

①赴，走告也。今文"赴"作"讣"。

室中，唯主人主妇坐。兄弟有命夫命妇在焉，亦坐。①

记室中哭位，经所未及

①别尊卑也。○疏云：案《大记》士之丧，主人父兄，主妇姑姊妹皆坐，郑云："士贱，同宗尊卑皆坐。"此命夫命妇之外立而不坐者，此谓有命夫命妇来，兄弟为士者则立，若无命夫命妇，则同宗皆坐也。

尸在室，有君命，众主人不出。①

经于君命吊襚直言主人，不言众主人，故记之

①不二主。○疏云：众主人不出，在尸东耳。

襚者委衣于床，不坐。①其襚于室，户西北面致命。②

记襚者仪位

①床高由便。

②始死时也。○小敛后襚于堂者，则中庭北面致命。

夏祝淅米，差盛之。①御者四人，抗衾而浴，襢笫。②其母之丧，则内御者浴，鬠无笄。③设明衣，妇人则设中带。④卒洗，贝反于笲，实贝，柱右䶒、左䶒。⑤夏祝徹余饭。⑥瑱塞耳。⑦掘坎，南顺，广尺，轮二尺，深三尺，南其壤。⑧垼用块。⑨明衣裳用幕布，袂属幅，长下膝。⑩有前后裳，不辟，长及觳。⑪縓綼緆。⑫缁纯。⑬设握，里亲肤，系钩中指，结于掔。⑭甸人筑坅坎。⑮隶人涅厕。⑯既袭，宵为燎于中庭。⑰

记沐浴含袭时职司服物，自记首至此皆始死日事也

①差，择之。○差，七何反。盛音成。

②抗衾，为其裸裎[1]蔽之也。襢，袒也。袒箦，去席，盝水便。盝音禄。○抗音刚。襢，之善反。

③内御，女御也。无笄，犹大夫之不冠也。

④中带，若今之裈襂[2]。○裈音裩。襂音衫。

⑤象齿坚。○卒洗，洗贝也。䶒谓牙两畔最长者。"实贝"者，实之于此，以象生平齿坚也。○䶒，丁千反。

⑥徹去鬻。○余饭，饭尸余米也。夏祝徹去，煮之为鬻，以实重鬲也。

⑦塞，充窒。○不同生人，但悬耳旁。

⑧南顺，统于堂。轮，从也。今文"掘"为"坅"。○以埋弃潘者。

⑨块，堛也。古文"垼"为"役"。○以煮潘者。

⑩幕布，帷幕之布，升数未闻也。属幅，不削幅也。长下膝，又有裳，于蔽下体深也。○疏云："属幅，不削幅"者，布幅二尺二寸，凡用布，皆削去边

[1] "裸裎"二字，阮刻本《仪礼注疏》作"裎裸"，附校勘记："徐本、《通解》俱作'裸程'，《集释》、敖氏、毛本俱作'裸裎'；张氏《士丧礼识误》云'《既夕礼》"谓其裸程"，监本亦作"裎"。'○按张氏以'为'为'谓'。"

[2] "若今之裈襂"五字，阮刻本《仪礼注疏》作"若今之襌襂"，附校勘记："'若'，《通解》作'者'，'襌'，徐本作'禅'，与单疏标目合；《释文》、《集释》、《通解》、敖氏、毛本俱作'裈'，陆氏曰：'裈音昆'。"

幅旁一寸，为二寸计之，则此不削幅，谓缭使相着，还以袂二尺二寸。云“长下膝”者，谓为此衣长至膝下。

⑪不辟，积也。縠，足跗也。凡他服，短无见肤，长无被土。○前后裳谓前三幅后四幅也。○縠，苦角反。

⑫一染谓之縓，今红也。饰裳，在幅曰綼，在下曰緆。○在幅，裳之侧缘也。○縓，七绢反。綼，毗皮反。緆，他计反。

⑬七入为缁。缁，黑色也。饰衣曰纯，谓领与袂，衣以缁，裳以縓，象天地也。

⑭掔，掌后节中也。手无决者，以握系一端绕掔，还从上自贯，反与其一端结之。○前经言设握，言右手有决者，此记左手之无决者。

⑮筑，实土其中，坚之。穿坎之名，一曰坅。○筑之坅之皆甸人也○坅，张凤翔“丘锦反”。

⑯隶人，罪人也。今之徒役作者也。涅，塞也。为人复往亵之，又亦鬼神不用。○涅，乃结反。

⑰宵，夜。

厥明，灭燎，陈衣。①凡绞紟用布，伦如朝衣。②设棜于东堂下，南顺，齐于坫，馔于其上，两甒醴、酒，酒在南。篚在东，南顺，实角觯四，木柶二，素勺二。豆在甒北，二以并。笾亦如之。③凡笾豆实，具设，皆巾之。④觯，俟时而酌，柶覆加之，面枋，及错，建之。⑤小敛，辟奠不出室。⑥无踊节。⑦既冯尸，主人袒，髺发，绞带。众主人布带。⑧大敛于阼。⑨大夫升自西阶，阶东，北面东上。⑩既冯尸，大夫逆降，复位。⑪巾奠，执烛者灭烛出，降自阼阶，由主人之北，东。⑫

记小敛大敛二节中衣物奠设时会处所仪法

①记节。○当袭之明日灭燎之时，即陈小敛之衣。

②凡，凡小敛大敛也。伦，比也。今文无“紟”。古文“伦”为“轮”。○朝服十五升，此用布亦如之。

③桄，今之举也。角觯四，木柶二，素勺二，为夕进醴酒，兼馔之也。勺二，醴、酒各一也，豆笾二以并，则是大敛馔也。记于此者，明其它与小敛同陈。古文“角觯”为“角柶”。○奠用醴酒，但用二觯一柶，而觯有四，柶有二者，朝夕二奠各馔其器也。小敛一豆一笾，大敛乃二豆二笾。《记》云“二以并”，言大敛奠之不同于小敛奠者，惟此也。桄，於庶反。

④笾豆偶而为具，具则于馔巾之。巾之，加饰也。明小敛一豆一笾不巾。○皆者，皆东堂与奠所也。二笾二豆者，馔于东堂，设于奠所，二处皆巾之也。小敛一笾一豆，惟至设于床东，乃巾之。方其馔堂东时，则不巾矣。

⑤时，朝夕也。《檀弓》曰：“朝奠日出，夕奠逮日。”○觯虽豫陈，必待奠时乃酌。其酌醴之法，既酌醴，以柶覆于觯上，使柄向前，及其错于奠所，则扱柶醴中。○错，七故反。

⑥未忍神远之也。辟袭奠以辟敛，既敛，则不出于室，设于序西南，毕事而去之。○注“不出于室，设于序西南”，“不”字贯下八字。大敛辟奠及朝夕奠，则皆出设于序西南矣。

⑦其哀未可节也。○承上文小敛。

⑧众主人，齐衰以下。

⑨未忍便离主人位也。主人奉尸敛于棺，则西阶上宾之。

⑩视敛。

⑪中庭西面位。○疏云：上篇朝夕哭云主人入堂下，直东序西面，卿大夫在其南，卿大夫与主人同西面向殡，故知大夫位在中庭西面也。

⑫巾奠而室事已。

既殡，主人说髦。①三日，绞垂。②冠六升，外縪，缨条属，厌。③衰三升。④屦外纳。⑤杖下本，竹、桐一也。⑥居倚庐，⑦寝苫，枕块。⑧不说绖带。⑨哭昼夜无时。⑩非丧事不言。⑪歠粥，朝一溢米，夕一溢米，不食菜果。⑫主人乘恶车。⑬白狗幦，⑭蒲蔽。⑮御以蒲菆，⑯犬服，⑰木錧，⑱约绥，约辔，⑲木镳，⑳马不齐髦。㉑主妇之车亦如之，疏布裧。㉒贰车，白狗摄服，㉓其它皆如

乘车。㉔

记殡后居丧者冠服、饮食、居处、车马之制

①既殡，置铭于肂，复位时也。今文“说”皆作“税”。儿生三月，鬌发为鬌，男角女羁，否则男左女右，长大犹为饰存之，谓之髦。所以顺父母幼小之心。至此尸柩不见，丧无饰，可以去之。髦之形象未闻。○疏引《丧大记》郑注云：士既殡说髦，小敛说髦，盖诸侯礼。士既殡，诸侯小敛，于死者俱三日也。○鬌，丁果反。

②成服日。绞，要绖之散垂者。

③縪，谓缝着于武也。外之者，外其余也。缨条属者，通屈一条绳为武，垂下为缨，属之冠。厌，伏也。○解已详《丧服》篇首章。○縪音必。厌，一涉反。

④衣与裳也。

⑤纳，收余也。

⑥顺其性也。

⑦倚木为庐，在中门外东方，北户。

⑧苫，编稾[1]。块，墙也。

⑨哀戚不在于安。

⑩哀至则哭，非必朝夕。

⑪不忘所以为亲。

⑫不在于饱与滋味。粥，糜也。二十两曰溢，为米一升二十四分升之一。实在木曰果，在地曰蓏。

⑬拜君命，拜众宾，及有故行所乘也。《杂记》曰：“端衰，丧车，皆无等。”然则此恶车，王丧之木车也。古文“恶”作“垩”。

⑭未成豪狗。幦，覆笭也。以狗皮为之，取其臑也。白于丧饰宜。古文“幦”为“幂”。○《玉藻》“君羔幦虎犆陈”，注云“幦者，覆式之皮”，此白狗幦亦是以狗皮覆车式。○幦，亡狄反。

⑮蔽，藩。○谓车两边御风者，以蒲草为之。

[1] 稾，金陵书局本作“藁”。

⑯不在于驱驰。蒲蒧，牡蒲茎也。古文“蒧”作“蹈”。○蒲蒧，杨柳之堪为箭者，御者以之策马，与为蔽之蒲同名而异类。○蒧，则留反。

⑰笭间兵服，以犬皮为之，取坚也，亦白。○服，盛矢器。注云“兵服”，似泛言五兵之服。

⑱取少声。今文“錧”为“辖”。○錧音管。

⑲约，绳。绥，所以引升车。

⑳亦取少声。古文“镳”为“苞”。○镳，彼苗反。

㉑齐，翦也。今文“髦”为“毛”。主人之恶车，如王之木车，则齐衰以下，其乘素车、缫车、駹车、漆车与？○駹，步江反。

㉒裧者，车裳帷，于盖弓垂之。○疏云：“疏布裧”在“亦如之”之下，见不与男子同。○裧，尸占反。

㉓贰，副也。摄，犹缘也。狗皮缘服，差饰。○服亦谓盛兵器之服。

㉔如所乘恶车。○唯白狗摄服为异也。

朔月，童子执帚，却之，左手奉之，①从徹者而入。②比奠，举席，埽室，聚诸窔，布席如初。卒奠，埽者执帚，垂末内鬣，从执烛者而东。③燕养、馈、羞、汤沐之馔，如他日。④朔月，若荐新，则不馈于下室。⑤

记朔月及常日扫洁奉养之事

①童子，隶子弟，若内竖寺人之属。执用左手，却之，示未用。○疏云：下文埽室聚诸窔，故不用箕。

②童子不专礼事。○徹，徹宿奠者。

③比，犹先也。室东南隅谓之窔。○比，必二反。窔，一吊反。鬣音猎。

④燕养，平常所用供养也。馈，朝夕食也。羞，四时之珍异。汤沐，所以洗去污垢。《内则》曰：三日具沐，五日具浴。孝子不忍一日废其事亲之礼。于下室日设之，如生存也。进徹之时，如启其顷[1]。○朝夕之奠与朔月之奠，设

[1]“如启其顷”四字，金陵书局本、阮刻本《仪礼注疏》作“如其顷”，与疏合，此本误。

于殡宫。燕养之馔，设于下室。下室，燕寝也。

⑤以其殷奠有黍稷也。下室，如今之内堂。正寝听朝事。○常奠无黍稷，故食时又馈于下室。今此殷奠自有黍稷，故不须更馈也。

筮宅，冢人物土。①卜曰[1]吉，告从于主妇。主妇哭，妇人皆哭。主妇升堂，哭者皆止。②

记筮宅卜日首末事

①物犹相也。相其地可葬者，乃营之。○经但言筮，《记》明其先相之，乃筮之也。

②事毕。○经但言主妇哭，不言众妇人皆哭与哭止之节，故《记》详之。又此条止言卜日事，窃意筮宅得吉，亦当准此仪也。

启之昕，外内不哭。①夷床、輁轴馔于西阶东。②

记启殡朝祖之事

①将有事，为其欢嚣。既启，命哭。古文"启"为"开"。○昕音欣。

②明阶间者，位近西也。夷床馔于祖庙，輁轴馔于殡宫，其二庙者，于祢亦馔輁轴焉。古文"輁"或作"拱"。○疏云：夷床在祖庙，輁轴在殡宫，以其西阶东是同，故并言之。注云"明阶间者，位近西也"者，以经直云阶间，恐正当两阶之间，故记人明之。○輁轴，迁柩之车。其二庙者，将自祢朝祖，故亦馔輁轴，朝祖下柩讫，明日适圹用蜃车，不复用輁轴矣。

其二庙，则馔于祢庙，如小敛，奠，乃启。①朝于祢庙，重止于门外之西，东面。柩入，升自西阶，正柩于两楹间。奠止于西阶之下，东面北上。主人升，柩东，西面。众主人东即位，妇人从升，东面。奠升，设于柩西，升降自西阶，主人要节而踊。②

---

[1] 曰，阮刻本《仪礼注疏》作"日"，附校勘记："毛本'日'作'曰'，《通解》、《敖氏》俱作'日'，与此本标目合；周学健云'敖氏注云"曰，人质反"，盖恐人误读耳。'○按《唐石经》作'曰'。"

烛先入者，升堂，东楹之南，西面。后入者，西阶东，北面，在下。③主人降，即位，彻，乃奠，升降自西阶，主人踊如初。④

记二庙者启殡先朝祢之仪

①祖尊祢卑也。士事祖祢，上士异庙，下士共庙。○将启，先具此一鼎一豆一笾之奠于祢庙。既启，朝祢，彻从奠，乃设之。至明日朝祖，则设奠如大敛于祖庙，如经文所陈也。

②重不入者，主于朝祖而行，若过之矣。门西东面，待之便也。○正柩两楹间，疏以为奠位在户牖之间，则此于两楹间，亦稍近西，乃当奠位也。奠谓从奠，要节而踊者。奠升，主人踊；设者降，妇人踊也。

③照正[1]柩者。先，先柩者。后，后柩者。适祖时，烛亦然。互记于此。○疏云：此烛本是殡宫中照开殡者，在道时一在柩前，一在柩后。今又一升堂，一在堂下。

④如其降拜宾，至于要节而踊，不荐车，不从此行。○彻者，彻从奠。乃奠者，奠其如小敛之馔也。经文朝祖时，正柩设从奠讫，主人降拜宾以后，有彻奠、设奠、哭踊之节，此亦如之也。

祝及执事举奠，巾、席从而降，柩从，序从如初，适祖。①荐乘车，鹿浅幦，干、笮、革靾，载旜，载皮弁服，缨、辔、贝勒县于衡。②道车载朝服。③稿车载蓑笠。④将载，祝及执事举奠，户西，南面东上。卒束前而降，奠席于柩西。⑤巾奠，乃墙。⑥抗木刊。⑦茵着，用荼，实绥泽焉。⑧苇苞，长三尺，一编。⑨菅筲三，其实皆瀹。⑩祖，还车不易位。⑪执披者，旁四人。⑫凡赠币，无常。⑬凡糗，不煎。⑭

记二庙者自祢适祖之仪及祖庙中荐车载柩陈器奠赠诸事

①此谓朝祢明日，举奠适祖之序也。此祝执醴先，酒脯醢俎从之，巾席为后。既正柩，席升设，设奠如初。祝受巾，巾之。凡丧，自卒至殡，自启至

[1]“照正”二字，阮刻本《仪礼注疏》作“照在”。案据此注贾疏提示语“注照在至於此”，此本“正”当作“在”。

葬，主人之礼其变同，则此日数亦[1]同矣。序从主人以下，今文无“从”。

②士乘栈车。鹿浅，鹿夏毛也。幦，覆笭。《玉藻》曰：“士齐车，鹿幦豹犆。”干，盾也。笮，矢箙也。鞋，缰也。旜，旌旗之属。通帛为旜，孤卿之所建，亦摄焉。皮弁服者，视朔之服。贝勒，贝饰勒。有干无兵，有箙无弓矢，明不用。古文“鞋”为“杀”，“旜”为“膳”。○疏云：此并下车三乘，谓葬之魂车。○鞋，息列反。犆音直。

③道车，朝夕及燕出入之车。朝服，日视朝之服也，玄衣素裳。○疏云：士乘栈车，更无别车，而上云乘车，下云稿车，此云道车，虽有一车，所用各异，故有乘车、道车、稿车之名。又云：士之道车而用朝君之服，不用私朝玄端服者，亦摄盛也。

④稿，犹散也。散车以田以鄙之车。蓑笠，备雨服。今文“稿”为“潦”。凡道车、稿车之缨、辔及勒，亦县于衡也。○田谓田猎。鄙谓巡行县鄙。○散，悉但反。

⑤将于柩西当前束设之。○载，载柩于车。卒束前而降，谓举奠者当束柩于车将毕之前，即降也。奠席柩西，为设奠，先设席也。

⑥墙，饰柩也。○即帷荒之属。

⑦剥削之。古文“刊”为“竿”。○抗木必刊治之。

⑧荼，茅秀也。绥，廉姜也。泽，泽兰也。皆取其香，且御湿。○茵内所着，非直用荼，兼实绥与泽。○荼，大奴反。

⑨用便易也。○以苇为苞，苇之长三尺，一道编之。

⑩米麦皆湛之汤，未知神之所享，不用食道，所以为敬。○以菅草为筲，其中所盛黍、稷、麦，皆淹渍之。

⑪为乡外耳，未行。○车，乘车、道车、稿车。既祖，则还之向外，但不易初荐时位。

⑫前后左右各二人。○一旁四人，共八人也。

⑬宾之赠也。玩好曰[2]赠，在所有。○以宾客不一，故赠币无定制。

---

[1]亦，阮刻本《仪礼注疏》同，附校勘记：“‘亦’，《通解》作‘应’。”
[2]曰，阮刻本《仪礼注疏》作“日”，附校勘记：“徐本同，毛本‘日’作‘曰’。”

⑭以膏煎之则亵，非敬。○葬奠，筵实有糗。

唯君命，止柩于堩，其余则否。[1]车至道左，北面立，东上。[2]柩至于圹，敛服载之。[3]卒窆而归，不驱。[4]

记柩在道至圹卒窆而归之事

①不敢留神也。堩，道也。《曾子问》曰："葬既引，至于堩。"○堩，古邓反。

②道左，墓道东，先至者在东。○疏云：当是陈器之南。又云：以乘车、道车、稿车三者次第为先后，先至者乘车也。

③柩车至圹。祝说载除饰，乃敛乘车、道车、稿车之服载之，不空之以归。送形而往，迎精而反，亦礼之宜。○服，三车所载皮弁服、朝服、蓑笠等也。

④孝子往如慕，反如疑，为亲之在彼。

君视敛，若不待奠，加盖而出。不视敛，则如盖而至，卒事。[1]

记君于臣有视敛不终礼者、有既敛加盖而后至者二者之节

①为有他故及辟忌也。○卒事，谓大敛奠讫乃去。

既正柩，宾出，遂匠纳车于阶间。[1]祝馔祖奠于主人之南，当前辂，北上，巾之。[2]

记朝祖纳柩车之节与馔祖奠之处

①遂匠，遂人、匠人也。遂人主引徒役，匠人主载柩窆，职相左右也。车，载柩车。《周礼》谓之蜃车，《杂记》谓之团，或作辁，或作抟，声读皆相附耳，未闻孰正。其车之轝，状如床，中央有辕，前后出，设前后辂，轝上有四周，下则前后有轴，以辁为轮。许叔重说："有辐曰轮，无辐曰辁。"○既朝祖，正柩于两楹。主人送宾出，以此时纳柩车也。○蜃，市轸反。辁，市专反。

②言馔于主人之南，当前辂，则既祖，祝乃馔。○既还柩向外，祝即馔祖奠于主人之南。及还车还重俱讫，乃奠之柩车西，如初。

弓矢之新，沽功。①有弭饰焉，②亦张可也。③有柲，④设依、挞焉。⑤有韣。⑥翭矢一乘，骨镞，短卫。⑦志矢一乘，轩輖中，亦短卫。⑧

记入圹用器弓矢之制

①设之宜新，沽示不用。今文“沽”作“古”。○弓矢谓入圹用器，举弓矢以例余者。

②弓无缘者谓之弭，弭以骨角为饰。○弭，面[1]尔反。

③亦使可张。

④柲，弓檠。弛则縳之于弓里，备损伤，以竹为之。《诗》云：“竹柲绲縢。”古文“柲”作“柴”。○檠音景。

⑤依，缠弦也。挞，弣侧矢道也。皆以韦为之。今文“挞”为“铦”。○疏云：依者，谓以韦依缠其弦，即今时弓彄是也。挞，所以挞矢令出，生时以骨为之。

⑥韣，弓衣也，以缁布为之。

⑦翭犹候也，候物而射之矢也。四矢曰乘，骨镞短卫，亦云不用也。生时，翭矢金镞。凡为矢，五分笴长，而羽其一。○卫，矢羽也。矢笴长三尺，五分羽一则六寸，是生时之矢羽固不短矣。○翭音侯。镞，于木反。

⑧志，犹拟也，习射之矢。《书》云：“若射之有志。”輖，挚也。无镞短卫，亦示不用。生时志矢骨镞，凡为矢，前重后轻也。○郑解：“輖，挚也。”挚与轾同，轩轾中，谓前后轻重均也。注“凡为矢，前重后轻”，亦欲明此轩轾中之异于生用耳。疏引《周礼》八矢，六者前重后轻，恒矢庳矢不前重后轻，非郑意也。○輖音周。挚音至。

[1]面，原作“回”，据金陵书局本改。

卷十四　士虞礼①

①郑《目录》云：虞，安也。士既葬其父母，迎精而反，日中而[1]祭之于殡宫，以安之。虞于五礼属凶，《大戴》第六，《小戴》第十五，《别录》第十四。○疏云：虞、卒哭在寝，祔乃在庙。

士虞礼。特豕馈食。①侧亨于庙门外之右，东面。②鱼、腊爨亚之，北上。③饎爨在东壁，西面。④设洗于西阶西南，水在洗西，篚在东。⑤尊于室中北墉下，当户，两甒醴酒。酒在东，无禁，幂用絺布，加勺，南枋。⑥素几、苇席，在西序下。⑦苴刌茅，长五寸，束之，实于篚，馔于西坫上。⑧馔两豆菹醢于西楹之东，醢在西，一铏亚之。⑨从献豆两，亚之，四笾，亚之，北上。⑩馔黍、稷二敦于阶间，西上，藉用苇席。⑪匜水错于盘中，南流，在西阶之南。箪、巾在其东。⑫陈三鼎于门外之右，北面北上，设扃鼏。⑬匕、俎在西塾之西。⑭羞燔俎在内西塾上，南顺。⑮

右陈虞祭牲羞酒醴器具

①馈，犹归也。○疏云：卜日曰牲。此虞为丧祭，又葬日虞，因其吉日，略，无卜牲之礼，故指豕体而言，不云牲。以物与神及人皆言馈。○馈，其位反。

②侧亨，亨一胖也。亨于爨，用镬。不于门东，未可以吉也。是日也，以虞易奠，祔而以吉祭易丧祭。鬼神所在则曰庙，尊言之。○疏云：案吉礼，皆全左右胖、皆亨，此亨一胖者，以其虞不致爵，自献宾已后，则无主人主妇及宾已下之俎，故唯亨一胖也。《特牲》吉礼，鼎、镬皆在门东，此云"门外之

[1]"葬"下"其"字，"中"下"而"字，阮刻本《仪礼注疏》无，附校勘记："《通解》、《要义》同，毛本、杨氏'葬'下有'其'字。○按此'其'字与下句'而'字亦俱见《释文》。"

右”，是门之西，未可以吉也。愚案：此虞实在殡宫，即适寝也，而曰庙，故注曰“尊言之”也。

③爨，灶。○三镬皆在西方。

④炊黍稷曰饎。饎北上，上齐于屋宇。于虞有亨饎之爨，弥吉。○疏云：案《特牲》云“主妇视饎爨于西堂下”，今在东，亦反吉也。小敛大敛未有黍稷，朔月荐新始有黍稷，向吉仍未有爨，至此始有亨饎之爨，故云“弥吉”。○饎，尺志反。

⑤反吉也。亦当西荣，南北以堂深。○吉时设洗，皆当东荣。

⑥酒在东，上醴也。絺布，葛属。○幂，亡狄反。

⑦有几，始鬼神也。

⑧苴犹藉也。○刌，度也，截也。“苴刌茅”者，藉祭之刌茅也，度而截之，故谓刌茅。○苴，子徐反。刌，七本反。

⑨醢在西，南面取之，得左取菹，右取醢，便其设之。○疏云：一铏亚之，菹以东也。尸在奥，东面，设者西面设于尸前，菹在南，醢在北。今于西楹东馔之，菹在东，醢在西，是南面取之，得左菹右醢，至尸前西面设之，便也。

⑩豆从主人献祝，笾从主妇献尸、祝。北上，菹与枣。不东陈，别于正。○疏云：此从献豆笾，虽文承“一铏”之下，而云“亚之”，下别云“北上”，是不从铏东为次，宜于铏东北，以北为上，向南陈之。然则东北菹为首，次南醢，醢东栗，栗北枣，枣东枣，枣南栗，故郑云“北上，菹与枣”也。云“不东陈，别于正”者，以二豆与铏在尸为献前为正，此皆在献后为非正，故东北别也。

⑪藉，犹荐也。古文“藉”为“席”。

⑫流，匜吐水口也。○错，七故反。

⑬门外之右，门西也。今文“扃”为“铉”。

⑭不馔于塾上，统于鼎也。塾有西者，是室南乡。

⑮南顺，于南面取缩执之，便也。肝俎在燔东。

主人及兄弟如葬服，宾执事者如吊服，皆即位于门外，如朝夕临位。妇人及内兄弟服即位于堂，亦如之。①祝免，澡葛绖带，布席于室中东面，右几。降出，及宗人即位于门西，东面南上。②宗人告有司具，遂请拜宾如临。入门哭，妇人哭。③主人即位于堂，众主人及兄弟、宾即位于西方，如反哭位。④祝入门左，北面。⑤宗人西阶前，北面。⑥

右主人及宾自门外入即位

①葬服者，《既夕》曰“丈夫髽，散带垂”也。宾执事者，宾客来执事也。○疏云：始虞与葬服同，三虞皆同，至卒哭则作其丧服，乃变麻服葛也。宾客来执事，以其虞为丧祭，主人未执事。案《曾子问》：“士则朋友奠，不足则取于大功以下。”○临，力荫反。

②祝亦执事。免者，祭祀之礼，祝所亲也。澡，治也。治葛以为首绖及带，接神宜变也。然则士之属官为其长吊服加麻矣。至于既卒哭，主人变服则除。右几，于席近南也。○祝执事而免者，以其身亲祭祀之礼，不嫌于重也。○免音问。

③临，朝夕哭。

④《既夕》曰：“乃反哭，入则[1]升自西阶，东面。众主人堂下东面，北上。”异于朝夕。

⑤不与执事同位，接神，尊也。○上兄弟、宾即位于西方者，皆是执事。

⑥当诏主人及宾之事。○宗人在堂下，是主人在堂时。若主人在室，宗人即升堂，户外北面。

祝盥升，取苴，降洗之，升，入设于几东席上，东缩。降，洗觯，升，止哭。①主人倚杖，入，祝从在左，西面。②赞荐菹、醢，醢在北。③佐食及执事盥，出，举，长在左。④鼎入，设于西阶前，东面北上。匕、俎从设。左人抽扃、鼏，匕，佐食及右人载。⑤卒，朼者逆退复位。⑥俎入，设于豆东，鱼亚之，腊特。⑦赞设二敦于俎南，黍，其东稷。⑧设一铏于豆南。⑨佐食出，立于

[1] 则，阮刻本《仪礼注疏》作“门”，附校勘记：“徐本、《集释》、《通解》、杨、敖同，毛本‘门’作‘则’，浦镗云‘《既夕》经无此字’。”

户西。⑩赞者徹鼎。⑪祝酌醴，命佐食启会。佐食许诺，启会，却于敦南，复位。⑫祝奠觯于铏南，复位。⑬主人再拜稽首，祝飨，命佐食祭。⑭佐食许诺，钩袒，取黍稷祭于苴三。取肤祭，祭如初。祝取奠觯祭，亦如之。不尽，益，反奠之。主人再拜稽首。⑮祝祝卒，主人拜如初，哭，出复位。⑯

右设馔飨神，是为阴厌

①缩，从也。古文"缩"为"蹙"。

②主人北旋，倚杖西序乃入。《丧服小记》曰："虞杖不入于室，祔杖不升于堂。"然则练杖不入于门明矣。

③主妇不荐，齐[1]斩之服不执事也。《曾子问》曰："士祭不足，则取于兄弟大功以下者。"○疏云：齐斩不执事，唯为今时，至于尸入之后亦执事，两笾枣栗设于会南。至于祔祭，虽阴厌，亦主妇荐，主人自执事也。

④举，举鼎也。长在左，在[2]西方位也。凡事宗人诏之。

⑤载，载于俎。佐食载则亦在右矣。今文"扃"为"铉"，古文"鼏"为"密"。

⑥复宾位也。

⑦亚，次也。今文无"之"。

⑧簋实，尊黍也。○西黍东稷，西上，故云"尊黍"。经言"敦"，注言"簋"者，敦，有虞氏之器，周制士用之，同姓之士容得从周制用簋。

⑨铏，菜羹也。

⑩馔已也。今文无"于户西"。

⑪反于门外。

⑫会，合也，谓敦盖也。复位，出立于户西。今文"启"为"开"。○《特牲》、《少牢》有酒无醴，故厌亦用酒。此酒醴兼设，以醴阴厌，以酒酳尸，亦其异于吉祭也。

---

[1]齐，阮刻本《仪礼注疏》作"衰"，附校勘记："徐本、《集释》、《通解》同，《通典》、《要义》、杨氏、毛本'衰'俱作'齐'；按疏作'齐'。"

[2]在，阮刻本《仪礼注疏》无，附校勘记："徐本、《集释》、杨、敖同，毛本、《通解》'西'上有'在'字。"

⑬复位,复主人之左。

⑭飨,告神飨也。此祭,祭于苴也。飨神辞,《记》所谓"哀子某,哀显相,夙兴夜处不宁"下至"适尔皇祖某甫飨"是也。○是阴厌飨神辞,详下《记》。

⑮钩袒,如今露臂擐衣也。苴所以藉祭也。孝子始将纳尸以事其亲,为神疑于其位,设苴以定之耳。或曰:苴,主道也。则《特牲》、《少牢》当有主象,而无,可[1]乎?

⑯祝祝者,释孝子祭辞。○按上疏云"迎尸,上释孝子辞",经、《记》无文,宜与《少牢》迎尸祝孝子辞同,但称哀为异。

祝迎尸,一人衰绖奉篚,哭从尸。①尸入门,丈夫踊,妇人踊。②淳尸盥,宗人授巾。③尸及阶,祝延尸。④尸升,宗人诏,踊如初。⑤尸入户,踊如初,哭止。⑥妇人入于房。⑦主人及祝拜妥尸,尸拜,遂坐。⑧

右延尸妥尸

①尸,主也。孝子之祭,不见亲之形象,心无所系,立尸而主意焉。一人,主人兄弟。《檀弓》曰:"既封,主人赠而祝宿虞尸。"○封,彼验反。

②踊不同文者,有先后也。尸入主人不降者,丧事主哀不主敬。○疏云:主人在西序东面,众兄弟西阶下亦东面,妇人堂上当东序西面,见尸有先后,故踊有先后。

③淳,沃也。沃尸盥者,宾执事者也。

④延,进也,告之以升。

⑤言诏踊如初,则凡踊宗人诏之。

⑥哭止,尊尸。

⑦辟执事者。

⑧妥,安坐也。○妥,他果反。

[1]可,阮刻本《仪礼注疏》作"何",附校勘记:"徐本、《集释》、《要义》、杨氏同,毛本、《通解》作'可'。"

从者错篚于尸左席上，立于其北。①尸取奠，左执之，取菹，擩于醢，祭于豆间。祝命佐食堕祭。②佐食取黍、稷、肺祭授尸，尸祭之，祭奠。祝祝，主人拜如初。尸尝醴，奠之。③佐食举肺脊授尸，尸受，振祭哜之，左手执之。④祝命佐食迩敦。佐食举黍错于席上。⑤尸祭铏、尝铏。⑥泰羹湇自门入，设于铏南，胾四豆设于左。⑦尸饭，播余于篚。⑧三饭，佐食举干。尸受，振祭哜之，实于篚。⑨又三饭，举胳，祭如初。佐食举鱼、腊，实于篚。⑩又三饭，举肩，祭如初。⑪举鱼、腊俎，俎释三个。⑫尸卒食。佐食受肺脊，实于篚，反黍如初设。⑬

右飨尸，尸九饭

①北，席北也。○此篚象《特牲》肵俎，拟为尸盛余馔。

②下祭曰堕。堕之犹言堕下也。《周礼》曰："既祭则藏其堕。"谓此也。今文"堕"为"绥"。《特牲》、《少牢》或为羞，失古正矣。齐、鲁之间谓祭为堕。○尸取奠，取祝所反奠于铏南之觯也。"左执之"者，以右手将祭也。下祭曰堕，谓从俎豆上取下当祭之物以授尸，使之祭。佐食但下之而已，疏以为向下祭之，误。

③如初，亦祝祝卒乃再拜稽首。○其祝辞，即下《记》云"哀子某，圭为而哀荐之，飨"。

④右手将有事也。尸食之时，亦奠肺脊于豆。○右手将有事，为下文祭铏、尝铏。此肺脊，至尸卒食，佐食方受之实于篚中，间食时亦须奠之于豆。

⑤迩，近也。

⑥右手也。《少牢》曰："以柶祭羊铏，遂以祭豕铏、尝羊铏。"○此但豕铏，祭之、尝之亦用柶。

⑦博异味也。湇，肉汁也。胾，切肉也。○铏南觯北，初设时留空处以待泰羹。胾设于左，正豆之北也。

⑧不反余也。古者饭用手，吉时播余于会。古文"播"为"半"。

⑨饭间[1]嗂肉，安食气。○干，胁也。○嗂，大敢反。

---

[1]间，阮刻本《仪礼注疏》作"门"，附校勘记："毛本'门'作'间'，张氏曰：'监、巾、箱、杭本"间"作"门"，从诸本'。"案作"间"与疏合。

⑩尸不受鱼腊，以丧不备味。

⑪后举肩者，贵要成也。○周人贵肩，故以后举为贵要成。

⑫释，犹遗也。遗之者，“君子不尽人之欢，不竭人之忠”。个，犹枚也。今俗或名枚曰个，音相近。此腊亦七体，如其牲也。○牲七体，鱼、腊各七。佐食所举以授尸者，皆盛于篚，所余每俎三个，将以改馔于西北隅也。○个，古货反。

⑬九饭而已，士礼也。篚犹吉祭之有肵俎。○《特牲》、《少牢》有肵俎以盛尸所举牲体，此篚亦盛尸所举牲体。○肵音祈。

主人洗废爵，酌酒酳尸。尸拜受爵，主人北面答拜。尸祭酒，尝之。①宾长以肝从，实于俎，缩，右盐。②尸左执爵，右取肝，擩盐，振祭哜之，加于俎。宾降，反俎于西塾，复位。③尸卒爵。祝受，不相爵。主人拜，尸答拜。④祝酌授尸，尸以醋主人。主人拜受爵，尸答拜。⑤主人坐祭，卒爵，拜，尸答拜。⑥筵祝南面。⑦主人献祝，祝拜，坐受爵，主人答拜。⑧荐菹醢，设俎。祝左执爵，祭荐，奠爵，兴，取肺，坐祭哜之，兴，加于俎，祭酒，尝之，肝从，祝取肝，擩盐，振祭哜之，加于俎，卒爵拜。主人答拜。祝坐授主人。⑨主人酌献佐食，佐食北面拜，坐受爵，主人答拜。佐食祭酒，卒爵拜。主人答拜，受爵，出，实于篚，升堂，复位。⑩

右主人献尸并献祝及佐食

①爵无足曰废爵。酳，安食也。主人北面以酳酢，变吉也。凡异者皆变吉。古文“酳”作“酌”。○疏云：《特牲》、《少牢》尸拜受，主人西面拜送，与北面相反。○酳，以刃反。

②缩，从也，从实肝炙于俎也。丧祭进柢。右盐，于俎近北，便尸取之也。缩执俎，言右盐，则肝、盐并也。○注“右盐于俎近北”，据执俎者而言，左肝右盐，西面向尸，则盐在肝之北，并于俎上，故云“于俎近北”，尸右取肝左擩盐为便也。○柢，丁计反。

③取肝，右手也。加于俎，从其牲体也。以丧不志于味。○加于俎，盛牲体之俎。宾所反则肝俎也。复位，复西阶前众兄弟之南东面位。

④不相爵，丧祭于礼略。相爵者，《特牲》曰："送爵，皇尸卒爵。"

⑤醋，报。○醋，才各反。

⑥○主人受酢当亦北面。

⑦祝接神，尊也。筵用萑席。

⑧献祝，因反西面位。

⑨今文无"擩盐"。○荐、设皆执事者。祝俎不升鼎，详见下《记》。授主人者虚爵也。

⑩篚在庭，不复入，事已也。亦因取杖，乃东面立。○上文哭时主人升堂西序东面，至此献尸毕，不复入室，故复东面位也。

主妇洗足爵于房中，酌，亚献尸，如主人仪。①自反，两笾枣栗设于会南，枣在西。②尸祭笾、祭酒如初。宾以燔从如初。尸祭燔、卒爵如初。酌献祝，笾燔从，献佐食，皆如初。以虚爵入于房。③

右主妇亚献

①爵有足，轻者饰也。《昏礼》曰："内洗在北堂，直室东隅。"○如主人仪，如上文主人酳尸之仪也。

②尚枣，枣美。○"自反"者，自往取之而反也。此两笾及下献祝笾即上馔时亚豆东四笾也。

③初，主人仪。

宾长洗繶爵，三献，燔从如初仪。①

右宾长三献

①繶爵，口足之间有篆[1]，又弥饰。○当亦兼献祝及佐食。

[1]篆，阮刻本《仪礼注疏》同，附校勘记："'篆'下《通典》有'文'字，是也。"

妇人复位。[①]祝出户，西面告利成，主人哭。[②]皆哭。[③]祝入，尸谡。[④]从者奉篚，哭如初。[⑤]祝前尸出户，踊如初；降堂，踊如初；出门亦如之。[⑥]

右祝告利成，尸出

①复堂上西面位。事已，尸将出，当哭踊。

②西面告，告主人也。利犹养也。成，毕也。言养礼毕也。不言养礼毕，于尸间嫌。

③丈夫、妇人于主人哭，斯哭矣。

④祝入而无事，尸则知起矣。不告尸者，无遣尊者之道也。古文"谡"或为"休"。○谡，所六反。

⑤初，哭从尸。

⑥前，道也。如初者，出如入，降如升，三者之节悲哀同。

祝反入彻，设于西北隅，如其设也。几在南，厞用席。[①]祝荐、席彻入于房，祝自执其俎出。[②]赞阖牖户。[③]

右改设阳厌

①改设馔者，不知鬼神之节，改设之，庶几歆飨，所以为厌饫也。几在南，变右文，明东面，不南面，渐也。厞，隐也。于厞隐之处，从其幽闇。○如其设，谓改设尸之荐俎敦于西北隅，次第一如阴厌时设法也。注"渐也"，以设几与吉祭同，为向吉之渐。厞用席，疏以为以席为障，使之隐，较注有异。○厞，扶未反。厌，一艳反。

②彻荐席者，执事者。祝荐席则初自房来。

③鬼神尚居幽闇，或者远人乎？赞，佐食者。

主人降，宾出。[①]主人出门，哭止，皆复位。[②]宗人告事毕。宾出，主人送，拜稽颡。[③]

右礼毕送宾

①宗人诏主人降，宾则出庙门。

②门外未入位。

③送拜者，明于大门外也。宾、执事者皆去，即徹室中之馔者，兄弟也。

记

虞，沐浴，不栉。①陈牲于庙门外，北首西上，寝右。②日中而行事。③

记沐浴陈牲及举事之期

①沐浴者，将祭，自洁清。不栉，未在于饰也。唯三年之丧不栉，期以下栉可也。今文曰“沐浴”。

②言牲，腊在其中。西上，变吉。寝右者，当升左胖也。腊用棜。《檀弓》曰：“既反哭，主人与有司视虞牲。”〇疏云：案《少牢》二牲东上，是吉祭东上。

③朝葬，日中而虞。君子举事，必用辰正也。再虞三虞皆质明。

杀于庙门西，主人不视豚解。①羹饪，升左肩、臂、臑、肫、胳、脊、胁、离肺，肤祭三，取诸左膉上，肺祭一，实于上鼎。②升鱼，鱄、鲋九，实于中鼎。③升腊左胖，髀不升，实于下鼎。④皆设扃鼏，陈之。⑤载犹进柢，鱼进鬐。⑥祝俎：髀、脰、脊、胁、离肺，陈于阶间敦东。⑦

记牲杀体数鼎俎陈设之法

①主人视牲，不视杀，凡为丧事略也。豚解，解前后胫脊胁而已。熟乃体解，升于鼎也。今文无“庙”。〇疏云：特牲吉祭，故主人视牲又视杀。

②肉谓之羹。饪，熟也。脊、胁，正脊、正胁也。丧礼略，七体耳。离肺，举肺也。《少牢馈食礼》曰：“举肺一，长终肺；祭肺三，皆刌。”膉，脰肉也。古文曰“左股上”。字[1]从肉从殳，殳矛之殳，声。〇士之正祭礼九体，此七

[1]“字”上，阮刻本《仪礼注疏》有“此”字，附校勘记：“徐本、《集释》‘字’上俱有‘此’字，与疏合，‘肉’下俱无‘从’字，与单疏、《述注》合；毛本、《通解》无‘此’字，‘肉’下有‘从’字。〇按此句当云‘此字从肉，殳声’，复于‘殳’下加‘殳矛之殳’四字，乃注中之注也，后人连读，更衍一‘从’字，则‘声’字如赘旒然。”

体,故云“略”。引《少牢礼》,明此举肺、祭肺之制亦然。肤祭,择肉之美者以备祭。○肫音纯。膉音益。

③差减之。○《特牲》鱼十有五,此略而用九。

④腊亦七体,牲之类。

⑤嫌既陈乃设扃鼏也。今文“扃”作“铉”。古文“鼏”作“密”。

⑥犹,犹《士丧》、《既夕》,言未可以吉也。柢,本也。鬐,脊也。今文“柢”为“眂”。古文“鬐”为“耆”。○吉祭牲进下,鱼进腴,变于食生。此丧祭与吉反,是未异于生人也。

⑦不升于鼎,贱也。统于敦,明神惠也。祭以离肺,下尸。○尸祭用刌肺。

淳尸盥,执盘西面,执匜东面,执巾在其北,东面,宗人授巾,南面。①

记沃尸面位

①盘,以盛弃水,为浅污人也。执巾不授巾,卑也。○浅,音义如溅。○浅音箭。

主人在室,则宗人升户外北面。①佐食无事,则出户负依南面。②

记宗人、佐食面位

①当诏主人室事。○经唯言主人在堂宗人所诏之事。

②室中尊,不空立。户牖之间谓之依。

铏芼用苦若薇,有滑。夏用葵,冬用荁,有柶。①豆实:葵菹,菹以西嬴醢。笾:枣烝栗择。②

记铏芼与豆笾之实

①苦,苦荼也。荁,堇类也,干则滑。夏秋用生葵,冬春用干荁。古文“苦”为“枯”,今文或作“芐”。○荁音丸。夏葵冬荁,皆所以为滑也。芼音毛。

②枣烝栗择，则菹扚也。枣烝栗择，则豆不楬[1]，笾有藤也。

尸入，祝从尸。①尸坐不说屦。②尸谡，祝前，乡尸。③还，出户，又乡尸；还，过主人，又乡尸；还，降阶，又乡尸。③降阶，还及门，如出户。④尸出，祝反，入门左北面，复位，然后宗人诏降。⑤尸服卒者之上服。⑥男，男尸。女，女尸。必使异姓，不使贱者。⑦

记虞尸仪服与侍尸之仪、为尸之人

①祝在主人前也。嫌如初时，主人倚杖入，祝从之。初时主人之心尚若亲存，宜自亲之，今既接神，祝当诏侑尸也。

②侍神，不敢燕惰也。今文"说"为"税"。

③前，道也。祝道尸，必先乡之为之节。

③过主人则西阶上，不言及阶，明主人见尸有踧踖之敬。

④及，至也。言还至门，明其间无节也。降阶如升时，将出门如出户时，皆还向尸也。每将还必有辟退之容，凡前尸之礼仪在此。〇祝之道尸，必先以面乡尸，乃转身前行，谓之还。上降阶谓正降时，此时祝以面乡尸；下降阶谓既降时，祝则转身前行，直至及门乃又乡尸也。

⑤〇复位，上文祝入门左北面之位。诏降，诏主人降。

⑥上服者，如《特牲》士玄端也。不以爵弁服为上者，祭于君之服，非所以自配鬼神。士之妻则宵衣耳。

⑦异姓，妇也。贱者，谓庶孙之妾也。尸配尊者，必使适也。〇丧祭男女别尸，吉祭则共尸。必使异姓，谓女尸以妇不以族女。

无尸，则礼及荐馔皆如初。①既飨，祭于苴，祝祝卒，②不绥祭，无泰羹湆胾从献。③主人哭，出复位。④祝阖牖户，降，复位

[1] 楬，阮刻本《仪礼注疏》作"揭"，附校勘记："毛本'揭'作'髭'，严、陈、监本、《释文》、《集释》、《通解》俱作'楬'，与单疏、《述注》合；徐本、杨氏俱作'揭'，闽、葛俱作'楬'，陆氏曰：'楬本又作髭'。"

于门西。[5]男女拾踊三。[6]如食间。[7]祝升，止哭，声三，启户。[8]主人入，[9]祝从启牖乡，如初。[10]主人哭，出复位。[11]卒徹，祝、佐食降，复位。[12]宗人诏降如初。[13]

右虞祭无尸者阴厌之仪

①无尸，谓无孙列可使者也。殇亦是也。礼谓衣服、即位、升降。〇丧祭而无尸者，其衣服、位面、升降之礼与荐馔之具，皆与有尸者同。

②记异者之节。

③不绥，言献，记终始也。事尸之礼，始于绥祭，终于从献。绥当为堕。

④于祝祝卒。〇其不同者，当飨祝既卒，无堕祭以下事尸之礼，主人即哭，出复户外东面位。

⑤门西，北面位也。

⑥拾，更也。三更踊。〇疏云：凡言更踊者。主人踊，主妇踊，宾乃踊，三者三，为拾也。〇拾，其业反。

⑦隐之，如尸一食九饭之顷也。

⑧声者，噫歆也。将启户，警觉神也。今文"启"为"开"。

⑨亲之。

⑩牖先阖后启，扇在内也。乡，牖一名也。如初者，主人入，祝从在左。

⑪堂上位也。〇仍前户外东面。

⑫祝复门西北面位，佐食复西方位，不复设西北隅者，重闭牖户，亵也。

⑬初，赞阖牖户，宗人诏主人降之。〇礼毕降堂，宗人诏之亦如上经也。

始虞用柔日。[1]曰："哀子某，哀显相，夙兴夜处不宁，[2]敢用絜牲、刚鬣、[3]香合、[4]嘉荐、普淖、[5]明齐、溲酒，[6]哀荐祫事，[7]适尔皇祖某甫。[8]飨！"[9]再虞皆如初。曰[1]："哀荐虞事。"[10]三虞、卒哭、他，用刚日。亦如初。曰"哀荐成事。"[11]

记三虞卒哭用日不同及祝辞之异者

[1]曰，阮刻本《仪礼注疏》作"日"，附校勘记："'日'，《唐石经》作'日'，下同，毛本作'曰'。"

①葬之日，日中虞，欲安之。柔日阴[1]，取其静。○古人葬日例用柔日。

②曰，辞也，祝祝之辞也。丧祭称哀。显相，助祭者也。显，明也。相，助也。《诗》云："于穆清庙，肃雍显相。"不宁，悲思不安。

③敢，昧冒之辞。豕曰刚鬣。

④黍也。大夫士于黍稷之号合言普淖而已。此言香合，盖记者误尔[2]，辞次黍，又不得在荐上。○疏云：《曲礼》所云黍稷别号，是人君法。

⑤嘉荐，菹醢也。普淖，黍稷也。普，大也。淖，和也。德能大和，乃有黍稷，故以为号云。○淖，若孝反，音闹。

⑥明齐，新水也，言以新水溲酿此酒也。《郊特牲》曰："明水涚齐，贵新也。"或曰当为"明视"，谓兔腊也。今文曰"明粢"，粢，稷也。皆非其次。今文"溲"为"醙"。

⑦始虞谓之祫事者，主欲合先祖也[3]。以与先祖合为安。今文曰"古事"。

⑧尔，女也。女，死者。告之以适皇祖，所以安之也。皇，君也。某甫，皇祖字也，若言尼甫。

⑨劝强之也。

⑩丁日葬则己日再虞。其祝辞异者一言耳。○皆如初，谓用日祝辞皆与初虞同。

⑪当祔于祖庙，为神安于此。后虞改用刚日。刚日，阳也，阳取其动也。士则庚日三虞，壬日卒哭。其祝辞异者亦一言耳。他谓不及时而葬者。《丧服小记》曰："报葬者、报虞[4]，三月而后卒哭。"然则虞、卒哭之间有祭事

[1] 阴，阮刻本《仪礼注疏》作"阴阴"，附校勘记："徐本、《通典》、杨氏同，《集释》、《通解》、毛本俱不重'阴'字。"

[2] 尔，阮刻本《仪礼注疏》作"耳"，附校勘记："徐本、《通解》、杨、敖同，毛本、《集释》'耳'作'尔'。○案徐本非，'耳'作'而已'解，'尔'作'如此'解，二字绝不同。"

[3] "主欲合先祖也"六字，阮刻本《仪礼注疏》作"主欲其祫先祖也"，附校勘记："徐本、《通典》、《集释》、《通解》、杨、敖同，与疏合；毛本无'其'字；'其祫'，《通典》作'合于'。"

[4] "虞"下，阮刻本《仪礼注疏》有"者"字，附校勘记："徐本同，《通典》、《集释》、《通解》、杨氏、毛本无下'者'字。"

者亦用刚日，其祭无名，谓之他者，假设言之。文不在“卒哭”上者，以其非常也，令正者自相亚也。《檀弓》曰：“葬，日中而虞，弗忍一日离也。是日也，以虞易奠。卒哭曰[1]成事。是日也，以吉祭易丧祭，明日祔于祖父。”如是，虞为丧祭，卒哭为吉祭。今文“他”为“它”。○愚按：郑以经文“他”字为有非常之祭，似涉强解，此殆羡文，不然当在“亦”字上，谓他祝辞耳。○报，读为“赴疾”之“赴”。

献毕，未徹，乃饯。①尊两甒于庙门外之右，少南。水尊在酒西，勺北枋。②洗在尊东南，水在洗东，篚在西。③馔笾豆，脯四脡。④有干肉折俎，二尹缩，祭半尹，在西塾。⑤尸出，执几从，席从。⑥尸出门右，南面。⑦席设于尊西北，东面。几在南。宾出，复位。⑧主人出，即位于门东，少南。妇人出，即位于主人之北。皆西面，哭不止。⑨尸即席坐，唯主人不哭，洗废爵，酌献尸。尸拜受，主人拜送，哭，复位。荐脯醢，设俎于荐东，朐在南。⑩尸左执爵，取脯，擩醢祭之。佐食授哜，⑪尸受，振祭哜，反之，祭酒，卒爵，奠于南方。⑫主人及兄弟踊，妇人亦如之。主妇洗足爵，亚献，如主人仪，无从，踊如初。宾长洗繶爵，三献，如亚献，踊如初。佐食取俎实于篚。尸谡，从者奉篚，哭从之。祝前，哭者皆从。及大门内，踊如初。⑬尸出门，哭者止。⑭宾出，主人送，拜稽颡。⑮主妇亦拜宾。⑯丈夫说绖带于庙门外。⑰入徹，主人不与。⑱妇人说首绖，不说带。⑲无尸则不饯。犹出几、席，设如初，拾踊三。⑳哭止，告事毕，宾出。

记卒哭祭毕饯尸与无尸可饯者送神之礼

[1]曰，阮刻本《仪礼注疏》作“日”，附校勘记：“‘日’，徐本作‘日’，《集释》、《通解》、杨氏、毛本俱作‘曰’，张氏曰：‘注曰“卒哭日成事”，按《檀弓》“日”作“曰”，此引《檀弓》文也，从《檀弓》’。”

①卒哭之祭，既三献也，饯送行者之酒。《诗》云："出宿于泲[1]，饮饯于祢。"尸旦将始祔于皇祖，是以饯送之。古文"饯"为"践"。○卒哭祭之明日，将祔于庙，故卒哭祭毕，饯之于寝门之外。此下所记即其仪也。

②少南，将有事于北。有玄酒，即吉也。此在西，尚凶也。言水者，丧质无鼎，不久陈。古文"甒"为"庑"也。○庙门，寝门也。

③在门之左，又少南。

④酒宜脯也。古文"脡"为"挺"。○脯以为笾实也。

⑤干肉，牲体之脯也，如今凉州乌翅矣。折以为俎实，优尸也。尹，正也。虽其折之，必使正。缩，从也。古文"缩"为"蹙"。○二正体缩陈俎上，又截正体之半以备授祭。

⑥祝入亦告利成。入前尸，尸乃出。几、席，素几、苇席也。以几、席从，执事也。

⑦俟设席也。

⑧将入临之位。《士丧礼》宾继兄弟"北上。门东，北面西上；门西，北面东上；西方，东面北上。"

⑨妇人出者，重饯尸。○疏云：妇人有事，自堂及房而已，今出寝门之外，故云"重饯尸"也。

⑩朐，脯及干肉之屈也。屈者在南，变于吉。○《曲礼》云："以脯脩置者，左朐右末。"是吉时屈者在左，今尸东面而云"朐在南"，则屈在右，末在左，故云"变于吉"也。○朐，其俱反。

⑪授干肉之祭。

⑫反之，反于佐食，佐食反之于俎。尸奠爵，礼有终。○爵不酢而奠之，是为礼有终。

⑬男女从尸，男由左，女由右。及，至也。从尸不出大门者，由庙门外无事尸之礼也。古文"谡"作"休"。

[1]"出宿于泲"四字，阮刻本《仪礼注疏》作"出宿于济"，附校勘记："'宿'，徐本、《通典》、《集释》、《通解》、杨、敖俱作'宿'是也，毛本误作'缩'；'济'，徐本、《释文》、《通典》、敖氏俱作'济'，《集释》、《通解》、杨氏、毛本俱作'泲'。"

⑭以饯于外。大门犹庙门。

⑮送宾，拜于大门外。○从尸不出大门者，有事尸限。送宾大门外，自是常礼，但礼有终，宾无答拜之礼也。

⑯女宾也。不言出，不言送，拜之于闱门之内。闱门如今东西掖门。

⑰既卒哭，当变麻受之以葛也。夕日则服葛者，为祔期。今文"说"为"税"。○是日之夕，主人因告宾祔期，则服葛带也。

⑱入彻者，兄弟大功以下。言主人不与，则知丈夫妇人在其中。古文"与"为"豫"。

⑲不说带，齐斩妇人带不说[1]也。妇人少变而重带，带，下体之上也。大功、小功者葛带时亦不说者，未可以轻文，变于主妇之质。至祔，葛带以即位。《檀弓》曰："妇人不葛带。"○《檀弓》所言，亦谓妇人服齐斩者。大功以下，是日虽不说麻，明日祔祭则葛带以即位矣。

⑳以饯尸者本为送神也。丈夫、妇人亦从几席而出。古文"席"为"筵"。○虽无尸，送神不异，故云"如初"。

死三日而殡，三月而葬，遂卒哭。①将旦而祔，则荐。②卒辞曰："哀子某，来日某，隮祔尔于尔皇祖某甫。尚飨！"③女子，曰"皇祖妣某氏"；④妇，曰"孙妇于皇祖姑某氏"。⑤其它辞一也。⑥飨辞曰："哀子某，圭为而哀荐之。飨！"⑦

记卒哭祭告祔于神之辞与飨尸之辞

①谓士也。《杂记》曰："大夫三月而葬，五月而卒哭；诸侯五月而葬，七月而卒哭。"此《记》。更从"死"起，异人之间，其义或殊。○疏云：士三日殡、三月葬，皆通死日、死月数，是以士之卒哭在三月内，大夫以上殡、葬，除死日死月数，大夫三月葬，除死月，则通四月，又有五虞，则卒哭在五月，诸侯以上可知。注"异人"，谓记者不一人，故言有更端。

②荐谓卒哭之祭。○旦，谓明日之旦。

[1] 说，阮刻本《仪礼注疏》作"变"，附校勘记："徐本、《通典》、《集释》、杨氏俱作'变'，与疏合，《通解》、毛本作'说'。"

③卒辞,卒哭之祝辞。隮,升也。尚,庶几也。不称馔,明主为告祔也。今文"隮"为"齐"。○疏云:迎尸之前,祝释孝子辞云尔。

④女孙祔于祖母。

⑤不言"尔",曰"孙妇",差疏也[1]。

⑥来日某隮祔尚飨。

⑦飨辞,劝强尸之辞也。圭,絜也。《诗》曰:"吉圭为饎。"凡吉祭飨尸曰"孝子"。○疏云:祔及练、祥、吉祭,其辞亦用此,但改"哀"为"孝"耳。

明日,以其班祔。①沐、浴、栉、搔、翦。②用专肤为折俎,取诸脰膉。③其它如馈食。④用嗣尸。⑤曰:"孝子某,孝显相,夙兴夜处,小心畏忌,不惰其身,不宁,⑥用尹祭、⑦嘉荐、普淖、普荐、溲酒,⑧适尔皇祖某甫,以隮祔尔孙某甫。尚飨!⑨

记祔祭之礼与告祔之辞

①卒哭之明日也。班,次也。《丧服小记》曰:"祔必以其昭穆,亡则中一以上。"凡祔已,复于寝,如既祫,主反其庙,练而后迁庙。古文"班"或为"辨",辨氏姓,或然。今文为"胖"。○疏云:祔祭与练祭,祭在庙,祭讫主反于寝。其大祥与禫祭,其主自然在寝祭之。案下文,禫月逢四时吉祭之月,即得在庙祭,但未配而已。

②弥自饰也。搔当音[2]爪。今文曰"沐浴搔翦",或为"蚤揃","揃"或为"鬋"。○搔,注音爪。翦,子浅反。

③专,犹厚也。折俎,谓主妇以下俎也。体尽人多,折骨以为之。今以脰膉,贬于纯吉。今文字为"折俎",而说以为肵俎,亦甚诬矣。古文"脰膉"为"头益"也。○吉祭折俎用体骨,此用肤,为不同。○膉音益。

④如《特牲馈食》之事。或云以左胖虞、右胖祔,今此如馈食,则尸俎、肵俎皆有肩臂,岂复用虞臂乎?其不然明矣。○疏云:上文有俎,则夫妇致

[1]"差疏也"下,阮刻本《仪礼注疏》有"今文无某氏"五字,附校勘记:"此五字,毛本脱,徐本、《集释》俱有,与单疏标目合,《通解》无。"

[2]音,阮刻本《仪礼注疏》作"为",附校勘记:"徐本、《集释》、《通解》、《要义》、杨、敖同,毛本'为'作'音'。"

爵,以祔时变麻服葛,其辞称“孝夫妇”,致爵与《特牲》同。注“或云”以下,郑君以经文破当时左胖虞右胖祔之说也。

⑤虞、祔尚质,未暇筮尸。○用嗣尸者,从虞至祔相继嗣而用一尸也。

⑥称孝者,吉祭。

⑦尹祭,脯也。大夫士祭无云脯者,今不言牲号而云尹祭,亦记者误矣。

⑧普荐,铏羹。不称牲,记其异者。今文“溲”为“醙”。

⑨欲其祔合,两告之。《曾子问》曰:“天子崩,国君薨,则祝取群庙之主,而藏诸祖庙,礼也。卒哭成事,而后主各反其庙。”然则士之皇祖于卒哭亦反其庙,无主则反庙之礼未闻。以其币告之乎?○上句告死者,下句谓皇祖。

期而小祥,①曰:“荐此常事。”②又期而大祥,曰:“荐此祥事。”③中月而禫,④是月也吉祭,犹未配。⑤

记小祥、大祥、禫祭、吉祭之节与祝辞之异

①小祥,祭名。祥,吉也。《檀弓》曰:“归祥肉。”古文“期”皆作“基”。

②祝辞之异者。言常者,期而祭,礼也。古文“常”为“祥”。○此谓练祭。

③又,复也。○初丧至此二十五月。

④中,犹间也。禫,祭名也。与大祥间一月,自丧至中[1],凡二十七月。禫之言澹,澹然平安意也。古文“禫”或为“导”。○禫,徒感反。

⑤是月,是禫月也,当四时之祭月则祭。犹未以某妃配某氏,哀未忘也。《少牢馈食礼》:“祝祝曰:‘孝孙某,敢用柔毛、刚鬣、嘉荐、普淖,用荐岁事于皇祖伯某,以某妃配某氏。尚飨!’”○疏云:谓是禫月得禫祭,仍在寝;此月当四时吉祭之月,则于庙行四时之祭,于群庙而犹未得以某妃配。注引《少牢》祝辞,明吉祭用配之常也。

[1]中,阮刻本《仪礼注疏》作“此”,附校勘记:“徐、陈、闽、葛、《通典》、《集释》、《通解》、杨氏同,毛本‘此’作‘中’。”

卷十五　特牲馈食之礼①

①郑目录云：特牲馈食之礼，谓诸侯之士祭祖祢，非天子之士，而于五礼属吉礼。○注疏本不详他书目次。吴氏补之云：《大戴》第七，《小戴》第十三，《别录》第十五。疏云：案《曲礼》云"大夫以索牛，士以羊豕"，彼天子大夫、士。此《仪礼》特牲、少牢，故知是诸侯大夫、士也。《祭法》云"适士二庙，官师一庙。"官师谓中下之士，祖祢共庙，亦兼祭祖。无问一庙二庙，皆先祭祖，后祭祢。若祭，无问尊卑、庙数多少，皆同日而祭毕，以此及少牢惟筮一日。

特牲馈食之礼。不诹日。①及筮日，主人冠端玄，即位于门外西面。②子姓兄弟如主人之服，立于主人之南，西面北上。③有司、群执事如兄弟服，东面北上。④席于门中，闑西阈外。⑤筮人取筮于西塾，执之，东面受命于主人。⑥宰自主人之左赞命，命曰："孝孙某，筮来日某，诹此某事，适其皇祖某子，尚飨！"⑦筮者许诺，还，即席西面坐，卦者在左。卒筮，写卦，筮者执以示主人。⑧主人受视，反之。⑨筮者还，东面长占，卒，告于主人："占曰吉。"⑩若不吉，则筮远日，如初仪。⑪宗人告事毕。

右将祭筮日

①祭祀自孰始曰馈食。馈食者，食道也。诹，谋也。士贱职亵，时至事暇，可以祭则筮其日矣，不如《少牢》，大夫先与有司于庙门诹丁巳之日。○"祭祀自孰始曰馈食"者，初祭即荐饪熟之牲体及黍稷，是用生人食道以事其亲。若天子诸侯之祭，先有灌鬯、朝践、馈献之事，至迎尸后乃进熟体、黍稷也。"不诹日"者，不预诹前月下旬之丁巳，以筮来月上旬之丁巳，但可以筮则筮而已。自此以下，筮日、筮尸、宿尸、宿宾、视濯与牲，凡五节，皆祭前戒

备之事。○諏,子须反。

②冠端玄,玄冠玄端,下言玄者,玄冠,有不玄端者。门谓庙门。○"玄冠,有不玄端者",助祭者玄冠而着朝服是也。此则冠与端皆玄。

③所祭者之子孙。言子姓者,子之所生。小宗祭而兄弟皆来与焉,宗子祭则族人皆侍。

④士之属吏也。○疏云:《左传》云"士有隶子弟"谓此。

⑤为筮人设之也。古文"闑"作"槷","阈"作"蹙"。

⑥筮人,官名也。筮,问也,取其所用问神明者,谓蓍也。

⑦宰,群吏之长。自,由也。赞,佐也,达也。赞命由左者,为神求变也。士祭曰岁事,此言"某事",又不言妃者,容大祥之后禫月之吉祭。皇,君也,言君祖者,尊之也。某子者,祖字也,伯子、仲子也。尚,庶几也。○疏云:《少仪》曰:"赞币自左,诏辞自右。"此祭祀,宰自左赞命,为神求吉,故变于常礼也。

⑧士之筮者坐,蓍短由便。卦者主画地识爻,爻备以方写之。

⑨反,还。

⑩长占,以其年[1]之长幼旅占之。

⑪远日,旬之外日。

前期三日之朝,筮尸,如求日之仪。命筮曰:"孝孙某,諏此某事,适其皇祖某子,筮某之某为尸,尚飨!"①

右筮尸

①三日者,容宿宾、视濯也。某之某者,字尸父而名尸,连言其亲,庶几其冯依之也。大夫士以孙之伦为尸。○云"三日者,容宿宾、视濯也"者,为筮尸之后,祭日之前,有二日,容此二事也。必连言尸之父者,尸父与所祭者弥亲,欲其神冯依之也。

乃宿尸。①主人立于尸外门外,子姓兄弟立于主人之后,北面东上。②尸如主人服,出门左,西面。③主人辟,皆东面

[1] 年,阮刻本《仪礼注疏》作"属",附校勘记:"徐本同,《集释》、《通解》、杨氏、毛本'属'俱作'年'。"

北上。④主人再拜，尸答拜。⑤宗人摈辞如初。卒曰："筮子为某尸，占曰吉，敢宿。"⑥祝许诺致命。⑦尸许诺，主人再拜稽首。⑧尸入，主人退。⑨

右宿尸

①宿读为肃。肃，进也，进之者，使知祭日当来。凡"宿"或作"速"[1]，《记》作"肃"，《周礼》亦作"宿"。

②不东面者，来不为宾客。子姓立于主人之后，上当其后。○子姓东头为上者，立当主人之后，不得过主人也。

③不敢南面当尊。

④顺尸。○随顺尸意也。

⑤主人先拜，尊尸。○疏云：此决下文宿宾，宾先拜，主人乃答拜。今此尊尸，是以主人先拜也。案《少牢》宿尸，祝先释辞讫，尸乃拜，此尸答拜后宗人乃摈辞者，士尸卑，大夫之尸尊。

⑥宗人摈者释主人之辞。如初者，如宰赞命筮尸之辞。卒曰者，著其辞所易也[2]。○"如初"者，如初筮尸曰"孝孙某諏此某事，适其皇祖某子"，乃易去下二语，而曰"筮子为某尸，占曰吉，敢宿"。

⑦受宗人辞，许之，传命于尸。始宗人、祝北面，至于传命，皆西面受命，东面释之。

⑧其许，亦宗人受于祝而告主人。

⑨相揖而去。尸不拜送，尸尊。

宿宾。宾如主人服，出门左，西面再拜。主人东面答再拜。宗人摈曰："某荐岁事，吾子将莅之，敢宿。"①宾曰："某敢不敬从！"主人再拜，宾答拜。主人退，宾拜送。

右宿宾

[1]"凡宿或作速"上，阮刻本《仪礼注疏》"古文宿皆作羞"六字，附校勘记："毛本脱，徐本、《集释》俱有，与疏合，《通解》无。"

[2]"著其辞所易也"下，阮刻本《仪礼注疏》有"今文无敢"四字，附校勘记："毛本脱，徐本、《集释》俱有，与此本标目合，《通解》并无'也'字。"

①荐，进也。莅，临也。言吾子将临之，知宾在有司中，今特肃之，尊宾耳。○士前祭二日，选属吏为宾，特肃一人，以备三献。属吏必来助祭，故云“吾子将莅之”。疏云：属吏有公有司、有私臣，若在门外时，同在门西，东面北上；及其入，为宾及众宾者适西阶以俟行事，公有司不选为宾者门西北面，私臣不选为宾门东北面。

厥明夕，陈鼎于门外，北面北上，有鼏。①棜在其南，南顺，实兽于其上，东首。②牲在其西，北首东足。③设洗于阼阶东南，壶、禁在东序，豆、笾、铏在东房，南上，几、席、两敦在西堂。④主人及子姓兄弟即位于门东如初。⑤宾及众宾即位于门西，东面北上。⑥宗人、祝立于宾西北，东面南上。⑦主人再拜，宾答再拜；三拜众宾，众宾答再拜。⑧主人揖入，兄弟从，宾及众宾从，即位于堂下，如外位。⑨宗人升自西阶，视壶濯及豆、笾，反降，东北面告濯具。⑩宾出，主人出，皆复外位。⑪宗人视牲，告充，雍正作豕。⑫宗人举兽尾告备，举鼎鼏告絜，⑬请期，曰：“羹饪。”⑭告事毕，宾出，主人拜送。

右视濯视牲

①厥，其也，宿宾之明日夕。门外北面，当门也。古文“鼏”为“密”。○宿宾之明日夕，祭前一日之夕也。《少牢》陈鼎在门东，此当门，士卑，辟大夫也。

②顺，犹从也。棜之制，如今大木轝矣，上有四周，下无足。兽，腊也。○特牲三鼎，有豕、鱼、腊。腊，野兽之全干者。○轝音预。

③其西，棜西也。东足者，尚右也。牲不用棜，以其生。○豕北首东足，寝其左，故云“尚右”。

④东房，房中之东，当夹北。西堂，西夹室之前，近南耳。○大夫、士直有东房、西室，故他经直言房，不言东，此经特言东房，故注知是房内近东。言“当夹北”者，两夹皆堂半以南为之，壁外相望，当夹之北也。西堂，西夹室之前近南，亦谓堂上，遥望夹室耳。

⑤初，筮位也。

⑥不象[1]如初者，以宾[2]在而宗人、祝不在。○兼之宰在门西，与宾同行，皆与筮位异也。

⑦事弥至，位弥异。宗人、祝于祭宜近庙。

⑧众宾再拜者，士贱，旅之得备礼也。○案《有司徹》“主人降，南面拜众宾于门东，三拜，众宾门东，北面，皆答一拜”，是大夫尊，众宾不得备礼。

⑨为视濯也。

⑩濯，溉也，不言敦、铏者，省文也。东北面告，缘宾意欲闻也。言濯具，不言絜，以有几席。○主人在东阶下，宗人降自西阶，宜东面告，乃行至宾南而东北面告者，故兼闻之于宾也。

⑪为视牲也。[3]

⑫充，犹肥也。雍正，官名也，北面以策动作豕，视声气。○雍正，有司之主割亨者。

⑬备，具。

⑭肉谓之羹。饪，熟也。谓明日质明时，而曰肉熟，重豫劳宾。宗人既得期，西北面告宾、有司。

夙兴，主人服如初，立于门外东方，南面视侧杀。①主妇视饎爨于西堂下。②亨于门外东方，西面北上。③羹饪，实鼎，陈于门外如初。④尊于户东，玄酒在西。⑤实豆、笾、铏，陈于房中如初。⑥执事之俎陈于阶间，二列，北上。⑦盛两敦，陈于西堂，藉用萑。几、席陈于西堂如初。⑧尸盥匜水实于盘中，箪巾在门内之右。⑨祝筵几于室中，东面。⑩主妇纚笄、宵衣立于房中，

[1] 象，阮刻本《仪礼注疏》同，附校勘记：“《集释》、杨氏俱作‘蒙’，张氏曰：‘疏“象”字于《既夕礼》作“蒙”，从《既夕礼》’。”

[2] 宾，阮刻本《仪礼注疏》作“宰”，附校勘记：“徐本、《集释》、杨氏同，《通解》、毛本‘宰’作‘宾’。”

[3] “为视牲也”下，阮刻本《仪礼注疏》有“今文复为反”五字，附校勘记：“毛本脱，徐本、《集释》俱有，《通解》无。”

南面。[11]主人及宾、兄弟、群执事即位于门外如初。宗人告有司具。[12]主人拜宾如初，揖入、即位如初。[13]佐食北面立于中庭。[14]

右祭日陈设及位次

①夙，早也。兴，起也。主人服如初，则其余有不玄端者。侧杀，杀一牲也。○自此至"立于中庭"言祭日陈设及位次之事。主人服如初，谓玄端也，案下《记》，唯尸、祝、佐食，与主人同服。宾及兄弟筮日、筮尸、视濯亦玄端，至祭日则皆朝服、玄冠、缁带、缁韠。

②炊黍稷曰饎，宗妇为之。爨，灶也。西堂下者，堂之西下也，近西壁，南齐于坫。古文"饎"作"糦"，《周礼》作"饎"。

③亨，煮也，煮豕、鱼、腊以镬，各一爨。《诗》云："谁能亨鱼？溉之釜鬵。"○鬵音寻。

④初，视濯也。

⑤户东，室户东。玄酒在西，尚之，凡尊酌者在左。○郑注云"凡尊酌者在左"，玄酒不酌，故在右，是以东、西为左、右。《少仪》云："尊者以酌者之左为上尊。"又据酌者北面临尊而言左、右，以西为左，其位置虽同，而言有殊也。

⑥如初者，取而实之，既而反之。

⑦执事谓有司及兄弟。二列者，因其位在东西，祝、主人、主妇之俎亦存焉。不升鼎者，异于神。

⑧盛黍稷者，宗妇也。萑，细苇。古文"用"为"于"。○藉，慈夜反。萑音丸。

⑨设盥水及巾，尸尊，不就洗，又不挥。门内之右，象洗在东，统于门东，西上。凡乡内以入为左右，乡外以出为左右。○以匜贮水而置之盘，待尸盥，则执匜沃水，而盘承之。箪巾，箪中贮巾也。门内之右，门东也。

⑩为神敷席也。至此使祝接神。

⑪主妇，主人之妻，虽姑存犹使之主祭祀。纚笄，首服。宵，绮属也，此衣染之以黑，其缯本名曰宵，《诗》有"素衣朱宵"，《记》有"玄宵衣"，凡妇人助祭者同服也。《内则》曰："舅没则姑老，冢妇所祭祀、宾客，每事必请于

姑。”○注引《内则》者,证主妇为主人之妻也。○纚,山买反。

⑫具,犹辨也。

⑬初,祝濯也。

⑭佐食,宾佐尸食者,立于宗人之西。○疏云:案下《记》云:“佐食当事则户外南面,无事则中庭北面。”此经谓无事时也。又云:主人行事阼阶,宗人亦在阼阶南摈主人,佐食北面于中庭,明在宗人之北[1]可知。

主人及祝升,祝先入,主人从,西面于户内。①主妇盥于房中,荐两豆:葵菹、蜗醢,醢在北。②宗人遣佐食及执事盥、出。③主人降,及宾盥,出。主人在右,及佐食举牲鼎;宾长在右,及执事举鱼、腊鼎,除鼏。④宗人执毕先入,当阼阶南面。⑤鼎西面错,右人抽扃,委于鼎北。⑥赞者错俎加匕。⑦乃朼。⑧佐食升肵俎,鼏之,设于阼阶西。⑨卒载,加匕于鼎。⑩主人升入,复位。俎入,设于豆东,鱼次,腊特于俎北。⑪主妇设两敦黍稷于俎南,西上,及两铏芼设于豆南,南陈。⑫祝洗、酌、奠,奠于铏南,遂命佐食启会。佐食启会,却于敦南,出,立于户西南面。⑬主人再拜稽首,祝在左。⑭卒祝,主人再拜稽首。

右阴厌

①祝先入接神,宜在前也。《少牢馈食礼》曰:“祝盥于洗,升自西阶;主人盥,升自阼阶。祝先入,南面。”○自此至“主人再拜稽首”言主人、主妇、祝、佐食初行阴厌之祭。注引《少牢》者,明此经主人及祝盥升面位亦与彼同也。

②主妇盥,盥于内洗。《昏礼》:“妇洗在北堂,直室东隅。”○蜗,力禾反。

③命之盥、出,当助主人及宾举鼎。

④及,与也。主人在右,统于东。主人与佐食者,宾尊不载。《少牢馈食礼》:鱼用鲋,腊用麋。士腊用兔。○疏云:鼎在门外北上,东为右人,西为左

[1] 北,阮刻本《仪礼注疏》作“西”,与注合。此本误。

人。右人尊，入时在鼎前；左人卑，入时在鼎后。又载牲体于俎，又设俎神坐前。主人升，乃以东为主，今在堂下，主人在右，故云"统于东"也。宾主当相对为左右，以宾尊，不载牲体，故使佐食对主人，使宾为右人，而使执事在左而载也。〇鲋音附。

⑤毕，状如叉，盖为其似毕星取名焉。主人亲举，宗人则执毕导之，既错，又[1]以毕临匕[2]载，备失脱也。《杂记》曰："枇用桑，长三尺；毕用桑，长三尺，刊其本与末。"枇、毕同材明矣。今此枇用棘心，则毕亦用棘心。旧说云"毕似[3]御他神物，神物，恶桑叉"，则《少牢馈食》及《虞》无叉，何哉？此无叉者，乃主人不亲举耳。《少牢》，大夫祭，不亲举；《虞》，丧祭也，主人未执事。祔、练、祥，执事用桑叉，自此纯吉，用棘心叉。〇枇音匕。

⑥右人谓主人及二宾，既错皆西面俟也。

⑦赞者，执俎及匕从鼎入者。其错俎东缩，加匕东柄，既则退，而左人北面也。〇《少牢》云："俎皆设于鼎西，西肆。"又云："匕皆加于鼎，东枋。"

⑧右人也，尊者于事指使可也，左人载之。

⑨肵谓心舌之俎也，《郊特牲》曰："肵之为言敬也。"言主人之所以敬尸之俎。古文"鼏"皆作"密"。〇肵音祈。

⑩卒，已也，已载，毕亦加焉。

⑪入设俎载者。腊特，馔要方也。凡馔必方者，明食味人之性，所以正。〇"俎入，设于豆东"，豕俎当菹豆之东也。"鱼次"，鱼又次豕东也。腊特俎北，则与醢相直而正方。

⑫宗妇不赞敦铏者，以其少，可亲之。芼，菜也。

⑬酌奠，奠其爵觯[4]。《少牢馈食礼》启会乃奠之。〇会，古外反。

---

[1] 又，阮刻本《仪礼注疏》作"义"，附校勘记："徐本作'义'，与《述注》合，《集释》、《通解》、杨氏毛本俱作'又'。"

[2] 匕，阮刻本同，附校勘记："匕，《释文》作'枇'，张氏曰：'监本"匕"误作"上"，从诸本'〇按'上'字因'匕'而误，疏亦作'匕'，唯《释文》作'枇'，张氏恪遵《释文》，而此不从'枇'，何耶？"

[3] 似，阮刻本《仪礼注疏》作"以"，附校勘记："徐、葛、《集释》俱作'以'，与《述注》合，毛本'以'作'似'。"

[4] "觯"下，阮刻本《仪礼注疏》有"也"字。

⑭稽首，服之甚者。祝在左，当为主人释辞于神也。祝祝曰："孝孙某，敢用刚鬣、嘉荐、普淖，用荐某事于皇祖某子，尚飨！"○淖，女孝反。

祝迎尸于门外。①主人降立于阼阶东。②尸入门左，北面盥，宗人授巾。③尸至于阶，祝延尸，尸升入，祝先，主人从。④尸即席坐，主人拜妥尸，⑤尸答拜，执奠。祝飨，主人拜如初。⑥祝命挼祭。尸左执觯，右取菹，抨于醢，祭于豆间。⑦佐食取黍、稷、肺祭授尸，尸祭之，祭酒，啐酒，告旨。主人拜，尸奠觯答拜。⑧祭铏，尝之，告旨。主人拜，尸答拜。⑨祝命尔敦，佐食尔黍、稷于席上，⑩设大羹湆于醢北，⑪举肺脊以授尸。尸受，振祭哜之，左执之，⑫乃食，食举。⑬主人羞肵俎于腊北。⑭尸三饭告饱，祝侑，主人拜。⑮佐食举干，尸受，振祭哜之。佐食受，加于肵俎，举兽干、鱼一亦如之。⑯尸实举于菹豆。⑰佐食羞庶羞四豆，设于左，南上，有醢。⑱尸又三饭告饱，祝侑之如初。⑲举骼及兽、鱼如初，尸又三饭告饱，祝侑之如初。⑳举肩及兽、鱼如初。㉑佐食盛肵俎，俎释三个，㉒举肺脊加于肵俎，反黍稷于其所。㉓

右尸入九饭

①尸自外来，代主人接之，就其次而请，不拜，不敢与尊者为礼。《周礼·掌次》："凡祭祀张尸次。"○自此以下言迎尸入行正祭：初尸食九饭，次主人酳尸，次主妇亚献尸，次宾长三献尸，次献宾及兄弟，次长兄弟为加爵，次众宾长为加爵，次嗣举奠，次旅酬，次佐食献尸。凡十节，事尸者八节，其献宾及兄弟与旅酬皆承尸意而行神惠者也。此九饭节内，有妥尸祝飨，有挼祭，有初三饭，有再三饭，有终三饭，有盛肵俎，又其六细节。

②主人不迎尸，成尸尊。尸，所祭者之孙也，祖之尸，则主人乃宗子；祢之尸，则主人乃父道。事神之礼，庙中而已，出迎则为厌。○厌，一叶反。

③侍盥者执其器就之，执箪者不授巾，贱也，宗人授巾，庭长尊。《少牢馈食礼》曰："祝先入门右，尸入门左。"○盥器设门右，今尸入门左，各执器就尸盥也。

④延进在后，诏侑曰延，《礼器》所谓"诏侑武方"者也。《少牢馈食礼》曰："尸升自西阶入，祝从。主人升自阼阶，祝先入，主人从。"○"诏侑武方"，彼注："武，无也。"引《少牢》者，见此经尸入次序与彼同法也。○武音无。

⑤妥，安坐也。

⑥飨，劝强之也，其辞取于《士虞记》，则宜云："孝孙某圭为孝荐之飨。"旧说云："明荐之。"○以上妥尸祝飨。○强，其丈反。

⑦命，诏尸也。挼祭，祭神食也。《士虞礼》古文曰"祝命佐食堕祭"，《周礼》曰"既祭，则藏其堕"，堕与挼读同耳[1]。抨醢者，染于醢。○乡者设馔阴厌以饫神，今尸来当食神食，故先挼祭之也。挼，陆氏作许恚反，注云"堕、挼读同"，堕亦作呼回反，堕取降下，挼取切摩，各于祭义有似也。○挼，注音堕。抨，如悦反。

⑧肺祭，刌肺也。旨，美也。祭酒，谷味之芬芬者，齐敬共之，惟恐不美，告之美，达其心，明神享之。

⑨铏，肉味之有菜和者。《曲礼》："客絮羹，主人辞不能亨。"○以上尸挼祭。

⑩尔，近也。近之，便尸之食也。

⑪大羹湆，煮肉汁也。不和，贵其质，设之所以敬尸也。不祭、不哜，大羹不为神，非盛者也。《士虞礼》曰："大羹湆自门入。"今文"湆"皆为"汁"。○疏曰：云"醢北"者，为荐左。案《公食大夫》、《昏礼》，大羹湆皆在荐右，此在左者，神礼变于生人。

⑫肺，气之主也；脊，正体之贵者。先食啖之，所以导食通气。

⑬举言食者，明凡解体皆连肉。○举，肺脊也，从俎举向口，因名为举。

⑭肵俎主于尸，主人亲羞，敬也。神俎不亲设者，贵得宾客，以神事其先。

⑮三饭告饱，礼一成也。侑，劝也，或曰又劝之，使又食，《少牢馈食礼》侑辞曰"皇尸未实，侑"也。○尸三饭。

---

[1]"堕与挼读同耳"下，阮刻本《仪礼注疏》有"今文改挼皆为绥，古文此皆为挼祭也"十五字，附校勘记："毛本脱，徐本、《集释》、杨氏俱有，《通解》无，周学健云'《士虞礼》"尸取奠"节疏引此注有。'○'挼'，《士虞》疏引此注'挼祭'作'擩祭'，故有五字不同之说。"

⑯干,长胁也。兽腊其体数与牲同。

⑰为将食庶羞。举谓肺脊。

⑱庶,众也,众羞,以豕肉所以为异味。四豆者,膮、炙、胾、醢。南上者,以膮、炙为上,以有醢,不得𦁤也。

⑲礼再成也。○尸又三饭。

⑳礼三成。兽鱼如初者,兽骼、鱼一也。

㉑不复饭者,三三者,士之礼大成也。举先正脊后肩,自上而却下,𦁤而前,终始之次也。○尸又三饭,不复饭。

㉒佐食取牲、鱼、腊之余盛于肵俎,将以归尸。俎释三个,为改馔于西北隅遗之。所释者,牲、腊则正脊一骨、长胁一骨及臑也,鱼则三头而已。个,犹枚也,今俗言物数有[1]若干个者,此读然。

㉓尸授佐食,佐食受而加之、反之也。肺脊初在菹豆。○佐食盛肵俎。

主人洗角,升酌,酳尸。①尸拜受,主人拜送。尸祭酒,啐酒,宾长以肝从。②尸左执角,右取肝,擩于盐,振祭哜之,加于菹豆,卒角。祝受尸角,曰:"送爵,皇尸卒爵。"主人拜,尸答拜。③祝酌授尸,尸以醋主人。④主人拜受角,尸拜送,主人退,佐食授挼祭。⑤主人坐,左执角,受祭祭之,祭酒,啐酒,进听嘏。⑥佐食抟黍授祝,祝授尸,尸受以菹豆,执以亲嘏主人。⑦主人左执角,再拜稽首受,复位,诗怀之,实于左袂,挂于季指,卒角,拜。尸答拜。⑧主人出写啬于房,祝以笾受。⑨筵祝南面,⑩主人酌献祝,祝拜受角,主人拜送。设菹、醢、俎。⑪祝左执角,祭豆,兴,取肺,坐祭哜之,兴,加于俎,坐祭酒,啐酒,以肝从。祝左执角,右取肝,擩于盐,振祭哜之,加于俎,卒角,拜。主人答拜受角。⑫酌献佐食,佐食北面拜受角,主人拜送。佐食坐祭卒角,拜。主人答拜受角,降,反于篚,升入,复位。⑬

右主人初献

[1]"有"下,阮刻本《仪礼注疏》有"云"字,附校勘记:"徐本、《集释》俱有'云'字,《通解》、毛本无,《集释》无'者'字。"

①酳，犹衍也，是献尸也。云[1]酳者，尸既卒食，又却[2]颐衍养乐之。不用爵者，下大夫也，因父子之道质而用角，角加人事略者。今文"酳"皆为"酌"。○此初献节内，有主人献尸，有尸醋主人且亲嘏，有主人献祝，主人献佐食，凡四细节。

②肝，肝炙也。古文无"长"[3]。○疏云：此直云"肝从"，亦当如《少牢》"宾长羞牢肝用俎，缩执俎，肝亦缩进末，盐在右"。

③曰"送爵"者，节主人拜。○主人献尸。

④醋，报也。祝酌不洗，尸不亲酌，尊尸也[4]。古文"醋"作"酢"。

⑤退者，进受爵反位[5]。尸将嘏主人，佐食授之挼祭，亦使祭尸食也。其授祭亦取黍、稷、肺祭。古文"挼"作"绥"[6]。

⑥听，犹待也。受福曰嘏，嘏，长也，大也，待尸授之以长大之福也。○嘏，古雅反。

⑦独用黍者，食之主，其辞则《少牢馈食礼》有焉。○《少牢》云："祝以嘏于主人曰：'皇尸命工祝，承致多福无疆于女孝孙，来女孝孙，使女受禄于天，宜稼于田，眉寿万年，勿替引之。'"彼命祝致嘏，故云"皇尸命工祝"，此尸亲嘏，当省去此语，直用"承致多福"以下。○抟，大官反。

⑧诗，犹承也，谓奉纳之怀中。季，小也。实于左袂，挂祛。以小指者，便卒角也。《少牢馈食礼》曰："兴，受黍，坐，振祭哜之[7]。"○引《少牢》文，明

[1] 云，阮刻本《仪礼注疏》作"谓之"，附校勘记："徐本、《集释》、杨氏同，《通解》'谓之'作'云'。"

[2] 却，阮刻本《仪礼注疏》作"欲"，附校勘记："徐、陈、《集释》、《通解》、杨氏同，毛本'欲'作'却'。"

[3] "古文无长"上，阮刻本《仪礼注疏》有"今文曰啐之"五字，附校勘记："毛本脱，徐本、《集释》俱有；案'古文'徐本误作'古又'，严、钟俱不误，《通解》此节无注。"

[4] "尊尸也"下，阮刻本《仪礼注疏》有"尸亲醋相报之义"七字，附校勘记："毛本脱，徐本、《集释》、杨氏俱有，《通解》无。"

[5] "进受爵反位"下，阮刻本《仪礼注疏》有"妥亦当为挼"五字，附校勘记："毛本脱，徐本、《集释》俱有，杨氏作'受亦当为授'，《通解》无。"

[6] "古文挼作绥"五字，阮刻本《仪礼注疏》作"今文或皆改妥作挼"，附校勘记："毛本作'古文挼作绥'，徐本、《集释》俱作'今文或皆改妥作挼'，与此本标目合，《通解》无。"

[7] "哜之"下，阮刻本《仪礼注疏》有"古文挂作卦"五字，附校勘记："毛本脱，徐毛、《集释》、《要义》俱有，与此本标目合，《通解》无。"

此亦当兴受坐祭复哜之也。○挂，俱卖反。

⑨变黍言啬，因事托戒，欲其重稼啬。啬者，农力之成功。○尸醋主人且亲嘏。

⑩主人自房还时。

⑪行神惠也。先献祝，以接神尊之。菹、醢皆主妇设之，佐食设俎。

⑫○主人献祝。

⑬○疏云：下《记》云："佐食俎觳折脊胁。"○主人献佐食。

主妇洗爵于房，酌，亚献尸。①尸拜受，主妇北面拜送。②宗妇执两笾，户外坐，主妇受，设于敦南。③祝赞笾祭，尸受，祭之，祭酒，啐酒。④兄弟长以燔从，尸受，振祭哜之，反之。⑤羞燔者受，加于肵，出。⑥尸卒爵，祝受爵，命送如初。⑦酢如主人仪。⑧主妇适房南面，佐食挼祭。主妇左执爵，右抚祭，祭酒，啐酒，入卒爵，如主人仪。⑨献祝，笾、燔从如初仪。及佐食，如初。卒，以爵入于房。⑩

右主妇亚献

①亚，次也，次犹贰。主妇贰献不侠[1]拜者，士妻仪简耳。○此下主妇亚献节内，有献尸，有尸醋，有献祝，有献佐食，亦四节。

②北面拜者，辟内子也。大夫之妻拜于主人北，西面。

③两笾，枣、栗。枣在西。

④笾祭，枣栗之祭。其祭之，亦于豆祭。

⑤燔，炙肉也。○反之，谓反燔于长兄弟。

⑥出者，俟后事也。○俟后事，谓俟主妇献祝，更当羞燔于祝。

⑦送者，送卒爵。○主妇献尸。

⑧尸酢主妇如主人仪者，自祝酌至尸拜送，如酢主人也。不易爵，辟内子。○《少牢》尸酢主妇则易爵也。

⑨抚，挼祭，示亲祭。佐食不授而祭于地，亦仪简也。入室卒爵，于尊

[1]侠，阮刻本《仪礼注疏》作"夹"。

者前成礼,明受惠也。○尸酢主妇。

⑩及佐食如初,如其献佐食则拜主人之北西面也。○如初,如主人献佐食之拜位。献尸、献祝皆北面,此独西面者,以佐食北面,不宜同面拜送也。○主妇献祝、献佐食。

宾三献如初,燔从如初,爵止。①席于户内。②主妇洗爵,酌,致爵于主人。主人拜受爵,主妇拜送爵。③宗妇赞豆如初。主妇受,设两豆两笾。④俎入设。⑤主人左执爵,祭荐。宗人赞祭。奠爵,兴,取肺,坐绝祭,哜之,兴,加于俎,坐挩手,祭酒,啐酒。⑥肝从。左执爵,取肝,抨于盐,坐振祭,哜之。宗人受,加于俎。燔亦如之。兴,席末坐,卒爵,拜。⑦主妇答拜受爵,酌,醋。左执爵,拜。主人答拜。坐祭立饮,卒爵,拜,主人答拜。⑧主妇出,反于房。主人降,洗、酌,致爵于主妇。席于房中,南面。主妇拜受爵。主人西面答拜。宗妇荐豆,俎,从献,皆如主人。主人更爵,酌,醋。卒爵,降,实爵于篚,入,复位。⑨三献作止爵。⑩尸卒爵,酢。⑪酌,献祝[1]及佐食。⑫洗爵,酌,致于主人主妇。燔从,皆如初。更爵,酢于主人,卒,复位。⑬

右宾三献

①初,亚献也。尸止爵者,三献礼成,欲神惠之均于室中,是以奠而待之。○此下言宾长三献。疏云:此一科之内,乃有十一爵。宾献尸,一也;主妇致爵于主人,二也;主人酢主妇,三也;主人致爵于主妇,四也;主妇酢主人,五也;尸举奠爵酢宾长,六也;宾长献祝,七也;又献佐食,八也;宾又致爵于主人,九也;又致爵于主妇,十也;宾受主人酢,十一也。愚案:自主妇致爵主人以下,皆所谓均神惠于室中者,约略分之为六节。○宾献尸,尸暂止爵。

②为主人铺之,西面。席自房来。

[1]祝,阮刻本《仪礼注疏》作"洗",附校勘记:"徐本同,《集释》、《通解》、杨、敖、毛本'洗'俱作'祝';张氏曰:'经曰"献洗及佐食",巾箱、杭本"洗"作"况",监本作"祝",从监本'。"

③主妇拜，拜于北面也。今文曰“主妇洗酌爵”。

④初，赞亚献也。主妇荐两豆笾，东面也。

⑤佐食设之。

⑥绝肺祭之者，以离肺长也。《少仪》曰：“牛羊之肺，离而不提心。”豕亦然。捝，拭也。捝手者，为绝肺染污也。刌肺不捝手。古文“捝”皆作“说”。

⑦于席末坐卒爵，敬也。一酌而备，再从而次之，亦[1]均。

⑧○主妇致爵于主人，因自酢。

⑨主人更爵自酢，男子不承妇人爵也。《祭统》曰：“夫妇相授受，不相袭处，酢必易爵，明夫妇之别。”今文“授”为“受”[2]。○主人致爵于主妇，更爵自酢。

⑩宾也，谓三献者，以事命之。作，起也。旧说云：“宾入户北面，曰皇尸请举爵。”

⑪○宾作爵，尸酢宾，其酢当亦祝酌、尸拜送。

⑫○宾献祝及佐食。

⑬洗乃致爵，为异事新之。燔从皆如初者，如亚献及主人主妇致爵也。凡献佐食皆无从。其荐俎，献兄弟，以齿设之。宾更爵自酢，亦不承妇人爵[3]。○宾致爵主人主妇，更爵自酢。

主人降阼阶，西面拜宾如初，洗。①宾辞洗。卒洗。揖、让、升酌，西阶上献宾。宾北面拜受爵。主人在右答拜。②荐脯醢，设折俎。③宾左执爵，祭豆，奠爵，兴，取肺，坐绝祭，哜之，兴，加于俎，坐捝手，祭酒，卒爵拜。主人答拜受爵，酌，酢。奠爵拜，宾答拜。④主人坐祭，卒爵拜。宾答拜，揖，执祭以

[1]亦，阮刻本《仪礼注疏》作“示”，附校勘记：“徐本、杨氏俱作‘示’，与此本标目合，《集释》、《通解》、毛本俱作‘亦’，卢文弨云‘示非，疏甚明’。”

[2]“今文授为受”五字，阮刻本《仪礼注疏》作“古文更为受”，附校勘记：“徐本、《集释》同，毛本‘古文更’作‘今文授’。”

[3]“亦不承妇人爵”下，阮刻本《仪礼注疏》有“今文曰洗致，古文更为受”十字，附校勘记：“毛本脱，徐本、《集释》俱有，与此本标目合，《通解》无。”

降，西面奠于其位。位如初，荐俎从设。⑤众宾升，拜受爵，坐祭立饮。荐俎设于其位，辩。主人备答拜焉。降，实爵于篚。⑥尊两壶于阼阶东，加勺，南枋。西方亦如之。⑦主人洗觯，酌于西方之尊，西阶前北面酬宾。宾在左。⑧主人奠觯拜。宾答拜。主人坐祭，卒觯拜。宾答拜。主人洗觯，宾辞，主人对。卒洗，酌，西面，宾北面拜。⑨主人奠觯于荐北。⑩宾坐取觯，还东面拜。主人答拜。宾奠觯于荐南，揖，复位。⑪主人洗爵，献长兄弟于阼阶上。如宾仪。⑫洗，献众兄弟。如众宾仪。⑬洗，献内兄弟于房中。如献众兄弟之仪。⑭主人西面答拜，更爵，酢。卒爵，降，实爵于篚，入，复位。⑮

右献宾与兄弟

①拜宾而洗爵，为将献之。如初[1]视濯时，主人再拜，宾答拜，三拜众宾，众宾答再拜者。○此下献宾、献众宾、设尊酬宾、献长兄弟、献众兄弟、献内兄弟，凡六节。以三献尸讫，事神礼成，顺神意以达惠。六节共为一科。其设尊两阶，先以酬宾，又所以为旅酬发端也。

②就宾拜者，此礼不主于尊也。宾卑则不专阶。主人在右，统于其位[2]。

③凡节解者皆曰折俎。不言其体，略。云折俎，非贵体也。上宾骼，众宾仪，公有司设之。

④主人酌自酢者，宾不敢敌主人，主人达其意。

⑤位如初，复其位东面。《少牢馈食礼》"宰夫执荐以从设于祭东，司士执俎以从设于荐东"，是则皆公有司为之与？○宾位在西阶下东面，今受献于西阶上，言位如初，明复西阶下东面位也。

⑥众宾立饮，贱，不备礼。《乡饮酒记》曰："立卒爵者不拜既爵。"备，尽，尽人之答拜。○献宾及众宾。

---

[1]"初"下，阮刻本《仪礼注疏》有"如"字，附校勘记："徐本、《集释》、杨、敖同，毛本、《通解》无下'如'字。"

[2]"统于其位"下，阮刻本《仪礼注疏》有"今文无洗"四字，附校勘记："毛本脱，徐本、《集释》俱有，《通解》无，按疏标目无。"

⑦为酬宾及兄弟，行神惠。不酌上尊，卑，异之，就其位尊之。两壶皆酒，优之，先尊东方，示惠由近。《礼运》曰："澄酒在下。"

⑧先酌西方者，尊宾之义。

⑨西面者，乡宾位立于西阶之前，宾所答拜之东北。

⑩奠酬于荐左，非为其不举，行神惠不可同于饮酒。

⑪还东面，就其位荐西。奠觯荐南，明将举。○疏曰：云"揖复位"者，则初奠时少南于位可知。云"还东面"者，则初宾坐取觯荐东西面可知。故郑注云"还东面，就其位荐西"也。○设尊酬宾，以启旅酬。

⑫酬宾乃献长兄弟者，献之礼成于酬，先成宾礼，此主人之义。亦有荐脀设于位，私人为之与？○疏云：长兄弟初受献于阼阶上，时亦荐脯醢、设折俎于阼阶上，祭讫乃执以降，设于下位。皆当如宾仪。愚案：注、疏皆不言酢，既云"如宾仪"，当亦主人自酢也。

⑬献卑而必为之洗者，显神惠。此言如众宾仪，则如献众宾洗明矣。○献长兄弟及众兄弟。

⑭内兄弟，内宾、宗妇也。如众兄弟，如其拜受、坐祭立饮、设荐俎于其位。而立内宾位在房中之尊北，不殊其长，略妇人也。《有司彻》曰："主人洗，献内宾于房中，南面拜受爵。"○下《记》云："尊两壶于房中西墉下，南上。内宾立于其北，东面南上；宗妇北堂，东面北上。"注引《有司彻》，见拜受爵面位与彼同也。

⑮爵辩乃自酢，以初不殊其长也。内宾之长亦南面答拜。○献内兄弟。

长兄弟洗觚，为加爵，如初仪。不及佐食。洗、致如初，无从。①

右长兄弟加爵

①大夫士三献而礼成，多之为加也。不及佐食，无从，杀也。致，致于主人、主妇。○此三献之外，复为加爵。云"如初仪"者，如宾长三献之仪。但宾长献十一爵，此长兄弟加献唯六爵。洗觚献尸，一也；尸酢长兄弟，二也；献祝，三也；致爵主人，四也；致爵主妇，五也；受主人酢，六也。

众宾长为加爵，如初。爵止。①

右众宾长加爵

①尸爵止者，欲神惠之均于在庭。○此众宾长为加爵。云“如初”，亦如宾长三献。但尸受爵祭啐之后，即止而不饮，待旅酬西阶一觯毕，加爵者乃请尸举爵。众宾长非三献之宾，在庭众宾中之长者也。

嗣举奠。盥，入，北面再拜稽首。①尸执奠。进受，复位，祭酒，啐酒。尸举肝。举奠左执觯，再拜稽首，进受肝，复位，坐食肝，卒觯拜。尸备答拜焉。②举奠洗，酌，入。尸拜受。举奠答拜。尸祭酒，啐酒，奠之。举奠出，复位。③

右嗣举奠、献尸

①嗣，主人将为后者。举，饮酒[1]也。使嗣子饮奠者，将传，重累之者。大夫之嗣子不举奠，辟诸侯。○此下言主人嗣子饮奠献尸。举奠者举前阴厌时祝所奠于铏南之爵而饮之。举奠本言其事，下文遂以目其人，谓嗣为举奠。

②食肝，受尊者赐，不敢余也。备，犹尽也，每拜答之。以尊者与卑者为礼，略其文耳。古文“备”为“复”。

③啐之者，答其欲酢己也。奠之者，复神之奠觯。嗣齿于子姓，凡非主人，升降自西阶。

兄弟弟子洗，酌于东方之尊，阼阶前北面举觯于长兄弟。如主人酬宾仪。①宗人告祭脀。②乃羞。③宾坐取觯，阼阶前北面酬长兄弟。长兄弟在右。④宾奠觯拜。长兄弟答拜。宾立卒觯，酌于其尊，东面立。长兄弟拜受觯。宾北面答拜，揖，复位。⑤长兄弟西阶前北面。众宾长自左受旅如初。⑥长兄弟卒觯，酌于其尊，西面立。受旅者拜受。长兄弟北面答拜，揖，复位。众宾

---

[1]“饮酒”二字，阮刻本《仪礼注疏》作“犹饮”，附校勘记：“‘犹饮’，陈、闽、监、葛俱误作‘饮酒’。”

及众兄弟交错以辩，皆如初仪。⑦为加爵者作止爵，如长兄弟之仪。⑧长兄弟酬宾，如宾酬兄弟之仪，以辩。卒受者实觯于篚。⑨宾弟子及兄弟弟子洗，各酌于其尊，中庭北面西上，举觯于其长。奠觯拜。长皆答拜。举觯者祭，卒觯拜。长皆答拜。举觯者洗，各酌于其尊，复初位。长皆拜。举觯者皆奠觯于荐右。⑩长皆执以兴。举觯者皆复位，答拜。长皆奠觯于其所，皆揖其弟子，弟子皆复其位。⑪爵皆无算。⑫

右旅酬

①弟子，后生也。○此下言旅酬。前主人酬宾，已举西阶一觯，此弟子复举东阶一觯，皆为旅酬启端。因于此时告祭设羞，先旅西阶一觯，加爵者即作止爵，次旅东阶一觯，又次并旅东西二觯，而神惠均于在庭矣。凡六节。○兄弟弟子举觯。

②胥，俎也。所告者，众宾、众兄弟、内宾也。献时设荐俎于其位，至此礼又杀，告之祭，使成礼也。其祭皆离肺，不言祭豆，可知。

③羞，庶羞也，下尸，胾醢豆而已。此所羞者，自祝、主人至于内宾，无内羞。○告宾祭，设庶羞。

④荐南奠觯。○宾所取者，主人所用酬宾，宾奠于荐南者也。疏曰：宾主相酬，主人常在东。其同在宾中，则受酬者在左。

⑤其尊，长兄弟尊也。此受酬者拜亦北面。○长兄弟尊，阼阶东之尊也。疏云：旅酬无算爵，以饮者酬己尊，酬人之时酌彼尊。

⑥旅，行也。受行酬也。初宾酬长兄弟。

⑦交错，犹言东西。○旅西阶一觯。

⑧于旅酬之间言作止爵，明礼杀并作。○如长兄弟之仪，其受尸酢、献祝、致爵主人主妇、受主人酢皆同也。前作止爵待致爵讫，此作止爵在旅酬之间，故注云"礼杀并作"。○作止爵。

⑨长兄弟酬宾，亦坐取其奠觯。此不言交错以辩，宾之酬不言卒受者实觯于篚，明其相报，礼终于此，其文省。○此所举奠觯，即上弟子举于其长者也。○旅阼阶一觯。

⑩奠觯，进奠之于荐右，非神惠也。今文曰“奠于荐右”。○宾弟子、兄弟弟子各举觯于其长，将交相酬，为无算爵也。

⑪复其位者，东西面位。弟子举觯于其长，所以序长幼、教孝弟。凡堂下拜亦皆北面。

⑫算，数也。宾取觯酬兄弟之党，长兄弟取觯酬宾之党，唯己所欲，亦交错以辩，无次第之数。因今接会，使之交恩定好，优劝之。○二觯并举，为无算爵。

利洗散，献于尸，酢。及祝，如初仪。降，实散于篚。①

右佐食献尸

①利，佐食也。言利，以今进酒也。更言献者，以利待尸礼将终，宜一进酒，嫌于加爵，亦当三也。不致爵，礼又杀也。○以进酒名利，利者，养也。

主人出，立于户外西南。①祝东面告利成。②尸谡，祝前，主人降。③祝反，及主人入，复位。命佐食徹尸俎，俎出于庙门。④徹庶羞，设于西序下。⑤

右尸出归尸俎徹庶羞

①事尸礼毕。

②利，犹养也。供养之礼成。不言礼毕，于尸闲[1]之嫌。○疏曰：《少牢》云：“主人出，立于阼阶上南面；祝出，立于西阶上东面。祝告曰利成。”此户外告利成，彼阶上告利成，以尊者稍远于尸。若天子诸侯礼毕，于堂下告利成。

③谡，起也。前，犹导也。《少牢馈食礼》曰：“祝入，尸谡，主人降立于阼阶东，西面。祝先，尸从，遂出于庙门。”前尸之义，《士虞礼》备矣。○《士虞礼》有室中出户降阶出庙前尸之事，故云“备矣”。

④俎，所以载肵俎。《少牢馈食礼》曰：“有司受，归之。”

⑤为将馂去之。庶羞主为尸，非神馔也。《尚书传》曰：“宗室有事，族

[1]闲，阮刻本《仪礼注疏》作“间”。

人皆侍终日。大宗已侍于宾奠，然后燕私。燕私者何也？已而与族人饮也。”此徹庶羞置西序下者，为将以燕饮与？然则自尸、祝至于兄弟之庶羞，宗子以与族人燕饮于堂；内宾、宗妇之庶羞，主妇以燕饮于房。

筵对席，佐食分簋、铏。①宗人遣举奠及长兄弟盥，立于西阶下，东面北上。祝命尝食。餕者、举奠许诺，升入，东面。长兄弟对之。皆坐，佐食授举各一肤。②主人西面再拜。祝曰："餕有以也。"两餕奠举于俎，许诺，皆答拜。③若是者三。④皆取举，祭食，祭举乃食。祭铏，食举。⑤卒食。主人降，洗爵。宰赞一爵。主人升，酌，酳上餕。上餕拜受爵。主人答拜。酳下餕亦如之。⑥主人拜。祝曰："酳有与也。"如初仪。⑦两餕执爵拜。⑧祭酒，卒爵拜。主人答拜。两餕皆降，实爵于篚。⑨上餕洗爵，升酌，酢主人。主人拜受爵。⑩上餕即位坐，答拜。⑪主人坐祭，卒爵拜。上餕答拜受爵，降，实于篚。⑫主人出，立于户外西面。⑬

右嗣子、长兄弟餕。〇愚于此节不能无疑：嗣子，子也。主人拜祝拜酳拜受酢，如事严宾然，为之子者何以安乎

①为将餕分之也。分簋者，分敦黍于会，为有对也。敦，有虞氏之器也。周制士用虞[1]，变敦言簋，容同姓之士得从周制耳。《祭统》曰："餕者，祭之末也，不可不知也。是故古之人有言曰：善终者如始，餕其是已。是故古之君子曰：尸亦餕鬼神之余也，惠术也，可以观政矣。"〇此下言嗣子共长兄弟对餕。"筵对席"者，对尸席而设筵，以待下餕也。上餕坐尸席，东向，此在其东，西向。

②命，告也。士使嗣子及兄弟餕，其惠不过族亲。古文"餕"皆作"餕"。〇《少牢》大夫则二佐食及二宾长餕。命尝食即命餕也。〇餕，子峻反。

[1] 虞，阮刻本《仪礼注疏》作"之"，附校勘记："徐本、《集释》、《通解》、杨氏同，毛本'之'作'虞'。"

③以，读如“何其久也，必有以也”之“以”。祝告餕，释辞以戒之，言女餕此[1]，当有所以也，以先祖有德而享于此祭。其坐餕其余，亦当以之也。《少牢馈食礼》不戒者，非亲昵也。旧说曰：“主人拜下餕席南。”

④丁宁戒之。○谓告者三，诺者三，拜者三。

⑤食乃祭铏，礼杀。○前正祭之时，尸祭铏乃尔黍食之。○餕食。

⑥《少牢馈食礼》曰：“赞者洗三爵，酌，主人受于户内，以授次餕。”旧说云：“主人北面授下餕爵。”○引《少牢》者，欲见此亦主人受于户内以授下餕。

⑦主人复拜，为戒也。与，读如“诸侯以礼相与”之“与”。言女酳此，当有所与也。与者，与兄弟也。既知似先祖之德，亦当与女兄弟。谓教化之。○“诸侯以礼相与”，《礼运》文。彼言诸侯会同聘问，一德以尊天子。此戒嗣子与长兄弟及众兄弟相教化，相与以尊先祖之德也。

⑧答主人也。○上文曰“如初仪”，当亦三告三诺，则拜亦当三拜也。

⑨○酳餕。

⑩下餕复兄弟位，不复升也。

⑪既授爵户内，乃就坐。

⑫○上餕酢主人。

⑬事馂者礼毕。

祝命徹阼俎、豆、笾，设于东序下，①祝执其俎以出，东面于户西。②宗妇徹祝豆、笾，入于房，徹主妇荐俎。③佐食徹尸荐、俎、敦，设于西北隅，几在南，厞用筵，纳一尊。佐食闔牖户，降。④祝告利成，降出。主人降，即位。宗人告事毕。

右改馔阳厌

①命，命佐食。阼俎，主人之俎。宗妇不徹豆、笾，徹礼略，各有为而已。设于东序下，亦将燕也。○此下言徹荐、俎，改设馔，为阳厌。

[1] “此”上，阮刻本《仪礼注疏》有“于”字，附校勘记：“徐本、杨氏同，《集释》‘于’作‘乎’，《通解》、毛本无‘于’字。”

②俟告利成。《少牢》下篇曰："祝告利成，乃执俎以出。"

③宗妇既并徹，徹其卑者。《士虞礼》曰："祝荐、席徹入于房。"

④厞，隐也。不知神之所在，或诸远人乎？尸谡而改馔，为幽闇，庶其飨之，所以为厌饫。《少牢馈食礼》曰："南面如[1]馈之设。"此所谓当室之白，阳厌也。则尸未入之前为阴厌矣。《曾子问》曰："殇不备祭，何谓阴厌、阳厌也？"○室中未饕前，先已徹去庶羞。此时佐食又徹阼俎、豆、笾，祝自执其俎出，宗妇又徹祝豆、笾入房，唯余尸两荐、豆三、俎各三个、两敦、两铏，自西南隅改馔于西北隅，为阳厌也。疏云：引《少牢》者，见彼大夫礼阳厌南面。此士礼东面。虽面位不同，当室之白则同。又云：祭于奥中，不得户明，故名阴厌。改馔西北隅，以向户明，故为阳厌。○厌，一艳反。

宾出，主人送于门外，再拜。①佐食徹阼俎，堂下俎毕出。②

右礼毕送宾

①拜送宾也。凡去者不答拜。

②记俎出节。兄弟及众宾自徹而出，唯宾俎有司徹归之，尊宾者。○方祝命佐食徹阼俎之时，堂下众俎毕出，先徹室中，乃徹堂下，故云"记俎出节"也。

记

特牲馈食，其服皆朝服、玄冠、缁带、缁韠。①唯尸、祝、佐食玄端、玄裳，黄裳、杂裳可也，皆爵韠。②

记祭时衣冠

①于祭服此也。皆者，谓宾及兄弟。筮日、筮尸、视濯亦玄端，至祭而朝服。朝服者，诸侯之臣与其君日视朝之服，大夫以祭。命[2]宾、兄弟，缘孝

[1] 如，阮刻本《仪礼注疏》作"而"，附校勘记："徐本、《要义》同，《集释》、《通解》、杨氏、毛本'而'俱作'如'，按古书假借通用，后人多改从本字，间有一二存者，宜仍其旧。"

[2] 命，阮刻本《仪礼注疏》作"今"，附校勘记："徐本、《集释》、杨氏同，《通解》、毛本'今'作'命'。"

子欲得嘉宾尊客以事其祖祢，故服之。缁韠者，下大夫之臣。“夙兴，主人服如初”，则固玄端。

②与主人同服。《周礼》士之齐服有玄端、素端，然则玄裳上士也，黄裳中士，杂裳下士。

设洗，南北以堂深，东西当东荣。①水在洗东。②篚在洗西，南顺，实二爵、二觚、四觯、一角、一散。③壶、棜禁馔于东序，南顺。覆两壶焉，盖在南。明日卒奠，幂用绤，即位而彻之，加勺。④笾，巾以绤也，纁里。枣烝，栗择。⑤铏芼用苦若薇，皆有滑。夏葵，冬荁。⑥棘心匕，刻。⑦牲爨在庙门外东南，鱼、腊爨在其南，皆西面。饎爨在西壁。⑧肵俎，心、舌皆去本末，午割之，实于牲鼎，载，心立，舌缩俎。⑨宾与长兄弟之荐自东房，其余在东堂。⑩

记器具品物陈设之法

①荣，屋翼也。

②祖天地之左海。

③顺，从也。言南从，统于堂也。二爵者，谓宾献爵止，主妇当致也。二觚，长兄弟酌[1]众宾长为加爵，二人班同，迎[2]接并也。四觯，一酌奠，其三，长兄弟酬宾，卒受者与宾弟子、兄弟弟子举觯于其长，礼杀，事相接。《礼器》曰：“贵者献以爵，贱者献以散，尊者举觯，卑者举角。”旧说云：“爵一升，觚二升，觯三升，角四升，散五升。”

④覆壶者，盝沥水，宜[3]为其不宜尘。幂用绤，以其坚洁。禁言棜者，祭尚厌饫，得与大夫同器，不为神戒也。○覆壶者，谓倒置其壶，口下腹上，

[1]酌，阮刻本《仪礼注疏》作“酬”，附校勘记：“徐本、《要义》、杨氏俱作‘酬’，《集释》作‘及’，《通解》、毛本作‘酌’，周学健云‘“及”，监本作“酌”，杨氏《仪礼图》作“酬”，并讹，推寻文义应作“及”字为是’。”

[2]迎，阮刻本《仪礼注疏》作“宜”，附校勘记：“徐本、《集释》、《要义》、杨氏同，《通解》、《毛本》‘宜’作‘迎’。”

[3]宜，阮刻本《仪礼注疏》作“且”，附校勘记：“徐本、《释文》、《集释》、《通解》、杨、敖俱作‘且’是也，陈、闽、监、葛俱误作‘宜’，毛本作‘盝’。”

以漉涤濯之水，且免尘坋。至明日尊于户东时，始注酒其中。盖在南，盖即绤幂，未奠不设幂，卒奠乃设之。奠者，祝洗酌奠铏南也。即位，尸即席也。

⑤笾有巾者，果实之物多皮核，优尊者，可烝裹[1]之也。烝、择互文。旧说云："纁里者皆玄被。"

⑥苦，苦荼也。荁，堇属，干之，冬滑于葵。《诗》云："周原膴膴，堇荼如饴。"云[2]今文"苦"为"芐"，芐乃地黄，非也。

⑦刻若今龙头。

⑧饎，炊也。西壁，堂之西墙下。旧说云："南北直屋梠，稷在南。"

⑨午割，从横割之，亦勿没，立、缩，顺其牲。心、舌，知食味者，欲尸之飨此祭，是以进之。

⑩东堂，东夹之前，近南。〇疏曰：其余，谓众宾兄弟之荐也。

沃尸。盥者一人，奉盘者东面，执匜者西面，淳沃，执巾者在匜北。①宗人东面取巾，振之三，南面授尸，卒，执巾者受。②尸人，主人及宾皆辟位。出亦如之。③

记事尸之礼

①匜北，执匜之北，亦西面。每事各一人。淳沃，稍注之。今文"淳"作"激"。

②宗人代授巾，庭长尊。

③辟位，逡遁。

嗣举奠，佐食设豆盐。①佐食当事则户外南面，无事则中庭北面。②凡祝呼，佐食许诺。③宗人献与旅，齿于众宾。④佐食于旅，齿于兄弟。

记佐食所事因及宗人、佐食齿列

①肝宜盐也。

---

[1] 裹，阮刻本《仪礼注疏》同，附校勘记："徐本作'里'，下同，《释文》、《集释》、《通解》、杨氏、毛本俱作'裹'，按当作'裹'。"

[2] 云，阮刻本《仪礼注疏》无。

②当事，将有事而未至。

③呼，犹命也。

④尊庭长，齿从其长幼之次。

尊两壶于房中西牖下，南上。①内宾立于其北，东面南[1]上。宗妇北堂，东面北上。②主妇及内宾、宗妇亦旅，西面。③宗妇赞荐者，执以坐于户外，授主妇。

记设内尊与内兄弟面位、旅酬、赞荐诸仪

①为妇人旅也。其尊之节亚西方。○尊之亚西方者，谓设尊两阶时，先阼阶，次西方，又次乃于房中，故云“亚也”。

②二者所谓内兄弟。内宾，姑姊妹也。宗妇，族人之妇，其夫属于所祭为子孙。或南上，或北上，宗妇宜统于主妇，主妇南面。北堂，中房而北。○姑姊妹，宾类，自取《曲礼》云“东乡西乡，以南方为上”。宗妇取统于主妇，主妇北堂南面故也。

③西面者，异于献也。男子献于堂上，旅于堂下；妇人献于南面，旅于西面。内宾象众宾，宗妇象兄弟，其节与其仪依男子也。主妇酬内宾之长，酌奠于荐左，内宾之长坐取奠于右。宗妇之娣妇举觯于其姒妇，亦如之。内宾之长坐取奠觯酬宗妇之姒，交错以辩。宗妇之姒亦取奠觯酬内宾之长，交错以辩。内宾之少者、宗妇之娣妇各举觯于其长，并行交错无算。其拜及饮者皆西面，主妇之东南。

尸卒食，而祭饎爨、雍爨。①

记祭灶之节

①雍，孰肉。以尸享祭，灶有功也。旧说云：“宗妇祭饎爨，亨者祭雍爨，用黍、肉而已，无笾、豆、俎。”《礼器》曰：“燔燎于爨。夫爨者，老妇之祭，盛于盆，尊于瓶。”

[1]南，阮刻本《仪礼注疏》作“西”，附校勘记：“徐本同，《集释》、《通解》、《要义》、杨、敖、毛本‘西’俱作‘南’，张氏曰：‘监、巾箱、杭本“西”作“南”，从诸本’。”

宾从尸，俎出庙门，乃反位。①

记宾送尸反位之节

①宾从尸，送尸也。士之助祭，终其事也。俎，尸俎也。宾既送尸，复入反位者，宜与主人为礼乃去之。

尸俎：右肩、臂、臑、肫、胳、正脊二骨、横脊、长胁二骨、短胁。①肤三，②离肺一，③刌肺三，④鱼十有五，⑤腊如牲骨。⑥祝俎：髀、脡脊二骨、胁二骨。⑦肤一，离肺一。阼俎：臂、正脊二骨、横脊、长胁二骨、短胁。⑧肤一，离肺一。主妇俎：觳折，⑨其余如阼俎。⑩佐食俎：觳折、脊、胁。⑪肤一，离肺一。宾，骼。长兄弟及宗人，折，其余如佐食俎。⑫众宾及众兄弟、内宾、宗妇，若有公有司、私臣，皆殽脀，⑬肤一，离肺一。

记诸俎牲体之名数

①尸俎，神俎也。士之正祭礼九体，贬于大夫。有并骨二，亦得十一之名，合少牢之体数。此所谓放而不致者。凡俎食[1]之数奇，脊无中，胁无前，贬于尊者。不贬正脊，不夺正也。正脊二骨、长胁二骨者，将举于尸，尸食未饱，不欲空神俎。○“放而不致”，《礼器》文。

②为羞用二、厌饫一也。

③离犹痊也。小而长，午割之，亦不提心，谓之举肺。

④为尸、主人、主妇祭。今文“刌”为“切”。

⑤鱼，水物，以头枚数，阴中之物，取数于月十有五日而盈。《少牢馈食礼》亦云“十有五”，而俎尊卑同，此所谓经而等也。○“经而等”，亦《礼器》文。

⑥不但言体，以有一骨二骨者。

⑦凡接于神及尸者，俎不过牲三体。以特牲约，加其可并者二，亦得奇名。《少牢馈食礼》羊、豕各三体。○疏云：加其可并者二骨者，是尊祝也。

[1] 食，阮刻本《仪礼注疏》作“实”，附校勘记：“徐、陈、《集释》、《通解》、杨氏俱作‘实’，与此本、《述注》合，毛本作‘食’，下同。”

⑧主人尊，欲其体得祝之加数五体，又于[1]可并者二，亦得奇名。臂，左体臂。

⑨觳，后足。折，分后右足以为佐食俎。不分左臑折，辟大夫妻[2]。

⑩余谓脊、胁、肤、肺。

⑪三体，卑者从正。

⑫骼，左骼也。宾俎全体，尊宾。不用尊体，为其已甚，卑而全之，其宜可也。长兄弟及宗人折，不言所分，略之。

⑬又略。此所折骨，直破折余体可殽者升之俎，一而已。不备三者，贱，祭礼接神者贵。凡骨有肉曰殽。《祭统》曰："凡为俎者，以骨为主，贵者取贵骨，贱者取贱骨。贵者不重，贱者不虚，示均也。俎者，所以惠之，必均也。善为政者如此，故曰见政事之均焉。"公有司，亦士之属，命于君者也。私臣，自己所辟除者。

公有司门西北面东上，献次众宾；私臣门东北面西上，献次兄弟。升受降饮。①

记群吏面位、献法

①献在后者，贱也。祭祀有上事者，贵之，亦皆与旅。○上事，堂上之事。群吏中择取为宾、为众宾，是皆有上事者。在门外时，同在门西东面北上。及其入，宾与众宾适西阶以俟行事，其不在选中者则北面。如此《记》所陈，其得献之序，或次众宾，或次兄弟也。亦皆与旅，谓此二等得献虽后，与旅则同也。

[1] 于，阮刻本《仪礼注疏》作"加"，附校勘记："徐本、《集释》、杨氏同，毛本'加'作'于'，《通解》'加'字在'于'字下。"

[2] "辟大夫妻"下，阮刻本《仪礼注疏》有"古文觳皆作谷"六字，附校勘记："张氏曰'监本"辟"误作"臂"字'，下六字毛本脱，徐本、《集释》俱有，与此本标目合。"

卷十六　少牢馈食礼①

①郑《目录》云：诸侯之卿大夫祭其祖祢于庙之礼。羊、豕曰少牢。《少牢》于五礼属吉礼，《大戴》第八，《小戴》第十一，《别录》第十六。○疏曰：郑知诸侯之卿大夫者，《曲礼下》云"大夫以索牛"，用太牢，是天子卿大夫。明此用少牢为诸侯之卿大夫可知。宾尸是卿，不宾尸为下大夫为异也。

少牢馈食之礼。①日用丁、己。②筮旬有一日。③筮于庙门之外，主人朝服西面于门东，史朝服，左执筮，右抽上韇，兼与筮执之，东面受命于主人。④主人曰："孝孙某，来日丁亥，用荐岁事于皇祖伯某，以某妃配某氏。尚飨！"⑤史曰："诺。"西面于门西抽下韇，左执筮，右兼执韇，以击筮。⑥遂述命曰："假尔大筮有常，孝孙某，来日丁亥，用荐岁事于皇祖伯某，以某妃配某氏，尚飨！"⑦乃释韇，立筮。⑧卦者在左，坐卦以木。卒筮，乃书卦于木，示主人，乃退占。⑨吉，则史韇筮，史兼执筮与卦，以告于主人"占曰从"，⑩乃官戒，宗人命涤，宰命为酒，乃退。⑪若不吉，则及远日，又筮日如初。⑫

右筮祭日

①礼，将祭祀，必先择牲，系于牢而刍之。羊豕曰少牢，诸侯之卿大夫祭宗庙之牲。○疏曰：自此尽"如初"，论卿大夫祭前十日先筮日之事。又云："羊豕曰少牢"者，对三牲具为太牢，但非一牲即得牢称，一牲即不得牢名，可言特牲也。○少，诗召反。

②内事用柔日。必丁、己者，取其令名。自丁宁、自变改，皆为敬谨[1]。必先诹此日，明日乃筮。○己音纪。

[1] 敬谨，阮刻本《仪礼注疏》作"谨敬"。

③旬，十日也。以先月下旬之己，筮来月上旬之己。○注言己以例丁。言上旬者，先近日也。

④史，家臣主筮事者。○疏云：主人朝服者，为祭而筮，还服祭服。○朝，直遥反。韇，徒木反。

⑤丁未必亥也，直举一日以言之耳。《禘于太庙礼》曰："日用丁亥。不得丁亥则己亥、辛亥亦用之。无，则苟有亥焉可也。"荐，进也，进岁时之祭事也。皇，君也。伯某，且字也。大夫或因字为谥，《春秋传》曰鲁"无骇卒，请谥与族，公命之以字，为展氏"是也。若[1]仲、叔、季，亦曰仲某、叔某、季某。某妃，某妻也。合食曰配。某氏，若言姜氏、子氏也。尚，庶几。飨，歆也。○疏云：禘于太庙，"日用丁亥"，《大戴礼》文。"不得丁亥，则己亥、辛亥亦用之"者，以吉事先近日，惟用上旬。若上旬内不得丁、己配亥，苟有亥焉可也。若并无亥，则余阴辰亦用之，《春秋》所书"有事太庙"固不尽丁、己配亥也。经云"伯某"，是正祭之称，若时有告请，而非常祭祀，则去"伯"直云且字，言"某甫"。卿大夫无谥，正祭与非常祭一皆言五十字，在"子"上，与士正祭礼同，直云"某子"，《聘礼记》"皇考某子"是也。若士告请之祭，则称且字。○注"伯某，且字也"，以其字无可指，故且言"某"以拟之，"且"者，聊且，解经言"某"之意也，非谓人之字为且字也。疏乃云如何祭则"直云且字"，如何祭则"言五十字"，似人之字有且、有不且，大失注意矣，此其立言之未善也。《士丧礼》"筮宅"注云："某甫，且字也，若言山甫、孔甫矣。"彼处疏云："孔甫之等是实字，以某甫拟之，是且字。"却甚分明，可以证此处之失。注又云"大夫或因字为谥"，未闻其说。顾炎武云："谥乃氏之讹。郑君因《左氏传》而误耳。"经文"某氏"在"某妃配"之下，文义亦未详。

⑥将问吉凶焉，故击之以动其神。《易》曰："蓍之德圆而神。"○疏云：筮者是蓍，以其用蓍为筮，故名蓍为筮。

⑦述，循也，重以主人辞告筮也。假，借也，言因蓍之灵以问之。常，吉凶之占繇。○注以常为吉凶占繇，谓《易》卦爻之辞。愚详文义，似谓蓍有常德，即知吉知凶之德，所谓圆而神者也。顾炎武云："假，大也。大筮之大音

[1]若，阮刻本《仪礼注疏》作"某"，附校勘记："《集释》、敖氏俱作'其'。"

太。”〇䌛，直又反。

⑧卿大夫之蓍长五尺，立筮由便。〇对士蓍三尺，则坐筮为便。

⑨卦者，史之属也。卦以木者，每一爻，画地以识之，六爻备，书于板，史受以示主人。退占，东面旅占之。

⑩从者，求吉得吉之言。

⑪官戒，戒诸官也。当共祭祀事者，使之具其物且齐也。涤，溉濯祭器，埽除宗庙。

⑫及，至也。远日，后丁若后己。

宿。①前宿一日，宿、戒尸。②明日，朝服[1]筮尸，如筮日之仪[2]。命曰：“孝孙某，来日丁亥，用荐岁事于皇祖伯某，以某妃配某氏，以某之某为尸。尚飨！”筮、卦、占如初。③吉，则乃遂宿尸。祝摈。④主人再拜稽首，祝告曰：“孝孙某，来日丁亥，用荐岁事于皇祖伯某，以某妃配某氏，敢宿！”⑤尸拜，许诺。主人又再拜稽首。主人退，尸送，揖，不拜。⑥若不吉，则遂改筮尸。⑦

右筮尸、宿尸、宿诸官

①宿读为肃，肃，进也。大夫尊，仪益多，筮日既戒诸官以斋戒矣，至前祭一日又戒以进之，使知祭日当来。古文“宿”皆作“羞”。〇疏曰：自此尽“改筮尸”，论筮尸、宿尸及宿诸官之事。云“大夫尊，仪益多”者，大夫宿、戒两有，士有宿而无戒，是仪略。

②皆肃诸官之日。又先肃尸者，重所用为尸者，又为将筮。〇当祭前二日，先戒当为尸者。

③某之某者，字尸父而名尸也。字尸父，尊鬼神也。不前期三日筮尸者，大夫下人君，祭之朝乃视濯，与士异。

④筮吉又遂肃尸，重尸也。既肃尸，乃肃诸官及执事者。祝为摈者。尸，

[1]服，阮刻本《仪礼注疏》无，附校勘记：“按张尔岐谓‘朝’下有‘服’字，石本、监本并脱；今考各本俱无‘服’字。”

[2]仪，阮刻本《仪礼注疏》作“礼”，附校勘记：“《唐石经》、徐本、《集释》、《通解》、敖氏俱作‘礼’，是也；杨氏、毛本作‘仪’。”

神象。

⑤告尸以主人为此事来[1]。

⑥尸不拜者,尸尊。

⑦即改筮之,不及远日。

既宿尸，反为期于庙门之外。①主人门东，南面。宗人朝服北面，曰：“请祭期。”主人曰：“比于子。”②宗人曰：“旦明行事。”主人曰：“诺。”乃退。③

右为祭期

①为期,肃诸官而皆至,定祭早晏之期。为期亦夕时也。言既肃尸反为期,明大夫尊,肃尸而已,其为宾及执事者,使人肃之。○疏曰:自此尽“曰诺乃退”,论宗人请祭期之事。

②比,次。早晏在于子也。主人不西面者,大夫尊,于诸官有君道也。为期亦唯尸不来也。○比,推量也。推量祭时之早晚,唯在于子,子谓宗人。

③旦明,旦日质明。

明日，主人朝服，即位于庙门之外东方南面。宰、宗人西面北上。牲北首东上。司马刲羊，司士击豕。宗人告备。乃退。①雍人摡鼎、匕、俎于雍爨。雍爨在门东南，北上。②廪人摡甑、甗、匕与敦于廪爨，廪爨在雍爨之北。③司宫摡豆、笾、勺、爵、觚、觯、几、洗、篚于东堂下，勺、爵、觚、觯实于篚。卒摡，馔豆、笾与篚于房中，放于西方。设洗于阼阶东南，当东荣。④

右祭日视杀视濯

①刲、击,皆谓杀之。此实既省告备乃杀之。文互者,省文也。《尚书传》[2]:“羊属火,豕属水。”○疏曰:自此尽“东荣”,论视杀视濯之事。又

[1]“来”下,阮刻本《仪礼注疏》有“肃”字,附校勘记:“徐本、《集释》、《要义》、杨氏同,敖氏‘肃’作‘宿’、《通解》、毛本无‘肃’字。”

[2]“尚书传”下,阮刻本《仪礼注疏》有“曰”字。

云：人君视牲、视杀别日，大夫视牲视杀同日。人君杀牲于门内，大夫、士杀于门外。○刲，苦圭反。

②雍人，掌割亨之事者。爨，灶也，在门东南，统于主人，北上。羊、豕、鱼、腊皆有灶，灶西有镬。凡摡者，皆陈之而后告絜。○摡，濯拭之也。

③廪人，掌米入之藏者。甗，如甑，一孔。匕，所以匕黍稷者也。古文"甑"为"烝"。○雍爨以亨牲，廪爨以熟黍稷。○甑，子孕反。甗，鱼展反。敦音对。

④放，犹依也。大夫摄官，司宫兼掌祭器也。○司宫摡此九种祭器，其酌酒之器则实之于篚。西方，房中近西处也。篚谓实酒器者。○放，方往反。

羹定。雍人陈鼎五，三鼎在羊镬之西，二鼎在豕镬之西。①司马升羊右胖，髀不升，肩、臂、臑、膊、胳、正脊一、脡脊一、横脊一、短胁一、正胁一、代胁一，皆二骨以并，肠三、胃三、举肺一、祭肺三，实于一鼎。②司士升豕右胖，髀不升，肩、臂、臑、膊、胳、正脊一、脡脊一、横脊一、短胁一、正胁一、代胁一，皆二骨以并，举肺一、祭肺三，实于一鼎。③雍人伦肤九，实于一鼎。④司士又升鱼、腊，鱼十有五而鼎，腊一纯而鼎。腊用麋。⑤卒脀，皆设扃幂，乃举，陈鼎于庙门之外东方，北面北上。⑥司宫尊两甒于房户之间，同棜，皆有幂。甒有玄酒。⑦司宫设罍水于洗东，有枓；设篚于洗西，南肆。⑧改馔豆、笾于房中南面，如馈之设。实豆、笾之实。⑨小祝设盘、匜与箪、巾于西阶东。⑩

右羹定实鼎、馔器

①鱼、腊从羊，肤从豕，统于牲。○疏曰：自此尽"箪巾于西阶东"，论鼎及豆、笾、盘、匜等之事。

②升，犹上也。上右胖，周所贵也。髀不升，近窍，贱也。肩、臂、臑，肱骨[1]。膊、胳，股骨。脊从前为正，胁旁中为正。脊先前，胁先后，屈而反，犹

[1]"骨"下，阮刻本《仪礼注疏》有"也"字。

器之綍也。并，併也。脊胁骨多，六体各取二骨并之，以多为贵。举肺一，尸食所先举也。祭肺三，为尸、主人、主妇。古文"胖"皆作"辩"，"髀"皆作"脾"。今文"并"皆为"併"。○膊音纯，又《说文》之允反。

③豕无肠、胃，君子不食溷腴。

④伦，择也。肤，胁革肉。择之，取美者。

⑤司士又升，副倅者。合升左右胖曰纯，纯，犹全也。○此司士与前升豕者非一人，故注云是其副贰也。

⑥北面北上，向内相随。古文"幂"皆为"密"。○脀，以牲体实鼎也。○脀，之承反。

⑦房户之间，房西室户东也。棜，无足禁者，酒戒也。大夫去足改名，优尊者，若不为之戒然。古文"甒"皆作"庑"，今文"幂"作"鼏"。

⑧枓，斢水器也。凡设水用罍，沃盥用枓，礼在此也。○篚中实勺、爵、觚、觯。郑云"礼在此"者，谓全经中言设水之法，其文详于此也。○枓音主。斢，九于反。

⑨改，更也。为实之更之，威仪多也。如馈之设，如其陈之左右也。馈设东面。○此承上文，亦司宫为之。前馔豆、笾房中，依于西方，今欲实之，乃更陈，如馈时之次第也。豆、笾之实，谓菹、醢等。

⑩为尸将盥。

主人朝服，即位于阼阶东，西面。①司宫筵于奥，祝设几于筵上，右之。②主人出迎鼎，除鼏。士盥，举鼎。主人先入。③司宫取二勺于篚，洗之，兼执以升。乃启二尊之盖幂，奠于棜上，加二勺于二尊，覆之，南柄。④鼎序入，雍正执一匕以从，雍府执四匕以从，司士合执二俎以从，司士赞者二人皆合执二俎以相，从入。⑤陈鼎于东方，当序南，于洗西。皆西面北上，肤为下。匕皆加于鼎，东枋。⑥俎皆设于鼎西，西肆。肵俎在羊俎之北，亦西肆。⑦宗人遣宾就主人，皆盥于洗，长朼。⑧佐食上利升牢，心、舌载于肵俎。心皆安下切上，午割勿没，其载于肵俎，末在上。舌皆切本末，亦午割勿没，其载于肵横之。皆如初为之于爨也。⑨佐食迁肵俎于阼阶西，西缩，乃反。佐食二人上利升羊，载右胖，髀不升，肩、臂、臑、膞、胳、正脊一、脡脊一、横脊一、短胁一、正胁一、代胁一，皆二骨以并；肠三、胃三，长皆及俎拒；举肺一，长终肺；祭肺三，皆切。肩、臂、臑、膞、胳在两端。脊、胁、肺、肩在上。⑩下利升豕，其载如羊，无肠、胃。体其载于俎，皆进下。⑪司士三人，升鱼、腊、肤。鱼用鲋，十有五而俎。缩载，右首进腴。⑫腊一纯而俎，亦进下，肩在上。⑬肤九而俎，亦横载，革顺。⑭

右将祭即位设几、加勺、载俎

①为将祭也。○疏曰：自此尽"革顺"，论祭时将至，布设举鼎上[1]载之事。

②布陈神坐也。室中西南隅谓之奥。席东面，近南为右。

③道之也。主人不盥不举。○士礼自举鼎则盥。

④二尊，两甒也。今文"柄"为"方"[2]。○勺，以挹酒者。

⑤相，助。

⑥肤为下，以其加也。南于洗西，陈于洗西南。○既有豕鼎，复取肤别为一鼎，故谓之加也。

⑦肵俎在北，将先载也。异其设文，不当鼎。

⑧长朼者，长宾先，次宾后也。主人不朼，言就主人者，明亲临之。古文"朼"作"匕"。

⑨牢，羊、豕也。安，平也。平割其下，于载便也。凡割本末，食必正也。午割，使可绝[3]。勿没，为其分散也。肵之为言敬也，所以敬尸也。周礼，祭尚肺，事尸尚心、舌。心、舌知滋味。今文"切"皆为"刌"。

[1] 上，阮刻本《仪礼注疏》作"匕"。
[2] "今文柄为方"五字，阮刻本《仪礼注疏》作"今文'启'为'开'，古文柄皆为枋"，附校勘记："徐本、《集释》俱如是，'枋'与此本标目合；毛本脱六字，又误'枋'为'方'；按《释文》有'作枋'二字。"
[3] "绝"下，阮刻本《仪礼注疏》有"也"字。

⑩升之以尊卑，载之以体次，各有宜也。拒，读为“介距”之“距”。俎距，胫中当横节也。凡牲体之数及载，备于此。○“脊、胁、肺、肩在上”，“肩”字殆误。唐石本、吴澄本并同。今按：上文已言“肩”，不当重出，且遗“胃”，则“肩”字即“胃”字之误可知。

⑪进下，变于食生也。所以交于神明，不敢以食道，敬之至也。《乡饮酒礼》进腠。羊次其体，豕言进下，互相见。○食生人之法，进腠。腠，骨之本。下，骨之末。“进下”者，以骨之末向神也。○腠，千候反。

⑫右首进腴，亦变于食生也。《有司》载鱼横之，《少仪》曰：“羞濡鱼者进尾。”○“《有司》载鱼横之”，即下篇《有司徹》，引此及《少仪》，欲见正祭与傧尸载鱼礼异。

⑬如羊豕，凡腊之体，载礼在此。

⑭列载于俎，令其皮相顺。亦者，亦其骨体。○亦横载，上牲体横载，此肤亦然。“革顺”者，肤相次而作行列，则其皮顺也。

卒胥，祝盥于洗，升自西阶。主人盥，升自阼阶。祝先入，南面。主人从，户内西面。①主妇被锡，衣侈[1]袂，荐自东房，韭菹、醓醢。坐奠于筵前。主妇赞者一人，亦被锡，衣侈袂，执葵菹、蠃醢以授主妇。主妇不兴，遂受，陪设于东，韭菹在南，葵菹在北。主妇兴，入于房。②佐食上利执羊俎，下利执豕俎，司士三人执鱼、腊、肤俎，序升自西阶，相从入。设俎，羊在豆东，豕亚其北，鱼在羊东，腊在豕东，特肤当俎北端。③主妇自

[1] 侈，阮刻本《仪礼注疏》作“移”，附校勘记：“《唐石经》、严本、《要义》、杨氏俱作‘移’，与疏文合；徐本、《释文》、《集释》、《通解》、敖氏、毛本俱作‘侈’，下同；陆氏曰：‘侈本又作移’；魏氏曰：‘移本又作侈’；段玉裁云‘《释文》当云“移袂本又作侈”，后人倒之耳，张忠甫依《释文》改“移”为“侈”，非也，作“移”者，自是相传古本’；《群经音辨》曰：‘移，广也，音侈，礼主妇人衣移袂，此贾昌朝本作“移”也，叶抄《释文》“移”从衣，殆非也’；臧庸云‘移字当作袳，《说文》“袳，衣张也”’。○按‘袳’乃正字，‘移’即‘袳’之假借字，作‘侈’误也；叶本《释文》‘移’从‘衤’，盖因‘衤’而误，通志堂本从‘木’，又因‘衤’而误；段谓《释文》当云‘移袂，本又作侈’，正与《要义》合，《追师》注引此经亦作‘移’，《表记》‘衣服以移之’，注云‘移读如水泛移之移，移，犹广大也’，此古本作‘移’之证。”

东房执一金敦黍，有盖，坐设于羊俎之南。妇赞者执敦稷以授主妇，主妇兴受，坐设于鱼俎南；又兴受赞者敦黍，坐设于稷南；又兴受赞者敦稷，坐设于黍南。敦皆南首。主妇兴，入于房。④祝酌，奠，遂命佐食启会。佐食启，会盖二以重，设于敦南。⑤主人西面，祝在左。主人再拜稽首。祝祝曰："孝孙某，敢用柔毛、刚鬣、嘉荐、普淖，用荐岁事于皇祖伯某，以某妃配某氏。尚飨！"主人又再拜稽首。⑥

右阴厌

①将纳祭也。○疏曰：自此尽"主人又再拜稽首"，论先设置为阴厌之事也。○载牲于俎，亦谓之脀。

②被锡读为髲鬄。古者或剔贱者、刑者之发，以被妇人之紒为饰，因名髲鬄焉。此《周礼》所谓"次"也。不纚笄者，大夫妻尊，亦衣绡衣而侈其袂耳。侈者，盖半士妻之袂以益之，袂[1]三尺三寸，袪尺八寸。韭菹、醓醢，朝事之豆也。而馈食用之，丰大夫礼。葵菹在綼。今文"嬴"为"蜗"。[2]○《周礼·追师》掌王后以下副编次。郑彼注云："副，首饰，若今步摇。编，编列发为之，若今假紒。次，次第发长短为之，所谓髲鬄。""髲鬄"者，即此文也。《特牲》主妇士妻纚笄而绡衣。此大夫妻，则首服次，亦绡衣而侈其袂。"侈袂"者，士妻绡衣，袂二尺二寸，袪尺二寸。此大夫妻绡衣，则三分益一，袂三尺三寸，袪尺八寸，故注云"半士妻之袂以益之"。韭菹、醓醢，本天子祭祀荐腥所用之豆，共有八种，此用其二以馈食，故注云"丰大夫礼"。韭菹在醓醢之南，葵菹在嬴醢之北，菹、醢错对，是在綼也。○髲，皮义反。鬄，大计反。醓，他感反。

③相，助也。○"特肤"者，肤俎单设在四俎之北也。

④敦有首者，尊者器饰也。饰盖象龟。周之礼，饰器各以其类，龟有上

[1]袂，阮刻本《仪礼注疏》作"衣"，与疏合。

[2]"葵菹在綼。今文嬴为蜗"九字，阮刻本《仪礼注疏》作"葵菹在綼，今文锡为緆、嬴为蜗"，附校勘记："'今文'二字，陈、闽、监、葛俱误在'葵'字上；'在'下《集释》有'比'字，按《特牲疏》引此注今本有'北'字，单疏本则有'北'字而无'綼'字也；毛本无'鬄为緆'三字，徐本、《通解》俱有，严本、《集释》俱与徐本同，惟'鬄'字作'锡'，《释文》有'为緆'二字，云'音羊'。○按'緆'字不当从'昜'，疑陆误。"

下甲。今文曰："主妇入于房。"〇设黍稷，亦绛也。

⑤酌奠，酌酒为神奠之。后酌者，酒尊，要成也。《特牲馈食礼》曰："祝洗，酌奠，奠于铏南。"重，累之。

⑥羊曰柔毛。豕曰刚鬣。嘉荐，菹醢也。普淖，黍稷也。普，大也。淖，和也。德能大和，乃有黍稷。《春秋传》曰："奉粢以告曰'洁粢丰盛'，谓其三时不害，而民和年丰也。"〇牲物异号，以殊人用也。《春秋传》桓六年，随季梁之言，引之者以证"普淖"之义。

祝出，迎尸于庙门之外。主人降立于阼阶东，西面。祝先，入门右，尸入门左。①宗人奉盘，东面于庭南。一宗人奉匜水，西面于盘东。一宗人奉箪巾，南面于盘北。乃沃尸，盥于盘上。卒盥，坐奠箪，取巾，兴，振之三，以授尸，坐取箪，兴。以受尸巾。②祝延尸，尸升自西阶，入，祝从。③主人升自阼阶。祝先入。主人从。④尸升筵。祝、主人西面立于户内，祝在左。⑤祝、主人皆拜妥尸，尸不言，尸答拜，遂坐。⑥祝反南面。⑦

右迎尸入、妥尸

①主人不出迎尸，伸尊也。《特牲馈食礼》曰："尸入，主人及宾皆辟位，出亦如之。"祝入门右者，辟尸盥也，既则后尸。〇疏曰：自此尽"牢肺正脊加于肵"，论尸入正祭之事。愚案：此正祭内，尸入妥尸，尸十一饭，又自二节。

②庭南，没霤。〇疏曰："庭南"者，于庭近南，是没尽门屋霤，近门而盥也。

③由后诏相之曰延。延，进也。《周礼》曰："大祝相尸礼。"祝从，从尸升自西阶。

④祝接神，先入，宜也。

⑤主人由祝后而居右，尊也。祝从尸，尸即席，乃却居主人左。

⑥拜妥尸，拜之使安坐也。尸自此答拜，遂坐而卒食，其间有不啐奠，不尝铏，不告旨，大夫之礼，尸弥尊也。不告旨者，为初亦不飨，所谓曲而杀。〇《特牲》有啐酒尝铏告旨、主人拜、尸答拜，不得遂坐。郑解此经"遂坐而

卒食”，以其间皆无此礼。又《特牲》有祝飨之礼，士贱，不嫌与君同，故尸亦告旨。此经初不祝飨，故尸亦不告旨，是杀于君礼也。“曲而杀”，《礼器》文。

⑦未有事也。堕祭、尔敦，官各肃其职，不命。○方阴厌之初，祝入南面，此既无事，故反其位。○堕，许规反。

尸取韭菹，辩擩于三豆，祭于豆间。上佐食取黍稷于四敦，下佐食取牢一切肺于俎，以授上佐食。上佐食兼与黍以授尸。尸受，同祭于豆祭。①上佐食举尸牢肺、正脊以授尸，上佐食尔上敦黍于筵上，右之。②主人羞肵俎，升自阼阶，置于肤北。③上佐食羞两铏，取一羊铏于房中，坐设于韭菹之南。下佐食又取一豕铏于房中以从，上佐食受，坐设于羊铏之南，皆芼，皆有柶。尸扱以柶，祭羊铏，遂以祭豕铏，尝羊铏。④食举，⑤三饭。⑥上佐食举尸牢干，尸受，振祭，哜之。佐食受，加于肵。⑦上佐食羞胾两瓦豆，有醢，亦用瓦豆，设于荐豆之北。⑧尸又食，食胾。上佐食举尸一鱼，尸受，振祭，哜之。佐食受，加于肵，横之。⑨又食，上佐食举尸腊肩，尸受，振祭，哜之，上佐食受，加于肵。⑩又食，上佐食举尸牢骼，如初。⑪又食。⑫尸告饱，祝西面于主人之南，独侑，不拜。侑曰：“皇尸未实，侑。”⑬尸又食，上佐食。举尸牢肩，尸受，振祭，哜之。佐食受，加于肵。⑭尸不饭，告饱，祝西面于主人之南。⑮主人不言，拜侑。⑯尸又三饭。⑰上佐食受尸牢肺、正脊，加于肵。⑱

右尸十一饭，是谓正祭

①牢，羊豕也。同，合也，合祭于菹豆之祭也。黍稷之祭为堕祭，将食神余，尊之而祭之。今文“辩”为“遍”。○合祭于豆祭，豆祭，即韭菹之祭于豆间者。祭黍稷者，就器减取而祭，故名“堕祭”。祭毕敛而藏之。肺与黍稷皆名为“堕”。《周礼·守祧职》“既祭，则藏其堕”是也。先陈设为阴厌，尸后来即席食，是尸馂鬼神之余，故尊而祭之，非盛主人之馔而祭也。

②尔，近也，或曰移也。右之，便尸食也。重言上佐食，明更起不相因。

○吴氏云:“授尸”下有“尸受祭肺”四字。今案:《唐石》本亦无四字。唯下文“食举”,疏云:“云‘举,牢肺正脊也’者,上文云‘上佐食举尸牢肺、正脊以授尸,尸受祭肺’,明今食先云‘食举’,是上‘牢肺正脊’也。”据此文,则贾作疏时,经文尚有“尸受祭肺”四字,故吴云然也。

③羞,进也。肵,敬也。亲进之,主人敬尸之加。

④芼,菜也。羊用苦,豕用薇,皆有滑。○芼,亡报反。

⑤举,牢肺正脊也。先食啖之,以为道也。

⑥食以黍。○疏云:以前文先言尔黍,故知先食黍。上“尔黍”条下疏云:“特牲黍稷”,此及虞皆不云稷者,文不具也。其实亦尔之,不虚陈而不食也。

⑦干,正胁也。古文“干”为“肝”。

⑧设于荐豆之北,以其加也。四豆亦绛。羊胾在南,豕胾在北。无臐膮者,尚牲不尚味。

⑨又,复也。或言食,或言饭,食大名,小数曰饭。鱼横之者,异于肉。○疏云:一口谓之一饭,故云“小数曰饭”。大夫不傧尸者,于此时亦当设大羹。○数,所角反。

⑩腊、鱼皆一举者,《少牢》二牲,略之。腊必举肩,以肩为终也。别举鱼腊,崇威仪。○《少牢》二牲略之者,对《特牲》三举兽鱼。“别举鱼腊,崇威仪”者,对《特牲》鱼兽常一时同举。“以肩为终”者,牲体贵肩,以所贵者终也。

⑪如举干也。

⑫不举者,卿大夫之礼,不过五举,须侑尸。○疏曰:云“五举”者,举牢肺一也,又举牢干二也,又举一鱼三也,又举腊肩四也,又举牢骼五也。

⑬侑,劝也。祝独劝者,更则尸饱。实,犹饱也。祝既侑,复反南面。○祝独侑者,不与主人共侑也。疏曰:云“祝既侑复反南面”者,户内,主人及祝有事之位。尸席北,祝无事之位。今侑讫,亦复尸北,南面位也。

⑭四举牢体,始于正脊,终于肩,尊于终始。○正脊及肩,皆牲体之贵者。

⑮祝当赞主人辞。

⑯祝言而不拜，主人不言而拜，亲疏之宜。

⑰为祝一饭，为主人三饭，尊卑之差。尸[1]十一饭，下人君也。

⑱言受者，尸授之也。尸受牢干而实举于菹豆，食毕，操以授佐食焉。○牢肺正脊，即上文所云“食举”也。初食举，不言置举之所，至此十一饭后，乃言“上佐食受尸牢肺、正脊，加于肵”，以特牲礼约推之，方尸三饭，上佐食举牢干时，尸盖置举于菹豆，至此食毕，尸乃于菹豆上取而授上佐食也。

主人降，洗爵，升，北面酌酒，乃酳尸。尸拜受，主人拜送。①尸祭酒，啐酒。宾长羞牢肝，用俎，缩执俎，肝亦缩，进末，盐在右。②尸左执爵，右兼取肝，擩于俎盐；振祭，哜之，加于菹豆，卒爵。主人拜。祝[2]受尸爵。尸答拜。③

右主人献尸

①酳，犹羡也。既食之而又饮之，所以乐之。古文“酳”作“酌”。○疏曰：自此尽“折一肤”，论主人酳尸之事。云“酳，犹羡也”者，取饶羡之义，故以为乐之也。愚案：此初献礼，主人献尸，尸酢主人，遂致嘏。主人献祝，主人献佐食，凡四节。

②羞，进也。缩，从也。盐在肝右，便尸擩之。古文“缩”为“蹙”。○疏云：“盐在肝右”，据宾长西面手执而言；若至尸前，盐在尸之左，尸以右手取肝，向左擩之，便也。

③兼，兼羊、豕。

祝酌授尸，尸醋主人。主人拜受爵，尸答拜。主人西面奠爵，又拜。①上佐食取四敦黍稷；下佐食取牢一切肺，以授上佐食。上佐食以绥祭。②主人左执爵，右受佐食，坐祭之；又祭酒，不兴，遂啐酒。③祝与二佐食皆出，盥于洗，入。二佐食各

[1]尸，阮刻本《仪礼注疏》作“凡”，附校勘记：“徐本、《集释》、《通解》、杨、敖同，毛本‘凡’作‘尸’。”

[2]祝，阮刻本《仪礼注疏》无。

取黍于一敦。上佐食兼受，抟之以授尸；尸执以命祝。[4]卒命祝，祝受以东，北面于户西，以嘏于主人，曰："皇尸命工祝，承致多福无疆于女孝孙。来女孝孙，使女受禄于天，宜稼于田，眉寿万年，勿替引之。"[5]主人坐奠爵，兴；再拜稽首，兴，受黍，坐振祭，哜之；诗怀之，实于左袂，挂于季指，执爵以兴；坐卒爵，执爵以兴；坐奠爵，拜。尸答拜。执爵以兴，出。宰夫以笾受啬黍。主人尝之，纳诸内。[6]

右尸酢主人命祝致嘏

①主人受酢酒，侠爵拜，弥尊尸。○疏云：祝代尸酌，已是尊尸，今拜受讫，又拜，是弥尊尸也。

②绥或作挼。挼读为堕。将受嘏，亦尊尸余而祭之。古文"堕"为"肵"。○取四敦黍稷于四敦中，各取少许也。"上佐食以绥祭"者，以此黍稷及切肺授主人为堕祭也。绥，许规反。挼及堕读并同。○绥，许规反。

③右受佐食，右手受堕于佐食也。至此言坐祭之者，明尸与主人为礼也。尸恒坐，有事则起。主人恒立，有事则坐。

④命祝以嘏辞。○命祝，使出嘏辞也。

⑤嘏，大也，予主人以大福。工，官也。承，犹传也。来读曰厘，厘，赐也。耕种曰稼。勿，犹无也。替，废也。引，长也。言无废止时，长如是也。古文"嘏"为"格"，"禄"为"福"，"眉"为"微"，"替"为"袂"，"袂"或为"载"，"载"、"替"声相近。○女音汝。袂音决。载，大结反。

⑥诗，犹承也。实于左袂，便右手也。季，犹小也。出，出户也。宰夫，掌饮食之事者。收敛曰啬。明丰年乃有黍稷也。复尝之者，重之至也。纳，犹入也。古文"挂"作"卦"。

主人献祝，设席南面。祝拜于席上，坐受。[1]主人西面答拜。[2]荐两豆菹、醢。[3]佐食设俎：牢髀，横脊一，短胁一，肠一，胃一，肤三，鱼一横之，腊两髀属于尻。[4]祝取菹，抨于醢，祭于豆间。祝祭俎，[5]祭酒，啐酒。肝牢从。祝取肝抨于盐，振祭，哜之；不兴，加于俎；卒爵，兴。⑥

右主人献祝

①室中迫狭。○室中迫狭，故祝拜席上也。疏曰：士大夫庙皆两下五架，正中曰栋，栋南两架，北亦两架，栋南一架名曰楣，前承檐，以前名曰庪。栋北一架为室，南壁而开户，即是一架之开广为室，故云"迫狭"也。

②不言拜送，下尸。

③葵菹、蠃醢。

④皆升下体，祝贱也。鱼横者，四物共俎，殊之也。腊两髀属于尻，尤贱，不殊。○注云"四物"，谓羊、豕、鱼、腊也。腊用左右胖，故用两髀。尻比髀为尤贱，因不殊别之也。○尻，苦刀反。

⑤大夫祝俎无肺，祭用肤，远下尸。不哜之，肤不盛。○疏云：《特牲》尸俎有祭肺、离肺，祝俎有离肺，无祭肺，是下尸。今大夫祝，祭肺离肺俱无，是远下尸也。离肺祭讫，哜之加于俎。今以肤替肺，是不盛，故不哜。

⑥亦如佐食授爵乃兴，不拜既爵，大夫祝贱也。○疏云：《特牲》祝卒爵，则拜。士卑，祝不贱也。

主人酌献上佐食。上佐食户[1]内牖东北面拜，坐受爵。主人西面答拜。佐食祭酒，卒爵，拜，坐授爵，兴。①俎设于两阶之间，其俎：折，一肤。②主人又献下佐食，亦如之，其胥亦设于阶间，西上，亦折，一肤。③

右主人献两佐食，初献礼竟

①不啐而卒爵者，大夫之佐食贱，礼略○疏云：特牲士之佐食亦啐。

②佐食不得成礼于室中。折者，择取牢正体余骨，折分用之。有胥而无荐，亦远下尸。○疏云：有胥，即俎实是也。无荐，谓无菹醢也。无肺已是下尸，又无荐，是远下尸也。

③上佐食既献，则出，就其俎。《特牲记》曰"佐食无事，则中庭北面"，谓此时。○"西上"者，上佐食俎在西，此在其东。

[1]户，原作"尸"，据金陵书局本、阮刻本《仪礼注疏》改。

有司赞者取爵于篚以升，授主妇赞者于房中[1]。①妇赞者受，以授主妇。主妇洗于房中，出酌，入户，西面拜，献尸。②尸拜受。主妇主人之北西面拜送爵。③尸祭酒，卒爵。主妇拜。祝受尸爵，尸答拜。

右主妇献尸

①男女不相因。《特牲馈食礼》曰："佐食卒角，主人受角，降反于篚。"○疏曰：自此尽"入于房"论主妇亚献尸祝与佐食之事。○此亚献礼内，主妇献尸，尸醋主妇，主妇献祝，主妇献佐食，亦四节。注引《特牲礼》者，见此亦主人受佐食爵，反于篚，赞者别取爵授主妇，是男女不因爵而用也。

②入户西面拜，由便也。下北面者，辟人君夫人也。拜而后献者，当侠拜也。《婚礼》曰："妇洗在北堂，直室东隅。"○引《昏礼》者，明此经妇洗所在，亦然也。

③拜于主之北，西面，妇人位在内，此拜于北，则上拜于南[2]，由便也。

易爵，洗，酌，授尸。①主妇拜受爵，尸答拜。上佐食绥祭。主妇西面，于主人之北受祭，祭之；其绥祭如主人之礼，不嘏；卒爵，拜。尸答拜。②

右尸酢主妇

①祝出易爵，男女不同爵。

②不嘏，夫妇一体。绥，亦当作"挼"，古文为"肵"。

主妇以爵出，赞者受，易爵于篚，以授主妇于房中。①主妇洗，酌，献祝。祝拜，坐受爵。主妇答拜于主人之北。卒爵，不兴，坐授主妇。②

右主妇献祝

---

[1] 中，金陵书局本、阮刻本《仪礼注疏》作"户"，附校勘记："毛本'户'误作'中'。"

[2] "南"下，阮刻本《仪礼注疏》有"矣"字。

①赞者,有司赞者也。易爵,亦以授妇赞者。妇赞者受房户外,入授主妇。

②不侠拜,下尸也。今文曰“祝拜受”。

主妇受,酌,献上佐食于户内。佐食北面拜,坐受爵。主妇西面答拜。祭酒,卒爵,坐授主妇。主妇献下佐食亦如之。主妇受爵以入于房。①

右主妇献两佐食,亚献礼竟

①不言拜于主人之北,可知也。爵奠于内篚。

宾长洗爵,献于尸,尸拜受爵,宾户西北面拜送爵。尸祭酒,卒爵。宾拜。祝受尸爵,尸答拜。①

右宾长献尸

①○自此至“于其筵前”,论宾长终献之礼。宾长献尸,尸醋宾长,宾长献祝,凡三节。

祝酌,授尸。宾拜受爵。尸拜送爵。宾坐奠爵,遂拜,执爵以兴,坐祭,遂饮,卒爵,执爵以兴,坐奠爵,拜,尸答拜。

右尸醋宾长

宾酌,献祝。祝拜,坐受爵。宾北面答拜。祝祭酒,啐酒,奠爵于其筵前。①

右宾长献祝,终献礼竟

①啐酒而不卒爵,祭事毕,示醉也。不献佐食,将傧尸,礼杀。○疏曰:案《特牲》宾长献爵止,注云“欲神惠之均于室中”,待夫妇致爵,此大夫礼,或有傧尸者,致爵在傧尸之上,故不致爵,爵不止也。若然,《有司徹》尸作止爵,三献致爵于主人,主人不酢主妇,又不致爵于主妇。下大夫不傧尸,宾献尸止爵,主妇致爵于主人,酢主妇,主人不致于主妇。《特牲》主人与主妇交相致爵。参差不同者,此以尊卑为差降之数,故有异也。上大夫得傧尸,故

致爵，上辟人君。下大夫不傧尸，故增酢主妇而已。士卑，不嫌与君同，故致爵具也。

主人出，立于阼阶上，西面。祝出，立于西阶上，东面。祝告曰："利成。"①祝入，尸谡。主人降立于阼阶东，西面。②祝先，尸从，遂出于庙门。③

右祭毕尸出庙

①利，犹养也。成，毕也。孝子之养礼毕。

②谡，起也。谡，或作休。○谡，所六反。

③事尸之礼，讫于庙门外[1]。

祝反，复位于室中。主人亦入于室，复位。祝命佐食徹肵俎。降设于堂下阼阶南。①司宫设对席，乃四人籑。②上佐食盥，升，下佐食对之，宾长二人备。③司士进一敦黍于上佐食，又进一敦黍于下佐食，皆右之于席上。④资黍于羊俎两端，两下是馂。⑤司士乃辩举，籑者皆祭黍、祭举。⑥主人西面，三拜籑者，籑者奠举于俎，皆答拜，皆反，取举。⑦司士进一鉶于上籑，又进一鉶于次籑，又进二豆湆于两下。乃皆食，食举。⑧卒食，主人洗一爵，升酌以授上籑。赞者洗三爵，酌。主人受于户内，以授次籑，若是以辩。皆不拜受爵。主人西面三拜籑者。籑者奠爵，皆答拜，皆祭酒，卒爵，奠爵，皆拜。主人答壹拜。⑨籑者三人兴，出。⑩上籑止。主人受上籑爵，酌以醋于户内，西面坐奠爵，拜。上籑答拜。坐祭酒，啐酒。⑪上籑亲嘏，曰："主人受祭之福，胡寿保建家室。"⑫主人兴，坐奠爵，拜，执爵以兴，坐卒爵，拜。上籑答拜。上籑兴，出。主人送，乃退。⑬

右馂

[1] 外，阮刻本《仪礼注疏》无，附校勘记："毛本'门'下有'外'字，徐本无，与疏合；《集释》、《通解》俱有，杨氏有'外'无'庙'。"

①徹肵俎不出门，将傧尸也。肵俎而以傧尸者，其本为不反鱼肉耳。不云尸俎，未归尸。○疏曰：自此尽篇末，论徹肵俎行馂之事。○肵俎之设，本为尸食鱼肉，不可反于俎，故加于肵俎。今拟傧尸，将更食鱼肉，故留此肵俎以俟后加，傧尸讫，乃归尸家也。

②大夫礼，四人餕，明惠大也。○“设对席”者，对尸席而设。西向之席，四人餕，二在尸席，二在对席。凡馂之道，施惠之象，故四人馂为惠大，对《特牲》二人馂为惠小也。

③备四人馂也。三馂亦盥升。○备者，两佐食之外，又以宾二人充此数也。上佐食升居尸席，下佐食西向对之。疏云：下佐食虽云西向对，实近北不得东西相当，以其一宾长在上佐食之北，一宾长在下佐食之南也。

④右之者，东面在南，西面在北。

⑤资，犹减也。减置于羊俎两端，则一宾长在上佐食之北，一宾长在下佐食之南。今文“资”作“赍”。○“两下是馂”者，二宾长在二佐食之左，于位为下，故云“两下”。分减敦黍，置羊俎两端，二宾于此取食也。

⑥举，举肤。今文“辯”为“遍”。○司士遍授餕者各一肤也。疏云：餕者下尸，不举肺，当举肤。

⑦三拜，旅之，示遍也。言反者，拜时或反[1]其席，在东面席者，东面拜；在西面席者，皆南面拜。

⑧湇，肉汁也。○疏云：神坐止有二铏，分进两佐食，两下无铏，故进湇也。

⑨不拜受爵者，大夫馂者贱也。答一拜，略也。古文“壹”为“一”也。○《特牲》嗣子与兄弟馂，故拜受爵。

⑩出，降实爵于篚，反宾位。

⑪主人自酢者，上餕独止，当尸位，尊不酌也。○疏云：上馂将嘏主人，故在尸位不可亲酌。

⑫亲嘏，不使祝授之，亦以黍。○亦抟黍以授主人而致辞也。

⑬送佐食不拜，贱。○退，谓主人退。

---

[1]反，阮刻本《仪礼注疏》作“去”。

卷十七　有司徹

①郑《目录》云：《少牢》之下篇也。上大夫既祭傧尸于堂之礼。若下大夫[1]，祭毕，礼尸于室中，无别行傧尸于堂之事。天子、诸侯之祭，明日而绎。有司徹于五礼属吉，《大戴》第九，《小戴》第十二。《别录》，《少牢》下篇第十七。○疏曰：言"大夫既祭傧尸于堂之礼"者，谓上大夫室中[2]事尸，行三献礼毕，别行傧尸于堂之礼。又云"祭毕礼尸于室中"者，据下大夫室内事尸行三献，无别行傧尸于堂之事，即于室内为加爵礼尸，即下文云"若不傧尸"以下是也。

有司徹。①扫堂。②司宫摄酒，③乃爇尸俎。④卒爇，乃升羊、豕、鱼三鼎，无腊与肤。乃设扃鼏，陈鼎于门外，如初。⑤

右将傧尸整设

①徹室中之馈及祝佐食之俎。卿大夫既祭而傧尸，礼崇也。傧尸则不设馔西北隅，以此荐俎之陈有祭象，而亦足以厌饫神。天子、诸侯明日祭于祊而绎。《春秋传》曰："辛巳，有事于大庙，仲遂卒于垂；壬午，犹绎"，是也。《尔雅》曰："绎，又祭也。"○疏曰：自此尽"如初"，论徹室内之馈并更整设及温尸俎之事。○有司，谓司马、司士、宰夫之属。徹，徹去祭时之馔。不傧尸者，尸出之后，设馔于西北隅以厌饫神，谓之阳厌。此既傧尸，有祭象，故不设馔西北隅为阳厌也。此傧尸与祭同日，天子诸侯则明日为之，名曰绎。绎之礼，设祭于庙门外之西室，谓之祊；而事尸于堂，则为绎，故注曰："天子、诸

[1]"若下大夫"四字，阮刻本《仪礼注疏》无，附校勘记："此本、《通解》、《要义》、杨氏俱无此四字；《集释》、《毛本》有，在'之礼'二字下。○按毛本上句既加'上'字，则此句不得不增此四字。"

[2]中，阮刻本《仪礼注疏》作"内"，附校勘记："《通解》、《要义》同，毛本'内'作'中'。"

侯明日祭于祊而绎。”祊、绎同时,而大名曰绎。又正祭时亦有祊祭,但正祭之祊在庙门内,明日又祭之祊于庙门外。○徹,直列反。祊,百庚反。

②为傧尸新之。《少仪》曰:“泛埽曰埽。埽席前曰拚。”○拚,方问反。

③更洗益,整顿之。今文“摄”为“聂”。○疏云:洗益当作㮧益,谓㮧扰添益之。

④燅,温也。温尸俎于爨,肵亦温焉。独言温尸俎,则祝与佐食不与傧尸之礼。古文“燅”皆作“寻”。《记》或作“燖”。《春秋传》曰:“若可燖也,亦可寒也。”○《春秋传》哀十二年,子贡对吴大宰嚭语。郑引之,证燅尸俎是重温之义。今《左传》本“燖”作“寻”。○燅音寻。

⑤腊为庶羞,肤从豕,去其鼎者,傧尸之礼杀于初。如初者,如庙门之外东方,北面北上。今文“扃”为“铉”。古文“鼏”为“密”。

乃议侑于宾,以异姓。①宗人戒侑。②侑出,俟于庙门之外。③

右选侑以辅尸

①议,犹择也。择宾之贤者,可以侑尸。必用异姓,广敬也。是时主人及宾有司已复内位。古文“侑”皆作“宥”。○疏曰:自此尽“侑答拜”,论选侑并迎尸及侑之事。

②戒,犹告也。南面告于其位,戒曰:“请子为侑。”○疏曰:知南面告于其位者,以宾位在门东北面,请以为侑,明面乡其位可知。

③俟,待也。待于外[1],当与尸更入。主人兴礼事尸,极敬心也。

司宫筵于户西,南面。①又筵于西序,东面。②尸与侑北面于庙门之外,西上。③主人出迎尸,宗人摈。④主人拜,尸答拜。主人又拜侑,侑答拜。主人揖,先入门,右。⑤尸入门左,侑从,亦左。揖,乃让。⑥主人先升自阼阶,尸、侑升自西阶,西楹西,北面东

[1] 外,阮刻本《仪礼注疏》作“次”,附校勘记:“徐本、杨、敖俱作‘次’,是也;《集释》、《通解》、毛本俱作‘外’。”

上。[7]主人东楹东，北面拜至，尸答拜。主人又拜侑，侑答拜。[8]

右迎尸及侑

①为尸席也。

②为侑席也。

③言与，殊尊卑。北面者，宾尸而尸益卑。西上，统于宾客。

④宾客尸而迎之，主人益尊。摈，赞。

⑤道尸。

⑥没霤相揖，至阶又让。

⑦东上，统于其席。○疏云：宾席以东为上，故也。

⑧拜至，喜之。

乃举。[1]司马举羊鼎，司士举豕鼎、举鱼鼎以入，陈鼎如初。[2]雍正执一匕以从，雍府执二匕以从，司士合执二俎以从。司士赞者亦合执二俎以从。匕皆加于鼎，东枋。二俎设于羊鼎西，西缩。二俎皆设于二鼎西，亦西缩。[3]雍人合执二俎，陈于羊俎西，並皆西缩。覆二疏匕于其上，皆缩俎，西枋。[4]

右陈鼎阶下设俎俟载

①举，举鼎也。举者不盥，杀也。○自此尽"西枋"论门外举鼎、匕俎入陈之事。

②如初，如阼阶下西面北上。○疏云："如初"者，如上经正祭时陈鼎之事也。

③雍正，群吏掌辨体名肉物者。府，其属。凡三匕，鼎一匕。四俎，为尸、侑、主人、主妇。其二俎设于豕鼎、鱼鼎之西。陈之宜具也。古文"缩"皆为"蹙"。

④並，并也。其南俎，司马以羞羊匕湆、羊肉湆。其北俎，司士以羞豕匕湆、豕肉湆、豕脀、湆鱼。疏匕，匕柄有刻饰者。古文"並"皆作"併"。○此二俎以为益送之用。匕湆无肉，直汁注于疏匕，故为匕湆。肉湆，则肉之从湆中出者，实无汁也。

主人降，受宰几。尸、侑降。主人辞，尸对。①宰授几，主人受，二手横执几，揖尸。②主人升，尸、侑升，复位。③主人西面，左手执几，缩之，以右袂推拂几三，二手横执几，进授尸于筵前。④尸进，二手受于手间。⑤主人退。尸还几，缩之，右手执外廉，北面奠于筵上，左之，南缩，不坐。⑥主人东楹东，北面拜。⑦尸复位，尸与侑皆北面答拜。⑧

主人降，洗，尸、侑降。尸辞洗，主人对。卒洗，揖。主人升，尸、侑升。尸西楹西，北面拜洗。主人东楹东，北面奠爵，答拜。降盥。尸、侑降。主人辞，尸对。卒盥，主人揖，升，尸、侑升。主人坐取爵，酌，献尸。尸北面拜受爵，主人东楹东，北面拜送爵。⑨

主妇自东房荐韭菹、醢，坐奠于筵前，菹在西方。妇赞者执昌菹、醢以授主妇。主妇不兴，受，陪设于南，昌在东方。兴，取笾于房，麷、蕡坐设于豆西，当外列，麷在东方。妇赞者执白、黑以授主妇。主妇不兴，受，设于初笾之南。白在西方。兴，退。⑩

乃升。⑪司马杋羊，亦司马载。载右体，肩、臂、肫、骼、臑、正脊一、脡脊一、横脊一、短胁一、正胁一、代胁一、肠一、胃一、祭肺一，载于一俎。⑫羊肉湆：臑折，正脊一、正胁一、肠一、胃一、哜肺一，载于南俎。⑬司士杋豕，亦司士载，亦右体：肩、臂、肫、骼、臑、正脊一、脡脊一、横脊一、短胁一、正胁一、代胁一、肤五、哜肺一，载于一俎。⑭侑俎：羊左肩、左肫、正脊一、胁一、肠一、胃一、切肺一，载于一俎。侑俎：豕左肩折、正脊一、胁一、肤三、切肺一，载于一俎。⑮阼俎：羊肺一、祭肺一，载于一俎。羊肉湆：臂一、脊一、胁一、肠一、胃一、哜肺一，载于一俎。豕脀：臂一、脊一、胁一、肤三、哜肺一，载于一俎。⑯主妇俎：羊左臑、脊一、胁一、肠一、胃一、肤一、哜羊肺一，载于一俎。⑰司士杋鱼，亦司士载，尸俎五鱼，横载之；侑、主人皆一鱼，亦横载之；皆加膴祭于其上。⑱卒升。⑲宾长设羊俎于豆南。宾降。尸升筵自西方。坐，左执爵，右取韭菹，抨于三豆，祭于豆间。尸取麷、蕡，宰夫赞者取白、黑以授尸。尸受，兼祭于豆间。⑳

雍人授次宾疏匕与俎。受于鼎西，左手执俎，左廉，缩之，却右手执匕枋，缩于俎上，以东面受于羊鼎之西。司马在羊鼎之东，二手执挑匕枋。以挹湆注于疏匕，若是者三。㉑尸兴，左执爵，右取肺，坐祭之，祭酒，兴，左执爵。㉒次宾缩执匕俎以升，若是以授尸。尸却手受匕枋，坐祭，哜之，兴，覆手以授宾。宾亦覆手以受，缩匕于俎上以降。㉓尸席末坐，啐酒，兴，坐奠爵，拜，告旨，执爵以兴。主人北面于东楹东答拜。㉔

司马羞羊肉湆，缩执俎。尸坐奠爵，兴，取肺，坐绝祭，哜之，兴，反加于俎。司马缩奠俎于羊湆俎南，乃载于羊俎，卒载，缩执俎以降。㉕

尸坐执爵以兴。次宾羞羊燔，缩执俎，缩一燔于俎上，盐在右。尸左执爵，受燔，抨于盐，坐振祭，哜之，兴，加于羊俎。宾缩执俎以降。㉖尸降筵，北面于西楹西，坐卒爵，执爵以兴，坐奠爵，拜，执爵以兴。主人北面于东楹东答拜。主人受爵。尸升筵，立于筵末。㉗

右主人献尸，从献者凡五：豆笾、
正羊俎、匕湆、羊肉湆、羊燔也

①几，所以坐安体。《周礼·大宰》："掌赞玉几、玉爵。"〇自此尽"主人及尸侑皆升就筵"，言主人初献之仪。献尸、献侑、受酢，凡三大节。此献尸一节内，授几、献爵、主妇荐豆笾、司马载羊俎、宾长设羊俎、次宾进匕湆、司马羞肉湆、次宾羞燔，又自有八细节。主人拜送爵而主妇荐，宾长设正俎而尸祭荐。司马挹匕湆而尸祭俎，次宾授匕湆而尸啐酒告旨。司马羞肉湆而尸哜肺，次宾羞燔而尸卒爵。此其相承相应之次，有不容稍紊者，若司马载羊俎之下，并列十一俎，则欲以类从，著诸俎之差等耳，不以其次也。

②独揖尸，几礼主于尸。

③位，阼阶宾阶上位。○即上文东楹东、西楹西之位也。

④衣袖谓之袂，推拂去尘，示新。

⑤受从手间，谦也。

⑥左之者，异于鬼神，生人阳，长左。鬼神阴，长右。不坐奠之者，几轻。

⑦拜送几也。

⑧侑拜者从于尸。○立侑本以辅尸，故从尸拜也。○以上授尸几。

⑨降盥者为土[1]污手，不可酌。○以上献爵。

⑩昌，昌本也。韭菹、醓醢、昌本、麋臡。麷，熬麦也。蕡，熬枲实也。白，熬稻。黑，熬黍。此皆朝事之豆笾。大夫无朝事而用之傧尸，亦丰大夫之礼。主妇取笾兴者，以馔异，亲之。当外列，辟铏也。退，退入房也。○疏云：正祭先荐后献，若绎祭则先献后荐。此傧尸礼，与天子、诸侯绎祭同，故亦先献后荐也。天子、诸侯之祭，坐尸于堂，北面而事之，谓之朝事。《特牲》、《少牢》正祭无朝事于堂，直有室中之事，傧尸用韭菹等，皆朝事所用，是谓丰大夫之礼，然八笾八豆之中，各取其四耳。○以上主妇荐豆笾。○麷，方中反。

⑪升牲体于俎也。

⑫言燅尸俎，复序体者，明所举肩骼存焉。亦著脊胁皆一骨也。臑在下者，折分之以为肉湆俎也。一俎，谓司士所设羊鼎西第一俎。○此尸正俎，载已，即当设之豆南者。

⑬肉湆，肉在汁中者。以增俎实为尸加也。必为臑折，上所折分者。哜肺，离肺也。南俎，雍人所设在南者。此以下十一俎，俟时而载，于此历说之尔。今文“湆”为“汁”。○疏曰：“十一俎”者，即尸之羊肉湆一也，豕脀俎二也，侑之羊俎三也，豕俎四也，主人羊俎五也，羊肉湆俎六也，豕脀七也，主妇羊俎八也，尸侑主人三者皆有鱼俎，是其十一，通尸羊正俎，为十二俎。其四俎：尸、侑、主人、主妇载羊体俎，皆为正俎；其余八俎：雍人所执二俎，益

[1] 土，阮刻本《仪礼注疏》作“上”，附校勘记：“‘上’，徐、陈、《集释》、《通解》、杨氏、毛本俱误作‘土’。”

送往还，故有八，其实止二俎也。

⑭臑在下者，顺羊也。俎，谓雍人所设在北者。○此与上羊肉湆，并事尸加俎，用雍人所设二俎传送之者。

⑮侑俎用左体，侑贱。其羊俎过三体，有肫，尊之，加也。豕左肩折，折分为长兄弟俎也。切肺，亦祭肺，互言之尔。无羊湆，下尸也。豕又祭肺，不哜肺，不备礼。俎，司士所设羊鼎西之北俎也。豕俎与尸同。○羊左肩一俎，是侑正俎。豕俎则加俎，注云"豕俎与尸同"，谓亦用雍人所设俎加之也。

⑯阼俎，主人俎。无体，远下尸也。以肺代之，肺尊也。加羊肉湆而有体，崇尸惠，亦尊主人。臂，左臂也。侑用肩，主人用臂，下之也。不言左臂者，大夫尊，空其文也。降于侑羊体一而增豕肤三，有所屈、有所申，亦所谓顺而摭也。阼俎，司士所设，豕鼎西俎也。其湆俎与尸俎同，豕俎又与尸豕俎同。○羊肺一俎，主人正俎，其下二俎，皆加俎，亦皆用雍人所设俎，益送之，故注云"与尸俎同"。

⑰无豕体而有肤，以主人无羊体，不敢备也。无祭肺，有哜肺，亦下侑也，祭肺尊。言哜羊肺者，文承肤下，嫌也。肤在羊肺上，则羊豕之体名同相亚也。其俎，司士所设，在鱼鼎西者。○主妇有正俎，无加俎。

⑱横载之者，异于牲体，弥变于神。膴，读如"殷冔"之"冔"。刳鱼时割其腹以为大脔也，可用祭也。其俎又与尸豕俎同。○正祭，升鱼、缩载，于俎为缩，于尸为横。右首，进腴。若食生人，亦缩载右首，但进鰭脊向人为异。今傧尸、升鱼，乃横载，于人为缩，是不与正祭同，又与生人异也。鱼三俎，皆用尸豕俎益送之，亦若侑主人之豕脀，故注云"其俎又与尸豕俎同"。○以上言司马载尸正俎，遂历数十一俎体物，皆俟事至乃载，非此时遽已载也。○膴，火吴反。刳，空吴反。

⑲卒，已也。已载尸羊俎。

⑳宾长，上宾。○以上宾长设羊俎。

㉑挑，谓之歃，读如"或舂或抌"之"抌"，字或作"挑"者，秦人语也。此二匕者，皆有浅升，状如饭椮。挑，长枋，可以抒物于器中者。注，犹泻也。今文"挑"作"抌"，"挹"皆为"扱"。○椮，匕肖反。抒，食汝反。

㉒肺，羊祭肺。○尸兴承上文尸坐祭豆笾之节。

㉓哜湆者，明湆肉加耳。尝之以其汁，尚味。○将进湆肉，先进其湆尝之。湆在鼎已调，故云"尚味"。若太羹，则不在鼎，不调也。以降者，以此匕俎而降。○覆，芳伏反。

㉔旨，美也。拜告酒美，答主人意。古文曰"东楹之东"。○以上次宾，授匕湆。

㉕绝祭，绝肺末以祭。《周礼》曰"绝祭"。湆使次宾，肉使司马，大夫礼多，崇敬也。○司马缩执缩奠之俎，羊肉湆俎也。即雍人所设益送之南俎也。载于羊俎者，载此羊肉湆于尸之正俎也。经文"司马缩奠俎于羊湆俎南"，疑误。观下"受酢羞肉湆"节，当是"缩奠湆俎于羊俎南"。○以上司马羞肉湆。

㉖燔，炙。

㉗○以上次宾羞燔。

主人酌，献侑。侑西楹西，北面拜受爵。主人在其右，北面答拜。①

主妇荐韭菹、醓，坐奠于筵前，醓在南方。妇赞者执二笾麷、蕡，以授主妇。主妇不兴，受之，奠麷于醓南，蕡在麷东。主妇入于房。②

侑升筵自北方，司马横执羊俎以升，设于豆东。侑坐，左执爵、右取菹擩于醓，祭于豆间，又取麷、蕡，同祭于豆祭，兴，左执爵，右取肺，坐祭之，祭酒，兴，左执爵。③

次宾羞羊燔，如尸礼。侑降筵自北方，北面于西楹西，坐卒爵，执爵以兴，坐奠爵，拜。主人答拜。④

右主人献侑从献之仪，降于尸者二：羊匕湆与肉湆也

①不洗者，俱献间无事也。主人就右者，贱不专阶。○此下主人献侑节，献爵、荐豆笾、设羊俎、设羊燔有四细节。疏云：凡爵行，爵从尊者来向卑者，俱献间无事，则不洗爵；从卑者来向尊，虽献间无事，亦洗。"贱不专

阶”,对主人不就尸阶者,尸尊,得专阶也。○献侑爵。

②醢在南方者,立侑为尸,使正馔统焉。○荐侑豆笾。

③○设侑羊俎。

④答拜,拜于侑之右。○设侑羊燔。

尸受侑爵,降洗。侑降立于西阶西,东面。主人降自阼阶,辞洗。尸坐奠爵于篚,兴对。卒洗,主人升,尸升自西阶。主人拜洗。尸北面于西楹西,坐奠爵,答拜,降盥。主人降,尸辞,主人对。卒盥,主人升,尸升,坐取爵,酌。①司宫设席于东序,西面,主人东楹东北面拜受爵,尸西楹西北面答拜。②

主妇荐韭菹、醢,坐奠于筵前;菹在北方。妇赞者执二笾麷、蕡;主妇不兴,受;设麷于菹西北,蕡在麷西。主人升筵自北方,主妇入于房。③

长宾设羊俎于豆西。主人坐,左执爵,祭豆笾如侑之祭;兴,左执爵,右取肺,坐祭之,祭酒,兴。④

次宾羞匕湆,如尸礼。席末坐啐酒,执爵以兴。⑤

司马羞羊肉湆,缩执俎。主人坐,奠爵于左,兴,受肺,坐绝祭,哜之;兴,反加于湆俎。司马缩奠湆俎于羊俎西,乃载之;卒载,缩执虚俎以降。⑥

主人坐取爵以兴。次宾羞燔。主人受如尸礼。⑦

主人降筵自北方,北面于阼阶上,坐卒爵,执爵以兴;坐奠爵,拜,执爵以兴。尸西楹西答拜。主人坐奠爵于东序南。⑧侑升。尸、侑皆北面于西楹西。⑩主人北面于东楹东,再拜崇酒。⑪尸、侑皆答再拜。主人及尸、侑皆升就筵。⑫

右主人受尸酢,荐设亦有五事,

尊主人,故与尸同也。主人初献礼竟

①酌者,将酢主人。○此下尸酢主人节,主人受爵,主妇荐豆笾,长宾设俎,次宾羞匕湆,司马羞肉湆,次宾羞燔,主人拜崇酒,凡七细节。《特牲》、

《少牢》主人献尸，尸即酢主人，主人乃献祝及佐食。此尸待主人献侑，乃酢主人，不同者，此尸卑，达主人之意，欲得先进酒于侑；彼尸尊，欲自达己意，故先酢主人也。

②○主人受酢爵。

③设筵于菹西北，亦辟铏。○疏云：《特牲》、《少牢》皆致爵，乃设席；此受酢即设席，以其傧尸，尸益卑，主人益尊故也。○主妇荐主人豆笾。

④○设主人羊俎。

⑤○羞主人匕湆。

⑥奠爵于左者，神惠，变于常也。言受肺者，明有授。言虚俎者，羊湆俎讫于此，虚不复用。○羞主人肉湆。

⑦○羞主人燔。

⑧不降奠爵于篚，急崇酒。

⑩见主人，不反位，知将与己为礼。

⑪崇，充也。拜，谢尸侑以酒薄充满。

⑫○拜崇酒。

司宫取爵于篚，以授妇赞者于房东，以授主妇。①主妇洗爵[1]于房中，出实爵，尊南，西面拜献尸。尸拜，于筵上受。②主妇西面于主人之席北，拜送爵，入于房，取一羊铏，坐奠于韭菹西。主妇赞者执豕铏以从；主妇不兴，受，设于羊铏之西；兴，入于房，取糗与腶脩，执以出；坐设之。糗在蕡西，脩在白西。兴，立于主人席北，西面。③尸坐，左执爵，祭糗脩，同祭于豆祭；以羊铏之柶挹羊铏，遂以挹豕铏，祭于豆祭，祭酒。次宾羞豕匕湆，如羊匕湆之礼。尸坐啐酒，左执爵，尝上铏，执爵以兴；坐奠爵，拜。主妇答拜。执爵以兴。司士羞豕脀。尸坐

[1]爵，阮刻本《仪礼注疏》无，附校勘记："《唐石经》、徐本、《集释》、《通解》、敖氏同，《要义》、杨氏、毛本'洗'下有'爵'字。○按严杰云'《特牲馈食》"主妇设两敦"节疏引无"爵"字，与《石经》合'。"案张尔岐《石本误字》云《石经》脱"爵"字。

奠爵，兴受，如羊肉湆之礼。坐取爵，兴。次宾羞豕燔。尸左执爵，受燔，如羊燔之礼；坐卒爵，拜。主妇答拜。

右主妇献尸，从献亦五：主妇既献爵，设两铏，又设糗修，次宾羞豕匕湆，司士羞豕脀，次宾羞豕燔，仪节与主人献尸并相当

①房东，房户外之东。○自此至“尸主人及侑皆就筵”，凡四节，皆主妇亚献之事。献尸一也，献侑二也，致爵于主人三也，受尸酢四也。

②尊南西面拜，由便也。○疏曰：宾主献酢，无在筵上受法；今尸于筵上受者，以妇人所献，故尸不与行宾主之礼，故不得各就其阶。

③饮酒而有铏者，祭之余铏，无黍稷，杀也。糗，糗饵也。腶脩，捣肉之脯。今文“腶”为“断”。○腶，丁乱反。

受爵，酌，献侑。侑拜受爵，主妇主人之北西面答拜。①主妇羞糗、脩，坐奠糗于麷南，脩在蕡南，侑坐，左执爵，取糗、脩兼祭于豆祭。司士缩执豕脀以升。侑兴取肺，坐祭之。司士缩奠豕脀于羊俎之东，载于羊俎，卒，乃缩执俎以降。侑兴。②次宾羞豕燔，侑受如尸礼，坐卒爵，拜。主妇答拜。

右主妇献侑，其从献同于尸者亦三：主妇既献爵羞糗脩，司士羞豕脀，次宾羞豕燔。降于尸者二：无铏羹与豕匕湆

①酌献者，主妇。今文无“西面”。

②豕脀无湆，于侑礼杀。

受爵，酌以致于主人。主人筵上拜受爵，主妇北面于阼阶上答拜。①主妇设二铏与糗、脩，如尸礼。主人其祭糗、脩，祭铏，祭酒，受豕匕湆，拜啐酒，皆如尸礼；尝铏不拜。②其受豕脀，受豕燔，亦如尸礼。坐卒爵，拜。主妇北面答拜，受爵。

右主妇致爵于主人，从设并与尸同

①主妇易位，拜于阼阶上，辟并敬。

②主人如尸礼，尊也。其异者不告旨。○疏云：按前主妇献尸，尸啐酒、

尝铏,拜,彼拜虽在尝铏下,其拜仍为啐酒,是以《特牲》、《少牢》尸尝铏,皆不拜。或此经"啐酒"之上无"拜"文,有者,衍字也。○愚按:疏言谓经"尝铏不拜",正谓啐酒不拜耳。"啐酒"上"拜"字衍。又注云"其异者,不告旨",其意亦然。主妇献尸,尸啐酒,拜,亦告旨之意也。

尸降筵,受主妇爵以降。①主人降,侑降。主妇入于房。主人立于洗东北,西面。侑东面于西阶西南。②尸易爵于篚,盥洗爵。③主人揖尸、侑。④主人升,尸升自西阶,侑从。主人北面立于东楹东,侑西楹西北面立。⑤尸酌。主妇出于房,西面拜,受爵。尸北面于侑东答拜。主妇入于房。司宫设席于房中,南面。主妇立于席西。⑥妇赞者荐韭菹、醢。坐奠于筵前,菹在西方。妇人赞者执麷、蕡以授妇赞者。妇赞者不兴,受,设麷于菹西,蕡在麷南。⑦主妇升筵。司马设羊俎于豆南。主妇坐,左执爵,右取菹,抨于醢,祭于豆间;又取麷、蕡兼祭于豆祭。主妇奠爵,兴,取肺,坐绝祭,哜之;兴,加于俎,坐挩手,祭酒,啐酒。⑧次宾羞羊燔。主妇兴,受燔,如主人之礼。主妇执爵以出于房,西面于主人席北,立卒爵,执爵拜。尸西楹西北面答拜。主妇入立于房。尸、主人及侑皆就筵。⑨

右主妇受尸酢,从献亦三,与侑同等。主妇亚献礼竟

①将酢主妇。

②俟尸洗。

③易爵者,男女不相袭爵。

④将升。

⑤俟尸酌。

⑥设席者,主妇尊。今文曰"南面尸[1]于席西"。

⑦妇人赞者,宗妇之少者。

---

[1] 尸,阮刻本《仪礼注疏》作"立",附校勘记:"徐本、《集释》、《通解》同,毛本'立'作'尸'。"

⑧挩手者，于帨。帨，佩巾。《内则》曰："妇人亦左佩纷帨。"古文"挩"作"说"。○挩，由锐反。

⑨出房立卒爵，宜乡尊。不坐者，变于主人也。执爵拜，变于男子也。○乡尊，谓对尸而卒爵。

上宾洗爵以升，酌，献尸。尸拜受爵。宾西楹西，北面拜送爵。尸奠爵于荐左。宾降。①

右上宾三献尸，尸奠爵不举欲神惠均于庭，待遍得献乃举之

①上宾，宾长也。谓之上宾，以将献异之，或谓之长宾。奠爵，爵止也。

主人降，洗爵[1]。尸、侑降。主人奠爵于篚，辞，尸对。卒洗，揖。尸升，侑不升。①主人实爵，酬尸，东楹东，北面坐奠爵，拜。尸西楹西，北面答拜。坐祭，遂饮，卒爵，拜。尸答拜。降洗。尸降，辞。主人奠爵于篚，对。卒洗，主人升，尸升。主人实爵，尸拜受爵。主人反位，答拜。尸北面坐奠爵于荐左。②

右主人酬尸。○《特牲》及下不傧尸皆无酬尸之事，此特有之，奠而不举

①侑不升，尸礼益杀，不从。

②降洗者主人。

尸、侑、主人皆升筵，乃羞。宰夫羞房中之羞于尸、侑、主人、主妇，皆右之。司士羞庶羞于尸、侑、主人、主妇，皆左之。①

右羞于尸、侑、主人、主妇

①二羞所以尽欢心，房中之羞，其笾则糗饵粉餈，其豆则酏食糁食。庶羞，羊臐豕膮，皆有胾醢。房中之羞，内羞也。内羞在右，阴也。庶羞在左，阳也。○内羞是谷物，谷本地产，故为阴。庶羞是牲物，牲本天产，故为阳。

---

[1] 爵，阮刻本《仪礼注疏》作"觯"，附校勘记："《唐石经》、徐本、《集释》、《要义》、敖氏俱作'觯'，《通解》、杨氏、毛本俱作'爵'；《石经考文提要》云'正德、嘉靖、旧监本尚作"觯"，下同'。"

主人降，南面拜众宾于门东，三拜。众宾门东，北面，皆答壹拜。①主人洗爵，长宾辞。主人奠爵于篚，兴，对。卒洗，升，酌，献宾于西阶上。长宾升，拜受爵。主人在其右，北面答拜。宰夫自东房荐脯、醢，醢在西。司士设俎于豆北，羊骼一、肠一、胃一、切肺一、肤一。②宾坐，左执爵，右取脯[1]擩于醢，祭之，执爵兴，取肺，坐祭之，祭酒，遂饮，卒爵，执爵以兴，坐奠爵，拜，执爵以兴。主人答拜，受爵。宾坐取祭以降，西面坐委于西阶西南。③宰夫执荐以从，设于祭东。司士执俎以从，设于荐东。

右主人献长宾

①拜于门东，明少南就之也。言三拜者，众宾贱，旅之也。众宾一拜，贱也。卿大夫尊，宾贱，纯臣也，位在门东。今文"壹"为"一"。○众宾，自长宾而下也。自此至"主人就筵"，皆主人酌献外庭、内庭之事，所谓均神惠也，凡七节：献长宾，一也；献众宾，二也；主人自酢于长宾，三也；酬长宾，四也；献兄弟，五也；献内宾，六也；献私人，七也。

②羊骼，羊左骼，上宾一体，贱也。荐与设俎者，既则俟于西序端。古文"骼"为"胳"。

③成祭于上，尊宾也。取祭以降，反下位也。反下位而在西阶西南，已献，尊之。祭，脯肺。

众宾长升，拜受爵，主人答拜。坐祭，立饮，卒爵，不拜既爵。①宰夫赞主人酌，若是以辩。②辩受爵。其荐脯、醢与脀，设于其位。其位继上宾而南，皆东面。其脀体，仪也。③

右辩献众宾

①既，尽也。长宾升者，以次第升受献。言众宾长拜，则其余不拜。

[1]脯，阮刻本《仪礼注疏》作"肺"，附校勘记："《集释》、杨、敖俱作'脯'，张氏曰：'注云"祭脯肺"，疏曰"按经云取脯取肺祭之，明祭是脯肺"，今诸本"右取脯"作"肺"，从注疏'。《石经考文提要》云'监本作"取肺"，沿《唐石经》之误'。"

②主人每献一人，奠空爵于棜，宰夫酌授于尊南。今文“若”为“如”，“辩”皆作[1]“遍”。

③遍献乃荐，略之，亦宰夫荐，司士脀。仪者，尊体尽，仪度余骨，可用而用之。尊者用尊体，卑者用卑体而已。亦有切肺肤。今文“仪”皆为“曦”[2]，或为“议”。

乃升长宾。主人酌，酢于长宾，西阶上北面，宾在左。①主人坐奠爵，拜，执爵以兴。宾答拜。坐祭，遂饮，卒爵，执爵以兴，坐奠爵，拜。宾答拜。宾降。②

右主人自酢于长宾

①主人酌自酢，序宾意，宾卑不敢酢。

②降反位。

宰夫洗觯以升。主人受，酌，降，酬长宾于西阶南，北面。宾在左。主人坐奠爵，拜，宾答拜。坐祭，遂饮，卒爵，拜。宾答拜。①主人洗，宾辞。主人坐奠爵于篚，对。卒洗，升酌，降复位。宾拜受爵，主人拜送爵。宾西面坐奠爵于荐左。②

右主人酬宾

①宰夫授主人觯，则受其虚爵奠于篚[3]。○注“受其虚爵”，指上文酢爵也。

②○按：此爵至旅酬后与兄弟之长交酬，为无算爵。

[1] 作，阮刻本《仪礼注疏》作“为”，附校勘记：“徐本、《集释》、《通解》同，毛本‘为’作‘作’。”

[2] “为曦”二字，阮刻本《仪礼注疏》作“作臓”附校勘记：“毛本‘作臓’作‘为曦’，徐本、《释文》、《集释》、敖氏俱作‘作臓臓’，《通解》作‘为臓’；按《五经文字》、《九经字样》俱无‘臓’字。○按叶抄《释文》作‘臓’，《集韵》‘臓，曾罽切，度牲体骨也’，‘曦’字非也。”

[3] “奠于篚”下，阮刻本《仪礼注疏》有“古文酌为爵”五字，附校勘记：“毛本脱，徐本、《集释》、《通解》俱有，与此本标目合。”

主人洗，升，酌，献兄弟于阼阶上。兄弟之长升，拜受爵。主人在其右答拜。坐祭，立饮，不拜既爵。皆若是以辩。①辩受爵。其位在洗东，西面北上。升受爵，其荐脀设于其位。②其先生之脀，折，胁一，肤一。③其众，仪也。

右主人献兄弟

①兄弟长幼立饮，贱不别。大夫之宾尊于兄弟，宰夫不赞酌者，兄弟以亲昵来，不以官待之。

②亦辩献乃荐，既云辩，复言升受爵者，为众兄弟言也。众兄弟升不拜受爵，先著其位于上，乃后云荐脀设于其位，明位初在是也。位不继于主人，而云洗东，卑不统于尊。此荐脀皆使私人。○疏云：先著其位于上，乃云"升受爵"者，谓发此位升堂受爵。又云："荐脀设于其位"者，谓受爵时设荐脀于洗[1]东，西面位。

③先生，长兄弟。折，豕左肩之折。

主人洗，献内宾于房中。南面拜受爵，主人南面于其右答拜。①坐祭，立饮，不拜既爵。若是以辩，亦有荐脀。②

右主人献内宾

①内宾，姑姊妹及宗妇，献于主妇之席东，主人不西面，尊，不与为宾主礼也。南面于其右，主人之位恒左人。

②亦设荐脀于其位。《特牲馈食礼记》曰，内宾立于房中西墉下，东面南上，宗妇北堂，东面北上。

主人降洗，升，献私人于阼阶上。拜于下，升受，主人答其长拜。乃降，坐祭，立饮，不拜既爵。若是以辩。宰夫赞主人酌。主人于其群私人不答拜。其位继兄弟之南，亦北上，亦有荐脀。①主人就筵。②

右主人献私人，均神惠遍

[1]洗，阮刻本《仪礼注疏》作"其"，附校勘记："《通解》、毛本'其'作'洗'。"

①私人，家臣，己所自谒除也。大夫言私人，明不纯臣也。士言私臣，明有君之道。北上，不敢专其位。亦有荐脅，初亦北面在众宾之后尔。言继者，以爵既献为文。凡献，位定。

②古文曰“升就筵”。

尸作三献之爵。[①]司士羞湆鱼，缩执俎以升。尸取膴祭祭之，祭酒，卒爵。[②]司士缩奠俎于羊俎南，横载于羊俎，卒，乃缩执俎以降。尸奠爵，拜，三献北面答拜，受爵。[③]

酌，献侑。侑拜受，三献北面答拜。司马羞湆鱼一，如尸礼。卒爵，拜。三献答拜，受爵。[④]

酌，致主人。主人拜受爵，三献东楹东、北面答拜。[⑤]司士羞一湆鱼，如尸礼。卒爵，拜。三献答拜，受爵。[⑥]

尸降筵，受三献爵，酌以酢之。[⑦]三献西楹西、北面拜，受爵，尸在其右以授之。尸升筵，南面答拜。坐祭，遂饮，卒爵，拜。尸答拜。执爵以降，实于篚。[⑧]

右上宾三献礼成

①上宾所献爵，不言三献作之者，宾尸而尸益卑，可以自举。○自此尽“降实于篚”，尸举所奠上宾之爵，以成三献之礼。以上宾举三献，因号上宾为三献，是以事名官。此一礼内凡有四节：尸作爵，一也；献侑，二也；致爵于主人，三也；受尸酢，四也。

②不羞鱼匕湆，略小味也。羊有正俎，羞匕湆，肉湆。豕无正俎，鱼无匕湆，隆污之杀。

③○尸作宾爵。

④司马羞湆鱼，变于尸。○宾献侑。

⑤宾拜于东楹东，以主人拜受于席，就之。

⑥○宾致爵主人。

⑦既致主人，尸乃酢之，遂宾意。

⑧○宾受酢。

二人洗觯，升，实爵，西楹西，北面东上，坐奠爵，拜，执爵以兴，尸、侑答拜。坐祭，遂饮，卒爵，执爵以兴，坐奠爵，拜。尸、侑答拜。皆降。[1]洗，升，酌，反位。尸、侑皆拜受爵，举觯者皆拜送。侑奠觯于右。[2]尸遂执觯以兴，北面于阼阶上酬主人，主人在右。[3]坐奠爵，拜，主人答拜。不祭，立饮，卒爵，不拜既爵。酌，就于阼阶上酬主人。[4]主人拜受爵，尸拜送。[5]尸就筵，主人以酬侑于西楹西，侑在左。坐奠爵，拜。执爵兴，侑答拜。不祭、立饮，卒爵，不拜既爵。酌，复位。侑拜受，主人拜送。[6]主人复筵，乃升长宾。侑酬之，如主人之礼。[7]至于众宾，遂及兄弟，亦如之，皆饮于上。[8]遂及私人，拜受者升受，下饮，[9]卒爵，升酌，以之其位。相酬辩。[10]卒饮者实爵于篚。[11]乃羞庶羞于宾、兄弟、内宾及私人。[12]

右二人举觯为旅酬

①三献而礼小成，使二人举爵，序殷勤于尸侑。○自此以下言旅酬及无算爵：二人举觯为旅酬，兄弟后生举觯于长，宾长加献尸，次宾举爵又旅酬，兄弟举止爵、宾举奠觯交错为无算爵，又凡五节，而傧尸之礼毕矣。

②奠于右者，不举也。神惠右不举，变于饮酒。○虽二爵并举，止用尸一爵酬于下。

③尸拜于阼阶上，酬礼杀。

④言就者，主人立待之。

⑤酬不奠者，急酬侑也。

⑥言酌复位，明授[1]于西阶上。

⑦遂，旅也。言升长宾，则有赞呼之。

⑧上，西阶上。

⑨私人之长拜于下，升受兄弟之爵，下饮之。

⑩其位，兄弟南位，亦拜受，拜送，升酌由西阶。○私人位在兄弟之南，其长饮于西阶下，余私人皆饮于其位。

---

[1]授，阮刻本《仪礼注疏》作“受”。

⑪未受酬者，虽无所旅，犹饮。

⑫无房中之羞，贱也。此羞同时羞，则酌房中亦旅。其始，主妇举觯[1]于内宾，遂及宗妇。

兄弟之后生者举觯于其长。①洗，升酌，降，北面立于阼阶南，长在左。坐奠爵，拜，执爵以兴，长答拜。②坐祭，遂饮，卒爵，执爵以兴，坐奠爵，拜，执爵以兴，长答拜。洗，升，酌，降，长拜受于其位。举爵者东面答拜。爵止。③

右兄弟后生举觯

①后生，年少也。古文"觯"皆为"爵"。延熹[2]中，诏校书，定作"觯"。

②长在左，辟主人。

③拜受、答拜不北面者，儐尸礼杀。长宾言奠，兄弟言止，互相发明，相待也。〇前主人酬宾、宾奠爵荐左。此后生举觯，长亦暂止不举，待后面旅酬毕，乃与宾所奠之爵交错为无算爵。故注曰"相待"。

宾长献于尸，如初，无湆，爵不止。①

右宾长加献于尸

①宾长者，宾之长次上宾者，非即上宾也[3]。如初，如其献侑酌致主人受尸酢也。无湆，爵不止，别不如初者，不使兄弟，不称加爵，大夫尊也。不用觚，大夫尊者也。〇众宾之长献尸，其仪节与上宾献尸同，但无鱼湆与既献即饮二者为异耳。前上宾献尸，待献堂下毕，乃举觯，是其止爵也。注"不

[1] 觯，阮刻本《仪礼注疏》作"酬"，附校勘记："徐本、《通解》、《要义》同，毛本、《集释》、杨氏'酬'俱作'觯'。"

[2] "延熹"二字，阮刻本《仪礼注疏》同，附校勘记："徐本、《释文》、《集释》、《要义》俱作'熹'，《通解》、毛本作'景'，卢文弨云'"延熹"，汉桓帝年号，然此实"熹平"之误'。〇今按延熹校书，熹平刊石，似属两事。"

[3] "宾长……宾也"十五字，阮刻本《仪礼注疏》无，附校勘记："此本、徐本、杨氏俱无此十五字，《集释》、《通解》、毛本俱有，按疏内、《述注》有之，李氏盖据疏补入，唯'非即上宾句'乃贾氏语，非注也；《通解》引疏删'非即上宾者'五字，盖亦知为贾氏语，故可删。"

使兄弟”三句，言其与《特牲》礼异。《特牲》云：“长兄弟洗觚为加爵。”

宾一人举爵于尸，如初，亦遂之于下。①

右次宾举爵于尸，更为旅酬

①一人，次宾长者。如初，如二人洗觶之为也。遂之于下者，遂及宾兄弟，下至于私人。故言亦遂之于下也[1]，上言无湆爵不止，互相发明。○之，适也，往也，谓行此爵于堂下为旅酬也。

宾及兄弟交错其酬，皆遂及私人，爵无算。①

右二觶交错为无算爵

①算，数也。长宾取觶酬兄弟之党，长兄弟取觶酬宾之党，唯己所欲，无有次第之数也。○长宾所取者，主人酬宾，宾奠荐左之觶；长兄弟所取者，后生所举之觶也。

尸出，侑从。主人送于庙门之外，拜，尸不顾。①拜侑与长宾，亦如之。众宾从。②司士归尸、侑之俎。③主人退，④有司徹。⑤

右傧尸礼毕

①拜送之。

②从者，不拜送也。

③尸侑尊，送其家。

④反于寝也。

⑤徹堂上、下之荐俎也。外宾尸，虽堂上，妇人不徹。

若不宾尸，①则祝侑亦如之。②尸食，③乃盛俎，臑、臂、肫、脡脊、横脊、短胁、代胁，皆牢；④鱼七；⑤腊辩，无髀。⑥卒盛，乃举牢肩。尸受，振祭，哜之。佐食受，加于肵。⑦

---

[1]“故言亦遂之于下也”，阮刻本《仪礼注疏》“故”作“是”，无“也”字，附校勘记：“徐本、《集释》、杨氏同，《通解》、毛本‘是’作‘故’，‘下’下有‘也’字。”

右不宾尸者尸八饭后事

①不宾尸，谓下大夫也。其牲物则同，不得备其礼耳。旧说云："谓大夫有疾病，摄昆弟祭。"《曾子问》曰："摄主不厌祭，不旅，不假，不绥祭，不配，布奠于宾，宾奠而不举。"而此备有，似失之矣。〇自此至终篇，皆言下大夫不宾尸之事。〇绥，许恚反。

②谓尸七饭时。〇下大夫之不宾尸者，自祝侑以前，皆与上大夫宾尸者同。此下乃陈其异者。祝侑，《少牢》篇尸七饭告饱，祝侑曰"皇尸未实，侑"是也。

③八饭。〇祝既侑而尸又饭也。

④盛者，盛于肵俎也。此七体，羊、豕，其脊胁皆取一骨也，与所举正脊、干、骼凡十矣。肩未举，既举而俎犹有六体焉。〇盛音成。盛于肵俎，将以归尸。《特牲》，尸食讫乃盛，宾尸则不盛全，以归尸故也。"皆牢"者，谓此七体皆羊、豕，而非腊也。注"俎犹有六体"，谓三脊三胁，各有一骨在俎，不取以备阳厌也。

⑤盛半也。鱼十有五而俎，其一已举。必盛半者，鱼无足翼，于牲，象脊胁而已。

⑥亦盛半也。所盛者，右体也，脊属焉。言无髀者，云一纯而俎，嫌有之。古文"髀"作"脾"。

⑦举七[1]。〇前此举牢肺、举正脊、举牢干、举鱼、举腊肩、举牢骼，已六举。至此举牢肩，故云"举七"也。

佐食取一俎于堂下以入，奠于羊俎东。①乃摭于鱼、腊俎，俎释三个，其余皆取之，实于一俎以出。②祝、主人之鱼、腊取于是。③尸不饭，告饱。主人拜侑，不言。尸又三饭。④佐食受牢举，如傧。⑤

右不宾尸者尸十一饭时事

[1]"举七"二字，阮刻本《仪礼注疏》作"卒已"，附校勘记："徐本、《集释》、《通解》同，毛本、杨氏'卒已'作'举七'。"

①不言鱼俎东，主于尊。

②个，犹枚也。鱼摭四枚，腊摭五枚。其所释者，腊则短胁、正胁、代胁，鱼三枚而已。今[1]文"摭"为"摕"。○所释三个亦备阳厌也。

③祝、主人、主妇俎之鱼、腊取于此者，大夫之礼文，待神余也。三者各取一鱼。其腊，主人臂，主妇臑，祝则骼也与？此皆于鼎侧更载焉。不言主妇，未闻。

④凡十一饭，士九饭，大夫十一饭，其余有十三饭，十五饭。

⑤举，肺脊。○如傧者，与《少牢》篇所载上大夫傧尸者，仪节同也。

主人洗，酌，酳尸，宾羞肝，皆如傧礼。卒爵，主人拜，祝受尸爵，尸答拜。祝酌授尸，尸以醋主人，亦如傧。其绥祭，其嘏，亦如傧。①其献祝与二佐食，其位、其荐脀皆如傧。

右不傧尸者主人初献，与傧尸者正祭初献同

①肝，牢肝也。"绥"皆当作"挼"。挼，读为"藏其隋"之"隋"。古文为"挼"。

主妇其洗献于尸，亦如傧。①主妇反取笾于房中，执枣、糗，坐设之，枣在稷南，糗在枣南。妇赞者执栗、脯，主妇不兴，受，设之，栗在糗东，脯在枣东。主妇兴，反位。②尸左执爵，取枣、糗。祝取栗、脯以授尸。尸兼祭于豆祭，祭酒，啐酒。次宾羞牢燔，用俎，盐在右。尸兼取燔抰于盐，振祭，哜之，祝受，加于肵。卒爵，主妇拜，祝受尸爵，尸答拜。③祝易爵洗，酌，授尸。尸以醋主妇。主妇主人之北拜受爵，尸答拜。主妇反位，又拜。上佐食绥祭，如傧。卒爵拜，尸答拜。④主妇献祝，其酌如傧。拜，坐受爵，主妇主人之北答拜。⑤宰夫荐枣、糗，坐设枣于菹西，糗在枣南。祝左执爵，取枣、糗祭于豆祭，

[1] 今，阮刻本《仪礼注疏》作"古"，附校勘记："徐本、《集释》、《通解》俱作'古'，毛本作'今'。"

祭酒，啐酒。次宾羞燔，如尸礼。卒爵。⑥主妇受爵，酌，献二佐食，亦如傧。主妇受爵，以入于房。

右不宾尸主妇亚献

①自尸侑不饭告饱至此，与傧同者在上篇。

②枣，馈食之笾。糗，羞笾之实。杂用之，下宾尸也。栗脯，加笾之实也。反位，反主人之北拜送[1]爵位。

③自主妇反笾至[2]祝受加于肵，此异于傧。○宾尸者，方其正祭，主妇献尸于室，无笾、燔从之事。此有笾有燔，为异，以不宾尸故加厚耳。

④主妇俠爵拜，为不宾尸降崇敬。今文"醋"曰"酢"[3]。○傧尸者正祭，主妇受酢，不俠拜爵，此俠拜为异。

⑤自尸卒爵至此，亦与傧同者，亦在上篇。○谓同上篇正祭亚献之节。

⑥内子不荐笾，祝贱，使官可也。自"宰夫荐"至"宾羞燔"，亦异于傧。○自此下注"异于宾"，"宾"皆当读作"傧"。

宾长洗爵，献于尸。尸拜受，宾户西北面答拜。爵止。①

主妇洗于房中，酌，致于主人。主人拜受。主妇户西、北面拜送爵。司宫设席。②主妇荐韭菹、醢，坐设于席前，菹在北方。妇赞者执枣、糗以从，主妇不兴，受，设枣于菹北，糗在枣西。佐食设俎，臂、脊、胁、肺皆牢，肤三，鱼一，腊臂。③主人左执爵，右取菹揳于醢，祭于豆间，遂祭笾，奠爵，兴，取牢肺，坐绝祭，哜之，兴，加于俎，坐挩手，祭酒，执爵以兴，坐卒爵，拜。④主妇答拜。⑤

[1] 送，阮刻本《仪礼注疏》同，附校勘记："陈、闽、监、葛、《通解》俱作'还'。"

[2] "至"下，阮刻本无"祝"字，附校勘记："徐本同，《集释》、《通解》、毛本'至'下有'祝'字。"

[3] "今文醋曰酢"五字，阮刻本《仪礼注疏》作"今文酢曰酌"，附校勘记："徐、陈、《通解》同，'酢曰酌'，《集释》作'醋曰酌'，闽、监、葛本俱作'酌曰酌'；按'曰酌'二字，诸本俱与疏标目合，毛本作'醋曰酢'。"

受爵，酌以醋，户内北面拜。[6]主人答拜。卒爵，拜。主人答拜。主妇以爵入于房。[7]

尸作止爵，祭酒，卒爵。宾拜。祝受爵，尸答拜。[8]

祝酌，授尸。宾拜受爵，尸拜送。坐祭，遂饮，卒爵，拜。尸答拜。[9]

献祝及二佐食。[10]

洗，致爵于主人。[11]主人席上拜受爵，宾北面答拜。坐祭，遂饮，卒爵拜。宾答拜，受爵。[12]

酌，致爵于主妇。主妇北堂。司宫设席，东面。[13]主妇席北、东面拜受爵。宾西面答拜。[14]妇赞者荐韭菹、醢，菹在南方。妇人赞者执枣、糗，授妇赞者，妇赞者不兴，受，设枣于菹南，糗在枣东。[15]佐食设俎于豆东，羊臑，豕折，羊脊、胁、祭肺一、肤一、鱼一、腊臑。[16]主妇升筵，坐，左执爵，右取菹擩于醢，祭之，祭笾，奠爵，兴取肺，坐绝祭，哜之，兴，加于俎，坐捝手，祭酒，执爵兴，筵北东面立卒爵，拜。[17]宾答拜。宾受爵。[18]

易爵于篚，洗，酌，醋于主人，户西北面拜，主人答拜。卒爵，拜，主人答拜。宾以爵降奠于篚。[19]

乃羞，宰夫羞房中之羞，司士羞庶羞于尸、祝、主人、主妇，内羞在右，庶羞在左。[20]

右不宾尸者，宾长三献

①尸止爵者，以三献礼成，欲神惠之均于室中，是以奠而待之。○宾尸者正祭，宾三献尸，即卒爵、酢宾，并不止爵。至事尸于堂，宾三献尸，乃止爵，待神惠均于庭，乃作三献之爵。此不宾尸者，亦三献止爵，待神惠均于室，盖略效其仪也。此一节之内，宾献尸，爵既止，主妇致爵于主人，主妇自酢，尸作止爵，尸酢宾，宾献祝及佐食，宾致爵主人，致爵主妇，宾自酢，乃设羞，亦十小节而礼成。○宾献尸止爵。

②拜受乃设席，变于士也。○特牲礼未致爵已设席。

③臂，左臂也。《特牲》五体，此三者，以其牢与腊臂而七，牢腊俱臂，亦所谓腊如牲体。○牢谓羊、豕也。"腊如牲体"，《特牲记》文。

④无从者，变于士也。亦所谓顺而摭也。○《特牲》主妇致爵主人，肝燔并从。

⑤○主妇致爵于主人。

⑥自酢不更爵，杀。

⑦○主妇自酢。

⑧作止爵乃祭酒，亦变于士。自"爵止"至作"止爵"，亦异于宾。○士礼祭酒讫，乃止爵。○尸作止爵。

⑨○尸酢宾。

⑩○宾献祝与佐食。

⑪洗致爵者，以承佐食贱，新之。

⑫○宾致爵主人。

⑬北堂，中房以北东面者，变于士妻。宾尸不变者，宾尸礼异矣。内子东面，则宗妇南面西上，内宾自若，东面南上。○士礼，宗妇北堂，东面北上，主妇南面。

⑭席北东面者，北为下。

⑮妇人赞者，宗妇之弟妇也。

⑯豕折，豕折骨也。不言所折，略之。《特牲》主妇觳折，豕无脊胁，下主人，羊豕四体，与腊臑而五。

⑰立饮拜既爵者，变于大夫。

⑱○宾致爵主妇。

⑲自宾献及二佐食。至此，亦异于宾。○宾自酢。

⑳○设羞。

主人降，拜众宾，洗，献众宾。其荐脀，其位、其酬醋，皆如傧礼。①主人洗，献兄弟与内宾与私人，皆如傧礼。其位、其荐脀，皆如傧礼。卒，乃羞于宾、兄弟、内宾及私人，辨。②

右不宾尸者，宾三献后主人遍献堂下并内宾之事

①〇众宾，谓自上宾而下。

②自乃羞至私人之荐脀，此亦与傧同者，在此篇。不傧尸，则祝犹侑耳。卒，已也。乃羞者，羞庶羞。

宾长献于尸，尸醋，献祝，致醋。宾以爵降，实于篚。①

右不宾尸者，次宾长为加爵

①致，谓致爵于主人主妇。不言如初者，爵不止，又不及佐食。

宾、兄弟交错其酬，无算爵。①

右不宾尸，无算爵

①此亦与傧同者，在此篇。〇主人献宾时，宾亦奠酬荐左。主人径献堂下及内宾后，兄弟后生亦举觯于长，至此交错为无算爵。然阙旅酬，直行无算爵，是其与宾尸者异，故经不言如傧也。

利洗爵。献于尸，尸醋。献祝，祝受。祭酒、啐酒，奠之。①

右不宾尸，佐食为加爵

①利献不及主人，杀也。此亦异于傧。

主人出，立于阼阶上，西面。祝出，立于西阶上，东面。祝告于主人曰："利成"。祝入。主人降，立于阼阶东，西面。尸谡，祝前，尸从，遂出于庙门。祝反，复位于室中。祝命佐食徹尸俎。佐食乃出尸俎于庙门外，有司受，归之。徹阼荐俎。①

右不宾尸者，礼终，尸出

①自主人出至此，与宾杂者也。先馂徹主人荐俎者，变于士。《特牲馈食礼》曰"徹阼俎豆笾，设于东序下"。〇疏云：与宾杂，谓与宾尸者有同有不同。士礼既馂，乃徹阼俎。此馂前徹阼俎，故云"变于士"。引《特牲》者，证徹阼俎所置之处。

乃蓑，如傧。①

右蓑

①谓上篇自司宫设对席至此[1]，馂兴出也。古文“蓑”作“馂”。

卒蓑，有司官徹馈，馔于室中西北隅，南面，如馈之设，右几，厞用席。①纳一尊于室中。②司宫埽祭。③主人出，立于阼阶上，西面。祝执其俎以出，立于西阶上，东面。司宫阖牖户。④祝告利成，乃执俎以出于庙门外，有司受，归之。众宾出，主人拜送于庙门外，乃反。⑤妇人乃徹，⑥徹室中之馔。⑦

右不宾尸者为阳厌

①官徹馈者，司马、司士举俎，宰夫取敦及豆。此于尸谡，改馔当室之白，孝子不知神之所在，庶其飨之于此，所以为厌饫。不令妇人改徹馔敦豆，变于始也，尚使官也。佐食不举羊豕俎，亲馂，尊也。厞，隐也。古文“右”作“侑”，“厞”作“茀”。

②阳厌杀，无玄酒。

③埽豆间之祭。旧说云：“埋之西阶东。”

④闭牖与户，为鬼神，或者欲幽闇。

⑤拜送宾也者，亦拜送其长。不言长宾者，下大夫无尊宾也。○疏云：下大夫贱，无尊宾，故不别其长也。

⑥徹祝之荐及房中荐俎，不使有司者，下上大夫之礼。○上大夫祭毕，则有司徹。

⑦有司馔之，妇人徹之，外内相兼，礼杀。

[1]此，金陵书局本、阮刻本《仪礼注疏》作“上”，附校勘记：“徐本、《集释》、敖氏同，《通解》、杨氏、毛本‘上’俱作‘此’。”

附　录

四库全书总目提要

《仪礼郑注句读》十七卷，《监本石经正误》一卷。国朝张尔岐撰。尔岐有《周易说略》已著录。是书全录《仪礼》郑康成注，摘取贾公彦疏，而略以己意断之。因其文古奥难通，故并为之句读。马端临《文献通考》载其父廷鸾《仪礼注疏·序》，称其家有景德中官本《仪礼》正经，注语皆标起止，而疏文列其下。因以监本附益之，手自点校，并取朱子《礼》书，与其门人高弟王氏、杨氏续补之编，分章条析，题要其上。今廷鸾之书不传，尔岐是编体例略与相近。

案《礼记》曰“一年视离经辨志”，注曰“离经，断句绝也”，则句读为讲经之先务。沈约《宋书·乐志》于他乐歌皆连书，惟《铎舞曲·圣人制礼乐篇》，有声音而无文义，恐迷其句，遂每句空一字书之，则难句者为之离析，亦古法也。至于字句同异，考证尤详。所校除监本外，则有唐开成石刻本、元吴澄本及陆德明《音义》、朱子与黄榦所次《经传通解》诸家，其谬误脱落、衍羡颠倒、经注混淆之处皆参考得实，又明西安王尧典所刊《石经补字》最为舛错，亦一一驳正。

盖《仪礼》一经自韩愈已苦难读，故习者愈少，传刻之讹愈甚。尔岐兹编，于学者可谓有功矣。顾炎武少所推许，而其与汪琬书云：“济阳张君稷若名尔岐者，作《仪礼郑注句读》，颇根本先儒，立言简当。以其人不求闻达，故无当时之名；而其书实有[1]可传，使朱子见之，必不仅谢监岳之称许也。”又其《广师》一篇曰：“独精三《礼》，卓然经师，吾不如张稷若。”乃推挹之甚至，非徒然也。

尔岐《蒿庵集》中有自序一篇，称尚有《吴氏仪礼考注订误》一卷，今不在此编中。然此编乃新刻之本，无所佚脱，或是卷又自别行欤?

[1] 有，《亭林文集》原作“似”。

國學典藏

《国学典藏》丛书已出书目

周易［明］来知德 集注
诗经［宋］朱熹 集传
尚书 曾运乾 注
周礼［清］方苞 集注
仪礼［汉］郑玄 注［清］张尔岐 句读
礼记［元］陈澔 注
论语·大学·中庸［宋］朱熹 集注
孟子［宋］朱熹 集注
左传［战国］左丘明 著［晋］杜预 注
孝经［唐］李隆基 注［宋］邢昺 疏
尔雅［晋］郭璞 注
说文解字［汉］许慎 撰
战国策［汉］刘向 辑录
［宋］鲍彪 注［元］吴师道 校注
国语［战国］左丘明 著
［三国吴］韦昭 注
史记菁华录［汉］司马迁 著
［清］姚苎田 节评
徐霞客游记［明］徐弘祖 著
孔子家语［三国魏］王肃 注
（日）太宰纯 增注
荀子［战国］荀况 著［唐］杨倞 注
近思录［宋］朱熹 吕祖谦 编
［宋］叶采［清］茅星来 等注
传习录［明］王阳明 撰
（日）佐藤一斋 注评
老子［汉］河上公 注［汉］严遵 指归
［三国魏］王弼 注
庄子［清］王先谦 集解
列子［晋］张湛 注［唐］卢重玄 解
［唐］殷敬顺［宋］陈景元 释文
孙子［春秋］孙武 著［汉］曹操 等注
墨子［清］毕沅 校注
韩非子［清］王先慎 集解
吕氏春秋［汉］高诱 注［清］毕沅 校
管子［唐］房玄龄 注［明］刘绩 补注
淮南子［汉］刘安 著［汉］许慎 注
金刚经［后秦］鸠摩罗什 译 丁福保 笺注
楞伽经［南朝宋］求那跋陀罗 译
［宋］释正受 集注
坛经［唐］惠能 著 丁福保 笺注
世说新语［南朝宋］刘义庆 著
［南朝梁］刘孝标 注
山海经［晋］郭璞 注［清］郝懿行 笺疏
颜氏家训［北齐］颜之推 著
［清］赵曦明 注［清］卢文弨 补注
三字经·百家姓·千字文
［宋］王应麟等 著
龙文鞭影［明］萧良有等 编撰
幼学故事琼林［明］程登吉 原编
［清］邹圣脉 增补
梦溪笔谈［宋］沈括 著
容斋随笔［宋］洪迈 著
困学纪闻［宋］王应麟 著
［清］阎若璩 等注
楚辞［汉］刘向 辑
［汉］王逸 注［宋］洪兴祖 补注
曹植集［三国魏］曹植 著
［清］朱绪曾 考异［清］丁晏 铨评
陶渊明全集［晋］陶渊明 著
［清］陶澍 集注
王维诗集［唐］王维 著［清］赵殿成 笺注

杜甫诗集［唐］杜甫 著
［清］钱谦益 笺注
李贺诗集［唐］李贺 著 ［清］王琦等 评注
李商隐诗集［唐］李商隐 著
［清］朱鹤龄 笺注
杜牧诗集［唐］杜牧 著［清］冯集梧 注
李煜词集（附李璟词集、冯延巳词集）
［南唐］李煜 著
柳永词集［宋］柳永 著
晏殊词集·晏幾道词集
［宋］晏殊 晏幾道 著
苏轼词集［宋］苏轼 著［宋］傅幹 注
黄庭坚词集·秦观词集
［宋］黄庭坚 著［宋］秦观 著
李清照诗词集［宋］李清照 著
辛弃疾词集［宋］辛弃疾 著
纳兰性德词集［清］纳兰性德 著
六朝文絜［清］许梿 评选
［清］黎经诰 笺注
古文辞类纂［清］姚鼐 纂集
玉台新咏［南朝陈］徐陵 编
［清］吴兆宜 注［清］程琰 删补
古诗源 ［清］沈德潜 选评
乐府诗集［宋］郭茂倩 编撰
千家诗 ［宋］谢枋得 编
［清］王相 注 ［清］黎恂 注

花间集 ［后蜀］赵崇祚 集
［明］汤显祖 评
绝妙好词［宋］周密 选辑；
［清］项絪 笺；［清］查为仁 厉鹗 笺
词综［清］朱彝尊 汪森 编
花庵词选［宋］黄昇 选编
阳春白雪［元］杨朝英 选编
唐宋八大家文钞［清］张伯行 选编
宋诗精华录［清］陈衍 评选
古文观止［清］吴楚材 吴调侯 选注
唐诗三百首［清］蘅塘退士 编选
［清］陈婉俊 补注
宋词三百首［清］朱祖谋 编选
文心雕龙［南朝梁］刘勰 著
［清］黄叔琳 注 纪昀 评
李详 补注 刘咸炘 阐说
诗品［南朝梁］锺嵘 著
古直 笺 许文雨 讲疏
人间词话·王国维词集 王国维 著
西厢记［元］王实甫 著
［清］金圣叹 评点
牡丹亭［明］汤显祖 著
［清］陈同 谈则 钱宜 合评
长生殿［清］洪昇 著［清］吴人 评点
桃花扇［清］孔尚任 著
［清］云亭山人 评点

部分将出书目
（敬请关注）

公羊传
穀梁传
史记
汉书
后汉书
三国志
水经注
史通
日知录
文史通义
心经
文选
古诗笺
李白全集
孟浩然诗集
白居易诗集
唐诗别裁集
明诗别裁集
清诗别裁集
博物志